„Ab nach Brauweiler ...!"

Nutzung der Abtei Brauweiler als
Arbeitsanstalt, Gestapogefängnis,
Landeskrankenhaus...

von
Hermann Daners

Pulheim 1996

Pulheimer Beiträge
zur
Geschichte und Heimatkunde
15. Sonderveröffentlichung

Verein für Geschichte und Heimatkunde e.V.
Pulheim

Pulheim 1996

Hermann Daners

„AB NACH BRAUWEILER...!"

Nutzung der Abtei Brauweiler als
Arbeitsanstalt, Gestapogefängnis,
Landeskrankenhaus...

Pulheim 1996

Impressum

Herausgeber:	Verein für Geschichte und Heimatkunde e.V.
	Adamistr. 9, 50259 Pulheim-Brauweiler
Schriftleitung:	Hermann Daners, Rotdornweg 11, 50226 Frechen
	Dr. Harald Thomas, Am Mühlenacker 53,
	50259 Pulheim-Brauweiler
Bildredaktion:	Hermann Daners und Peter Schreiner
Umschlag:	Michael Schreiner
Herstellung:	Satz: inhouse, Neue Medien und
	Printprodukte GmbH,
	Luxemburger Str. 299, 50939 Köln
	Lithos: Litho Köcher
	Emil-Hoffmann-Str. 43, 50996 Köln
	Druck: Buch- und Offsetdruckerei Fritz Höbeler KG,
	Inh. Leo Körffer
	Batholomäus-Schink-Str. 46, 50825 Köln

Alle Rechte vorbehalten. Nachdruck verboten. Photomechanische Wiedergabe, Übersetzungen, Mikroverfilmung oder Einspeicherung in und Verarbeitung durch elektronische Systeme auch von Buchteilen nur mit Genehmigung der Herausgeber.

ISSN: 0171-3426
ISBN:3-927765-19-8

Liste der Sponsoren

Die Drucklegung dieses Buches wurde gefördert durch:

 Abtei-Park-Hotel,
Bernhardstr. 50,
50259 Pulheim-Brauweiler

 Apotheke Tittelbach,
Venloer Str. 133,
50259 Pulheim

- *Brosig, Waldemar · Steinmetzmeister · Grabmäler*
  Bernhardstr. 51, 50259 Pulheim,Brauweiler

 Buch- und Offsetdruckerei Fritz Höbeler,
Bartholomäus-Schink-Str. 2, 50825 Köln,
Inhaber: Leo Körffer, 50259 Pulheim-Stommeln

 Buchladen m & w GmbH,
Venloer Str. 150,
50259 Pulheim

- *Bücherstube Brauweiler*
  Mathildenstr. 6, 50259 Pulheim-Brauweiler

- *Fliesengeschäft Andreas Röllgen*
  Bernhardstr. 71, 50259 Pulheim-Brauweiler

- *Friseursalon, Gebrüder Kienlein*
  Aachener Str. 1232, 50858 Köln

- *Herrenmoden E. Maiwald-Franke*
  Ehrenfriedstr. 42-46, 50259 Pulheim-Brauweiler

- *Ingenieurbüro für Bauwesen,*
  Bernd Kohlmann und Partner
  Annastr. 58, 50986 Köln

 Königsdorfer Buchhandlung,
Aachener Str. 550,
50226 Frechen-Königsdorf

Neumarkt 18-24, 50667 Köln

LOTTO-TOTO, Tabakwaren, Zeitschriften, Geschenkartikel, Weine
Uwe Richter, Mathildenstr. 25, 50259 Pulheim-Brauweiler

■ *Marzellus-Buchhandlung,* Marzellenstr. 41, 50668 Köln

Geschäftsstellenleiter Dipl.-Ing. Felix Schlich,
Von-Werth-Str. 3, 50259 Pulheim-Brauweiler

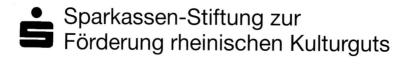

Bernhardstr. 74, 50259 Pulheim-Brauweiler

Sparkassen-Stiftung zur
Förderung rheinischen Kulturguts

Armbrust, Günther, Leverkusen
Bachmann, Maria, Pulheim
Band, Harald, Frechen-Königsdorf
Bangert, Ute, Pulheim-Brauweiler
Barrenpohl, Rudolf, Köln
Baumann, Gerhard, Pulheim-Sinnersdorf
Beerlage, Peter, Pulheim-Dansweiler
Berndt, Annemarie, Köln
Berndt, Hans Joachim, Köln
Beyer, Magdalena, Pulheim-Sinthern
Binsfeld, Heinz, Pulheim-Dansweiler
Blankenstein, Marianne, Pulheim-Stommeln
Blume, Marianne, Kerpen-Sindorf
Blumenberg, Sieglinde, Pulheim-Brauweiler
Böttcher, Konrad, Frechen-Neufreimersdorf
Brack, Ingeborg, Pulheim-Brauweiler
Brandes, Hildegard, Pulheim-Sinthern
Braun, Peter, Pulheim
Breuer, Toni, Pulheim
Briekorn, Karin, Pulheim-Stommeln
Brönnecke, Heinrich, Pulheim-Stommeln
Bullion, Rainer, Graf von, München
Busch, Theo, Pulheim-Brauweiler
Büschges, Burkhard, Pulheim-Brauweiler
Cardauns, Prof., Dr., Burkhart, Pulheim-Brauweiler
Castor, Robert, Pulheim-Stommeln
Conzen, Dr., Kurt, Köln
Cooper, Ellen, Pulheim-Brauweiler
Courts, Dr., Brigitte, Pulheim-Dansweiler
Dahl, Hans, Frechen-Königsdorf
Decker, Anneliese, Pulheim-Stommeln
Degen, Gustav, Hürth
Dietzel, Horst, Pulheim-Stommeln
Diesch, Richenza, Heisdorf
Doeding, J.,
Dorscht, Anna, Pulheim-Stommeln
Drießen, Richard, Pulheim-Sinnersdorf

Düser, Rolf, Meckenheim
Edinger, Karl Ernst, Pulheim
Effertz, Heinrich, Odenthal
Eimermacher, Dieter, Köln
Engel, August, Jülich
Engelhardt, Ulf, Frechen-Königsdorf
Engeln, Dorothea u. Kurt, Pulheim
Engels, Josefine u. Friedrich, Köln
Erpelding, Therese u. Ferdinand, Pulheim
Ferreira, Maria u. Antonio, Köln
Franken, Peter, Pulheim-Brauweiler
Freitag, Gertrud, Pulheim-Stommelerbusch
Fuchs, Peter, Köln
Gawenda, Max, Pulheim-Dansweiler
Geissler, Horst, Pulheim-Sinnersdorf
Gierden, Dr., Karlheinz, Frechen-Königsdorf
Goerke, Dieter, Pulheim-Stommelerbusch
Götz, Peter, Pulheim-Brauweiler
Grasshoff, Götz, Berlin
Grethen, Manfred, Pulheim-Sinthern
Hadenfeld, Hans-Rudolf, Pulheim-Brauweiler
Hagedorn, Margret, Pulheim-Sinnersdorf
Heckhausen-Stahl, Marianne, Pulheim-Stommeln
Heitz, Dr., Rosemarie, Pulheim-Geyen
Hetmann, Irene, Pulheim-Geyen
Hingerler, H. u. G.
Hoegen, Ralf, Pulheim-Brauweiler
Hoffmann, Franz, Elsdorf-Angelsdorf
Hohnen, Helga, Pulheim-Brauweiler
Hünseler, Hansjakob u. Gerda, Köln
Husmann, Prof., Dr., Dirk, Bonn
Ibald, Heinrich, Pulheim-Sinnersdorf
Ilgner, Werner, Pulheim-Stommeln
Jarck, Wilhelm, Pulheim-Dansweiler
Jardin, Hilger, Köln
Josephs, Dr., Irmgard, Pulheim
Juds, Gerlinde u. Günter, Kerpen
Jürgens, Hildegard, Pulheim-Stommeln

Just, Irmgard, Pulheim
Karnevalsgesellschaft
  „Brauweiler Abteiwache von 1995"
Karnevalsgesellschaft
  „Brauweiler Karnevalsfreunde
  von 1978 e.V."
Kessen, Barbara u. Julius, Bergheim-
  Glessen
Kips, Marie-Luise, Pulheim-
  Brauweiler
Kirstein, Sibylle, Pulheim-Sinthern
Kitschen, Franz-Hubert, Köln
Klein, Dr., Martha, Hamburg
Klein, Jürgen, Pulheim-Stommeln
Klein, Walburga, Pulheim-Brauweiler
Klöser, Arnt, Pulheim-Dansweiler
Klose, Werner, Pulheim-Stommeln
Kobersky, Paula, Pulheim-Sinnersdorf
Koch, Peter, Pulheim-Stommeln
Köllen, Hans, Frechen-Königsdorf
Konieczny, Paul, Büdesheim
Körffer, Hildegard u. Leo, Pulheim-
  Stommeln
Krämer, Gabriele, Köln
Krange, Gerd, Pulheim-Geyen
Kruppa, Prof., Dr., Ulrich
Kunitsch, Hildegard, Erkelenz
Ladewig, Kurt, Pulheim-Brauweiler
Lammert, Karin, Pulheim-Brauweiler
Lang, Eduard, Köln
Langhans, Prof., Herbert, Pulheim-
  Brauweiler
Laue, Karl-Heinz, Pulheim
Leimbach, Wilfried, Pulheim-Brau-
  weiler
Lenders, Marie Luis, Pulheim-
  Freimersdorf
Leyendecker, Prof., Dr., Christoph,
  Köln
Linkenbach, Klaus, Pulheim-
  Dansweiler
Lohscheider, Berta, Pulheim-
  Brauweiler
Maassen, Rolf, Pulheim-Dansweiler
Mänz, Ingrid, Pulheim
Meisen, Erika, Bergheim

Meisenburg, Ursula u. Lothar,
  Pulheim-Sinthern
Metzen, Heinz Michael, Köln
Metzmacher, Karlheinz, Pulheim-
  Stommeln
Mittler, Agnes, Pulheim-Brauweiler
Moch, Gerd, Pulheim-Brauweiler
Möckl, Margret, Pulheim-
  Stommelerbusch
Müller, Peter Josef, Rittergut
  Mutzerath
Mundt, Peter-Christian, Frechen-
  Königsdorf
Neckermann, Fritz, Bergheim-Glessen
Neitzel, Uwe u. Iris
Neumann, Elke u. Manfred, Pulheim-
  Stommeln
Nieder-Vahrenholz, Dr., Hans-Georg,
  Pulheim
Nörrenberg, Ernst-Wilhelm, Pulheim-
  Brauweiler
Obermüller, Karen, Bergheim-Glessen
Orthen, Franz Heinrich, Grevenbroich
Ottermann, Ute, Pulheim-Brauweiler
Päffgen, Agnes u. Rath, A., Düsseldorf
Peltzer, Lotte, Pulheim
Peters, Wolf-Rüdiger, Pulheim
Petri, Günter, Pulheim-Brauweiler
Peuster, Axel, Köln
Pfarrer Franz Hoppe, Pulheim-
  Dansweiler
Podolsky, Anneliese, Pulheim
Pricken, Karlheinz, Pulheim-
  Brauweiler
Pütz, Hubert, Pulheim
Rahmen-Weyer, Adelheid, Köln
Rexin, Mathilde, Bergheim-Glessen
Rindt, Hans, Pulheim-Sinnersdorf
Rölke, Inge, Pulheim
Römer, Dr., Axel, Pulheim-Sinnersdorf
Rolle, Dr., Jürgen, Pulheim-Brauweiler
Schael, Uwe, Pulheim
Schäffer, Benita, Hürth
Scheiter, Brigitte, Leverkusen
Schierer, Michael, Pulheim-Geyen
Schlich, Felix, Pulheim-Brauweiler

Schlömer, Elisabeth, Köln
Schmerkotte, Margret, Pulheim-Brauweiler
Schmid-Löninger, Dieter, Pulheim
Schmidt, Walter, Pulheim-Brauweiler
Schmitz, Josef, Pulheim-Sinnersdorf
Schmitz, Werner, Pulheim-Sinthern
Schouler, Margot, Pulheim-Sinnersdorf
Schrader, Erika, Braunschweig
Schröder, Hubert, Pulheim-Orr
Schröter, Werner, Pulheim-Brauweiler
Schütz, Horst, Pulheim-Stommeln
Schumacher, Josefine, Köln
Schwengers, Karl A., Dr., Köln
Schwingeler, Christine, Pulheim-Sinnersdorf
Semeritsch, Elli, Pulheim-Stommeln
Seydel, Annesuse, Köln
Simon, Werner, Pulheim-Brauweiler
Sinzig, Sophie, Pulheim-Brauweiler
Smolla, Brigitte, Pulheim-Stommeln
Spanier, Wilhelm, Pulheim-Brauweiler
Speckhahn, Gerhard, Pulheim-Sinnersdorf
Steinhorn, Klaus, Frechen-Königsdorf
Stelkens, Prof., Dr., Paul, Frechen-Königsdorf
Stiene, Dr., Heinz Erich u. Birgit, Frechen
Szebel, Andrea, Pulheim
Tampier, Nelly, Pulheim-Stommeln
Thonemann, Cornelia, Pulheim
Todt, Gertrud u. Karl, Pulheim-Brauweiler
Unkel-Brösecke, Dr., Frechen-Königsdorf
van gen Hassend, Erich-Walter, Pulheim-Dansweiler
Vesen, Wilhelmine, Pulheim-Stommeln
Vix, Dr., Ernst, Frechen-Neufreimersdorf
Wachter, Heinz, Köln
Walterscheid, Rudolf, Köln
Wego, Heinz-Jakob, Pulheim-Stommeln
Weller, Prof., Dr., Franz Rudolf, Pulheim-Brauweiler
Wewer, Günter, Pulheim-Brauweiler
Willutzki, Heike, Pulheim-Brauweiler
Worms, Dr., Bernhard, Pulheim-Stommelerbusch
Zohren, Ulrich, Pulheim

43 Teilnehmer der Studienreise „Auf den Spuren Heinrichs des Löwen" vom 20. bis zum 24. September 1995 nach Norddeutschland:
Annemarie und Heinz Binsfeld, Sabine Cremer, Rolf Düser, Fr. Finkohl, Maria Fuhs, Anneliese und Anton Goergen, Gerda Görlich, Ute und Hans-Rudolf Hadenfeld, Herta und Karl-Heinz Halver, Sigrid und Reiner Hardt, Christoph Hegemann, Dr. Rosemarie Heitz, Hella und Ernst Herbrich, Gerline und Günter Juds, Eva Kemp, Monika und Franz-Hubert Kitschen, Edith Krämer, Ingrid Mänz, Helene Mentgen, Doris und Dr. Ernst Müssener, Hans-Henning Ottermann, Ursula Rammelt, Margot Rösner, Erika Schrader, Peter Schreiner, Margret und Reiner Schulz, Edith Sträßer, Marlene und Günter Tücks, Sybille Vogl, Gisela und Walter Volmer, Renate Winkler.

Die Liste der Sponsoren mußte aus redaktionellen Gründen am 24. September 1996 abgeschlossen werden.

Inhalt:

Vorwort 12

Die Auflösung der Abtei Brauweiler,
die Einrichtung und der Betrieb eines Bettlerdepots 15

Die Anstalt Brauweiler im Rahmen französischer
und preußischer Provinzial-Verwaltung 39

Das Arbeitshaus und Korrigendenwesen
im Spiegel der Gesetze 45

Arbeitsbetriebe und Werkstätten der Anstalt 51

Die Arbeitsanstalt Brauweiler in preußischer Zeit
bis zur Reichsgründung 1871 65
*Anstaltseinweisung und Anstaltsaufgaben - Anstaltsbevölkerung -
Anstaltsdisziplin und Strafen - Beamtenapparat und Aufseher der Anstalt*

Die Arbeitsanstalt Brauweiler während des Kaiserreiches 79
*Verwaltung der Anstalt - Bevölkerung der Anstalt -
Arbeitsanstalt und Kirchengemeinde*

Filialen und Außenkommandos der Arbeitsanstalt Brauweiler ... 89
*Filiale Butzweilerhof - Geplante Zweiganstalt Heimbach-Malmedy - Einsatz
von Korrigenden in Industrieunternehmen - Außenarbeiten der Arbeitsanstalt*

Die Arbeitsanstalt Brauweiler in der Zeit der Weimarer Republik 101

Die Abteilungen „Freimersdorf",
„Dansweilerhof" und „Tobruk" 107
*Fürsorge-Erziehungshaus Freimersdorf - Mädchenasyl Freimersdorf -
Frauenarbeitshaus Freimersdorf - Trinkerheilstätte Freimersdorf -
Trinkerheilstätte Freimersdorf nach dem Zweiten Weltkrieg - Haus Tobruk -
Jugendhaus Freimersdorf - Provinzial-Erziehungsheim Dansweilerhof -
Die Bezeichnungen Freimersdorf und Dansweilerhof nach dem Zweiten Weltkrieg*

Das Strafgefängnis Brauweiler 135

Erziehungswesen in der Anstalt 141
*Kinder und Unterricht im Bettlerdepot - Erziehung und Ausbildung
in preußischerZeit und im Kaiserreich - Unterrichtswesen in der
Weimarer Republik - Unterrichtswesen während des Dritten Reiches*

Skandale um die Anstalt Brauweiler 154
*Mißhandlungen unter Direktor Schellmann - Vorwürfe gegen Direktor
von Jarotzky und die Entlassung von Direktor Dr. Dick -
Skandale in der Nachkriegszeit - Arbeitsanstalt Brauweiler und „Kölner Express" -
Rheinisches Landeskrankenhaus Brauweiler*

Die Arbeitsanstalt Brauweiler während des Dritten Reiches 171
Allgemeiner Überblick - Wehrmachtseinheiten in der Brauweiler Anstalt

Die Arbeitsanstalt Brauweiler als politische Anstalt
während des Dritten Reiches 182
*Konzentrationslager Brauweiler - Inhaftierungswellen zwischen 1938 und 1942 -
Edelweißpiraten in Brauweiler - Gestapo-Sonderkommando Bethke -
Mitglieder der polnischen Heimatarmee in Gestapohaft in Brauweiler -
Französische Katholiken in Brauweiler Gestapohaft -
Räumung des Gestapogefängnisses und Teilräumung der Anstalt Brauweiler -
Kurt Bethke als „Prominentenkommissar" - Kommando Kütter in Brauweiler*

Die Arbeitsanstalt nach dem Zweiten Weltkrieg 253
*Auflösung der Anstalt - Nutzung als DP-Lager -
Pläne zur Neunutzung der ehemaligen Arbeitsanstalt*

Die Arbeitsanstalt Brauweiler
zwischen Wiedereinrichtung und Auflösung 267

Die Gebäude der Arbeitsanstalt 277

Die Anstaltsleiter von Brauweiler 292

Abbildungsnachweis 293

Abkürzungsverzeichnis 293

Literaturverzeichnis 294

Veröffentlichungen des Vereins
für Geschichte und Heimatkunde e.V. 298

Vorwort

„Tausendmal im Jahr erklingt vor Kölner Gerichten das Stichwort 'Brauweiler'... Wenn dieses Wort erklingt, zittern die Leute, die dorthin sollen, und kämpfen wilder als bei einem Todesurteil."

„Brauweiler! mit dem Klang dieses Namens verbinden sich Schreckensvorstellungen... Denn Brauweiler - das ist eben für die Allermeisten der Ort wenn nicht des Grauens, so doch der büssenden Sünde, der kalten Justiz, der unerbittlichen Staatsräson. Eine Cayenne kleinbürgerlichen Formats."

Solche Zeitungszitate ließen sich beliebig fortsetzen. Was hat diesem kleinen Ort im Kölner Umland über fast zwei Jahrhunderte hinweg dieses Odium verliehen?

Am Anfang der Gleichsetzung des Ortes mit den verschiedensten Anstalten auf dem Gelände der ehemaligen Abtei Brauweiler steht ein Gesetz Kaiser Napoleons vom 16. November 1809, das bestimmte, in den Gebäuden der säkularisierten Benediktinerabtei ab Januar 1811 eines der größten Bettlerdepots im damaligen französischen Kaiserreich zu errichten.

Während sich allerdings zur französischen Zeit die Brauweiler Anstalt wegen der Anwendung moderner, aufgeklärter Methoden bei der Behandlung und im Umgang mit gesellschaftlichen Randgruppen rühmen konnte, änderte sich dies mit der Übernahme der Anstalt durch Preußen und der Einrichtung einer Arbeitsanstalt im Jahre 1815.

Vorstellungen englischer „work houses", wonach für die Armen der Tisch der Natur nicht gedeckt sei und deshalb die Gesellschaft vor diesen Leuten zu schützen sei und die während des Pauperismus und der Zeit der Sozialen Frage vorherrschende Auffassung, daß die staatliche „Wohlfahrtspflege" sich darauf zu beschränken habe, Mittellose durch Arbeitshauseinweisung vor „den Schäden des Müßiggangs" zu bewahren, bestimmten nun bis ins 20. Jahrhundert hinein die Behandlung der Arbeitshausinsassen, den sog. Korrigenden.

Über ca. 150 Jahre bot das Strafgesetzbuch die Möglichkeit, Landstreicherei, Bettelei, gewerbsmäßige Unzucht u.ä. mit der Einweisung in ein Arbeitshaus zu bestrafen. „Arbeit" und „Ordnung" erwarteten dann die Korrigenden als einzige Erziehungsmittel der Arbeitshausideologie.

Die Brauweiler Anstalt, die größte ihrer Art in Deutschland, umfaßte im Verlauf ihrer Geschichte eine Reihe besonderer Abteilungen, die ebenfalls gesellschaftlichen Randgruppen, insbesondere straffällig gewordenen Jugendlichen, vorbehalten waren.

Mit dem Beginn des Dritten Reichs wurden die Brauweiler Anstalt, ihr Apparat und die traditionellen „Erziehungsideale" in den Dienst der totalitären Machthaber und ihrer menschenverachtenden Ideologie gestellt.

Die Indienstnahme der Brauweiler Anstalt durch den Nationalsozialismus für seine Unterdrückungspolitik gegenüber gesellschaftlichen Randgruppen, politisch und rassisch Verfolgten sowie gegenüber Zwangsarbeitern und Kriegsgefangenen ist nur zum Teil - trotz anderslautender Äußerungen nach dem Kriege - auf Distanzierung und Ablehnung gestoßen. Arbeitsanstalt und Gestapo arbeiteten oft eng zusammen.

Nach dem Kriege war es der Wunsch vieler Brauweiler, die Arbeitsanstalt wieder erstehen zu lassen, denn der Ort war seit der Errichtung der Anstalt von dieser geprägt: Berufsstruktur, Einkommensverhältnisse, Handwerk und Geschäfte hingen nicht unwesentlich von der Arbeitsanstalt ab.

Die Umwandlung in ein Landeskrankenhaus Ende der 60er Jahre läutete bereits das Ende der „Anstalt" Brauweiler ein. Die Entscheidung, nach Skandalen um das Landeskrankenhaus in den Gebäuden der ehemaligen Arbeitsanstalt bzw. der alten Abtei ein Kulturzentrum des Landschaftsverbandes Rheinland zu errichten, das am 16. September 1988 der Öffentlichkeit vorgestellt wurde, verlieh dem Ort Brauweiler ein Image, das sich wieder an den Zeiten der alten Benediktinerabtei orientierte, als Brauweiler gleichgesetzt wurde mit Bildung, Wissenschaft und Kultur im weitesten Sinne.

Den Leser erwartet somit ein Buch über gesellschaftliche Randgruppen und deren Behandlung durch staatliche Stellen. Im Mittelpunkt steht die Geschichte der Arbeitsanstalt Brauweiler und ihrer zahlreichen Abteilungen und unterschiedlichsten Insassengruppen.

Für Unterstützung und Hilfe bei der Erstellung dieses Buches möchte ich mich bedanken bei Frau Dr. Horstenkamp, Herrn Kahlfeld, Frau Dr. Rahaman, Frau Saatzen, Herrn Schreiner, Herrn Dr. Stiene, Herrn Dr. Thomas, Herrn Weingarten und Herrn Wißkirchen.

Brauweiler, im Juli 1996　　　　　　　　　　　　　　　　Hermann Daners

Ansicht der Abtei Brauweiler von Südost. Tuschezeichnung von Laporterie, um 1795

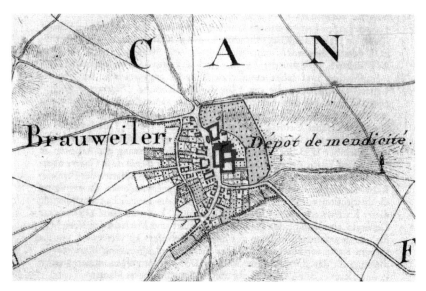

Ortslage Brauweiler. Ausschnitt aus der ältesten topographischen Kartenaufnahme der Rheinlande durch den französischen Ingenieurgeographen Oberst Tranchot (1807/08) mit der Eintragung «Dépôt de mendicité» (Bettlerdepot)

Die Auflösung der Abtei Brauweiler, die Einrichtung und der Betrieb eines Bettlerdepots

Auflösung der Benediktinerabtei

Die Französische Revolution hatte auch für das Rheinland und damit für die Abtei Brauweiler entscheidende Zäsurwirkung. Nach der Kanonade von Valmy (20.09.1792) näherten sich französische Truppen allmählich dem Rheinland, und damit hielten auch hier Vorstellungen über das Ende des Feudalsystems, von Säkularisation und Laizismus ihren Einzug, sofern sie nicht schon vorher bei aufgeklärten Geistern der Zeit ihre Verbreitung gefunden hatten. Für die Abtei Brauweiler fand damit die vorhergegangene barocke Blütephase ein jähes Ende.

Nach der Niederlage der österreichischen Truppen bei Fleurus in Belgien im Sommer 1794 rückten französische Revolutionstruppen der Sambre-Maas-Armee unter General Championnet am 5. Oktober 1794 in Brauweiler ein.

Den Eindruck, den der Einmarsch der französischen Soldaten auf das gemeine Volk hinterlassen hat, verdeutlicht eine Tagebucheintragung des Pächters Büttgen vom Tollkampshof im benachbarten Uesdorf: „Heut den 5ten Oktober sind die französischen Sansclotten von Königsdorff herabgekommen. Wir hanben das Oistorffer Kreutz in die Aerd vergraben. 10 Mann sind bey mir einquartiret und ich habe auch keinen Platz gehabt, habe ihnen ein Kalb schlachten müssen. Sie hanben mir andern Tags 10 lievre Papier geben. Sind also dann nach Kollen gezogen und hanben 20 Mann in der Gemeinde gelassen, 2 bey mir... Die Franzosen waren arg zerlumpt und hungerisch, hanben sich nit gar so schlimm aufgeführt, aber was wird noch's geben".[1]

In diesen Äußerungen schwingt etwas Überraschung mit, man hatte von den französischen Soldaten viel Schlimmeres erwartet. Dies lag wohl auch daran, daß sich vor dem Einrücken der Franzosen die „Verteidiger", also kaiserliche Truppen, alles andere als vertrauenerweckend aufgeführt hatten. Der Raum Köln und damit der Bereich der Abtei Brauweiler waren seit dem Ver-

---

1 Hans Clemens, Jakob Obermanns, S. 29.

lust von Lüttich und Brabant an die französischen Truppen gegen Ende des Jahres 1792 unmittelbar in das Geschehen der Revolutionskriege hineingezogen worden, denn die kaiserliche Armee benutzte diesen Raum als Aufmarsch- und Requirierungsgebiet, ohne auf die Bevölkerung irgendeine Rücksicht zu nehmen.

Über das Schicksal der Abtei Brauweiler sind wir recht gut unterrichtet. In der zeitgenössischen Rheinischen Dorfchronik des J.P. Delhoven heißt es im Dezember 1792: „Aus dem Jufernkloster Königsdorf sind die Nonnen auf Kölln entflohen, die Keyserlichen hausen da sehr übel. Auch in der Abdey Brauweiler haben sie ihr Wesen schon viele wochenlang, und lassen sich auf Kosten der reichen Mönche sehr wohl seyn".[2]

Nach Aussagen der Brauweiler Mönche selbst hatte man sich nicht aus Angst vor den Franzosen, sondern wegen der kaiserlichen Truppen in das Seminar der Abtei in Köln begeben. Die jüngeren Konventsmitglieder waren allerdings zusammen mit dem Abt auf die rechte Rheinseite geflohen. Nachdem die kaiserlichen Truppen abgezogen waren, kehrten die 14 älteren Mönche aus dem Kölner Seminar nach Brauweiler zurück und fanden die Abtei total verwüstet vor.[3]

Eine allgemeine Fluchtbewegung setzte eigentlich erst unmittelbar vor dem Eintreffen der französischen Armee ein. Allerdings flüchteten in der Regel nur der linksrheinische Klerus und die Funktionsträger des alten Systems auf das rechte Rheinufer, so eben auch der letzte Brauweiler Abt, Anselmus Aldenhoven, mit den jüngeren Mönchen seines Konvents und mit anderen im Dienst der Abtei stehenden Laien, wie z.B. dem Schultheiß Matthias Kohnen. Sie suchten im Bergischen Land Unterschlupf. Aus einem sog. Flüchtlingsbrief vom 1. Dezember 1794 ist etwas über ihre Lage bekannt: „Sollte es auf Uckerath gehen, so soll dort ein recht schönes Quartier sein, auch geht es da an mit den Lebensmitteln. Denn gestern noch war hier der Schultheiß von Brauweiler, der mit der ganzen Abtei in Gegend von Uckerath wohnt. Er sagte, daß alles in ziemlich ordentlichem Preis da zu bekommen wäre. Nur die Fourage sei teuer, und sie haben 16 Pferde bei sich".[4]

Nach der nur handschriftlich übermittelten „Geschichte der Abtei Brauweiler" von Kaplan Heinrich Hubert Giersberg fanden der Abt und die übrigen Angehörigen des Konvents schließlich eine Zuflucht im Burghaus Mauel bei Rosbach. Im Taufbuch der Pfarre Rosbach/Sieg findet sich für den 16. Juni 1795 der Brauweiler Schultheiß Matthias Kohnen als Taufpate.[5]

---

2 Hermann Cardauns, Reiner Müller, S. 77.
3 HStAD, Maas und Rhein 1971.
4 Zitiert nach einem Artikel in der „Rheinischen Volkswacht" Nr. 237 vom 2. Oktober 1924.
5 Heinrich Hubert Giersberg: Geschichte der Abtei Brauweiler. Erzdiözesan-Bibliothek Köln, Hs. 133. Karl-Bernd Mouchard, S. 50f.

Genauere Aufschlüsse über die letzten Tage der Brauweiler Abtei vor der französischen Besetzung und über das Schicksal des Konvents ergeben sich aus einer Art Protestschreiben der nicht geflohenen Mönche an die unter französischer Kontrolle stehende Bezirksverwaltung in Bonn vom 4. Februar 1795. Das Schreiben trägt die Unterschriften der Mönche Geyr [Laurentius Geyer] und Cramer [Franz Cramer], letzterer seit 1783 Professor für Reichsgeschichte an der alten Universität Bonn.[6] Das Schreiben ist in deutscher und französischer Fassung erhalten, wobei die Inhalte nur zum Teil identisch sind. Die Schreiben geben zwar genaueren Aufschluß über einige Vorgänge in Brauweiler, der Wahrheitsgehalt mancher Darstellungen muß allerdings mit Skepsis betrachtet werden, da die Schreiben von Ergebenheitsadressen gegenüber dem französischen Staat durchzogen sind. Allerdings werden die unmittelbaren Maßnahmen des französischen Militärs gegenüber dem Kloster deutlich: Beherbergung der französischen Offiziere, Ablieferung der noch verbliebenen Nahrungsmittelvorräte des Klosters, Requirierungsleistungen der Pächter der Abtei, Rodungen im klösterlichen Forst in Königsdorf sowie Zahlung einer hohen Kontributionssumme.[7]

Aus einem Beschwerdeschreiben der Brauweiler Bewohner vom 2. November 1794 an die Bonner Bezirksregierung ist zu entnehmen, daß die Abteigebäude nach dem Einmarsch der Truppen als Hauptquartier der Kavallerie und als Lazarett dienten und daß „alle Augenblicke Boten, Pferde, Karrigen [Karren], Ohl, Pötte, Dienstleute, Leintücher und dergleichen gefordert" wurden.[8]

In dem in französischer Sprache abgefaßten Schreiben geht es primär darum, daß den geflohenen Mitgliedern des Konvents nicht der Status von Emigranten zugewiesen wird, weil damit die Konfiszierung des gesamten Klosterbesitzes zu befürchten war. Wegen der Einzigartigkeit dieser Quelle soll sie an dieser Stelle in deutscher Übersetzung vorgestellt werden:

Freiheit – Gleichheit – Brüderlichkeit

Die Benediktinermönche der Abtei Brauweiler, die erfahren haben, daß es in diesem Land einigen Einwohnern aus Gehässigkeit und Selbstsucht beliebt, der französischen Nation den Eindruck zu vermitteln, die Gemeinschaft der genannten Abtei sei emigriert, sehen sich genötigt, in dieser kleinen Abhandlung die Abwesenheit ihrer Klosterbrüder zu erklären, damit der Sachverhalt verständlicher wird und die daraus zu ziehenden Schlußfolgerungen besser beurteilt werden können.

---

6 Erich Wisplinghoff, S. 313.
7 HStAD, Maas und Rhein 1971.
8 HStAD, Maas und Rhein 1972, Bl. 1. Joseph Hansen, S. 452.

Einrichtung eines Bettlerdepots

Sachverhalt

Es ist im ganzen Land bekannt, daß der österreichische General Coburg die Bewohner unserer Gegend durch eine in seinem Hauptquartier am 30. Juli unterzeichnete Proklamation aufgefordert hat, seine abgekämpften Truppen mit Nahrungsmitteln aller Art sowie mit Geld zu unterstützen, selbst wenn es für die Kirche bestimmt sein sollte.

Außerdem drohte er den bereits durch den Krieg stark belasteten Einheimischen damit, daß er seiner Armee Plünderungen erlauben werde, sofern sie die benötigten Nahrungsmittel nicht erhalten und sich genötigt sehen sollte, den Rhein zu überqueren, um, wie er es ausdrückte, den Feinden alle Mittel zur Bestreitung des Lebensunterhaltes zu entziehen.

Die bedrohliche Proklamation verbreitete Angst und Schrecken und bewog unseren Vater Abt, beim Herannahen der österreichischen Vorhut mit einem Teil unserer jüngeren Brüder im Kölner Seminar Zuflucht zu nehmen. Allerdings blieben noch drei Mönche mit den Dienstboten in der Abtei zurück, um das Haus zu versorgen.

Unmittelbar nach dem Weggang unserer Brüder, d. h. am 4. Oktober, überfielen die österreichischen Esterhazy-Husaren die Abtei, um unter Berufung auf die besagte Proklamation zu plündern und alles zu verwüsten, was sie vorfanden. Die Mönche, die sie davon abbringen wollten, wurden mit den Dienstboten vertrieben. Alle Türen wurden gewaltsam geöffnet. Fünfzehn Faß Wein wurden entwendet, weitere Fässer zerstört, Haustiere mit Säbelhieben getötet. Die Bibliotheksbestände und die handschriftlichen Aufzeichnungen der Wirtschaftsverwaltung wurden zerrissen und in alle vier Winde verstreut, die Wäsche, die Gerätschaften, die Fleisch- und Fischvorräte wurden gestohlen oder unbrauchbar gemacht; das Verhalten der Truppen war in tausenderlei Hinsicht untragbar.

Die überraschende wie unerwartete Nachricht, die noch am selben Tage zu unseren Ordensbrüdern nach Köln gelangte, hat in den Herzen dieser nicht an Waffenlärm gewöhnten friedfertigen Schar größte Bestürzung ausgelöst. Nachdem unsere Brüder ihre Fassung wiedergefunden hatten, beschlossen sie bedauerlicherweise, das Angebot eines mitfühlenden Vogtes [frz. „baillif", gemeint ist wohl der Schultheiß], der zuvor im Dienst der Abtei gestanden hatte, anzunehmen und in dessen Haus jenseits des Rheins einige Tage lang Zuflucht zu nehmen, um eine Besserung der Lage abzuwarten.

Bevor sie fortzogen, unterzeichneten sie eine Protestnote, in der sie erklären, daß sie die Abtei nicht aus Zweifel an der Loyalität der französischen Nation, sondern ausschließlich aus Angst vor den Plünderungen der österreichischen Armee verlassen haben.

Außerdem ließen sie diese Protestnote am folgenden Tage durch einen Ordensbruder, der mit drei anderen Brüdern in die Abtei zurückgekehrt war, der gesamten Gemeinde zur Kenntnis bringen. Allerdings hatten sie nicht bedacht, welches unüberwindliche Hindernis ihnen die Rückkehr in die Abtei versperren würde.

Seither warten sie nach wie vor gemeinsam darauf, am ersten Tage des glorreichen Einzugs der französischen Truppen in die Abtei zurückkehren zu dürfen, jedoch sehen sie sich plötzlich umgeben von Republikfeinden, die ihnen tausenderlei Hindernisse in den Weg legen, um zu verhindern, daß sie sich wieder zu uns gesellen, um den großmütigen Schutz und das Wohlwollen der französischen Nation zu genießen.

Dies sind die wahrheitsgetreuen und allgemein bekannten Gründe für die Abwesenheit unserer Ordensbrüder. Die Frage, ob davon auszugehen ist, daß die Ordensgemeinschaft der Benediktiner-Abtei Brauweiler emigriert ist, läßt sich somit unschwer beantworten.

Erläuterungen zum Sachverhalt

In der Abtei hat es niemals eine feste Anzahl von Mönchen gegeben, so daß dort - je nachdem - bisweilen vierundzwanzig, bisweilen aber nur fünfzehn Mönche lebten.

Bei den abwesenden Mönchen handelt es sich um unsere jüngeren Ordensbrüder. Hingegen sind wir, die wir in der Abtei oder ihren Nebengebäuden verblieben sind, noch zwölf an der Zahl, nicht mitgezählt zwei ältere Mönche, die seit vier Jahren in der Abtei Siegburg als Prior bzw. Lektor und Instruktor der Novizen vorübergehend wirken.

Diese Mönche bilden - anders als die jungen Ordensbrüder - zweifellos den führenden und interessantesten Teil der Klostergemeinschaft.

Unter diesen Umständen ist nicht davon auszugehen, daß die Klostergemeinschaft emigriert ist. Sie besteht weiterhin, auch wenn sie durch die unfreiwillige Abwesenheit unserer Brüder zahlenmäßig verringert wurde. Es trifft zu, daß unsere jüngeren Ordensbrüder nicht unter uns weilen. Wenn sie von uns durch einen unüberwindbaren Fluß getrennt sind, so nicht durch eine freiwillige Laune, sondern durch ein unvorhersehbares Unglück.

Aus Angst vor den Drohungen und Plünderungen der Österreicher und zutiefst beunruhigt durch die heftigen Kämpfe der gegnerischen Parteien haben sie ihre Klosterzellen verlassen. Wenn sie ihre Verbundenheit mit der Französischen Republik nicht durch ihre Rückkehr bezeugt haben, so, weil sie der erste Ansturm an einen Ort verschlagen hat, den sie seit Beginn ihres unfreiwilligen Exils nicht mehr verlassen konnten. An ihrer Statt tun wir ihre guten Absichten kund, die sie in der Protestnote bereits erklärt und vor der gesamten Gemeinde bekanntgegeben haben.

Ihre Abwesenheit hat sehr wohl andere Gründe als die Flucht einiger Verbrecher, die aus Halsstarrigkeit ihre Heimat verlassen haben, die nicht bereit waren, sich den geltenden Gesetzen zu unterwerfen, die wiederholt das großmütige Angebot der Französischen Nation ausgeschlagen haben, um nicht in ihre Heimat zurückzukehren, obwohl ihnen dafür ein großzügig bemessener Zeitraum gewährt worden war.

Zur weiteren Verdeutlichung unserer Erläuterungen zum Sachverhalt sei uns ein Vergleich gestattet: Wenn sich eine oder zwei Kompanien eines Bataillons vor der Schlacht ein wenig zu weit von der übrigen Truppe entfernen und in Feindesland geraten, sind sie dann desertiert? Kann man dann sagen, daß das gesamte Bataillonskorps nicht mehr existiert?

Überlegungen zu den Schlußfolgerungen, die aus dem Sachverhalt gezogen werden können

Wir hoffen, daß sich nach diesen Erläuterungen sowie nach vorurteilsloser und uneigennütziger Prüfung der Umstände kein Unvoreingenommener findet, der behaupten möchte, die Mönche der Abtei Brauweiler seien nach dem Buchstaben und Geist des Gesetzes emigriert, zumal die Gegebenheiten keine Schlußfolgerungen zulassen, die der Abtei zum Nachteil gereichen.

Gesetzt den Fall, daß diese Erläuterungen jedoch nicht für jedermann so überzeugend sind, wie für uns, so stellt sich die Frage, ob das von der Französischen Nation erlassene Gesetz gegen die Emigranten auf unsere Ordensgemeinschaft oder auf uns, die wir unter dem Schutz Frankreichs verblieben sind, anzuwenden ist.

Es kann nicht dem Willen einer aufgeklärten, gerechten und großmütigen Nation entsprechen, daß eine Gruppe junger, durch wildes Kriegsgeschrei eingeschüchterter Männer – fast ausnahmslos Studenten – mehr Gewicht haben soll, als die übrigen Brüder, die den wichtigsten Teil der Gemeinschaft bilden.

Auch wenn der Vater Abt in einer schlimmen Lage ist, auch wenn er der Republik seine Ergebenheit nicht persönlich bekunden kann, so darf seine Abwesenheit der Ordensgemeinschaft nicht abträglich sein, zumal er lediglich ein Primus inter pares ist. Die Einkünfte und Besitztümer der Abtei sind nicht das Eigentum des Abtes, über das er nach eigenem Gutdünken verfügen kann. Sie sind vielmehr das Erbe der Ordensgemeinschaft, das der Abt lediglich verwaltet und verteilt: ebensowenig ist die Armeekasse Eigentum des Hauptmanns, sondern vielmehr die Geldeinlage des Bataillons.

Es würde uns zutiefst betrüben, wenn ein möglicher Fehler unseres Vater Abtes oder unserer Mitbrüder die Ursache wäre, wenn uns ohne unser Verschulden das erbetene Recht nicht gewährt würde, wenn wir alt oder gebrechlich unsere Herberge und Nahrung in der Abtei verlören, ja, wenn wir um die Hoffnung gebracht würden, unsere Ordensgemeinschaft fortzusetzen, die wir in voller Freiheit eingegangen sind und mit der Einheit und Unzertrennlichkeit unserer Herzen gelebt haben.

Die Französische Republik ist mit ihren siegreichen Waffen nicht bis an den Rhein gezogen, um die Menschen ins Unglück zu stürzen, sondern um all

jene Bürger des Glücks und insbesondere des großmütigen Schutzes teilhaftig werden zu lassen, die es dank ihrer Tugenden verdienen.

Wir wollen uns nicht rühmen, wenn wir öffentlich bekennen, daß unsere Abtei sich stets um das VATERLAND durch Menschlichkeit und Wohltätigkeit verdient gemacht hat. Sie teilt die Erträge ihrer Äcker, die ihre einzige Einkommensquelle bilden, mit den Einheimischen. Sie gibt ihnen Kleidung und Nahrung. Sie fördert das Handwerk und gewährt dem Reisenden Unterkunft.

Außerdem sei es uns gestattet, öffentlich auf unsere gute Disziplin, unsere Gleichheit vor dem Gesetz, unsere innige Brüderlichkeit, unsere weise Wirtschaftsführung (bei der wir nicht habgierig verfahren, sondern einen angemessenen Pachtzins verlangen) hinzuweisen. Auch blüht die Wissenschaft in unserer Abtei dank des unablässigen und fleißigen Studiums der Brüder.

Zum Nutzen des Vaterlandes unterhalten wir seit mehr als eineinhalb Jahrhunderten eine Schule, aus der Universitätsdoktoren, Gemeindepastoren und Klostervorsteher hervorgegangen sind, die allesamt zur Verbreitung der Wissenschaften und der guten Sitten erzogen und angeleitet wurden.

Die Vielzahl und die Vielfalt der wertvollen Bücher und literarischen Zeugnisse, die die Kommissare für Kunst und Wissenschaft auf Anordnung des Volksvertreters FRECINE unlängst von unserer durch böse Menschen teilweise zerstörten Bibliothek erhielten, zeugen davon, daß unser Orden keine Schar von Müßiggängern, sondern vielmehr eine Gemeinschaft von fleißigen Männern ist, die seit Jahrhunderten zum Nutzen des Allgemeinwohls wissenschaftlich tätig sind.

Aufgrund dieser Überlegungen haben wir volles Vertrauen in die Gerechtigkeit und Großzügigkeit der Französischen Nation, die unsere Mitbrüder nicht als Emigranten verurteilen wird. Wenn sie jeden Tag aufs neue ihren Feinden, die sie mit Waffengewalt bekämpft haben, etliche Beweise ihrer Großmut zuteil werden läßt, so hoffen wir, daß sie ihre Nachsicht und Großmut auch ein weiteres Mal einer friedlichen Schar erweisen möge, die stets darauf bedacht war, sich um das Vaterland verdient zu machen durch Menschlichkeit und Wohltätigkeit, durch Disziplin und Wissenschaft, und mithin durch Tugenden, die die Republik von einem guten Bürger erwartet.

Die Benediktiner-Mönche der Abtei Brauweiler[9]

Im November 1794 kehrten zwei Mönche in die Abtei nach Brauweiler zurück.[10] Es ist wahrscheinlich, daß es sich dabei um die Verfasser des Protestschreibens, Geyer und Cramer, handelte. Zu diesem Zeitpunkt untersagten nämlich die Franzosen den Brauweiler Mönchen das Verfügungsrecht

---

9 HStAD, Maas und Rhein 1971.
10 Hermann Cardauns, Reiner Müller, S. 105.

über das Kloster sowie über die Einnahmen und den Geldvorrat, da die französischen Behörden den Konvent als emigriert betrachteten("... welches alles einsweilen, wie wir vernehmen, aus der Ursach geschehen, weil der Abt, und einige Glieder abwesend wären...").[11] Aus diesem Grund wurde auch der neu ernannte Schultheiß Aldenhoven von der Bezirksregierung angewiesen, sich in Brauweiler mit Schöffen und Vorstehern zu beraten.[12]

Abt Anselmus Aldenhoven und die anderen Flüchtlinge kehrten erst nach dem Sonderfrieden von Basel (April 1795), in dem Preußen Frankreich das linke Rheinufer überließ, am 3. Juli 1795 nach Brauweiler zurück.[13] Die Möglichkeiten der Fortsetzung klösterlichen Lebens werden für den Konvent allerdings äußerst eingeschränkt gewesen sein, und nur Teile des Klosters standen dafür zur Verfügung, denn die Abteigebäude wurden weiterhin für Zwecke der französischen Armee genutzt. Noch im Jahr 1798 wird davon berichtet, daß Truppenteile zur „Revue"(Inspizierung) nach Brauweiler mußten.[14] Zudem waren seit Anfang 1798 die Enteignung der Klöster und die Abschaffung bäuerlicher Abhängigkeitsverhältnisse durch Erlasse des Regierungskommissars Rudler in die Wege geleitet worden.[15]

Im Frieden von Campo Formio (1797) hatte Kaiser Franz in einem geheimen Zusatzartikel bereits die Abtretung des linken Rheinufers an Frankreich in Aussicht gestellt. Dementsprechend betrieben die Franzosen seit 1797 die Eingliederung des Rheinlandes nach Frankreich. Diesem Ziel diente auch die Verwaltungsreform des Regierungskommissars Franz Joseph Rudler. Das Gebiet wurde 1798 in Departements, diese in Arrondissements eingeteilt. Der Pulheimer Raum lag im Roerdepartement mit der Hauptstadt Aachen und im Arrondissement Köln.

Unter Napoleon wurde im Frühjahr 1800 die Verwaltung erneut geändert. An die Spitze der Departements traten nun von Napoleon ernannte Präfekten, an die Spitze der Arrondissements Unterpräfekten. Als unterste Verwaltungsebene wurden sogenannte Mairien eingerichtet, an deren Spitze ein Maire (Bürgermeister) stand, der nicht gewählt, sondern vom Präfekten ernannt wurde. Brauweiler gehörte zur Mairie Freimersdorf unter Maire Adam Berndgen. Präfekt des Roerdepartements war zunächst Lameth, dann Ladoucette.[16]

---

11 HStAD, Maas und Rhein 1971.
12 HStAD, Maas und Rhein 1972, Bl. 5.
13 Hermann Cardauns, Reiner Müller, S. 120. Heinrich Hubert Giersberg: Geschichte der Abtei Brauweiler. Erzdiözesan-Bibliothek Köln, Hs. 133. Zum Abbatiat Aldenhovens heißt es dort u.a.: „Er zog sich ins Oberbergische auf das Burghaus Mauel bei Rosbach zurück, wo er mehrere Monate zubrachte". Erich Wisplinghoff, S. 68.
14 Hermann Cardauns, Reiner Müller, S. 153.
15 Georg Droege, Franz Petri, S. 333.
16 Sabine Graumann, S. 84. Georg Droege, Franz Petri, S. 331ff. Arno Erbel, S. 250.

Einrichtung eines Bettlerdepots

Von entscheidender Bedeutung für das weitere Schicksal der Abtei Brauweiler war das zwischen Napoleon und der Katholischen Kirche im Juli 1801 geschlossene Konkordat. Dieser Vertrag wurde 1802 für die vier rheinischen Departements in Kraft gesetzt. Damit war die freie Religionsausübung im französischen Staatsgebiet wieder möglich, allerdings unter der Vorgabe der Säkularisation der kirchlichen Ländereien und der Auflösung geistlicher Korporationen.[17]

Am 9. Juni 1802 (20. Pairial) wurden alle Klöster durch den Generalregierungskommissar Jeanbon St. André verpflichtet, der Präfektur alle Klosterarchive zu übergeben, damit sich die Domänenverwaltung einen Überblick über die Güter verschaffen konnte.[18]

Wie die Umsetzung des Konkordats konkret aussah, übermittelt sehr anschaulich der Dorfchronist Joan Peter Delhoven aus Dormagen. Am 4. Juli 1802 notierte er: „Gestern Abend kame ein Commissair extraordinaire von Köln hier an, der den Auftrag hatte, alle Effecten der Klöster und Kirchen zu versiegeln... Gemäß dem Arette müssen alle Klostergeistliche in Zeit von zehn Tagen die Klöster räumen und weltgeistliche Kleidung anziehen. Was sie eigenthümlich auf ihren Zellen haben, das dörfen sie mitnehmen..."[19] Für diesen ersten Schritt der Säkularisation, Versiegelung aller geistlichen Anstalten, war der Kölner Bürgermeister zum Staatskommissar für das gesamte Arrondissement Köln ernannt worden. Er mußte die Versiegelung nach genauem Plan und Formular überall am Sonntag, dem 4. Juli 1802, vornehmen lassen. Zu diesem Zweck entsandte er am 4. Juli Beauftragte in alle Orte des Arrondissements.[20]

Kurz darauf setzte die Verpachtung und Versteigerung des gesamten klösterlichen Besitzes durch die Domänenverwaltung ein: „Die Regierung läst in den aufgehobenen Klöstern alles, was frisst und gefressen kann werden, verpfachten und verkaufen".[21]

Ein Teil der Güter wurde allerdings zunächst als Dotation der Ehrenlegion, der Veteranen, der Senatorien, der Krondomäne und auch von Einzelpersonen verwandt, aber im Jahre 1805 wurden die Dotationen der Ehrenlegion und der Veteranen aus Geldmangel aufgehoben und auch zum Verkauf angeboten.[22]

In seiner „Geschichte der Abtei Brauweiler" berichtet Kaplan Giersberg, daß die Abteigebäude zwischen 1802 und 1809 leergestanden hätten und der

---

17 Georg Droege, Franz Petri, S. 335.
18 Recueil des Réglements et Arrétés (StAP V/V - 1/17), S. 34ff.
19 Hermann Cardauns, Reiner Müller, S. 179f.
20 Die Französischen Jahre, S.62.
21 Hermann Cardauns, Reiner Müller, S. 179f(Eintragung zum 8. September 1802).
22 Peter Schreiner: Widdersdorfer Ortsgeschichte, S. 47.

„teilweisen Zerstörung preisgegeben waren".[23] Der erste preußische Leiter der Anstalt Brauweiler, Hofrath Ristelhueber, berichtet allerdings davon, daß alle „Gebäulichkeiten sammt den in der Ringmauer liegenden Gärten" von der Domänenverwaltung verpachtet worden seien, „alles übrige Eigentum der Abtei aber während der Jahre 1803 bis 1810, außer 71 Morgen 67 Ruthen theils dicht an der Ringmauer der Abtei und theils bei Dansweiler und Klein-Königsdorf gelegenes Ackerland, öffentlich verkauft wurden".[24]

Die Besitzungen der Abtei im Ort Brauweiler selbst wurden von der Domänenverwaltung als 65 Objekte (Ackerland, Gärten, Mühle, Gehöfte) - zum Teil mehrmals - zum Verkauf angeboten. Von diesen Objekten fanden 24 keinen Käufer. Darunter war der innerhalb der Ringmauern liegende Klosterhof, bestehend aus Gehöft, Ackerland, Garten und Baumgarten, der am 20. November 1809 (Dotation Ehrenlegion) und am 10. Dezember 1810 unverkauft blieb. Der Schätzpreis lag bei 68094 Francs, 1810 bei 63595 Francs. Die eingetragenen Pächter, Franz und Anna Maria Schieffer, zahlten 1809 eine Pacht von 3405 Francs, ein Jahr später nur noch 2100 Francs.

Bei den kleinen Objekten, die zum Verkauf kamen, ist manchmal der vorherige Pächter auch der Käufer. Bei den 41 verkauften Objekten wird in den Verkaufsunterlagen 19mal als Wohnort Brauweiler ausgewiesen, wobei bestimmte Personen, z.B. Johann Anton Sartorius, Heinrich Bentzelrath, Andreas Mücker, Peter Fetten, mehrmals als Käufer auftauchen. Zu den Käufern mit Wohnsitz Brauweiler zählte auch der Direktor des Bettlerdepots Etienne Taillard, der am 12. Juli 1813 ein Objekt (Acker/Garten) aus der Dotation der Ehrenlegion für 1175 Francs erwarb. Von den Brauweiler Käufern kamen nicht alle aus der Landwirtschaft, neben dem Leiter des Bettlerdepots tauchen auch Berufsbezeichnungen wie „Marchand d'eau-de-vie en détail" (Schnapsverkäufer), „Charron" (Stellmacher) auf.

Die nicht ortsansässigen Käufer kamen zumeist aus Köln. Die Brauweiler Mühle wurde z.B. an Ludger Jonen aus Köln für 9000 Francs verkauft. Auffällig ist die rege Kauftätigkeit von „Konstantin Taillard, Aachen, Officier de gendarmerie", der sieben Objekte erwarb und mehrmals als Kaufvermittler genannt wird.[25]

Die nicht verkauften Objekte dürften in der Regel von den Pächtern weiter bewirtschaftet worden sein. Unter preußischer Verwaltung gingen die Verkäufe allerdings weiter.

---

23 Heinrich Hubert Giersberg: Geschichte der Abtei Brauweiler. Erzdiözesan-Bibliothek Köln, Hs. 133.
24 Ristelhueber, S. 38.
25 Wolfgang Schieder, S. 493ff.

Einrichtung eines Bettlerdepots

Bei der Besetzung der Rheinlande wurden die Franzosen mit einem gewaltigen Bettlerwesen konfrontiert. Zum einen gab es sog. Hausarme, seßhafte Arme, die zumeist wegen persönlicher Schicksalsschläge oder aus Altersgründen auf kommunale und kirchliche Hilfe angewiesen waren. Für die Stadt Köln wird die Zahl dieser Hausarmen für die Zeit um 1800 auf 8%-10% der 40.000 Einwohner geschätzt.[26] Zudem gab es in Köln eine ca. gleich große Anzahl vom Bettel und auch vom Diebstahl lebender vagabundierender Bettler, den sog. „mendiants". Diese standen z.T. mit den seit der 2. Hälfte des 18. Jahrhunderts sich im Gebiet zwischen Main und Niederrhein ausbreitenden Räuberbanden, z.B. der sog. Großen Niederländischen Bande, sowie mit fahrenden Krämern, Handwerkern und Landstreichern in Kontakt. Die letzte Gruppe hatte sich wegen zahlreicher Wirtschaftskrisen am Ende des 18. Jahrhunderts stark vergrößert und war infolge der Koalitionskriege noch durch Deserteure verstärkt worden. Zumeist handelte es sich bei den „mendiants" um männliche Bettler und Vaganten, aber es waren auch einige Frauen zwischen 15 und 20 Jahren unter ihnen zu finden.[27]

Das Ausmaß des gesamten Bettlerwesens beschreibt der Mainzer Jakobiner Georg Forster 1790 nach einem Besuch Kölns sehr anschaulich: „... auf allen Straßen nur Schaaren von zerlumpten Bettlern... den Müßiggang systematisch treiben und ihre Plätze an den Kirchentüren erblich hinterlassen".[28]

Während dem Bettlerwesen in vorrevolutionärer Zeit wegen eines anderen Images der Armut - so galt ein Leben gestützt auf Almosen und Spenden in der Nachfolge Christi als ausgesprochen gottgefälliges Leben - mit viel Nachsicht begegnet wurde, paßte der Bettler nicht mehr in das Bild der Französischen Revolution mit dem Ideal vom aufgeklärten, dechristianisierten Menschen. Zudem mußte man insbesondere beim Verwaltungsaufbau in einem besetzten Gebiet eine wegen ihrer Nichtseßhaftigkeit schwer zu kontrollierende Gruppe, die z.T. auch kriminell war, auf jeden Fall ausschalten.

Anfängliche Versuche, über Paßzwänge das Bettlerproblem in den Griff zu bekommen, waren u.a. wegen der militärischen Auseinandersetzungen in den 90er Jahren des 18. Jahrhunderts erfolglos geblieben.

Im Jahre 1803 erfolgte dann auf Anordnung des Präfekten Ladoucette im Roerdepartement eine Verhaftungsaktion aller Bettler, Deserteure und Vaganten, die aber wegen des Mangels an Gefängnisraum recht erfolglos blieb.[29]

---

26 Norbert Finzsch: Obrigkeit, S. 81.
27 Norbert Finzsch: Räuber und Gendarm, S. 435f.
28 Norbert Finzsch: Obrigkeit, S. 47.
29 Norbert Finzsch: Obrigkeit, S. 165f.

Einrichtung eines Bettlerdepots

Vor diesem Hintergrund erließ Napoleon am 5. Juli 1808 ein „Decret über die Ausrottung der Betteley", in dem er die Errichtung von Bettlerdepots in jedem Departement anordnete. Jedes einzelne Bettlerdepot sollte durch ein gesondertes kaiserliches Dekret angelegt und organisiert werden. Die Präfekten sollten hierfür dem Innenminister einen geeigneten Ort in ihrem Departement vorschlagen und gleichzeitig auch ihrem Rapport einen Kostenvoranschlag und eine Kalkulation der anfallenden Kosten für den Staat, die Departements und die Städte beifügen. Des weiteren wurden Angaben über die mögliche Belegungsstärke und den Personalbedarf erwartet.[30]

Entsprechend dem Bericht des Präfekten Ladoucette dekretierte Napoleon am 16. November 1809 die Einrichtung des Bettlerdepots Brauweiler (Dépôt de mendicité):

„Napoleon, Kaiser der Franken, König von Italien, und Schutzherr des rheinischen Bundes;

Wir haben gestiftet und stiften hiermit, in den Gebäuden und Nebengebäuden der Abtey Brauweiler, einen Bettlerverwahr für das Ruhr-Departement.

[...]

1. Die Gebäude und Zubehörden der Abtey Brauweiler, bey Köln, die unser Dekret vom 21sten November 1808 unserem Minister des Innern zustellt, sollen ungesäumt zubereitet, und in Stand gesetzt werden, fünf hundert Bettler des ein und anderen Geschlechts aufzunehmen.

2. Man soll die Ausgaben die sowohl durch Ausbesserungen, Zusätze und Wiederaufbauungen, als durch Möblirungskosten und Verwaltungsausgaben der sechsletzten Monate des Jahres 1810 veranlasst werden, bestreiten mit,...

[Das kaiserliche Dekret veranschlagt 350.000 Francs für Umbau, Instandsetzung und Einrichtung, die von den Gemeinden des Departements aufzubringen waren. Mit Inbetriebnahme des Bettlerdepot sollten die jährlichen Unterhaltungskosten 110.000 Francs nicht überschreiten.]

6. In Folge vorstehender Artikel sollen alle der Betteley sich ergebenden Leute, im Umfang des Departements, gehalten seyn, sich an die Unterpräfekten ihrer respectiven Bezirke zu wenden, um ihr Gesuch wegen Aufnahme in das Bettlerspital anzubringen, und zwar solches während den vorzunehmenden drey Publicationen unseres Dekrets vom 5ten Julius 1808.

7. Von der letzen Publication obgedachten Dekrets, soll jedes im Umfang des Departements auf Betteln betroffene Individuum, entweder durch Zuthun der Polizeybeamten, oder durch die Gendarmerie oder sonst bewaffnete Macht, angehalten, in ein Arresthaus des Bezirks gebracht, und hernach, wenn es der Fall ist, zum Bettlerverwahr abgeführt werden.

---

30 Bulletin des Lois, Nr. 211 (StAP V/V - 1/31).

8. Die solchergestalt zum Bewahrhaus der Bettelleute abgeführten Bettler sollen daselbst, kraft einer Entscheidung des Unterpräfekts, den Bettlerstand erhärtend, auf das Gefangenenregister gesetzt werden, man soll sie darinn, bis sie sich ihr Brod durch Arbeit zu verdienen geschickt gemacht, und wenigstens ein Jahr lang, festhalten.

11. Unsere Minister des Innern, der Finanzen, des öffentlichen Schatzes, des Krieges, und der Hauptpolizey, sind, jeder in seinem Fache, mit der Vollziehung des Gegenwärtigen beauftragt".[31]

Da sich die Instandsetzungsarbeiten der ehemaligen Wirtschaftsgebäude des Klosters allerdings als kostspieliger erwiesen als veranschlagt, wurden letztlich 374.000 Francs für die vorbereitenden Arbeiten ausgegeben, die zu einer Aufnahmekapazität von 693 Personen führten.[32]

In seinem Tätigkeitsbericht für das Jahr 1809 berichtet Präfekt Ladoucette gegenüber dem Generalrat des Departements von der baldigen Eröffnung des Bettlerdepots Brauweiler und verbindet damit die Hoffnung, daß „in dieser großen Stadt [Köln] so wie im Reste des Departements der für eine Handelstadt doppelt verderbliche Aussatz der Betteley bald ausgerottet" sein werde.[33]

Am 17. November 1810, kurz vor der Eröffnung des Bettlerdepots Brauweiler am 1. Januar 1811, erließ Präfekt Ladoucette ein Ausführungsdekret zum napoleonischen Gesetz über den Betrieb und die in Betracht kommenden Insassen des Bettlerdepots Brauweiler:

„Wir, Präfekt des Roerdepartements, Ritter der Ehrenlegion, Reichsbaron...

Auf die Uns erstatteten Berichte über die baldige Beendigung der verordneten Bauarbeiten, um diese Gebäude in den zu ihrer neuen Bestimmung erforderlichen Stand zu setzen.

In Erwägung, daß es dringend ist, den Dürftigen des Roer-Departements, besonders bey Annäherung der strengen Winterzeit, die unschätzbaren Wohltaten dieser Anstalt angedeihen zu lassen...Daß es darauf ankommt, dasjenige zu bestimmen, was in Hinsicht der fremden Bettler und der Landstreicher zu thun wäre.

Beschließen, wie folgt:

1. Das Bettelhaus des Roer-Departements soll den 1. Jänner 1811 in Gang gebracht werden. Des Endes sind die Unternehmer gehalten, vor dieser Zeit und in den durch die verschiedenen Ansteigerungen anberaumten Fristen, das Gebäude und alle Mobilien- und Kleidungsstücke, die sie zu liefern und zu verfertigen sich anheischig gemacht haben, zu übergeben.

---

31 Bulletin des Lois, Nr. 241 (StAP V/V - 1/33).
32 Norbert Finzsch: Obrigkeit, S. 172.
33 Recueil des Actes de la Préfecture du Département de la Roër, S. 37 (StAP V/V - 1/63).

Einrichtung eines Bettlerdepots

2. *Das kaiserliche Dekret vom 5. July 1808 über die Betteley (1ter Titel) und das Dekret vom 16. November 1809, enthaltend Stiftungs-Brief eines Bettelhauses für das Roerdepartement, (Art 1.6 usw.) sollen hierunter aufs Neue gedruckt, und zu drey verschiedenen Malen an den drey ersten Sonntagen des künftigen Monats Dezember verkündigt werden, wes Endes die HH. Meyer [Bürgermeister] gehalten, gegenwärtigen Beschluß, so wie die darauf folgenden Dekrete an die Thüren ihrer Gemeindehäuser anheften zu lassen.*

Die HH. Religionsdiener werden ersucht, eins und anderes an oberwähnten Sonntagen öffentlich abzulesen.

3. Im Laufe des künftigen Monats Dezember müssen alle Bettler des Roer-Departements, welche in die, ihnen durch die kaiserliche Freygebigkeit eröffnete Zufluchtstätte gehen wollen, sich bey den Meyern einschreiben lassen. Diese Letzteren haben die Listen davon, welche die Namen, Vornamen und Alter der Anfragenden enthalten sollen, mit ihrem begründeten Gutachten an die HH. Unterpräfekten einzusenden. Die General-Bezirks-Tabellen sollen Uns durch Bemühung und betrieb der Unterpräfekten zugefertigt werden.

4. Als Bettler, und als berechtigt ins Bettelhaus aufgenommen zu werden, sind anzusehen:

Die Weiber und die Kinder unter sechzehn Jahren, wo sie immer im Departement wohnen.

Die schwachen, gebrechlichen und sechszigjährigen Leute, welche nicht arbeiten können.

Und die starken Bettler, welche um zu betteln, sich nicht aus dem Bezirk, worin sie wohnen, entfernen, vorbehältlich der verschlimmernden Umstände, wornach sie in die Klasse der Landstreicher oder Übelthäter gestellt werden möchten.

5. Es brauchen nicht ins Bettelhaus aufgenommen zu werden: die Bettler, welche zu Gemeinden gehören, die an ihren Lokal-Hilfsquellen oder Privat-Stiftungen hinreichende Mittel haben, um ihre Armen zu verpflegen. Und da diese Mittel durch freywillige Beyträge oder andere ähnliche Wege sich vermehren können, so soll ein Aufruf an die Wohltätigkeit aller wohlhabenden Einwohner geschehen, welche, bey der Gewißheit, von den sie umlagernden fremden Bettlern befreyet zu werden, sich nicht weigern werden, durch jährliche Gaben zur völligen Ausrottung der Betteley beyzutragen.

6. Vom 1ten Jänner 1811 an, soll das Betteln im Umfange des Roer-Departements gänzlich verbothen seyn. Wer bettelnd angetroffen wird, wes Alters oder Geschlechts er immer sey, soll, von dem Tage an, auf Geheiß der Orts-Obrigkeit und auf Betrieb der Gendarmerie oder aller andern öffentlichen Beamten, verhaftet, und vor den Unterpräfekten des Bezirkes, worin die Verhaftung geschehen, geführt werden, damit er, wenn er sich einem der im

Präfekt des Roerdepartements Jean Charles François de Ladoucette. Lithographie nach einer Zeichnung von Frédéric Lehnert, 1842/43

4ten Artikel hieroben bestimmten Fälle befindet, und nicht binnen den acht Tagen der Verhaftung zurück begehrt wird, in das Bettelhaus, oder falls er als Landstreicher anzusehen ist, in das Gefangenenhaus gebracht werden.

7. Als Landstreicher werden angesehen: 1tens alle starke Bettler, welche nicht in dem Unterpräfektur-Bezirke, worin sie verhaftet worden, wohnhaft sind, oder gar keinen Wohnsitz haben; 2tens alle starke Bettler, welche das Allmosen mit Grobheit fragend betreten werden, oder gebrandmarkt wären; 3tens jene, die sich fälschlich für Soldaten ausgeben, oder falsche Abschiede haben; 4tens die sich als Lahme oder Krüppel verstellen, oder Krankheiten, die sie nicht haben, erdichten; 5tens die sich mehr als vier an der Zahl (Kinder unter sechszehn nicht darunter begriffen) entweder in den Städten oder auf dem Lande zusammen rotten, oder mit Pistolen, Degen, beschlagenen Stöcken oder anderen Waffen betreten werden; 6tens und überhaupt alle Bettler und Sämmler, welche falsche Erlaubnisse oder Zeugnisse haben, oder verkleidet sind. Alle diejenigen, die sich in einem der obbestimmten Fälle befinden, sollen verhaftet, vor den Unterpräfekten des Bezirks, worin sie betreten worden, damit die von den Gesetzen verordneten Verfügungen auf sie, den Umständen nach, angewandt werden mögen.

8. [...]

9. Gemäs dem Gesetze vom 13. July 1790 sollen alle Bettler und herrenloses Gesindel, welche dem Reiche fremd, und nicht seit einem Jahre in dem Roer-Departement wohnhaft sind, gehalten seyn, Pässe zu begehren, worauf der Weg zu verzeichnen ist, den sie einhalten müssen, um vor dem 1ten Jänner 1811, das Reich zu räumen.

[...]

10. Vom 1ten künftigen Monats Jänner an, sollen die starken Bettler, welche dem Reiche fremd sind, und in dem Roer-Departement betreten werden, verhaftet, und in die Gefangenenhäuser gebracht werden, wo sie so lange bleiben, bis Vorkehrungen getroffen seyn werden, um sie über die Grenze des Reichs zu bringen...

11. Alle verhafteten Bettler oder Landstreicher, welche zu Gemeinden gehören, die entweder an den aus milden Stiftungen herrührenden Armenspenden, oder an den errichteten Arbeits- oder Verpflegungs-Häusern hinreichende Mittel zum Unterhalte ihrer Armen haben, sollen vor der Hand in das Gefangenhaus gebracht, und darüber an den Präfekten berichtet werden, welcher entscheiden wird, ob die verhafteten Bettler in ihre Gemeinden, mittels Anwendung der nöthigen Sicherheits-Maasregeln gegen diese Letzteren zurück zu schicken, oder in das Bettelhaus zu bringen seyen.

12. Die Bettler mögen in das Bettelhaus nur vor und nach aufgenommen werden, und um die von einem allzu großen oder allzu voreiligen Anlaufe unzertrennliche Verwirrung und Unordnung zu verhüten, wird den HH. Unterpräfekten empfohlen, nur in der Zahl und für die Tage, die ihnen vor-

her angezeigt werden, denen, die dazu geeignet sind, Aufnahme-Befehle zu ertheilen.

13. Die Aufnahme-Befehle müssen die Namen und Vornamen der Personen, Datum und Ort ihrer Geburt, und ihren letzten Wohnort genau ausdrücken, und übrigens alle Anzeigen und Nachrichten enthalten, welche die Geschäfte der Verwaltung des Hauses, und auf den Fall der Entweichung, die Nachstellung der Gendarmerie erleichtern können.

14. Dem Hn. General-Polizey-Kommissair, den HH. Unterpräfekten, Meyern, Offizieren, Unteroffizieren und Brigade-Kommandanten der Gendarmerie, und anderer bewaffneter Macht, Polizey-Kommissarien, mit einem Worte allen Agenten der Obrigkeit, jedem, so viel ihn angeht, wird die Vollziehung der hierin enthaltenen Verfügung aufgetragen.

Gegeben im Präfekturhause zu Aachen, Jahr, Monat und Tag wie oben.
Ladoucette"[34]

Die Bettlerdepots (dépôts de mendicité) konnten im französischen Staat auf gleichnamige Vorbilder im Ancien Régime zurückgreifen. Zu jener Zeit hatte es in jeder der 34 Generalitäten ein solches Depot gegeben.[35] Dieser Rückgriff auf das Ancien Régime bedeutete allerdings auch, daß man Elemente des alten Strafsystems wieder aufleben ließ, diese aber mit revolutionären verband. Einerseits hatten die Bettler keinen Anspruch auf irgendeinen staatlichen Unterhalt, da sie als arbeitsunwillig galten, andererseits sollten Kriminelle - und das waren aufgegriffene Vaganten ab 1808 - durch Arbeit, strenge Reglementierung des Alltags u.ä. zu einem neuen Menschen korrigiert werden, der - wie es das Dekret Napoleons von 1809 formulierte - fähig war, seinen Unterhalt durch ordentliche Arbeit zu verdienen. Diese Korrektion wurde aber nicht als Strafe, sondern als Maßregelung, als Hilfe angesehen.[36]

Unter diesen Vorgaben ging am 1. Januar 1811 die offizielle Eröffnung des Brauweiler Depots vor sich. Hier nahmen sich zunächst 18 Anstaltsbedienstete den 381 (Stand 1.6.1811) - in den Jahren 1812 und 1813 waren es konstant 630 - Insassen an. Von diesen konnten ca. 130 Bettler wegen Krankheit oder ihres jugendlichen Alters (d. h. unter 10 Jahren) nicht mit der Hauptproduktion der Brauweiler Anstalt, der Herstellung von Flanell- und Cotonellstoffen, beschäftigt werden. Diese Arbeit geschah an 280 Spinnrädern und 50 mechanischen Webstühlen.

Ein Teil der Produktion blieb für den Eigenbedarf in der Anstalt, der größte Teil wurde nach Köln, Aachen und ins Rechtsrheinische verkauft. Die

---

34 Recueil des Actes de la Préfecture du Département de la Roër, S. 337ff (StAP V/V - 1/63).
35 Norbert Finzsch: Obrigkeit, S. 170.
36 Norbert Finzsch: Ökonomie des Strafens, S. 188.

Qualität der Produkte ließ aber viele Wünsche offen, denn die Insassen waren in der Regel ohne jegliche handwerkliche Vorbildung und zumeist auch unwillig. Zudem wurden eifrige Arbeiter als „erzogen" entlassen.

Die Leitung der Anstalt lag in den Händen des Franzosen Etienne Taillard. Auch die weitere Verwaltungsspitze war mit Franzosen besetzt. Die Wärter und das Hauspersonal stammten aus Brauweiler bzw. aus den Nachbardörfern. Bei den Hilfsaufsehern griff man z.T. sogar auf Insassen zurück.

Aufstellung über den Bediensteten-Apparat der Brauweiler Anstalt

Name	Funktion	Jahresgehalt
Etienne Taillard	Direktor	3000 FF
Jean Etienne	Finanzverwalter	2000 FF
Marcel Etienne	Magazinverwalter	1200 FF
Amable Rome	Anstaltsarzt	1500 FF
Theophile Wegelin	Apotheker	800 FF
Jean Garnier	Fabrikmeister	1200 FF
Pierre de Ronghe	Büroangestellter	600 FF
Albert Schrauff	dito	600 FF
Jacques Lenzen	Aumonier	600 FF
Jean Mathieu Neujean	Wärter	300 FF
Jean Baptiste Masein	dito	300 FF
Gertrude Koenen	Wärterin	250 FF
Jeanne Koenen	dito	250 FF
Charles Daniels	Oberpfleger	300 FF
David Garnier	2. Fabrikmeister	300 FF
Marie Anne Neujean	Krankenschwester	200 FF
Joseph Polack	Pfleger	150 FF
Casimir Duvivier	Bäcker	300 FF
Elisabeth Duvivier	Wäscherin	250 FF
Arnond Faure	Portier	300 FF
Mathieu Schneider	Gärtner	150 FF
Anne Catherine Schneider	Köchin	150 FF
Nicolas Rolot	Hilfswärter	150 FF
Gerard Boetger	dito	150 FF
Helene Haugh	Hilfswärterin	150 FF
Therese Schneider	Küchenhilfe	72 FF
Jean Weyers	Domestique	72 FF[37]

Das Aufsichtsgremium der Brauweiler Anstalt setzte sich aus dem Unterpräfekten Klespe (ehemaliger Kölner Bürgermeister), den beiden Kantons-

---

[37] Norbert Finzsch: Das „Zuchthaus" in Brauweiler, S. 117.

präsidenten, Comte de Salm-Dyck und Charles de la Lippe, sowie den Bürgermeistern von Freimersdorf und Bedburg, Berndgen (ab 1813 Fohrn) und Oepen, zusammen.

Unterbringung, Ernährung und ärztliche Versorgung waren für die damalige Zeit ausgesprochen gut. Die durchschnittliche tägliche Kalorienaufnahme der Insassen wurde von Professor Finzsch durch die Auswertung von Rechnungen auf 2227kcal geschätzt. Dieser Wert wurde vorwiegend durch den Verzehr von Roggenbrot erreicht, aber auch Rindfleisch und Hülsenfrüchte standen auf dem Speiseplan, und die zur Anstalt gehörenden Obstgärten werden auch die nötigen Vitamine geliefert haben. Die Kalorienwerte wurden aber auch durch großzügige tägliche Bier- und Schnapsrationen (täglich 5 Zentiliter Schnaps) für die an der Textilproduktion beteiligten Insassen erreicht. Die Alkoholzugaben wurden wegen der starken Staubemissionen bei der Textilherstellung gereicht.

Auch über die Entlohnung konnten die Insassen nicht klagen, denn sie erhielten ca. 2/3 des Lohnes, der außerhalb der Anstalt für vergleichbare Tätigkeiten gezahlt wurde. Nach dem Abzug von Haftkosten für Unterkunft und Essen floß der Rest des Lohns in einen Fonds, der bei der Entlassung ausgezahlt wurde.[38]

Ab 1813 zeigten sich allerdings im Depot erhebliche Schwierigkeiten im Umgang mit den Inhaftierten. Es kam sogar zur offenen Rebellion. Die Insassen waren bis dahin vorwiegend Bettler, die in ihrem Heimatort aufgegriffen worden waren und von den Gemeinden, um sich der sozialen Verpflichtung zu entziehen, nach Brauweiler abgeschoben worden waren; ca. ein Viertel waren landfahrende Bettler, die zumeist in Köln aufgefallen waren. Ab 1813 waren es aber immer mehr ins Vagantentum abgetauchte Deserteure und durch die seit 1810 sich ausbreitende Krise des rheinischen Textilhandwerks verarmte Handwerker, die die Brauweiler Anstaltsbevölkerung ausmachten.

Mit dem Scheitern der Kriegspolitik Napoleons ging ein Desaster der Wirtschaft einher, was schließlich auch zu einem Scheitern der Sozialpolitik, in diesem Falle der Bekämpfung des Bettlerunwesens, führte. Krieg und Wirtschaftspolitik trieben immer mehr Menschen ins Vagantentum. Das Bettlerdepot platzte aus allen Nähten, und die Ausgabenseite des Depots konnte nur durch Zuschüsse der Präfektur und der Gemeinden des Departements gedeckt werden.

Über die Zustände im Bettlerdepot Brauweiler im Sommer 1813 sind zwei Augenzeugenberichte überliefert. Zum einen besuchte der Präfekt des Roerdepartements, Ladoucette, Brauweiler und veröffentlichte nach seiner Rückkehr nach Frankreich seine Eindrücke in einer Reisebeschreibung über das

---

38 Norbert Finzsch: Das „Zuchthaus" in Brauweiler, S. 110ff.

Departement. Zum anderen existiert ein Zeitungsbericht aus dem gleichen Jahr über die Brauweiler Anstalt. Verfaßt wurde er vom Kölner Journalisten und späteren Stadtrat Reiner Joseph Classen und erschien im „Mercure de la Roër", einer in französisch erschienenen Halbmonatsschrift des Kölner Verlegers Marcus Du Mont.[39]

Der Reisebericht des Präfekten lobt „seine" Anstalt natürlich in den höchsten Tönen. Von Modellanstalt für das In- und Ausland ist da die Rede („et qui sert déjà de modèle chez nous et à l'étranger").[40]

In Ladoucettes Bericht erfährt man etwas über die Aufnahme, den Tagesablauf, die Verpflegung, die Werkstätten und sonstige Einrichtungen in der Anstalt. Der Bettler wurde bei seiner Ankunft in Brauweiler registriert, dann wurden ihm seine Kleider abgenommen und in der Regel verbrannt. Nach einem Bad und einer ärztlichen Untersuchung erhielt er die graue Anstaltskleidung.

Die drei großen ehemaligen Klosterkomplexe waren so aufgeteilt, daß sich im ersten Gebäude die Schlafsäle, der Speisesaal und die Werkstätten für die Männer befanden. Im zweiten Komplex waren die Räume der Frauen und im dritten befanden sich neun Krankensäle. Die Verwaltung war im Mitteltrakt untergebracht. Im Erdgeschoßbereich befanden sich die Küchen und die Lagerräume, im Hauptgebäude auch die Apotheke, die Bäckerei und die Waschküche. Die Arbeitssäle befanden sich in der Regel auf der ersten Etage. Um die Staubemissionen bei den Baumwoll- und Wollarbeiten zu verringern, hatte man ein ausgeklügeltes Be- und Entlüftungssystem in die Arbeitsräume eingebaut.[41]

Auch Classen äußerte sich überaus positiv über die Brauweiler Anstalt, man muß allerdings berücksichtigen, daß der „Mercure" einer strengen französischen Zensur unterlag.[42] Aufschlußreich sind seine Einschätzungen über das Bettlerwesen und über die Aufgaben des Brauweiler Depots dennoch. Nach Classens Ansicht hatte das Roerdepartement deshalb so viele Bettler, weil es auch sehr viele Manufakturen gab und Manufakturarbeiter grundsätzlich faul seien, was noch durch die ansässige katholische Bevölkerung dadurch unterstützt werde, daß diese wegen ihrer Religion eine hohe Spenden- und Almosenbereitschaft zeige. Mit dem Brauweiler Depot habe man versucht, eine Besserungsanstalt für arbeitsfähige Bettler und Vagabunden zu errichten, da diese die Geißel der Landwirtschaft und der „Industrie" sowie die Quelle von Diebstahl und Raub darstellten und sich gegen die öffentliche Sicherheit und das Glück der Gesellschaft verschworen hätten

---

39 Kurt Weinhold, S. 66f.
40 Baron Jean Charles François de Ladoucette, S. 117.
41 Brigitte Daners: Präfekt Ladoucette und das Bettlerdepot Brauweiler, S. 187ff.
42 Kurt Weinhold, S. 69.

("...qui sont le fléau de l'agriculture et de l'industrie, et la source abondante ou viennent se recruter ces voleurs et ces brigands qui conspirent contre la sûreté publique et le bonheur de la société").[43]

Diese Zielsetzung konnte allerdings nicht eingehalten werden. Zum einen waren die Gebäude nur für eine Aufnahme von 500 Personen ausgelegt, Mitte des Jahres 1813 befanden sich aber ca. 650 Korrigenden in der Anstalt, zum anderen befanden sich während des Jahres 1813 viele Personen in Brauweiler, die zwar arm waren, aber nicht als Bettler und Vagabunden im oben definierten Sinne zu bezeichnen waren. Das belegt schon die Zahl von 300 Kindern unter den 650 Insassen, bei denen man nicht von kriminellen Elementen sprechen konnte. Auch die Aufnahme von mittellosen Personen, denen das Depot Arbeit und Brot gab, zeigt, daß das Bettlerdepot seine ursprüngliche Zielsetzung schon bald nach der Eröffnung nicht erfüllen konnte.[44]

Classen geht in seinem Artikel auch auf die Kosten der Anstalt ein. Danach beliefen sich für die Jahre 1811 und 1812 die Ausgaben auf zusammen 121.339,36 Francs. In einer etwas abenteuerlichen Rechnung führt er seinen Lesern vor Augen, daß die Öffentlichkeit ohne Bettlerdepot im Roerdepartement einen Kostenaufwand von 340.816 Francs zu bestreiten gehabt hätte.[45]

Um aber bei den Lesern den Eindruck zu vermeiden, daß die geringen Betriebskosten u.a. aus einer schlechten Behandlung resultierten, beschreibt Classen sehr detailliert den Arbeitstag in der Anstalt sowie den Speiseplan der Insassen: „Jeden Morgen frühstücken sie gemeinsam, sie bekommen eine Milchsuppe, danach wird ihnen Brot ausgeteilt. Die Ration beträgt 750 Gramm pro Person. Das Brot ist reines Roggenbrot und - soweit es die Umstände erlauben - ohne Kleiebeimischung. Weizenbrot wird an Greise, Kinder und Kranke ausgegeben, nach Anweisung des Arztes ausgeteilt. Mittags erhalten die Insassen eine große Portion Suppe, der normalerweise eine Portion Gemüse folgt. Wenn es das Gemüse erlaubt, stellt man aus Suppe und Gemüse durch Kochen ein Püree her, dem man 1/4 Pfund weißes Brot für jeden Insassen hinzufügt. Abends gibt es wiederum eine Suppe oder eine Portion Frischgemüse oder Hülsenfrüchte. Sonntags und donnerstags erhält jeder Insasse 1/2 Pfund Frischfleisch. Die Kranken erhalten die Zuteilungen von Wein, Frischfleisch und Medikamenten nach Vorgabe des Arztes und entsprechend ihrer Krankenberichte..."[46]

---

43 Reiner Joseph Classen, S. 172.
44 Reiner Joseph Classen, S. 174.
45 Reiner Joseph Classen, S. 175.
46 Reiner Joseph Classen, S. 177.

Einrichtung eines Bettlerdepots

Nach der von Classen übermittelten Altersstruktur setzte sich die Anstaltsbelegung 1813 wie folgt zusammen:

Kranke jeglichen Alters	40
Achtzigjährige	10
Siebzigjährige	68
Arbeitsfähige von 10 bis 69 Jahren	475
Kinder von 5 bis 10 Jahren	44
Kinder unter 5 Jahren	25
Geisteskranke	2
Summe:	664

Von den 475 arbeitsfähigen Personen waren ca. 50 Personen mit Tätigkeiten im und am Haus beschäftigt, die anderen Personen arbeiteten in den Werkstätten, wobei Nähen, Stricken, Leineweben, Leine- und Wollspinnen und der Betrieb von 51 Flanellwebstühlen die Hauptbeschäftigungen darstellten. Classen bemerkt, daß die Kinder die geschicktesten und produktivsten Arbeiter seien, die älteren Insassen seien durch das z. T. 30 bis 40 Jahre lange Stehen in Toreinfahrten und an Kirchenpfeilern quasi gelähmt und könnten nicht mehr die Geschicklichkeit erreichen, die bei der Verarbeitung der Wolle erforderlich sei.[47]

Im Winter mußten die Insassen um 6.30 Uhr aufstehen. Nach dem Waschen und dem Gebet wurde gemeinsam das Frühstück eingenommen, danach begann die Arbeit in den Werkstätten. Die Kinder arbeiteten bis 11.00 Uhr, danach begann ihr Unterricht. Nach dem Mittagessen gab es für alle eine einstündige Pause bis 13.00 Uhr. Am Nachmittag arbeiteten wieder alle in den Werkstätten bis zum Abendessen. Im Anschluß daran hatten die Insassen noch einige Augenblicke der Muße bis die Glocke die Schlafenszeit ankündigte. Im Sommer war der Tagesrhythmus ähnlich, nur daß das Wecken schon um 5.00 Uhr stattfand.[48]

Die Insassen waren nach Alter und Geschlecht in vier Abteilungen eingeteilt. Zu jeder Abteilung gehörten ein Aufseher und ein Hilfsaufseher. Zudem führt Classen als Personal den Direktor, einen Finanzverwalter, einen Werkmeister, einen Arzt, einen Apotheker sowie einen Anstaltsgeistlichen auf.[49]

---

[47] Reiner Joseph Classen, S. 178: „...,que peut-on exiger d'individus qui ont passé trente à quarante années de leur vie au coin d'une borne ou auprès du pilier d'une église. Paralisés, pour ainsi dire, par une aussi longue oisiveté, leurs membres ne sont plus susceptibles d'acquérir la souplesse que demandent les diverses préparations de la laine...".
[48] Reiner Joseph Classen, S. 179.
[49] Reiner Joseph Classen, S. 180.

Zum Abschluß seines Berichts zieht Classen ein euphorisches Fazit über die Brauweiler Anstalt: Eine der glücklichsten Schöpfungen des menschlichen Geistes, die zweifellos dem Monarchen, der sie entworfen hat und der die Macht hatte, sie zu verwirklichen, die Huldigung der Nachwelt einbringt.[50]

---

[50] Reiner Joseph Classen, S. 181: „...qu'il nous soit permis de la considérer comme une des plus heureuses créations du génie, qui méritera sans doute au Monarque qui l'a conçue et qui a eu la puissance de la faire exécuter, les bénédictions de nos derniers neveux".

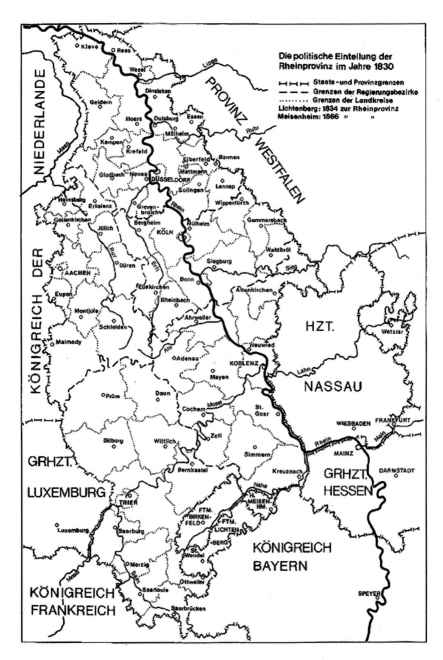

Die Rheinprovinz im Jahre 1830

Die Anstalt Brauweiler im Rahmen französischer und preußischer Provinzial-Verwaltung

Nachdem Napoleon durch eigenes Bekunden die Revolution auf die auslösenden Prinzipien zurückgeführt und damit beendet hatte, widmete sich der französische Staat u.a. der Bekämpfung einzelner, besonders hervorstechender Symptome der Armut. Dazu zählte auch das Bettlerwesen. Dies galt damit auch für die zum französischen Staat zählenden linksrheinischen deutschen Gebiete (Rhein-Mosel-Departement, Saardepartement und Roerdepartement). In jedem Departement des französischen Staates sollte ein Bettlerdepot eingerichtet werden und diejenigen interniert werden, die gegen das im kaiserlichen Dekret vom 5. Juli 1808 und im Artikel 275 des Code Pénal ausgesprochene Verbot der Bettelei verstoßen hatten. Auf deutschem Boden wurden aber nur in Trier und in Brauweiler solche Depots eingerichtet, letzteres durch kaiserlichen Erlaß vom 16. November 1809.[1]

Eine im Jahr 1907 wieder aufgefundene Marmortafel, die sich heute im Eingangsbereich des Prälaturgebäudes befindet, erinnert an diesen Gründungsakt:

BRUNOVILLARE. QUONDAM. COENOBIUM
AD. PURGANDAM A. MENDICITATIS. LICENTIA
RURAE. PROVINCIAM
INDIGENTIBUS. DERELICTIS. ASYLUM
VAGIS. NOCITURIS. CUSTODIAM. FIERI. VOLUIT
HUMANITATIS. EX. OMNI. PARTE. VINDEX
NAPOLEO. P. F. AUG. INVICTI
C. LADOUCETTE. PRAEFECTO. OPERAS. CURANTE
MDCCCX

---

1 Gustav Croon, S. 309.

Inschriftstein zur Erinnerung an die Einrichtung der Bettleranstalt Brauweiler durch Kaiser Napoleon im Jahre 1810, heute im Eingangsbereich des Prälatur-Westflügels

Arbeitsanstalt Brauweiler. Ansicht von Südost. Lithographie um 1840

In der Übersetzung lautet diese Inschrift:
1810 hat Napoleon, P(IUS?) F(ELIX?) unbesiegter Kaiser, in allem Schirmherr der Menschlichkeit, das ehemalige Kloster Brauweiler unter der Oberaufsicht des Präfekten C. Ladoucette zu einem Heim für die vernachlässigten Bedürftigen und zu einem Gewahrsam für die Schaden stiftenden Vagabunden machen lassen, um das Roerdepartement vom Unwesen der Bettelei zu säubern.

Ursprünglich befand sich diese Tafel über dem Eingangsportal der Anstalt, so berichtet es jedenfalls der Präfekt Ladoucette anläßlich eines Besuchs des Depots im Jahre 1813.[2]

Die Aufsicht über das Depot hatte der Präfekt des Roerdepartements. Er bediente sich dabei der Mithilfe eines Ausschusses von fünf Honoratioren, „welche aus den achtbarsten in der Nähe des Etablissements wohnhaften Eingesessenen gewählt wurden".[3] An der Spitze der Anstalt stand ein Direktor. Das Personal umfaßte bei der Eröffnung der Anstalt ca. 20 Personen.[4]

Die französische Verwaltung endete am 17. Januar 1814. Die Administration der alliierten Mächte übernahm an diesem Tag die Verwaltung der Anstalt. Diese wurde repräsentiert durch den General-Gouverneur und königlichen preußischen Geheimen Staatsrat Sack, dem am 21. Mai 1814 die Oberleitung der Anstalt übertragen wurde. Die bereits erwähnte Aufsichtskommission blieb zunächst im Amt. Zum ersten preußischen Anstaltsdirektor wurde am 31. Juli 1815 Hofrath Ristelhueber ernannt, der den kommissarischen Leiter Steuerrath Haw ablöste.[5]

Auf dem Wiener Kongreß hatte Preußen bereits 1814 den größten Teil der späteren Rheinprovinz erhalten. 1815 kamen noch weitere rheinische Gebiete hinzu. Bereits in Wien hatte König Friedrich Wilhelm III. von Preußen die Herzogtümer Kleve, Berg und Geldern, das Fürstentum Moers, die Grafschaften Essen und Werden sowie das Großherzogtum Niederrhein in Besitz genommen.[6]

Die Anstalt Brauweiler wurde 1816 der Aufsicht des neuen Oberpräsidiums Köln unterstellt, damit beendete die alte Aufsichtskommission am 31. Oktober 1816 ihre Tätigkeit. In den Jahren 1817 bis 1826 wurde der Zuständigkeitsbereich der Anstalt vom Regierungsbezirk Köln auf die Bezirke Kleve, Koblenz und Düsseldorf ausgedehnt.[7]

---

2 Baron Jean Charles François de Ladoucette, S. 118 und S. 312: „On a gravé sur la grande porte de Brauweiler une inscription faite par l'institut."
3 Gustav Croon, S. 309.
4 Ristelhueber, S. 44.
5 Ristelhueber, S. 43.
6 Kurt Schmitz, S. 9ff.
7 Gustav Croon, S. 309f.

Anstalt Brauweiler in der Rheinprovinz

Am 5. Juni 1823 erließ der preußische König „das allgemeine Gesetz wegen Anordnung der Provinzialstände", dementsprechend die Repräsentation des Volkes in den Provinzen Preußens, d.h. die Mitbestimmungsrechte im Legislativbereich, ständisch organisiert werden sollte. Die ständische Körperschaft für die Rheinprovinz, d.h. das Großherzogtum Niederrhein und die Herzogtümer Jülich, Kleve, Berg, setzte sich aus vier Ständen (Fürsten, Ritterschaften, Städte, Landgemeinden) zusammen und bildete den ständischen Landtag der Rheinprovinz.

Seit 1824 waren die Provinzialstände selbständig und sollten u.a. für einen autonomen Verwaltungsaufbau der ständischen Anstalten sorgen. Diese Selbständigkeit war aber eher theoretischer Natur.[8]

In Zusammenhang mit den Gesetzen von 1823 und 1824 genehmigte der preußische König schließlich 1829 ein Landtagsgesetz, das für die Brauweiler Anstalt eine vierköpfige Kommission vorsah, die aus zwei Landtagsabgeordneten und zwei Regierungsbeamten bestand. Diese Kommission hatte in allen Verwaltungsangelegenheiten und bei der „inneren Führung" der Anstalt das Sagen. Sie erstellte jährlich dem Landtag, dem Landtagskommissar der Rheinprovinz und dem Oberpräsidenten einen Bericht.[9]

Ansonsten waren dem Selbstverwaltungsrecht der Provinz im Vormärz enge Grenzen gesetzt. Der Landtag debattierte nur über allgemeinpolitische Angelegenheiten. In einer Adresse des Rheinischen Landtages von 1837 wird dies, insbesondere die Außerachtlassung des Landtages beim Etatrecht, auch beklagt. Die Stände bemängeln, daß man „bisher kaum über etwas anderes zu beraten gehabt [habe] als über das Irrenhaus in Siegburg und das Arbeitshaus in Brauweiler".[10] So schenkte man auch 1842 wieder den Provinzialinstituten besondere Aufmerksamkeit, denn unter dem Vorsitz des Landtagsmarschalls erhielt auch die Arbeitsanstalt Brauweiler einen „Ständischen Ausschuß" für die laufenden Geschäfte.

Mit dem Landtagsabschied vom 8. Juni 1871 begann endgültig die provinziale Selbstverwaltung. Die staatliche Oberaufsicht über die gesamte ständische Verwaltung lag in den Händen des Oberpräsidenten, der zusammen mit dem Landtag beispielsweise die Übernahmemodalitäten der provinziellen Anstalten regelte. Die Verwaltung dieser Anstalten sollte durch besondere Satzungen geregelt werden, die vom Provinziallandtag aufgestellt wurden.[11]

Somit ging 1872 die Arbeitsanstalt Brauweiler in den alleinigen Kompetenzbereich der Provinzialverwaltung über. An der Spitze der Landtagsverwaltung, und damit zuständig für die laufenden Geschäfte, stand seit 1875

---

8 Kurt Schmitz, S. 11ff.
9 Ristelhueber, S. 52f.
10 Helene Nathan, S. 39.
11 Kurt Schmitz, S. 19ff.

ein Landesdirektor (seit 1897 Landeshauptmann genannt). Die Gesamtaufsicht über die ständische Verwaltung führte der Oberpräsident. Der letzte ständische Landtag tagte 1888. Danach wurden die Landtage - entsprechend dem Gesetz von 1887 - durch Wahlen der Kreistage und Stadtverordnetenversammlungen bestimmt.[12]

Mit den Wahlgesetzen für die Provinziallandtage vom 3. Dezember 1920 wurden die Mitglieder des Landtages in allgemeiner, geheimer, gleicher und direkter Wahl nach dem Verhältniswahlrecht bestimmt.[13] Stärkste Partei im rheinischen Provinziallandtag während der Weimarer Republik war das Zentrum, gefolgt von der „Arbeitsgemeinschaft"(DNVP, DDP und DVP), der SPD und der KPD.

In den 20er Jahren besaß der Landtag vier ständige Fachkommissionen, eine davon war für die Heil- und Pflegeanstalten und für die Arbeitsanstalt Brauweiler zuständig.[14] Zudem existierte ein Provinzialausschuß, der die Beschlüsse des Provinziallandtages vorbereitete und ausführte und die Anstalten des Provinzialverbandes verwaltete. Die Aufsicht über den Provinzialausschuß hatte ein vom Landtag auf sechs bis zwölf Jahre zu wählender Landesdirektor.[15]

Als Folge des Versailler Vertrages und der Besetzung der Rheinprovinz durch alliierte Truppen war die Selbstverwaltung der Provinz in vielen Bereichen eingeschränkt, und auch die Anstalten standen nicht unbedingt den Zwecken und Wünschen der Provinz zur Verfügung, sondern waren zum Teil (z.B. Brauweiler) beschlagnahmt oder mußten Personen nach den Wünschen der alliierten Rheinlandkommission aufnehmen.[16]

Insgesamt war das Interesse der damaligen Öffentlichkeit an der Arbeit der Provinzialverwaltung gering, denn die eigentlichen Probleme der Provinz wurden zunächst bestimmt durch Besatzungszeit und Seperationsbewegung und später durch die Wirtschaftskrise.[17]

Mit der Verfügung der Kommissariatsregierung für Preußen vom 5. Februar 1933 wurden u.a. sämtliche preußische Provinziallandtage aufgelöst, und der Oberpräsident erhielt im Dezember 1933 allumfassende Macht, da die Kompetenzen des Landtages auf seine Person übergingen; sein ständiger Vertreter war der Landeshauptmann.[18]

---

12 Kurt Schmitz, S. 32.
13 Kurt Schmitz, S. 36.
14 Kurt Schmitz, S. 44.
15 Kurt Schmitz, S. 51.
16 Kurt Schmitz, S. 56f.
17 Kurt Schmitz, S. 129.
18 Martin Broszat: Der Staat Hitlers, S. 89. Kurt Schmitz, S. 132.

Mit der Gründung des Landes Nordrhein-Westfalen im August 1946 gingen die Kompetenzen der Provinzialselbstverwaltung auf die verschiedenen Ministerien über. Am 12. Mai 1953 übernahmen die Landschaftsverbände die Aufgaben der ehemaligen Selbstverwaltung auf den Sachgebieten Straßenbau, Wohlfahrt, Jugendangelegenheiten und Kulturpflege.[19] Dementsprechend trug die Brauweiler Anstalt ab 1954 den Namen „Rheinische Landes-Arbeitsanstalt Brauweiler".

---

19 Kurt Schmitz, S. 136f.

Das Arbeitshaus und Korrigendenwesen im Spiegel der Gesetze

Napoleon hatte in seinem Gründungsdekret vom 16. November 1809 Dauer und Zweck der Inhaftierung festgelegt: „Die also Verhafteten müssen wenigstens ein Jahr, überhaupt so lange in der Anstalt verbleiben, bis sie sich befähigt haben, ihren Unterhalt durch Arbeit oder auf sonst ordentliche Weise zu erwerben."[1]

Die Einweisung geschah in französischer Zeit recht formlos. Die Bettler durften sogar selbst um eine Aufnahme bitten oder wurden auf Vorschlag ihrer Heimatgemeinden eingewiesen. Erst eine Ministerialverordnung aus dem Jahre 1812 regelte das Einlieferungsverfahren. Danach mußten der Bettelei überführte Frauen und Kinder unter 16 Jahren erst im Wiederholungsfall in das Bettlerdepot. Arbeitsfähige männliche Bettler wurden hiernach erst nach einem gerichtlichen Verfahren und nach der Beendigung einer Gefängnisstrafe bzw. nach gerichtlich angeordneten körperlichen Strafen in die Anstalt verwiesen. Diese Bestimmung wurde 1823 durch den Rheinischen Oberpräsidenten, also erst in preußischer Zeit, auf alle Bettler und Landstreicher, in der juristischen Sprache Korrigenden genannt, ausgedehnt. Somit waren alle Insassen Vorbestrafte und die Anstalt eine Besserungsanstalt für Kriminelle.

In den Rheinprovinzen galt weiterhin die französische Gerichtsverfassung, aber in den rechtsrheinischen Teilen Preußens oblag die Bestrafung der Bettler und Landstreicher nicht den Gerichten, sondern den Polizeibehörden.

Ab 1821 kamen kriminelle Jugendliche, die zu einer Gefängnisstrafe verurteilt worden waren, nicht in ein normales Gefängnis, sondern in eine Arbeitsanstalt.[2] Ihre Detentionszeit wurde durch die Gerichte genau festge-

---

1 Ristelhueber, S. 42.
2 Norbert Finzsch: Obrigkeit und Unterschichten. S. 188f.

legt, bei älteren Häuslingen war dies zwar auch möglich, wenn dies allerdings nicht geschah, konnte der Anstaltsleiter über die Detentionszeit bestimmen.³

Nach dem Gesetz des 2. Rheinischen Landtages vom 15. Juli 1829 war die Arbeitsanstalt Brauweiler „ausschließlich zur Aufnahme und Correction der muthwilligen, die öffentliche Sicherheit bedrohenden arbeitsscheuen Bettler, so wie hiernächst zur Unterbringung der von den Gerichten zur Einlieferung in das Institut verurtheilten Landstreicher" bestimmt.⁴ Die Wirklichkeit sah aber schon zum Zeitpunkt des Gesetzes anders aus, denn, wie erwähnt, befanden sich seit 1821 auch jugendliche Kriminelle in Brauweiler.

Die Detentionszeit wurde dann am 6. Januar 1843 durch Gesetz auf maximal drei Jahre festgelegt.⁵

Mit dem neuen preußischen Strafgesetz vom 14. April 1851 traten wesentliche Änderungen ein. Landstreicherei, Bettelei, gewerbsmäßige Unzucht wurden als Vergehen geahndet. Das Gericht entschied, ob nach verbüßter Haft eine korrektionelle Nachhaft in einem Arbeitshaus erfolgte. Die Landespolizeibehörde setzte dann die Dauer der Nachhaft fest. Bei Personen, die wegen Unzucht verurteilt worden waren, betrug die Dauer maximal ein Jahr, in den übrigen Fällen bis zu drei Jahren.

Im Juli 1870 trat dann das Strafgesetzbuch des Norddeutschen Bundes in Kraft, das die aufgeführten Delikte nur noch als Übertretungen behandelte. Das Gericht mußte vorher die korrektionelle Nachhaft anordnen, nun lag es im Ermessen des Gerichts, dies zu tun.

Die gesetzliche Grundlage für die Einweisung in ein Arbeitshaus bildeten ab jetzt die §§ 361 und 362 des Strafgesetzbuches. § 361 Nr. 3 bis 8 beschrieb den Personenkreis bzw. die Delikte, die Haft bis zu sechs Wochen und gegebenenfalls korrektionelle Nachhaft (Arbeitshaus) nach sich ziehen konnten: „3) wer als Landstreicher umherzieht, 4) wer bettelt oder Kinder zum Betteln anleitet oder ausschickt... 5) wer sich dem Spiel, Trunk oder Müßiggang dergestalt hingibt, daß er in einen Zustand geräth, in welchem zu seinem Unterhalte oder zum Unterhalte derjenigen, zu deren Ernährung er verpflichtet ist, durch Vermittlung der Behörde fremde Hilfe in Anspruch genommen werden muß, 6) eine Weibsperson, welche wegen gewerbsmäßiger Unzucht einer polizeilichen Aufsicht unterstellt ist, wenn sie den in dieser Hinsicht zur Sicherung der Gesundheit, der öffentlichen Ordnung und des öffentlichen Anstandes erlassenen polizeilichen Vorschriften zuwiderhandelt, oder welche, ohne einer solchen Aufsicht unterstellt zu sein, gewerbsmäßig Unzucht treibt, 7) wer, wenn er aus öffentlichen Armenmit-

---

3 Ristelhueber, S. 84f.
4 ALVR 1189: Übersicht der Verwaltungsresultate der Provinzial-Arbeitsanstalt in Brauweiler für die Jahre 1837 bis 1840. Köln 1841.
5 ALVR 1189: Verwaltungsresultate für die Jahre 1843 und 1844. Köln 1845.

teln eine Unterstützung empfängt, sich aus Arbeitsscheu weigert, die ihm von der Behörde angewiesene, seinen Kräften angemessene Arbeit zu verrichten, 8) wer nach Verlust seines bisherigen Unterkommens binnen der ihm von der zuständigen Behörde bestimmten Frist sich kein anderweitiges Unterkommen verschafft hat..." Der Kommentar definiert zu § 361(3) denjenigen als Landstreicher, der „habituell zweck-, geschäfts- und arbeitslos von einem Ort zum anderen umherzieht, ohne die Mittel zu seinem Unterhalte zu besitzen und ohne eine Gelegenheit zum Erwerbe derselben aufzusuchen".[6]

Diese Bestimmungen galten bis zum Ende der Weimarer Republik. Nur durch die Einführung des § 181a im Jahr 1900 konnten auch Zuhälter in eine Arbeitsanstalt eingewiesen werden.[7]

Mit Beginn des Dritten Reiches wird einer festgeschriebenen Detentionszeit keine Beachtung mehr geschenkt, „die Unterbringung soll solange dauern, als ihr Zweck erreicht ist".[8] Die Grundlage hierfür bildete das „Gesetz gegen gefährliche Gewohnheitsverbrecher und über Maßregeln der Sicherung und Besserung" vom 24. November 1933. Danach wurden als „Maßregeln der Sicherung und Besserung" der § 42 StGB in den Absätzen a) bis n) neu gefaßt. So konnten Alkoholabhängige (§ 42c) und durch den § 361 definierte Personen in eine Trinkerheilanstalt bzw. ein Arbeitshaus durch Gerichtsbeschluß eingewiesen werden. Der § 42f gab eine maximale Unterbringungszeit von zwei Jahren bei erstmaliger Einweisung in ein Arbeitshaus oder eine Trinkerheilanstalt an. Dieser Paragraph stand jedoch unter folgender Maxime: „Die Unterbringung dauert so lange, als der Zweck es erfordert". Dieser Absatz schloß ausdrücklich eine Fristsetzung für den Wiederholungsfall aus, und das Gericht hatte auch bei der erstmaligen Unterbringung vor der Entlassung zu entscheiden, „ob der Zweck der Unterbringung erreicht ist".[9] Durch dieses Gesetz wurden die alte Klientel des Arbeitshauses und Alkoholabhängige zu gefährlichen Gewohnheitsverbrechern abgestempelt.

Die „Maßregeln der Sicherung und Besserung" boten der Leitung einer Arbeitsanstalt auch die „gesetzlichen" Möglichkeiten, Zwangssterilisationen an Insassen durchführen zu lassen. In § 42k hieß es nämlich: „das Gericht kann neben der Strafe anordnen, daß ein Mann, der zur Zeit der Entscheidung das einundzwanzigste Lebensjahr vollendet hat, zu entmannen ist, (u.a. dann), wenn er wegen eines Verbrechens der Nötigung zur Unzucht, der Schändung, der Unzucht mit Kindern oder der Notzucht oder wegen eines

---

6 Theodor Oppenhoff, S. 899ff.
7 Johannes Horion, S. 305f.
8 ALVR 13077, Bl. 75.
9 Reichsgesetzblatt Nr. 133. Berlin 27. 11. 1933, S. 996.

zur Erregung oder Befriedigung des Geschlechtstriebs begangenen Vergehens oder Verbrechens der Vornahme unzüchtiger Handlungen oder der Körperverletzung zu Freiheitsstrafe von mindestens sechs Monaten verurteilt wird, nachdem er schon einmal wegen einer solchen Tat zu Freiheitsstrafe rechtskräftig verurteilt worden ist, und die Gesamtwürdigung ergibt, daß er ein gefährlicher Sittenverbrecher ist,..."[10] Sowohl bei der Fristaufhebung bei erstmaliger Unterbringung als auch bei der „Gesamtwürdigung" lieferte die Anstaltsleitung dem Gericht die entscheidenden Beurteilungsgrundlagen.

Zudem wurde im November 1933 der § 181a neu gefaßt. Konnten bis dahin Zuhälter nach verbüßter Haft von mindestens einem Monat in ein Arbeitshaus eingewiesen werden, so wurde dieses Delikt nun mit Zuchthaus bis zu fünf Jahren bestraft.[11] Das bedeutete für die Arbeitsanstalt, daß jetzt Personen mit einer ganz anderen Gefängnisvergangenheit nach Brauweiler kamen als früher.

Im Jahr 1939 verfügte der Reichsinnenminister, daß alle voll arbeitsfähigen Korrigenden nicht mehr in ein Arbeitshaus einzuweisen seien, sondern in das Arbeitslager Rodgau/Hessen. Dies brachte für die Brauweiler Werkstätten große wirtschaftliche Probleme. Eine weitere Dezimierung an arbeitsfähigen Korrigenden konnte die Anstaltsleitung mit dem Hinweis auf den Bedarf solcher Personen in der Landwirtschaft der Gegend verhindern.[12]

Die im Jahre 1950 wieder eingerichtete Arbeitsanstalt erhielt 1954 die Bezeichnung „Rheinische Landes-Arbeitsanstalt Brauweiler". Da das Strafgesetzbuch von 1870 weiterhin in Kraft war, kam für eine Einweisung in ein Arbeitshaus der gleiche Personenkreis in Betracht.[13] Es waren also weiterhin die §§ 42c (Trinkerheilanstalt), 42d (Arbeitshaus) und 361 (Landstreicherei, Bettelei) für die Brauweiler Anstalt von Bedeutung. Dabei blieben die durch das Gesetz vom 24. November 1933 vorgenommenen Änderungen an diesen Paragraphen weiterhin in Kraft. Das Landgericht Braunschweig hatte bereits 1948 ausdrücklich entschieden, daß gegen die weitere Gültigkeit des § 42d keine Bedenken bestünden. In der amerikanischen und französischen Zone war dieser Paragraph des Strafgesetzbuches allerdings gestrichen worden.[14]

Die Gerichte orientierten sich in der Nachkriegszeit bei ihren Einweisungsverfügungen in eine Arbeitsanstalt durchweg an Kommentaren, die sich auf Zahlen und juristische Literatur aus dem Dritten Reich stützten. So verweist der bekannte Strafrechtsexperte Adolf Schönke in seinem Kom-

---

10 Reichsgesetzblatt Nr. 133. S. 997.
11 Reichsgesetzblatt Nr. 133. S. 998.
12 ALVR 13096, Bl. 40.
13 ALVR 13077: Kurzbericht über Geschichte und Aufgaben der Anstalt(1954).
14 Adolf Schönke, S. 129.

mentar zum § 42c auf Zahlen aus den Jahren 1934 bis 1937. Demnach waren in dieser Zeit 414 Personen in Trinkerheilanstalten eingewiesen worden. Dieser Personenkreis habe gleichzeitig 176 Vermögens-, 81 Gewalttätigkeits- und 35 Sittlichkeitsdelikte aufgewiesen.[15] Der Strafrechtsexperte äußert sich im gleichen Kommentar auch zum Sinn und Zweck einer Arbeitshausunterbringung. Danach dient die erste Unterbringung vorwiegend dem Zweck der Besserung, bei einer Wiederholungsunterbringung trete aber der Sicherungszweck in den Vordergrund.[16]

Nach dem Krieg hatten Amerikaner und Franzosen in ihren Besatzungszonen die Arbeitshäuser geschlossen und den Gerichten die Anwendung des § 42d verboten. Letzteres wurde jedoch durch eine Novelle zum Strafgesetzbuch im Jahre 1953 aufgehoben. Deshalb stellten in der Folgezeit Bundesländer der amerikanischen und französischen Besatzungszonen Anträge, ihre Korrigenden in Brauweiler unterzubringen. Mit den Ländern Hessen, Baden-Württemberg und später auch dem Saarland wurden dann diesbezügliche Verträge geschlossen.[17]

Mit dem Bundessozialhilfegesetz war eine Einweisung in eine Arbeitseinrichtung nach § 26 BSHG möglich und zwar dann, wenn sich jemand trotz wiederholter Aufforderung beharrlich weigerte, „zumutbare Arbeit zu leisten, und es deshalb notwendig ist, ihm oder einem Unterhaltsberechtigten laufende Hilfe zum Lebensunterhalt zu gewähren". Die Unterbringung nach § 26 BSHG konnte nur in einer von der zuständigen Landesbehörde als geeignet angesehenen, geschlossenen Anstalt erfolgen. Zuständige Landesbehörden waren die jeweiligen Arbeits- und Sozialminister der Länder.[18]

Seit 1961 war die Einweisung in ein Arbeitshaus nicht mehr ab dem achtzehnten, sondern erst ab dem zwanzigsten Lebensjahr möglich. Die Arbeitsanstalt Brauweiler war 1962 noch die einzige selbständige Einrichtung dieser Art in der Bundesrepublik, alle anderen „Arbeitshäuser" waren „Sonderabteilungen" von Gefängnissen.[19] Dementsprechend war der Landschaftsverband Rheinland verpflichtet, Korrigenden aus dem Rheinland, aus Westfalen-Lippe und aus anderen Bundesländern nach entsprechenden vertraglichen Abmachungen in Brauweiler aufzunehmen.[20]

---

15 Adolf Schönke, S. 127.
16 Adolf Schönke, S. 129.
17 ALVR 13077: Kurzbericht über Geschichte und Aufgaben der Anstalt (1954). Hessische Korrigenden wurden zum ersten Mal nach der Arrondierung des preußischen Staates nach dem Krieg von 1866 nach Brauweiler eingewiesen, siehe dazu ALVR 1189.
18 O. Mergler, S. 85ff.
19 Der Spiegel, 21. Jahrgang, Nr. 9 vom 20.2.1967, S. 49f.
20 ALVR 13078: Niederschrift der Sitzung des Fachausschusses für Sozialhilfe und Kriegsfürsorge vom 12. Juli 1963.

Neben der Einweisungsmöglichkeit in ein Arbeitshaus nach § 26 BSHG war auch weiterhin eine Unterbringung nach § 47d Abs. 1 StGB möglich und zwar dann, wenn eine Person nach § 361 Nr. 3 bis 5, 6a bis 8 StGB verurteilt worden war, und es dem Gericht erforderlich erschien, neben der Strafe eine Unterbringung in einem Arbeitshaus anzuordnen.[21]

Im Rahmen der Strafrechtsreform der Großen Koalition wurde das Arbeitshaus durch das 1. Gesetz zur Reform des Strafrechts vom 25. Juni 1969 abgeschafft.

---

21 O. Mergler, S. 88.

Arbeitsbetriebe und Werkstätten der Anstalt

Für die gesamte Zeit ihrer mehr als 150 Jahre dauernden Geschichte galten für die Arbeitsanstalt Brauweiler die Maximen, daß die Insassen durch Arbeit umerzogen werden sollten und daß durch den Ertrag dieser Arbeit ein wesentlicher Teil der Kosten für den Anstaltsbetrieb durch die Korrigenden selbst zu erwirtschaften sei. Wenn man aber wirklich eine Umerziehung durch Arbeit für möglich hielt, dann mußte für jeden Insassen - soweit als möglich - eine seinen Anlagen und Fähigkeiten entsprechende Beschäftigung gefunden werden. Dies setzte voraus, daß die Arbeitsanstalt vielfältige Arbeits- und Ausbildungsmöglichkeiten anbot.[1] Da bis zum Ende des Zweiten Weltkrieges - mit Ausnahme einer zeitlich eng begrenzten Phase während der Weimarer Republik - der Vergeltungsaspekt im Vordergrund der Bestrafung stand, waren Anzahl und Art der Arbeitsstätten in den Arbeitsanstalten eher Ergebnis ökonomischer Überlegungen als Resultat spezialpräventiver Erkenntnisse.

Die Arbeitsanstalt Brauweiler setzte nach der französischen Zeit beim Arbeitsangebot weiterhin auf Textilarbeiten. Während im landwirtschaftlichen Bereich am Ende der 20er Jahre des 19. Jahrhunderts nur 57 von insgesamt 686 arbeitsfähigen Korrigenden tätig waren, waren 538 im Textilbereich beschäftigt. Es arbeiteten 173 Personen in der Maschinen- und Handwoll-Spinnerei und 76 in der Gebild-, Leinen- und Baumwollweberei. Im Handwerker- und Handlangerbereich - Schlosserei, Nagelschmiede, Schreinerei, Korbmacherei, Schusterei usw. - waren 62 Insassen beschäftigt, und 48 Korrigenden hatten Unteraufseherfunktionen oder betätigten sich bei der Kranken- und Kinderbetreuung. Schließlich gab es noch 30 Korrigenden, die bei der Fruchtmühle und in der Bäckerei untergebracht waren.[2]

Um den Ansprüchen im Textilbereich gerecht werden zu können, hatte die Anstalt die aus französischer Zeit stammenden Maschinen im Oktober 1825 durch mehrere neue Wollspinnmaschinen und sechs große Wollweb-

---

1 ALVR 13077.
2 Ristelhueber, S. 69f.

Arbeitsbetriebe und Werkstätten

Schlosserei der Arbeitsanstalt, um 1905

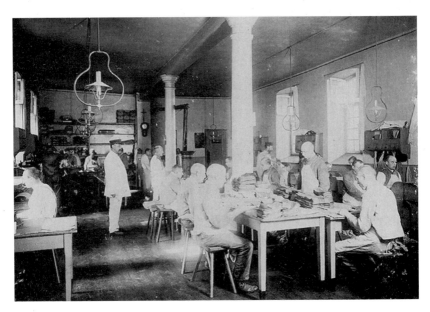

Tüten- und Bürstenmacherei um 1905

stühle aufgestockt.³ Somit konnte man 1825 und 1826 mit einigen Kaufleuten mehrjährige Verträge abschließen, in denen sich diese verpflichteten, 152 Korrigenden ganzjährig zu beschäftigen und auch die Rohstoffe für folgende Arbeiten zu stellen:
1. Spinnen von Wolle auf Maschinen und auf gewöhnlichen Handrädern,
2. Zwirnen des wollenen Garns,
3. Präpariren von Kammwolle,
4. Kämmen der Wolle,
5. Spinnen der Kammwolle auf kleinen Rädern zu Sayet,
6. Weben von wollenen Tüchern verschiedener Qualität,
7. Weben von wollenen Bettdecken,
8. Rauhen und Schwefeln der Bettdecken,
9. Weben von Leinen, Kattun, Siamoisen, Trillich, Gebild, und Fußteppichen,
10. Schmieden von Nägeln allerlei Sorten,
11. Spinnen von Kuh- und Ziegenhaaren.⁴

Ähnlich wie die französische Leitung honorierte anfangs auch die preußische besonders schwere Arbeit mit Sonderrationen an Bier und Branntwein. Das galt insbesondere für die Arbeiter, die die Wollspinnapparate drehen mußten. Diese Tätigkeit muß sehr anstrengend gewesen sein, denn neben der erwähnten Bier- und Branntweinration gab es hierfür noch täglich 1/2 Pfund Rindfleisch und 1/4 Quart Fleischbrühe.⁵ Anfangs war die preußische Leitung grundsätzlich bei der Entlohnung der Korrigenden den großzügigen Vorgaben aus französischer Zeit gefolgt. Nach dem Code Pénal stand den Insassen laut Gesetz ein Drittel des den Aufkäufern der Waren berechneten Arbeitslohnes zu. Die preußische Provinzialregierung sah darin aber eine übermäßige Vergünstigung für weniger arbeitseifrige Insassen und hob deshalb 1829 die französische Bestimmung auf und ersetzte sie durch die Regelung, jedem Arbeiter ein festes Arbeitspensum vorzugeben. Für ein Überschreiten dieses Solls wurde man mit einer Vergütung für die Mehrleistung honoriert. Davon ging aber die Hälfte in einen Sparfonds, der erst bei der Entlassung ausgezahlt wurde.⁶

Aus der französischen Zeit hatte man nicht nur die Textilarbeiten geerbt, sondern auch die damit verbundenen arbeitsmedizinischen Probleme. Bei der Verarbeitung der Wolle und des Flachs' kam es nämlich zu Augenerkrankungen. Wahrscheinlich waren es Bindehautentzündungen, denen man

---

3 Ristelhueber, S. 53.
4 Ristelhueber, S. 88.
5 Ristelhueber, S. 98.
6 Ristelhueber, S. 104f.

Arbeitsbetriebe und Werkstätten

zunächst hilflos gegenüberstand.[7] Im Jahre 1820 nahmen die Augenerkrankungen allerdings ein solches Ausmaß an, daß in Brauweiler kein Platz mehr für die Heilung zur Verfügung stand. Das Oberpräsidium bestimmte deshalb das Schloß Bedburg zur Heil- und das Kloster Frauweiler zur Quarantäne-Station. Anfang Juni 1820 mußte die gesamte Brauweiler Anstalt geräumt werden und konnte erst am 16. Dezember 1820 wieder eröffnet werden. Für Untersuchungen und für die Behandlung konnte das Oberpräsidium den bekannten Bonner Arzt Professor von Walther gewinnen. Dessen Bemühen führte schließlich dazu, daß die Quarantäne-Station im Kloster Frauweiler im Oktober 1820 aufgelöst werden konnte. Die Heilanstalt im Schloß Bedburg schloß im Herbst 1822.[8] Aber trotz anhaltender Bemühungen des Bonner Professors konnten die Augenerkrankungen, die in einigen Fällen auch zur totalen Erblindung geführt hatten, wegen der wieder aufgenommen Arbeit mit Wolle und Flachs nicht völlig beseitigt werden. Die Verwaltungsberichte für die Jahre 1839 und 1840 berichten noch immer von einem häufigen Auftreten der Augenkrankheit unter den Insassen. Auch die Entlassung des Anstaltsarztes Dr. Riffart im Jahre 1838 „wegen mangelnder Dienstauffassung" muß vor dem Hintergrund der nicht zu kontrollierenden Augenerkrankungen gesehen werden.[9]

Im landwirtschaftlichen Bereich, hier waren 90 Morgen, 138 Ruthen, 10 Fuß und eine 166 Ruthen umfassende Sandgrube in Richtung Glessen zu versorgen (1 Morgen = 150 Ruthen, 1 Ruthe = 16 Fuß), setzte die Anstaltsleitung grundsätzlich nur jugendliche Korrigenden ein und solche, die sich für das Erlernen eines Handwerkes als ungeeignet erwiesen hatten.[10] Der Landwirtschaftsbereich unterstand einem „Feldwirthschaftsmeister", der zusammen mit dem Anstaltslehrer auch für die zu Beginn der 20er Jahre gegründete Baumschule verantwortlich war. In dieser Baumschule wurden Obstbäume für die Ländereien der Anstalt und für den Verkauf gezogen. In ihr sollten insbesondere junge Korrigenden geschult werden.

Die Ackerflächen wurden in dieser Zeit zumeist mit Gemüse, Hafer, Gerste und Futterkräutern bestellt.[11] Ende der 50er Jahre des letzten Jahrhunderts zeigten sich in der Landwirtschaft der Anstalt allerdings einige Veränderungen. Der eigentlich gute Boden erwies sich seit einigen Jahren als nicht mehr besonders ertragreich. Dies wurde durch eine Dürre 1858/59 noch ver-

---

7 Norbert Finzch: Das „Zuchthaus" in Brauweiler, S. 113.
8 Ristelhueber, S. 48ff.
9 ALVR 1189: Verwaltungs-Resultate der Provinzial-Arbeits-Anstalt in Brauweiler für die Jahre 1837 bis 1840. Köln 1841.
10 ALVR 1190: Verwaltungs-Resultate der Provinzial-Arbeits-Anstalt in Brauweiler für die Jahre 1860 und 1861. Köln 1862.
11 ALVR 1189: Verwaltungs-Resultate der Provinzial-Arbeits-Anstalt in Brauweiler für die Jahre 1837 bis 1840. Köln 1841.

stärkt. Deshalb ging man 1859 zur Kalkdüngung über und legte eine große Jauchegrube an, um den Boden mit Stickstoff zu versorgen.

Auch beim Anbau änderte sich einiges. Der Versuch des Zuckerrübenanbaus scheiterte zwar, aber die 1858 begonnene Gemüsepflanzenzucht konnte bereits im gleichen Jahr einen vielversprechenden Verkaufserlös erzielen. Ebenso erfolgreich war der Anbau von Zuckermoorhirse als Futterpflanze.[12] Die Futterpflanzen dienten unter anderem dazu, daß die immer schon Ertrag abwerfende Milchviehhaltung der Anstalt weiter expandieren konnte. Die zwölf Kühe, die die Anstalt über Jahre hinweg hielt, lieferten nicht nur ausreichend Milch für die Butter- und Käseherstellung, so daß die Insassen versorgt werden konnten, sondern der Überschuß konnte auch an Beamte der Anstalt und an Korrigenden verkauft werden.[13]

Nachdem 1873 die Anstalt vom preußischen Staat in den Besitz des Rheinischen Provinzialverbandes, d.h. in die provinziale Selbständigkeit, übergegangen war, wurden nicht nur die Gebäude mit den Unterkünften für die Insassen erweitert, sondern auch die Betriebe und Werkstätten, so daß sich die zuvor beschriebenen Arbeitsbetriebe stark veränderten. Dies war allerdings nicht Ergebnis veränderter Zielsetzungen bei der Beschäftigung für die Insassen, sondern Resultat des allgemeinen Industrialisierungsprozesses in Deutschland, der auch vor den Anstaltstoren nicht Halt gemacht hatte. Es galt weiterhin der Grundsatz, daß die Bedürfnisse der Provinzialverwaltung und -einrichtungen befriedigt werden mußten. Das bedeutete weiterhin, daß die Ausstattungsgegenstände für Provinzialanstalten so weit wie möglich in eigenen Werkstätten zu produzieren waren. Auch vom bewährten Verwaltungsaufbau, auch im Bereich des Beschäftigungswesen, war man nach 1873 nicht abgewichen. Der gesamte Arbeitsbetrieb wurde von einem Arbeitsinspektor geleitet. Dieser Oberbeamte war gleichzeitig der ständige Vertreter des Direktors der Anstalt.[14]

Um 1910 befanden sich ca. 1100 männliche und ca. 200 weibliche Korrigenden in der Anstalt. Von diesen waren ca. 10% im Wirtschaftsbetrieb der Anstalt als Schreiber, Küchenpersonal oder mit Hausmeistertätigkeiten beschäftigt. Etwa die Hälfte der Korrigenden war im Baugewerbe, beim Straßenbau und bei Meliorationsarbeiten tätig. Eine kleinere Anzahl von Insassen – vorwiegend Personen, die für handwerkliche Tätigkeiten ungeeignet waren – arbeiteten in der Landwirtschaft und in der Ziegelei der Anstalt. Die anderen Korrigenden waren in den anstaltseigenen Werkstätten beschäftigt.

---

12 ALVR 1190: Verwaltungs-Resultate der Provinzial-Arbeits-Anstalt in Brauweiler für die Jahre 1860 und 1861. Köln 1862.
13 ALVR 1189: Verwaltungs-Resultate der Provinzial-Arbeits-Anstalt in Brauweiler für die Jahre 1837 bis 1840. Köln 1841.
14 ALVR 8291.

Arbeitsbetriebe und Werkstätten

Gelände des landwirtschaftlichen Betriebes der Anstalt. Im Hintergrund das barocke Feldtor, daneben die Ställe des Gutshofes, um 1905

Buchbinderei der Anstalt, um 1905

Arbeitsbetriebe und Werkstätten

Hier hatte man das anfangs übliche Verlagswesen - der Aufkäufer legte die Rohstoffe, gegebenenfalls auch die Maschinen vor - abgeschafft. Die Werkmeister in den Arbeitsbetrieben waren Beamte der Provinzial-Verwaltung.[15]

In den Jahren 1884/85 wurden auf dem Gelände der Anstalt ein Gaswerk und ein Maschinenhaus errichtet. Sie bildeten die Grundlage für die „industriemäßige" Produktion der Werkstätten. Mit dem Gas und selbstgewonnenem Koks sowie eigenem Wasserwerk mit Wasserturm konnte Dampf zum Betreiben von Gleichstromdynamomaschinen erzeugt werden, die u.a. die Energie für die Maschinen in der Weberei und Schreinerei lieferten.[16]

Beide Einrichtungen stellten zwar traditionelle Betätigungsfelder der Anstalt dar, aber seit dem letzten Quartal des 19. Jahrhunderts wurde hier in wesentlich größeren Dimensionen gearbeitet als vorher. Die 358qm große Schreinerei befand sich in dem 1881 am östlichen Rand des Anstaltsgeländes errichteten Shedgebäude, hier hatte auch die 700 qm große Weberei ihren Platz gefunden. Diese arbeitete mit 32 maschinell - durch Gleichstrom- bzw. Gasmotoren - betriebenen Webstühlen und 24 Handwebstühlen sowie drei Spulmaschinen.[17] Der Bedarf der Provinzialanstalten an Webstoffen war so stark angestiegen, daß man auf maschinelle Herstellung umgestellt hatte. Ein Handwebstuhl produzierte an einem Tag nur fünf Meter eines bestimmten Gewebes, der maschinelle jedoch 15 Meter. Hinzu kam, daß immer weniger gelernte Weber in die Anstalt eingewiesen wurden, da sich dieses Berufsfeld wegen der Industrialisierung stark verändert hatte. In den 30er und 40er Jahren des 19. Jahrhunderts hatte das noch ganz anders ausgesehen. In dieser Zeit waren wegen der preußischen Freihandelspolitik im Deutschen Zollverein vor allem Weber wegen der englischen Konkurrenz aus der Bahn geworfen worden [18]

Die Arbeitsanstalt behielt weiterhin die Bereiche Schusterei, Schneiderei, Schmiede und Schlosserei. Nach 1873 waren allerdings eine Anstreicherei mit einer Werkstattfläche von 315qm, eine Tüten- und Briefumschlagfabrik mit 213qm sowie eine Druckerei mit 533qm und eine Buchbinderei mit 166qm hinzugekommen.

Die produzierten Briefumschläge wurden fast ausschließlich für die Behördenpost der Provinzial-Verwaltungen benutzt. Die Papiertüten wurden für Privatkunden hergestellt. In diesem Bereich bot sich neben der Landwirtschaft ein weiteres Betätigungsfeld, in dem nicht handwerklich vorgebildete Korrigenden beschäftigt werden konnten. Die Druckerei und die Buchbinderei arbeiteten ähnlich wie die Briefumschlagherstellung fast ausschließlich für Behörden der Provinzial-Verwaltungen.[19]

---

15 H. von Jarotzky, 1911, S. 15ff.
16 H. von Jarotzky, 1911, S. 52ff.
17 H. von Jarotzky, 1911, S. 17, S. 21.
18 ALVR 8291.
19 H. von Jarotzky, 1911, S. 33ff.

Arbeitsbetriebe und Werkstätten

Gasfabrik zur Energieversorgung der Arbeitsanstalt, errichtet 1884/85

Weberei der Anstalt mit mechanischen Webstühlen, die mit der Energie aus der Gasfabrik angetrieben wurden, um 1905

Weibliche Korrigenden fand man bei den aufgezählten Werkstätten nur als Näherinnen, ansonsten waren Frauen im Bereich Hauswirtschaft und in der Dampfwäscherei untergebracht. Die Dampfwäscherei war erst mit dem Bau des Maschinenhauses entstanden, in dem sie auch in einem Anbau untergebracht war, denn somit konnte ein Teil des erzeugten Dampfes direkt genutzt werden. In der Wäscherei fanden ca. 50% der weiblichen Insassen eine Beschäftigung. Von der Wäscherei - Waschen, Mangeln, Bügeln - wurden 1910 ca. 600 Privathaushalte in Köln beliefert. Den Kölner Kunden wurde die Wäsche durch das hauseigene Fuhrwerk zugestellt bzw. abgeholt.[20]

Der landwirtschaftliche Besitz der Anstalt umfaßte 1910 60ha. Davon entfielen 26ha auf Ackerland; 19ha Gartenland waren an Beamte der Anstalt verpachtet, ca. 6ha waren Rieselfelder und 0,6ha dienten als Weidefläche. Die Palette der Anbaufrüchte hatte sich Anfang des 20. Jahrhunderts im Vergleich zu den 60er Jahren des 19. Jahrhunderts allerdings stark verändert. Nun dominierte, wie überall in der Jülicher/Zülpicher Börde, der Weizen (8ha) gegenüber dem Hafer (7,5ha) und dem Roggen (5ha). Auch der Viehbestand hatte sich verändert, waren es im 19. Jahrhundert über Jahrzehnte hinweg drei Pferde, die die Anstalt besaß, so weist die Statistik für 1911 zehn Pferde sowie 218 Schweine aus. Die Pferde dienten vor allem als Transportmittel: Steinkohle und Briketts mußten für den Betrieb der Gasanstalt und für die Heizung herbeigeschafft werden, Güter mußten von und zum Bahnhof in Großkönigsdorf geschafft werden, und den Kölner Kunden mußte die Wäsche zugestellt werden.[21]

In der Zeit der Weltwirtschaftskrise machten auch die Werkstätten der Arbeitsanstalt eine Talfahrt durch. Besonders in den Wintermonaten fehlte es an Aufträgen aus dem Kreis der Privatkunden. Deshalb verlegte man in die Wintermonate alle Instandsetzungsarbeiten und baulichen Veränderungen, denn die Insassen mußten und sollten ja beschäftigt werden. In diesen Monaten hatte insbesondere die Schwemmsteinherstellung der Anstalt Hochkonjunktur. Allerdings stand hierbei die Beschäftigungstherapie im Vordergrund, denn das Ausgangsmaterial - Bimskies - mußte erst vom Mittelrhein nach Brauweiler geschafft werden, und diese Vorkosten waren so hoch, daß die Schwemmsteinfabrikation ohne Gewinn arbeitete.[22]

Während des Dritten Reiches arbeiteten die Betriebe der Anstalt zunehmend für staatspolitische und damit kriegspolitische Aufgaben, was sich mit Kriegsbeginn noch verstärkte. Die 80 Insassen, die 1943 in der Ziegelei tätig waren, produzierten jährlich fünf Millionen Ziegelsteine, davon waren 80% für Wehrmachtszwecke vorgesehen, und eine Million Steine forderte das

---

20 H. von Jarotzky, 1911, S. 28ff.
21 H. von Jarotzky, 1911, S. 45.
22 Albert Bosse: Die Verwertung der Arbeitskraft, S. 205.

Arbeitsbetriebe und Werkstätten

Wäscherei der Anstalt, um 1905

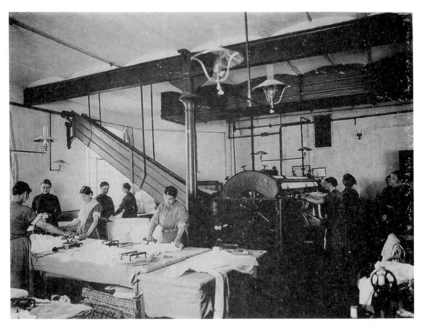

Bügelzimmer mit einer Dampfmangel, lag unmittelbar neben der Wäscherei, um 1905

Arbeitsbetriebe und Werkstätten

Blick in die Näherei der Anstalt, um 1905

Druckerei der Anstalt, um 1905

Arbeitsbetriebe und Werkstätten

Ministerium Speer für den Ausbau einer RWE-Anlage. Die Anstaltsschreinerei produzierte Büroeinrichtungen für Parteibehörden sowie für das Landesarbeitsamt in Köln und für die Stadt Köln. Der Bedarf stieg mit zunehmender Bombardierung der Stadt. In der gleichen Zeit waren Wäscherei, Schneiderei und Näherei für Wehrmachtseinheiten tätig. Die Korbmacherei fertigte Verpackungsmaterial für die Rüstungsindustrie, und von der Buchbinderei und Tütenkleberei forderte die Luftfahrtindustrie massenhaft Beutel für luftkranke Kunden an.[23]

Das aufgezählte Werkstättenspektrum blieb so bis 1945, bzw. bis zum Ende der Arbeitsanstalt 1968/69 erhalten. Erwähnenswert ist zudem noch die ca. 12ha große Gärtnerei der Anstalt, in der bevorzugt jugendliche Insassen arbeiteten. Unmittelbar nach Kriegsende belieferte die Wäscherei Besatzungstruppen sowie die UNRRA (United Nations Relief and Rehabilitation Administration), die das DP-Lager in der Anstalt betreute.[24]

Zu Beginn des Jahres 1948 nahmen neben der Wäscherei die Gärtnerei, der Gutshof sowie die Ziegelei ihren Betrieb wieder auf. Diese wurden von insgesamt 75 Fürsorgezöglingen betrieben, die unter der Obhut von 82 Anstaltsbeamten und -angestellten standen, da deren Beschäftigungsverhältnis nach Kriegsende nicht gekündigt worden war, da man mit einer raschen Wiedereinrichtung der Arbeitsanstalt gerechnet hatte.[25]

Eine große Bedeutung hatten die Werkstätten und auch die Korrigenden der Arbeitsanstalt immer auch für die private Versorgung der Beamten und Angestellten der Anstalt sowie für die Brauweiler Bevölkerung. So konnte man überschüssige Produkte des Landwirtschaftsbetriebes, wie Milch, Butter, Käse und Obst, günstig bei der Anstalt erstehen. Die Anstalt verpachtete auch Gartenland an die Beamten, und man konnte für häusliche Arbeiten Korrigenden „ausleihen". Nach dem Ersten Weltkrieg hatte es sich sogar eingebürgert, Korrigenden als Dienstboten in den Beamtenfamilien zu beschäftigen. Für einen Korrigenden zahlte man 1920 drei Mark pro Tag. Diese Beschäftigung von Korrigenden in Privathaushalten blieb allerdings nicht auf Angehörige der Anstalt beschränkt, auch andere Brauweiler Bewohner nutzten die billigen Arbeitskräfte. So baten z.B. 1927 Pfarrer Lummerich und Lehrer Liethen die Anstalt um Gartenarbeiter, da sie anderweitig keine Personen für diese Tätigkeiten bekamen.

Im Zuge der Inflation wurden die Entlohnungen der Geldentwertung angepaßt. Bei Gartenarbeiten zahlte man 2/3 des Tariflohnes für ausländische Wanderarbeiter. Deren Tariflohn lag deutlich unter dem deutscher Landar-

---

23 ALVR 13121: Bericht der Anstalt vom 25.9.1943 für den Provinzialrat.
24 ALVR 13076, Bl. 14-17. ALVR 13078: Niederschrift über die Sitzung des Fachausschusses für Sozialhilfe und Kriegsfürsorge vom 12. Juli 1963.
25 ALVR 13076, Bl. 156.

Arbeitsbetriebe und Werkstätten

Ziegelei der Anstalt, Foto 1968. Das Gebäude lag nördlich der heutigen Donatusstraße im Bereich der heutigen Tennisanlage.

Hauptwachtmeister Andreas Bücker mit einer zur Feldarbeit abkommandierten Kolonne von Anstaltsinsassen, Foto um 1930

Arbeitsbetriebe und Werkstätten

beiter. Für Hausarbeiten zahlte man 2/3 des Lohnes für Hausangestellte. Bei der galoppierenden Inflation des Jahres 1923 bedeutete dies im Juli 1923 den gewaltig anmutenden Betrag von 20200 Mark für acht Stunden Gartenarbeit. Der Preis für ein Pfund Weizenmehl lag im August 1923 in Brauweiler bei 19000 Mark.

Aber auch die Werkstätten arbeiteten für den Privatbedarf des Anstaltspersonals. In den Betrieben zahlten Beamte und Angestellte der Anstalt 1921 einen Tageslohn von drei Mark. Bei den in den Werkstätten produzierten Fertigstücken wurde bei der Bezahlung unterschieden zwischen Anfertigungen durch die Werkmeister und durch die Korrigenden. Vor allem in der Wäscherei erhielten Anstaltsbedienstete einen wesentlich günstigeren Tarif als der Normalkunde. Der Rabatt lag in der Regel zwischen 25% und 33% für Wäsche aus Beamtenfamilien.[26]

Letztlich galt für die gesamte Zeit der Existenz der Arbeitsanstalt ein Resümee des kommissarischen Leiters Radermacher aus dem Jahr 1949: „Der Ort Brauweiler verdankt seine Entwicklung einzig und allein der Anstalt. Handel und Gewerbe konnten nur durch die Anstalt gedeihen. Die Bauern der näheren und weiteren Umgebung erhielten von der Anstalt gute und billige Arbeitskräfte. Die Gemeinde ist ebenfalls nicht schlecht dabei gefahren. Die Bevölkerung Brauweilers war stets eng mit der Anstalt verbunden. Stammten doch die Beamten und Angestellten zum größten Teil von hier oder aus den Nachbarorten. Die uns vorliegenden zahlreichen Bewerbungsschreiben für den Aufsichtsdienst und aus Handwerkerkreisen sind Beweis dafür, wie gross das Interesse an der Anstalt ist."[27]

---

26 ALVR 8334.
27 ALVR 13076.

Die Arbeitsanstalt Brauweiler in preußischer Zeit bis zur Reichsgründung 1871

Im Januar 1814 rückten alliierte Truppen, insbesondere russische Kosaken, in den Brauweiler Raum vor. Am 17. Januar 1814 nahm die Administration der alliierten Mächte Besitz von der Anstalt Brauweiler. Die Zahl der Insassen war wegen der Flucht vieler Korrigenden während des Krieges stark gesunken.

Am 15. Juli 1814 verließen Direktor Taillard mit dem Rendanten Schirmer und den Magazin-Verwaltern, den Gebrüdern Etienne, die Anstalt Brauweiler in Richtung Frankreich. Die Leitung übernahm zunächst Steuerrath Haw, der am 31. Juli 1815 von Hofrath Ristelhueber abgelöst wurde. Dieses Datum ist sozusagen der offizielle Beginn der Übernahme der Brauweiler Anstalt durch die königliche preußische Landesbehörde.[1]

Die aus französischer Zeit stammende Aufsichtskommission über die Anstalt blieb bis zum 31. Oktober 1816 im Amt und wurde vom neuen Oberpräsidenten in Köln, Reichsgraf zu Solms-Laubach, abgelöst.

Die neuen preußischen Regierungsbezirksvertreter kamen zwischen 1817 und 1826 überein, daß die Brauweiler Anstalt für die Regierungsbezirke Aachen, Kleve, Köln, Düsseldorf und Koblenz zuständig sein sollte.[2]

Durch die „historisch-statistische Beschreibung des Landesarbeitshauses zu Brauweiler" aus der Feder seines Leiters Ristelhueber aus dem Jahr 1828 sind wir sehr gut über die Anfangsjahre der preußischen Anstalt informiert.

Ristelhueber beklagt, daß die französische Verwaltung nur 3173 Francs zurückgelassen habe, aber gleichzeitig auch 10.000 Francs Schulden. Von den 383 übernommenen Insassen seien nur 91 im Textilbereich beschäftigt gewesen, die „übrigen gingen müßig in der Anstalt umher".[3]

Die preußische Regierung erweiterte nach der Übernahme der Anstalt den für eine Einweisung in Frage kommenden Personenkreis erheblich, so daß

---

1 Ristelhueber, S. 43, S. 45; PAB Pfarrchronik 31/1.
2 Gustav Croon, S. 309f.
3 Ristelhueber, S. 45.

Preußische Zeit

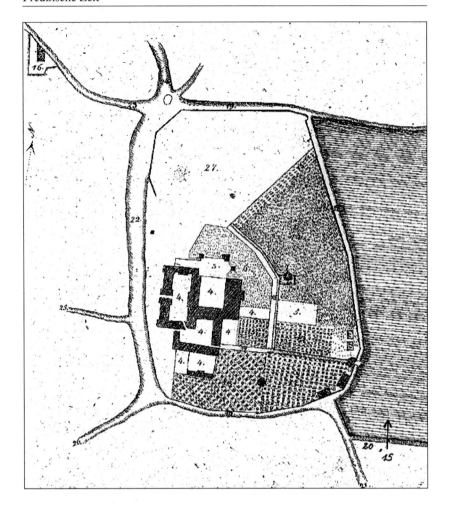

Ausschnitt aus dem Plan der Provinzial-Arbeitsanstalt in Brauweiler, 1828. Erläuterung der Ziffern nach Anstaltsleiter Hofrath Ristelhueber:
«1. Anstalts-Gebäude; 2. Engere Arrestbehälter; 3. Pfarrkirche; 4. Erholungsplätze und Höfe; 5. Exerzierplatz für die Knaben; 6. Bleichplatz; 7. Der in der Geschichte der vormaligen hiesigen Abtey berühmte Maulbeerbaum; 8. Wohnung des Gärtners und eines Werkmeisters; 9. Scheune und Schuppen; 10. Stallungen; 11. Feldthor und Wohnung des Ackerknechts; 12. Reservoir; 13. Gemüsegärten; 14. Grasgarten; 15. Ackerland; 16. Sandgrube; 17. Weg nach dem Feldthor; 18. Gartenland und Weg zwischen der Gartenmauer und dem Grasgarten; 19. Weg um die Ringmauer der Anstalt; 20. Weg um das Ackerland der Anstalt; 21. Weg von Brauweiler nach Köln; 22. Straße zwischen dem Dorfe Brauweiler und der Anstalt; 23. Weg nach Glessen; 24. Weg nach Sinthern; 25. Weg nach Dansweiler; 26. Weg nach Königsdorf; 27. Platz, worauf der sogenannte Klosterhof steht, in der Ringmauer der vormaligen Abteigärten befindlich.»

die Bevölkerung der Anstalt „aus armen elternlosen Kindern, jungen Verbrechern, Bettlern und Landstreichern, liederlichen Dirnen, Prellern und Dieben" bestand.[4] Nach zahlreichen Interventionen des Rheinischen Landtages und der großen Städte, die die Möglichkeit der Abschiebung ihrer Bettler durch den vergrößerten Personenkreis bedroht sahen, kam es schließlich im Juli 1829 zu einem vom preußischen König genehmigten Landtagsgesetz. Dieses Gesetz etablierte eine Verwaltungskommission in Köln, die aus zwei Landtagsabgeordneten und zwei Regierungsbeamten bestand. Diese Kommission befand über alle Verwaltungangelegenheiten der Anstalt sowie über deren „innere Führung". Sie hatte dem Landtag und der Oberaufsicht, dem Oberpräsidenten, jährlich Bericht zu erstatten. Damit war die Brauweiler Anstalt zu einer Provinzialanstalt geworden. Die Vorgaben für die innere Struktur und die Ziele und Maßnahmen der Korrektion innerhalb der neuen Provinzialanstalt waren schon 1817 in die Wege geleitet worden. Die Anstalt hatte nämlich im Tausch mit dem Landwirt Adam Berndgen, zwischen 1801 und 1812 Bürgermeister, der innerhalb der Ringmauern Gärten und außerhalb Ackerland besaß, gegen Landbesitz in Dansweiler und Kleinkönigsdorf 48 Morgen Land in unmittelbarem Anschluß an die Ringmauer erhalten. Damit war der landwirtschaftliche Betrieb, eine Säule der Korrektionsarbeit, 1825 weitestgehend arrondiert. Im Jahre 1818 hatten bereits die Planungen für eine Erweiterung der Anstalt und damit für eine Aufnahmekapazität von 900 bis 1000 Korrigenden begonnen.[5]

Anstaltseinweisung und Anstaltsaufgaben

Im Verwaltungsregulativ der Anstalt aus dem Jahr 1829 heißt es in § 1: „Die Arbeitsanstalt zu Brauweiler ist zur Aufnahme und Correction der muthwilligen, die öffentliche Sicherheit bedrohenden und der arbeitsscheuen Bettler, so wie hiernächst zur Unterbringung der von den Gerichten zur Einlieferung in dieses Institut verurtheilten Landstreicher, bestimmt und der vorhandene Raum wird nach den Bevölkerungs-Verhältnissen der teilnehmenden Regierungsbezirke Cöln, Aachen, Düsseldorf und Coblenz, einschließlich der Standesgebiete vertheilt."[6]

Nach einer Ministerialordnung von 1812 entschieden die königlichen Landräte über die Einweisung in eine Arbeitsanstalt. Davon waren u.a. auch der Bettelei überführte Kinder unter 16 Jahren, Frauen, über Sechzigjährige und Invaliden betroffen. Arbeitsfähige männliche Bettler wurden zunächst den Gerichten überstellt und erst nach Verbüßung der vom Gericht verhängten Haftstrafe

---

4 Gustav Croon, S. 310.
5 Ristelhueber, S. 52f.
6 ALVR 1185: Bericht der Ständischen Kommission für das Landesarmenhaus zu Brauweiler an den 2. Rheinischen Landtag, Düsseldorf 1830.

der Arbeitsanstalt überwiesen. Die letztgenannte Bestimmung galt ab 1823 für alle Bettler und Landstreicher. Ausnahmen im erstgenannten Sinne gab es seit 1823 nur für bestimmte Teile des Regierungsbezirks Düsseldorf, und zwar dort, wo die alte französische Gerichtsordnung keine Gültigkeit besaß.[7]

Somit waren die meisten männlichen Insassen der Arbeitsanstalt Brauweiler Vorbestrafte und die Anstalt eine Besserungsanstalt für Kriminelle. Hinzu kam das schon beschriebene Bemühen der preußischen Regierung, den für die Arbeitsanstalt vorgesehenen Personenkreis zu erweitern, da man nun im ehemaligen Bettlerdepot eine Art Gefängnis sah, in dem durch Korrektion, insbesondere mittels Arbeit, eine Besserung erreicht werden sollte.[8]

Anstaltsbevölkerung

Die Zahlen des Jahres 1826 (Stand 1. Januar) verdeutlichen die „bunte" Zusammensetzung der Insassen und das Abrücken der preußischen Regierung vom ursprünglichen Zweck eines Bettlerdepots:

Korrigenden zwischen 1 Tag und 16 Jahren

Aufnahmegründe	männlich	weiblich	Summe
kleine Kinder mit ihren Eltern	18	17	35
wegen Eltern- und gänzlicher Hülflosigkeit	23	7	30
staubstumm und ganz hülflos	–	1	1
wegen Bettelei	16	4	20
wegen Landstreicherei	5	–	5
wegen öffentlicher Verletzung der Schamhaftigkeit	1	1	2
wegen Diebstahls	37	8	5
wegen Straßenraubs	1	–	1
wegen Brandstiftung	1	1	2

Korrigenden von 17 Jahren und darüber

Aufnahmegründe	männlich	weiblich	Summe
Bettelei wegen Hülflosigkeit	54	22	76
Bettelei wegen Arbeitsscheu	91	41	132
wegen Landstreicherei	59	36	95
wegen Trunksucht	31	6	37
wegen Liederlichkeit	1	41	42
wegen Diebstahls	6	4	10
		Summe	392[9]

---

7 Ristelhueber, S. 78f.
8 Norbert Finzsch: Obrigkeit, S. 189.
9 Ristelhueber, S. 56f.

Mit 38% war der Frauenanteil bei den erwachsenen Insassen etwas geringer als zur Zeit des französischen Bettlerdepots. Die Gesamtzahl der Korrigenden stieg im Laufe der Zeit stetig an, 1840 waren 607 Männer und Jungen sowie 260 Frauen und Mädchen in der Anstalt. Unter Berücksichtigung der Fluktuationen des Jahres 1840 waren sogar 1436 Personen in Brauweiler. Dabei stellten die jugendlichen Korrigenden unter 16 Jahren einen Anteil von 26,3%.[10] Nach 1840 ging die Zahl bis zur Gründung des Reiches 1871 aber stetig zurück.

Bei den Belegungsstärken spiegeln sich die sozioökonomischen Bedingungen der Gesellschaft, administrative und gesetzespolitische Entscheidungen wider.

Nach dem Landtagsgesetz vom 15. Juli 1829 des 2. Rheinischen Landtages war die Arbeitsanstalt Brauweiler „ausschließlich zur Aufnahme und Correction der muthwilligen, die öffentliche Sicherheit bedrohenden arbeitsscheuen Bettler, so wie hiernächst zur Unterbringung der von den Gerichten zur Einlieferung in das Institut verurteilten Landstreicher" bestimmt.[11] Dieses Gesetz wurde jedoch in der Folgezeit von den preußischen Behörden wenig beachtet. Insbesondere wurden jugendliche Kriminelle, die nach Artikel 66 des rheinischen Strafgesetzes zwar straffrei ausgingen, zur Korrektion nach Brauweiler geschickt.

Nach 1837 stieg - wegen einer Kabinetts-Ordre vom 15. Mai 1837 - zudem die Zahl von eingewiesenen „liederlichen Weibspersonen" aus Landgemeinden stark an.[12]

Die Proteste des Rheinischen Landtages gegen diese Mißachtungen der Zweckbestimmung der Brauweiler Anstalt führten 1843 zu einer Landtagsentscheidung, Dirnen nicht in Brauweiler, sondern im ehemaligen Kloster Pützchen bei Bonn unterzubringen.[13] Bereits seit Mai 1841 hatte man keine Neueinweisungen von Dirnen nach Brauweiler vorgenommen, im Jahre 1840 waren es noch 68 gewesen.[14]

Da aber im Jahr 1863 die Anstalt Pützchen aufgelöst wurde, und in Brauweiler ein eigenes Frauenhaus gebaut wurde, kamen ab 1863 Dirnen wieder in die Brauweiler Anstalt.[15]

Zwischen 1851 und 1858 beschäftigte sich der Landtag bezüglich der Verhältnisse in der Arbeitsanstalt Brauweiler vor allem mit der Unterbringung jugendlicher Verbrecher. Trotz des allgemeinen Wunsches, diese Jugendlichen

---

10 ALVR 1189: Verwaltungsresultate der Provinzial-Arbeits-Anstalt in Brauweiler für die Jahre 1837 bis 1840.
11 ALVR 1189.
12 ALVR 1189.
13 Gustav Croon, S. 311.
14 ALVR 1189.
15 Gustav Croon, S. 312, ALVR 1190.

A. Uebersicht,

in welcher Art die arbeitsfähigen Häuslinge der Brauweiler Anstalt in den Jahren 18³⁷/₄₀ für das Haus selbst und für Fremde beschäftigt worden sind.

	Es wurden beschäftigt:	1837.	1838.	1839.	1840.
	I. Für die Anstalt selbst.				
	a) Beim Haus-, Polizei- u. Oeconomiedienste				
1.	als Schreiber in den Büreaus	8	8	8	7
2.	" Schulgehülfe	1	1	1	2
3.	" chirurgischer Gehülfe	1	1	1	1
4.	" Saal- und Cachot-Wärter u. Wärterinnen	17	18	16	18
5.	" Krankenwärter und Wärterinnen	15	14	19	18
6.	" Kinderwärterinnen	7	7	8	7
7.	" Wäscherinnen	10	10	12	12
8.	" Viehmägde	2	2	2	2
9.	" Pferdeknechte und Stallgehülfen	2	2	2	2
10.	" Küchenmägde	3	3	4	4
11.	" Gemüsereiniger und Kumpenspüler	13	12	16	13
12.	" Wasserpumper	4	4	2	2
13.	" Spendeknecht	1	1	1	1
14.	" Pförtner und Thürsteher	9	9	9	9
15.	" Hof- und Abtritts-Reiniger	4	4	3	4
16.	" Handmühlendreher	39	39	49	42
17.	" Bäckergehülfen	4	4	4	4
18.	" Fruchtdrescher	1	½	1	1
19.	" Unteraufseher in den Werkstätten	4	5	6	6
20.	" Thürsteher u. Ofenheizer in den Werkstätten	10	10	13	13
21.	" Maurer und Weißer	4	4	4	4
22.	" Handlanger u. Erdarbeiter in der Sandgrube	—	—	3	3
23.	" Wegearbeiter	2	4½	2	2
24.	" Barbier und Haarschneider	1	1	2	2
25.	" Magazin-Knecht	1	1	1	1
26.	" Feld- und Gartenarbeiter	22	15	17	16
27.	= Holzhauer und Gerüstträger	1	1	1	1
	Summa I. a. der Arbeiter beim Haus-, Polizei- und Oeconomiedienste	186	181	207	197

Auszug aus einer Aufstellung über die Tätigkeitsbereiche der Insassen der Brauweiler Anstalt zwischen 1837 und 1840. (ALVR)

nicht in Brauweiler unterzubringen, konnte man sich nicht auf eine diesbezügliche Entscheidung einigen, weil die Diskussion von einem Streit über die konfessionell getrennte Unterbringung und den Religionsunterricht dieser Jugendlichen zwischen Landtag und preußischem Ministerium überschattet war. Nachdem man sich schließlich auf eine konfessionell getrennte Unterbringung in Brauweiler geeinigt hatte, - die Umsetzung scheiterte am fehlenden Geld - verweigerte die preußische Regierung allerdings die Unterrichtung der katholischen Jugendlichen durch ein vom Landtag gefordertes katholisches Ordensmitglied. Letztlich bestimmte das Landtagsgesetz von 1854 die Anstalten Steinfeld und Boppard als Unterbringungsstätten für jugendliche Verbrecher.[16]

Somit setzte im gleichen Jahr ein starker Rückgang der jugendlichen Insassen in Brauweiler ein, weil man zunächst unzurechnungsfähige Mädchen von Brauweiler nach Steinfeld verlegte, im Mai 1859 überstellte man auch die anderen Mädchen und ab Dezember 1859 auch die meisten Jungen in die Steinfelder Erziehungsanstalt, so daß die Belegungsstatistik der Brauweiler Anstalt für das Jahr 1862 nur noch 37 jugendliche Sträflinge ausweist, im darauffolgenden Jahr sind es nur noch 17 Jungen.[17]

Durch die detaillierten Aufzeichnungen des ersten preußischen Anstaltsleiters, Hofrath Ristelhueber, sind wir über die Lebensgeschichten der jugendlichen Insassen gut informiert. Beispielhaft soll hier die Biographie eines Fürsorgezöglings wiedergegeben werden:

„Häftling Nr. 12. Geburtsdatum: 1812, Aufnahme in die Anstalt: 23. Febr. 1825. Motiv der Detention: Diebstahl. Dauer der Haft: bis zum zurückgelegten 20. Lebensjahre. Vorgeschichte: Sein Vater ergab sich wegen Armuth und Unfähigkeit zur Arbeit der Bettelei und verwahrloste ihn völlig. Sich allein überlassen, lief er den ganzen Tag in schlechter Gesellschaft herum, wurde endlich gegen seinen kranken Vater gänzlich unfolgsam, verwilderte und ward lasterhaft."[18]

Aber auch Kleinstkinder wurden zusammen mit ihren Müttern in die Anstalt eingewiesen. Sie blieben so lange in der Anstalt, bis sie nicht mehr gestillt wurden. Schwangere Frauen wurden kurz vor der Niederkunft aus der Anstalt in ihre Heimatgemeinden entlassen. Aber sehr häufig fanden Geburten auch in der Anstalt statt, im Jahre 1859 waren es 15 Geburten.

Gegen diese Praktiken der preußischen Regierung protestierte die ständische Kommission des Landtages genauso wie gegen die Praxis, Brauweiler als willkommene Abschiebungsmöglichkeit für „Verkrüppelte und Schwachsinnige" zu benutzen.[19]

---
16 Gustav Croon, S. 312f.
17 ALVR 1190.
18 Ristelhueber, S. 114.
19 ALVR 1189. ALVR 1190: Übersicht der Verwaltungsresultate der Provinzial-Arbeits-Anstalt zu Brauweiler für die Jahre 1858, 1859, 1864, 1865 und 1866.

Seit dem Landtagsbeschluß vom 30. November 1844, ergänzt durch die Novelle zum Armengesetz vom 21. Mai 1855, die es den Gemeinden ermöglichten, „ihre muthwilligen Armen in der Anstalt unterzubringen", besaß die Brauweiler Anstalt auch eine Abteilung für sog. Landarme. Im Jahre 1850 waren 57 Landarme in Brauweiler, die Zahl pendelte sich in den 60er Jahren auf ca. 150 Personen ein.[20]

Anfangs wurden die Landarmen in fünf ehemaligen Dienstwohnungen von Anstaltsbeamten auf dem Anstaltsgelände untergebracht, die man zu 16 sehr kleinen Zimmern umgebaut hatte. Man wollte ein Zusammentreffen zwischen Landarmen und den Korrigenden der Anstalt vermeiden, deshalb erhielten die Landarmen auch eine andere Anstaltskleidung, die männlichen trugen im Sommer blauen Zwillich mit weißen Streifen und im Winter dazu lange Jacken. Die Landarmen durften das eigentliche Anstaltsgebäude verlassen und sich auf dem freien Platz vor dem Hauptgebäude aufhalten. Dies führte allerdings zu Klagen der Bevölkerung, „da die Landarmen meistens in Beziehung auf sittliche Bildung den Detinirten wenig vorausstehen".[21]

Wirtschaftliche Krisenzeiten schlugen sich in der Anzahl der Insassen nieder. Über das ganze Jahr 1866 hinweg waren 1017 Insassen in der Brauweiler Anstalt. Die Mehrzahl der eingelieferten Personen des Regierungsbezirks Düsseldorf in den 60er Jahren stammte aus den Weber- und Kohlebezirken, die von der damaligen Rezession besonders betroffen waren.[22]

Auch die Auswanderungswelle der 40er Jahre spiegelt sich in den Akten der Anstalt wider, so mußten 1846 177 Männer und 195 Frauen aus den Regierungsbezirken Koblenz und Trier für 15 Tage notdürftig in Brauweiler untergebracht werden, weil sie auf ihrem Weg nach Amerika in Ostende ohne Geld hilflos liegengeblieben waren. Von Brauweiler aus wurde dann der Rücktransport in die Heimatgemeinden organisiert.[23]

Die Dauer der Inhaftierung war anfangs nur für jugendliche Delinquenten genau festgelegt. Ansonsten entschied der Direktor der Anstalt, ob der Zweck der Inhaftierung erreicht sei und eine Entlassung bei der königlichen Regierung beantragt werden konnte. Bei Wiederholungstätern stieg mit jeder neuen Einweisung die Verweildauer um ein weiteres Jahr.[24]

Das Gesetz vom 6. Januar 1843 legte dann für Bettler und Landstreicher eine maximale Detentionszeit von drei Jahren fest. Dies führte in den Folge-

---

20 ALVR 1190.
21 ALVR 1189: Übersicht der Verwaltungsresultate der Provinzial-Arbeits-Anstalt Brauweiler für die Jahre 1845 bis 1850.
22 ALVR 1189: Übersicht der Verwaltungsresultate der Provinzial-Arbeits-Anstalt Brauweiler für die Jahre 1864, 1865 und 1866.
23 ALVR 1189: Übersicht der Verwaltungsresultate der Provinzial-Arbeits-Anstalt Brauweiler für die Jahre 1845 bis 1850.
24 Ristelhueber, S. 84f.

Preußische Zeit

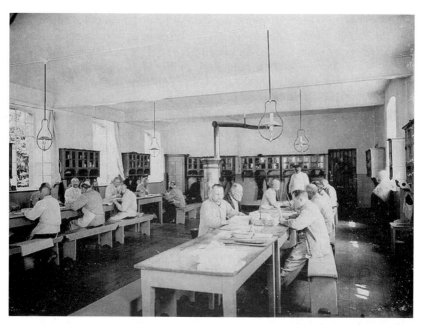

Tütenherstellung in der Landarmenabteilung, um 1905

Landarme beim Spulen von Garnen für die Weberei, um 1905

jahren zu einer starken Abnahme der Zahl der Korrigenden.[25] Zum Beispiel im Jahr 1829 hatte die Anstalt noch 1107 Inhaftierte, 52 gelang die Flucht, 356 wurden entlassen, in der Mehrzahl Frauen, 16 Erwachsene und sieben Jungen konnte die Anstaltsleitung als Handwerker in Betriebe vermitteln, und 28 Personen wurden als Dienstboten in Haushalten untergebracht. Von den 1107 Inhaftierten waren 177 rückfällig.[26]

Den Entlassenen bezahlte die Anstaltsleitung die Heimreise aus dem Sparfonds der Korrigenden. Das in der Korrektionszeit Ersparte wurde allerdings bei der Entlassung nicht ausgezahlt, sondern den zuständigen Ortsbehörden überwiesen, die damit die Entlassenen im Bedarfsfall unterstützten.[27]

Anstaltsdisziplin und Strafen

Dem Zeitgeist entsprechend waren die Arbeitshäuser geprägt von militärischer Disziplin und Ordnung. Ristelhueber schreibt dazu: „Die Knaben werden an Sonn- und Feiertagen und mitunter während der zur Erholung bestimmten Zeit in militairischen Marsch-Uebungen geübt und hierdurch zum künftigen Soldatenstand vorbereitet... Die in der Anstalt befindlichen Knaben, 100 an der Zahl, sind in eine Kompagnie formirt. Ein Kommandant, 8 Unteroffiziere und eben so viele Gefreite stehen dieser Kompagnie vor... Der Kommandant ist einer der ältesten Revier-Aufseher, der in dem Königl. Preußischen Heere als Unteroffizier diente. Die Unteroffiziere und Gefreiten sind aus der Zahl der Zöglinge entnommen".[28]

Alle Korrigenden waren nach Altersklassen in einzelne Reviere eingeteilt, diese bestanden aus jeweils 100 Erwachsenen (bzw. 50 Jugendlichen), die von einem Aufseher bzw. einer Aufseherin geführt wurden. Der Oberaufseher für alle männlichen Reviere und die Oberaufseherin für die weiblichen Reviere hatten Berichtsbögen über Vergehen, Lebenswandel und Verhalten jedes einzelnen Korrigenden zu führen.[29]

Diese paramilitärische Erziehung hatte natürlich auch den Effekt, und das galt auch für die erwachsenen Korrigenden, daß die Insassen leichter zu kontrollieren waren. Die Arbeitsanstalt als Ableger des preußischen Kasernenhofs blieb ein Erscheinungsbild, das bis weit ins 20. Jahrhundert reichte.

Die Kinderkompanien hatten für Vergehen ihr eigenes Standrecht, was - wegen der Beteiligung der Fürsorgezöglinge - der persönlichen Rache Tür und Tor öffnete.

---

25 ALVR 1189. ALVR 1190: Übersicht der Verwaltungsresultate der Provinzial-Arbeits-Anstalt Brauweiler für die Jahre 1843 und 1844.
26 ALVR 1189: Bericht der Ständischen Kommission. Düsseldorf 1830.
27 ALVR 1189: Übersicht der Verwaltungsresultate der Provinzial-Arbeits-Anstalt Brauweiler für die Jahre 1837 bis 1840.
28 Ristelhueber, S. 86f.
29 Ristelhueber, S. 90.

Bestrafungen waren in diesem autoritären System naturgemäß keine Seltenheit. Dies verdeutlicht auch der Bestrafungskatalog des Jahres 1840. Es wurden 452 jugendliche Korrigenden (295 Knaben, 157 Mädchen) bestraft:

	Knaben	Mädchen
a) wegen Trägheit und Arbeitsverweigerung	289	12
b) wegen Zänkerei, Beschimpfung oder Mißhandlung untereinander	44	13
c) wegen Diebereí, Betrug und Unterschleifen	114	127
d) wegen Ausbruch und Ausbruchsversuch	38	—
e) wegen Ungehorsam oder Widersetzlichkeit gegen die Beamten der Anstalt	140	10
f) wegen muthwilligen oder böshaften Zerstörung von Geräthschaften, Beschädigungen an Gebäuden	68	3
g) wegen Übertreten allgemeiner polizeilicher Vorschriften	255	38
h) wegen Aufwiegelei, großer sittlicher Verderbtheit	33	—

Die übliche Bestrafung bei Jugendlichen bestand in der Regel aus der körperlichen Züchtigung. Sie wurde 1840 181 Mal angewandt, dabei viermal die Höchststrafe von 15 Hieben. Andere Strafen bei jugendlichen Korrigenden waren das Zurücksetzen innerhalb der Kompanie, der Karzer und Essensentzug.[30] Am 22. Juli 1843 sprach allerdings der Oberpräsident der Rheinprovinz das Verbot der körperlichen Züchtigung jugendlicher Korrigenden aus.

Bei den erwachsenen Korrigenden reichten die Strafen bei dienstwidrigem Verhalten vom Arrest bis zu Geldstrafen. Bei größeren Vergehen gab es Einzelhaft zwischen drei Tagen und drei Monaten. Für die Durchführung dieser Strafen hatte man 1823 15 Behälter - Ristelhueber nennt sie „völlig gesunde Behälter" - angeschafft, die acht Fuß lang, vier Fuß breit und acht Fuß hoch waren.[31] Für Einzelhaftstrafen baute man 1843 ein eigenes Arresthaus „zur engeren Einsperrung männlicher Häuslinge", wie es im Verwaltungsbericht heißt.[32] Da im Vergleich zur französischen Zeit auch in preußischer Zeit die Verpflegung der Korrigenden als durchweg gut zu bezeichnen ist (Suppen aus Erbsen und Graupen, Fleischbrühe mit Rindfleisch und großzügige Rationen an Bier und Schnaps), wurde auch der Essensentzug als Strafe genutzt.[33]

---

30 ALVR 1189: Übersicht der Verwaltungsresultate der Provinzial-Arbeits-Anstalt in Brauweiler für die Jahre 1837 bis 1840.
31 Ristelhueber, S. 51 und S. 58.
32 ALVR 1189: Übersicht der Verwaltungsresultate der Provinzial-Arbeits-Anstalt in Brauweiler für die Jahre 1843 und 1844.
33 Ristelhueber, S. 83f. Norbert Finzsch: Obrigkeit, S. 192.

Die körperliche Züchtigung wurde natürlich auch als Bestrafung erwachsener Korrigenden angewandt. Dem jungen August Bebel, dessen Stiefvater Aufseher in der Arbeitsanstalt war, prägte sich insbesondere das sog. Krummschließen im Gedächtnis ein. In seinen Memoiren erinnerte er sich an seine frühe Kindheit in Brauweiler: „Dieses Krummschließen bestand darin, daß der Delinquent sich auf den Boden der Zelle auf den Bauch zu legen hatte. Alsdann bekam er Hand- und Fußschellen angelegt. Darauf wurde ihm die rechte Hand über den Rücken hinweg an den linken Fuß und die linke Hand ebenfalls über den Rücken an den rechten Fuß gefesselt. Damit noch nicht genug, wurde ihm ein leinenes Tuch strickartig um den Körper über Brust und Arme auf dem Rücken scharf zusammengezogen. So als lebendes Knäuel zusammengeschnürt mußte der Übeltäter zwei Stunden lang auf dem Bauch liegend aushalten. Alsdann wurden ihm die Fesseln abgenommen, aber nach wenigen Stunden begann die Prozedur von neuem. Das Gebrülle und Gestöhne der so Mißhandelten durchtönte das ganze Gebäude."[34]

Die Verwaltungsberichte der Anstalt geben für das Jahr 1863 insgesamt 3042 offizielle Bestrafungen für erwachsene Korrigenden an, 1866 wird die Zahl von 1056 genannt. Als häufigste Strafursachen werden „hauspolizeiwidrige Handlungen im Allgemeinen" angegeben, nämlich bei 290 Männern und 149 Frauen. Es folgt das Delikt „ungebührliches Betragen und Ungehorsam".[35]

Beamtenapparat und Aufseher der Anstalt

Direktor Ristelhueber gibt für die zweite Hälfte der 20er Jahre des vorigen Jahrhunderts 29 Personen als Anstaltspersonal an. Alle diese Personen - vom Direktor bis zum Bäcker der Anstalt - bezogen neben ihrem Gehalt, das von jährlich 787 Thlr., 15 Groschen bis zu 150 Thlr. reichte, freie Wohnung und teilweise auch eine wöchentliche Ration Schwarzbrot von 1 1/2 Pfund. Ihnen stand zudem die kostenlose Benutzung von Gartenland zu.[36]

Der bekannteste Name in der Beamtenschaft der Anstalt ist der schon erwähnte Name Bebel. Der Vater von August Bebel, Gottlob Bebel, war als Unteroffizier in Köln-Deutz stationiert, wo auch der Sohn Ferdinand August am 22. Februar 1840 geboren wurde. Gottlob Bebel starb im Januar 1844 in Köln-Deutz, seine Witwe Wilhelmine Johanna heiratete dann Gottlobs Bruder August und die Familie zog mit den drei Kindern nach Mainz. Der Stiefvater erhielt im Spätsommer 1844 eine Beschäftigung als Aufseher

---

34 August Bebel, S, 14.
35 ALVR 1189: Übersicht der Verwaltungsresultate der Provinzial-Arbeits-Anstalt in Brauweiler für die Jahre 1864, 1865 und 1866.
36 Ristelhueber, S. 157ff..

August Bebel (Int. Instituut vor Soc. Geschiednis, Amsterdam)

in der Arbeitsanstalt Brauweiler, und man zog von Mainz nach Brauweiler, wo man eine Beamtenwohnung, bestehend aus zwei Zimmern über dem Arresthaus, das sich hinter dem ehemaligen Klosterkomplex befand, bewohnte. Das Monatsgehalt betrug 8 Taler. August Bebel, der spätere Mitbegründer der Sozialdemokratischen Partei, besuchte von Herbst 1844 an die Dorfschule in Brauweiler. Als dann auch der Stiefvater starb, verließ die Mutter mit den drei Kindern im November 1846 Brauweiler.[37]

---

37 August Bebel, S. 13ff. Klaus Schlegel, S. 35.

Ansichtskarte aus den 20er Jahren mit der Direktoren-Villa (oben) und dem Bewahrungshaus (unten)

Die Arbeitsanstalt Brauweiler während des Kaiserreiches

Verwaltung der Anstalt

Die Arbeitsanstalten gingen 1873 vom preußischen Staat in die Obhut der Provinzialverwaltungen über. Bis zu diesem Zeitpunkt galten für Strafanstalten und Gefängnisse sowie für Arbeitsanstalten die gleichen Verwaltungsgrundlagen und Bestimmungen. Das Jahr 1873 brachte aber nur eine Veränderung der Verwaltungszuständigkeiten. Der alte Verwaltungsaufbau und das Beschäftigungssystem der Arbeitsanstalten wurden beibehalten, weil sie sich angeblich bewährt hatten. Auch die Zusammensetzung der Insassen der Arbeitsanstalten änderte sich nicht. Der wesentlichste Unterschied zu einem damaligen Gefängnis bestand darin, daß die Arbeitsanstalten über Regiebetriebe verfügten.[1]

Bevölkerung der Anstalt

Nach 1873 stieg die Zahl der Insassen in Brauweiler gewaltig an. Durch die an anderer Stelle beschriebenen Neubauten konnten bis zu 1500 Männer und 300 Frauen aufgenommen werden. In die Arbeitsanstalt wurden Männer und Frauen eingeliefert, die zu einer Gefängnisstrafe mit korrektionaler Nachhaft verurteilt worden waren. Die Anweisung zur Nachhaft und die dortige Verweildauer erließ der Regierungspräsident. Sie betrug mindestens sechs Monate und höchstens zwei Jahre.[2]

Die Gruppe der in Brauweiler Inhaftierten setzte sich auch weiterhin vorwiegend aus Bettlern und Landstreichern zusammen, die häufig ein fortgeschrittenes Alter hatten.

Dieser Großgruppe stand die Gruppe der Zuhälter gegenüber, in der Regel jüngere Erwachsene, die der Anstaltsführung hinsichtlich der Aufrechterhaltung der Anstaltsdisziplin wesentlich größere Probleme bereitete.

---

1 ALVR 8291: Vortrag des Direktors von Jarotzky am 9. April 1922 vor dem Gefängniskursus der Justizverwaltung.
2 H. von Jarotzky, 1911, S. 1.

Während des Kaiserreiches

Zellentrakt im Bewahrungshaus

Baderaum im Bewahrungshaus

Der Großteil der Frauen waren Prostituierte und nur die wenigsten waren wegen Landstreicherei eingewiesen worden.³

In der Zeit des Kaiserreiches beherbergte die Anstalt Brauweiler zeitweise auch die provisorische Fürsorgeerziehungs-Abteilung Freimersdorf (siehe Kapitel: Die Abteilungen „Freimersdorf", „Dansweilerhof" und „Tobruk"). Ab 1908 nahm die Anstalt „gemeingefährliche" Geisteskranke auf, die in dem zwischen 1906 und 1908 errichteten Bewahrungshaus untergebracht wurden. Hier hatten bis zu 60 Personen Platz. In diese Abteilung wurden allerdings auch Korrigenden der Arbeitsanstalt abgeschoben, die vom Anstaltsarzt als „geisteskrank" eingestuft worden waren. Der Anstaltsarzt war gleichzeitig auch leitender Arzt des Bewahrungshauses. Das Bewahrungshaus galt zwar als selbständige Anstalt, der Leiter der Arbeitsanstalt Brauweiler war aber auch Vorsteher dieses Hauses.

Das Bewahrungshaus verfügte über drei Gemeinschaftsschlafsäle, acht Einzelzellen, vier Tagungsräume, zwei Baderäume sowie über vier Arbeitsräume im Keller. Das gesamte Bewahrungshaus war von einer 4,5 Meter hohen Mauer umgeben.⁴ Die Anstalt für Geisteskranke hatte bis zur Nutzung des Bewahrungshauses als Strafgefängnis im Jahre 1920 Bestand.

Seit 1908 besaß die Anstalt Brauweiler auch eine Abteilung für entmündigte Trinker.

In der Arbeitsanstalt waren in der Regel männliche und weibliche Korrigenden in großen Gemeinschaftsschlafsälen untergebracht, die nachts von Anstaltsbeamten kontrolliert wurden. Zudem existierten 48 Einzelzellen für Männer und 45 Einzelzellen für Frauen. In diese Einzelzellen kamen Personen, deren Verhalten von der Anstaltsleitung als sittlich gefährlich für die anderen Korrigenden eingestuft wurde.⁵ Insbesondere zu Beginn der zweiten Dekade dieses Jahrhunderts hielt die Anstaltsleitung dies für ein großes Problem, denn zu diesem Zeitpunkt waren viele jugendliche Korrigenden zwischen 19 und 22 Jahren in der Anstalt, und man sah kaum Möglichkeiten, diese von dem „verderblichen Einfluß der älteren Dirnen und Bettlerinnen" zu schützen.⁶ Deshalb sehnte man auch die Fertigstellung des 1911 begonnenen Baus des Zellentraktes herbei, der die für die Aufrechterhaltung der Anstaltsdisziplin problematischen Zuhälter aufnehmen sollte.

Die Zahl der Korrigenden nahm während der Kaiserzeit beständig zu und erreichte im letzten Friedensjahr folgenden Stand:
1200 männliche Korrigenden,
  200 weibliche Korrigenden,

---

3 H. von Jarotzky, 1911, S. 2f.
4 H. von Jarotzky, 1911, S. 60ff.
5 H. von Jarotzky, 1911, S. 5f.
6 ALVR 8380: Ausführungen von Jarotzkys aus dem Jahr 1913.

Während des Kaiserreiches

Aufsichtsbeamter der Arbeitsanstalt Hermann Schumacher (geb. 1889) aus Fliesteden, Aufnahme 1912

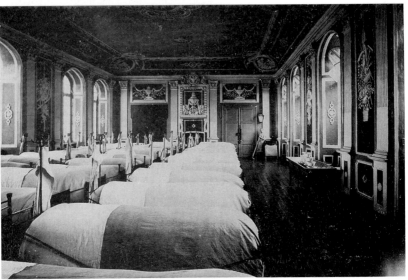

Der als Schlafsaal zweckentfremdete Kaisersaal, um 1905

60 männliche Land- und Ortsarme,
25 weibliche Fürsorgezöglinge,
60 Geisteskranke.[7]

Während des Ersten Weltkrieges ging die Insassenzahl wegen der Einberufungen männlicher Korrigenden zum Militärdienst stark zurück. 1917/18 waren es nur noch 400, und die Zahl der weiblichen Korrigenden war mit 300 zum ersten Mal fast gleich hoch.[8] Bereits unmittelbar nach Kriegsausbruch im August 1914 hatte man 89 Korrigenden aus der Anstalt heraus zum Kriegsdienst eingezogen. Die Zunahme der weiblichen Korrigenden während des Ersten Weltkrieges liegt darin begründet, daß die Militärbehörden seit Kriegsbeginn härter gegen Prostitution vorgingen.[9]

Arbeitsanstalt und Kirchengemeinde

Die Arbeitsanstalt befand sich zum einen in einem ehemaligen Kloster, und die ehemalige Klosterkirche war seit 1806 Pfarrkirche und befand sich somit in unmittelbarer Nähe zur Anstalt. Zum anderen galt die religiöse Erziehung seit Bestehen der Anstalt neben „Arbeit" und „Ordnung" als wesentliches Besserungsmittel. Somit kommt der Betrachtung des Verhältnisses zwischen Arbeitsanstalt und katholischer Pfarrgemeinde eine besondere Rolle zu. Dies gilt insbesondere für die Zeit des Kaiserreiches, weil für die Zeit des Kulturkampfes sich hier auch Repräsentanten der verfeindeten Seiten gegenüberstanden, hier katholische Kirche, vertreten durch die katholische Pfarre, dort preußischer Staat, vertreten durch die Arbeitsanstalt sowie durch den von Preußens Gnaden abhängigen Bürgermeister des Ortes; und dies vor dem Hintergrund, daß die überwiegende Zahl der Korrigenden dem katholischen Glauben zuzurechnen war.

Die französische Verwaltung hatte mit Eröffnung des Bettlerdepots mit Pfarrer Lentzen einen eigenen Anstaltspfarrer bestellt. Durch eine Verfügung des Aachener Bischofs Franz Dionys Le Carmus wurde die Anstalt 1813 in den Rang einer eigenen Pfarre erhoben. Allerdings war die Kirche dieser neuen Pfarrei die Brauweiler Pfarrkirche. Für die Benutzung der Abteikirche durch die Anstalt erhielt die Pfarre anfangs eine Entschädigung von 100 Francs im Jahr und der Küster 50 Francs.[10]

Ab 1828 übernahm der Ortspfarrer die Seelsorge in der Anstalt, in der Regel wurde diese Aufgabe aber durch den Vikar der Pfarre wahrgenommen.

---

7 ALVR 8380.
8 ALVR 8381.
9 ALVR 8146: Jahresbericht des evangelischen Anstaltsgeistlichen van de Loo aus dem Jahre 1914.
10 PAB, Pfarrchronik der Pfarre Brauweiler, S 24f.

Auf Drängen der Anstaltsleitung gewährte 1858 der Kölner Kardinal von Geissel wieder einen eigenen Anstaltspfarrer. Mit dieser Lösung waren allerdings Ortspfarrer und Kirchenvorstand der Pfarrgemeinde nicht einverstanden. Zum einen gingen dem Ortspfarrer dadurch jährlich 100 Taler zusätzliches Einkommen verloren sowie Waren, die er als Entlohnung billig von der Anstalt vorher erhalten hatte, andererseits sah man darin einen Versuch des protestantischen Anstaltsleiters Falkenberg, den Einfluß der katholischen Kirche innerhalb der Anstalt zurückzudrängen: „Er machte protestantische Propaganda, wo es eben anging; z.B. die freiwerdenden Stellen unter den Oberbeamten wurden nur mit Protestanten besetzt... die katholische Mädchenschule hatte nur katholische Mädchen, aber eine protestantische Lehrerin...". So entsetzt sich die Pfarrchronik über die Situation nach 1858.[11] Als Gegenreaktion versuchte der Kirchenvorstand, der Anstalt das Recht der Kirchenbenutzung zu entziehen. Dieser Streit wurde erst 1870 endgültig entschieden. In diesem Jahr wurde der 1864 wegen der Auseinandersetzungen nur als Anstaltsvikar berufene Arnold Peiner endlich Anstaltspfarrer.[12]

Die Brauweiler Pfarrgemeinde mußte letztlich einsehen, daß die Anzahl der zu betreuenden Personen in der Anstalt eines eigenen Pfarrers bedurfte. Während der Ort Brauweiler 1857 670 Katholiken aufwies, zählte die Anstalt 943 katholische Korrigenden.[13]

Die Aufgabenbereiche eines Anstaltspfarrers waren die Seelsorge und vor allem der Religionsunterricht. Als man dem Ortspfarrer Beys 1857 die Anstaltsseelsorge abnehmen wollte, hielt er für die Pfarrchronik seine Aufgabenbereiche fest. Danach besuchte er täglich die Lazarettbewohner, unterrichtete täglich die 98 schulpflichtigen Knaben und 83 schulpflichtigen Mädchen in Religion und biblischer Geschichte. Die 103 erwachsenen Frauen und 28 Dirnen erhielten genauso wie die beiden Übergangsklassen für 18-20 Jahre alten Mädchen und Jungen einmal wöchentlich durch ihn eine Stunde Religionsunterricht. Jeden Samstag konnten die Anstaltsinsassen bei ihm die Beichte ablegen.[14]

Trotz aller Probleme, die es um den Posten des Anstaltsgeistlichen zwischen Pfarre und Anstalt gab, ist das Verhältnis zwischen beiden Institutionen über die Jahre hinweg als gut zu bezeichnen. Eine Ausnahme bildete sicherlich die Zeit des Anstaltsleiters Falkenberg (1855–1866). Auch während der Zeit des Kulturkampfes erzielten beide Seiten in der Regel Einvernehmen. Als Störfaktor tritt zu dieser Zeit eher der Brauweiler Bürgermeister Brinck auf, der mit allen Mitteln versuchte, die antikatholische Poli-

---

11 PAB, Pfarrchronik der Pfarre Brauweiler, S. 27f.
12 PAB, Pfarrchronik der Pfarre Brauweiler, S. 29f.
13 PAB, Pfarrchronik der Pfarre Brauweiler, Statistischer Anhang.
14 PAB, Pfarrchronik der Pfarre Brauweiler, S. 102f.

tik des Kulturkampfes durchzusetzen. Das insgesamt gute Verhältnis zwischen beiden Institutionen ist sicherlich auch auf die Tatsache zurückzuführen, daß einige Anstaltsleiter katholisch waren und sich zudem aktiv in der Pfarre engagierten. So war der erste Leiter der Arbeitsanstalt, Hofrath Ristelhueber, auch Rendant der Kirchengemeinde und Direktor Müller Mitglied des Kirchenvorstandes. Manche protestantischen Leiter, z. B. die Direktoren Brandt und von Jarotzky, waren sehr um ein gutes Verhältnis zur Pfarrgemeinde bemüht. So war es selbstverständlich, daß die Anstalt kostenlos Korrigenden für Arbeiten während der Restaurierung der Kirche in den 60er Jahren des 19. Jahrhunderts abstellte oder Insassen zum Läuten der Kirchenglocken freistellte.[15]

Während der Inflationszeit des Jahres 1923 kam es zu einer weiteren größeren Zusammenarbeit. Die Pfarrgemeinde befand sich in großen finanziellen Nöten, und erforderliche Bauarbeiten an der Kirche konnten nicht durchgeführt werden. Deshalb gründete der Ortspfarrer Pelzer einen „St. Nikolaus-Bauverein". Anstaltsleiter von Jarotzky sorgte dafür, daß sich zahlreiche Werkmeister der Anstalt unentgeltlich dem Bauverein zur Verfügung stellten. Aber auch auf seelsorgerischem Gebiet zeigte sich von Jarotzkys Autorität, er konnte 500 männliche und 300 weibliche Insassen, sozusagen die gesamte Anstalt, dazu bewegen, sich „freiwillig" anläßlich der 900-Jahrfeier der Kirche im Jahre 1924 für die Teilnahme an Exerzitien zu melden.

In den folgenden Jahren der Weimarer Republik scheinen die Beziehungen zwischen Pfarre und Anstalt nicht mehr so gut gewesen zu sein. Die Pfarrchronik vermerkt mit Rückblick auf die Zahl der Exerzitienteilnehmer: „Es wirft dies ein außerordentlich günstiges Licht auf die damaligen Verhältnisse in der Anstalt, die sich in den nachfolgenden Jahren in kultureller Beziehung immer mehr verschlechtert haben."[16]

Kehren wir aber wieder zurück zur Zeit des Kaiserreiches. Weniger positiv als zwischen Anstaltsleitung und Pfarrgemeinde war das Verhältnis zwischen Rheinprovinz und Pfarre. Die Rheinprovinz pochte darauf, daß bei Gottesdiensten der Anstalt das Gotteshaus für Pfarrangehörige nicht zugänglich war. Da die Kirche ab 7.30 Uhr durch die Anstalt belegt war, blieb den Brauweiler Katholiken nur die Frühmesse um 6.30 Uhr.[17]

Die Hauptauseinandersetzungen zwischen Pfarre und preußischem Staat während der Zeit des Kulturkampfes fanden allerdings zwischen Anstaltsleiter Müller(1866-1882), gleichzeitig Mitglied des Kirchenvorstandes und damit Interessenvertreter der Pfarre, und Bürgermeister Brinck statt. In der

---

15 PAB, Pfarrchronik der Pfarre Brauweiler, S. 125 und S. 138.
16 PAB, Pfarrchronik der Pfarre Brauweiler, S. 145.
17 PAB, Pfarrchronik der Pfarre Brauweiler, S. 132.

Während des Kaiserreiches

Darstellung des Streites zwischen Bürgermeister Brinck (links) und Anstaltsdirektor Müller (rechts) um die Gelder für die Restaurierung der Kirche. Kapitell im rekonstruierten Joch des Kreuzgang-Nordflügels, nach 1866

Ehemaliger Kapitelsaal mit anschließender Benediktuskapelle. Seit 1863 evangelische Anstaltskirche

Pfarrchronik heißt es dazu: „Nach Aussagen der Leute, die Brinck gekannt haben, war er nicht ein Kulturkämpfer, wohl aber ein Krakehler."[18] Noch heute erinnert eine Skulptur am Südportal der Kirche an diesen Streit. Auf einem der Kapitelle sind zwei männliche Figuren dargestellt, die um einen Beutel streiten, der die Zahl 7000 trägt. Die beiden Personen verkörpern Brinck und Müller. Den Bürgermeister erkennt man daran, daß er als Zeichen seiner Amtswürde ein Beil trägt.

Der Hintergrund für diese Darstellung war ein Streit zwischen Brinck und Müller um die Zuständigkeit über die für die Restaurierung der Kirche bestimmten Gelder. Die Rheinprovinz hatte 5000 Taler bewilligt, weitere 2000 der Gemeinderat. Bürgermeister Brinck forderte die Entscheidung über die Verwendung der 7000 Taler für die Zivilgemeinde, Anstaltsleiter Müller wollte den Kirchenvorstand entscheiden lassen.[19]

Da die Insassen protestantischen Glaubens immer eine kleine Gruppe im Vergleich zu den katholischen Korrigenden darstellten, gab es zunächst keinen eigenen evangelischen Anstaltspfarrer. Nach 1819 zelebrierte der evangelische Pfarrer von Frechen einmal wöchentlich einen Gottesdienst und hielt für die evangelischen Insassen Religionsunterricht ab.[20]

Im Jahre 1863 wurden der alte Kapitelsaal des Klosters und die benachbarte Medarduskapelle, die sich im östlichen Kreuzgangbereich befanden, durch die Entfernung der Zwischenmauer vereinigt und zu einer evangelischen Kirche umgewandelt. Seit dieser Zeit besaß die Anstalt dann auch einen eigenen evangelischen Anstaltspfarrer.[21]

---

18 PAB, Pfarrchronik der Pfarre Brauweiler, S. 121.
19 PAB, Pfarrchronik der Pfarre Brauweiler, S. 111.
20 Ristelhueber, S. 46f.
21 H. von Jarotzky, 1911, S. 84.

Während des Kaiserreiches

Bildpostkarte mit Anspielung auf die Arbeitsanstalt Brauweiler, Ende 19. Jahrhundert

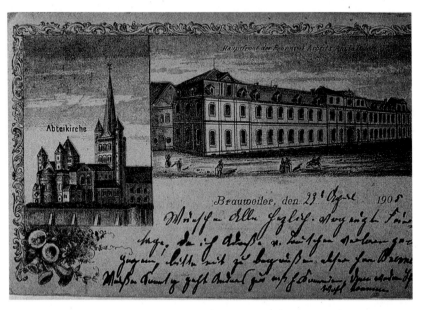

Bildpostkarte mit Ansicht der ehemaligen Abteikirche und der Arbeitsanstalt (ehemaliges Prälaturgebäude), um 1900

Filialen und Außenkommandos der Arbeitsanstalt Brauweiler

Am 31. Juli 1815 wurde die Arbeitsanstalt offiziell von der preußischen Landesbehörde übernommen. Nach dem Gesetz des „Zweiten Rheinischen Landtages" vom 15. Juli 1829 war die Arbeitsanstalt „ausschließlich zur Aufnahme und Correction der muthwilligen, die öffentliche Sicherheit bedrohenden arbeitsscheuen Bettler, so wie hiernächst zur Unterbringung der von den Gerichten zur Einlieferung in das Institut verurtheilten Landstreicher" bestimmt.[1]

In diesem in preußischer Zeit mehr oder weniger zu einem Gefängnis gewordenen ehemaligen Bettlerdepot sollten die Insassen durch Arbeit zur Besserung gebracht werden. Zwar sagte die Hausordnung in den §§ 95 und 96, daß bei der Beschäftigung der Korrigenden mehr auf den Zweck der Anstalt und die beabsichtigte Wirkung der Einsperrung als auf den möglichen Gewinn aus der Arbeit geachtet werden sollte, aber die Anstalt mußte wegen ihrer Pflicht zur Mitfinanzierung der anfallenden Kosten natürlich auf ertragreiche Tätigkeiten ihrer Korrigenden achten.[2]

Den größten Teil der Anstaltskosten übernahmen zwar Staats- und Gemeindekassen, aber die Anstalt trug nicht unwesentlich durch die „Vermietung" von Korrigenden zum Unterhalt selbst bei, hinzu kamen die Einnahmen aus den anstaltseigenen Betrieben. Im 19. Jahrhundert war der landwirtschaftliche Betrieb sicherlich derjenige der Anstalt, der den größten Profit erwirtschaftete. Er umfaßte 90 Morgen, 138 Ruthen, 10 Fuß (1 Morgen=150 Ruthen, 1 Ruthe=16 Fuß) und befand sich sowohl innerhalb als auch außerhalb der Ringmauern des ehemaligen Klosters.

Die extern beschäftigten Korrigenden waren um die Mitte des 19. Jahrhunderts vorwiegend im Straßenbau, in der Landwirtschaft und seit 1838 insbesondere bei Erdarbeiten der rheinischen Eisenbahn tätig.[3]

---

1 ALVR 1189: Übersicht der Verwaltungs-Resultate der Provinzial-Arbeits-Anstalt in Brauweiler für die Jahre 1837 bis 1840.
2 ALVR 1189: Verwaltungs-Resultate 1837 bis 1840.
3 ALVR 1189: Verwaltungs-Resultate 1837 bis 1840.

Filialen und Außenkommandos

Vor allem an der Bahnlinie Köln-Aachen arbeiteten ab 1838 Brauweiler Korrigenden. Die Bauherren der Strecke hatten sich nämlich entschlossen, den Villerücken zwischen Großkönigsdorf und Horrem mittels eines Tunnels zu überwinden. Die im In- und Ausland angeworbenen Bergleute reichten für diese arbeitsintensive Baumaßnahme nicht aus, so waren die Korrigenden aus der Arbeitsanstalt willkommene und billige Hilfskräfte bei den erforderlichen Erdarbeiten.[4]

Filiale Butzweilerhof
Obwohl am 6. Januar 1843 die maximale Detentionszeit für Bettler und Landstreicher durch Gesetz auf drei Jahre verkürzt worden war, blieb die Zahl der Anstaltsinsassen trotzdem sehr hoch, denn einerseits waren die vierziger Jahre des letzten Jahrhunderts durch Wirtschaftskrisen gekennzeichnet, und zum anderen mußte die Anstalt seit 1844 bis zu 200 sog. Landarme (die Gemeinden konnten ihre „muthwilligen Armen" in die Anstalt abschieben) aufnehmen. Das führte zu einem erheblichen Raummangel in der Anstalt. Viele Beamte verloren ihre Dienstwohnungen innerhalb der Anstaltsmauern und mußten im Dorf untergebracht werden.[5] Auch der Kauf des in den Ringmauern liegenden Klosterhofes im Juli 1852 konnte die Raumnot kaum mildern.[6] Es galt, einen Teil der Insassen außerhalb der Anstalt und „gewinnbringend" unterzubringen. Da bot sich im heutigen Kölner Vorort Ossendorf die Gelegenheit, Korrigenden in größerer Zahl abzugeben und gleichzeitig die Einnahmenseite der Anstalt wesentlich aufzubessern.

Im nordwestlichen Kölner Umland lag um die Mitte des 19. Jahrhunderts die Wiege der heute so bedeutenden rheinischen Rübenzuckerindustrie. Der Dürener Papierfabrikant Emil Pfeifer erwarb 1840 in Ossendorf den „Frohnhof", den er 1844 als Pachtbetrieb an den rheinischen Großbauern Theodor Fühling übergab.[7] Zwischen beiden Personen begann damit eine jahrelange fruchtbare Zusammenarbeit auf dem Gebiet des Zuckerrübenanbaus und der Zuckerherstellung.

1848/49 baute Fühling auf den Flächen des „Frohnhofes" im Auftrage Pfeifers versuchsweise die ersten Zuckerrüben an.[8]

Die erzielten Zuckerwerte lagen zumeist um 12 bis 15 Prozent höher als bei dem bereits fortgeschritteneren Rübenanbau in der Magdeburger Börde.

---

4 Helmut Weingarten, S. 42ff. ALVR 1189.
5 ALVR 1189: Verwaltungsresultate 1845 bis 1850.
6 ALVR 1190: Verwaltungsresultate 1851, 1852 und 1853.
7 Klara van Eyll, S. 143.
8 Klara van Eyll, S. 145.

Ausschnitt aus der Preußischen Kartenaufnahme - Neuaufnahme 1893, Blatt Köln (5007) 2908. (LVA NW Nr. 397/92) ▶

Filialen und Außenkommandos

So entschloß sich Emil Pfeifer zusammen mit der alten Kölner Kolonialzuckerfabrik Carl Joest & Söhne, in Ossendorf die erste Rübenzuckerfabrik der Rheinprovinz zu errichten. Am 31. Oktober 1851 wurde hier der erste Zucker aus Rüben gekocht. Die Firma Joest hatte fünf Arbeiter abgestellt, die zusammen mit 51 Bauern aus der Umgebung die Fabrikarbeit verrichteten.[9]

Im Jahre 1853 verließ die Firma Joest aus steuerpolitischen Gründen das Unternehmen, und Emil Pfeifer übernahm durch eine Aufstockung seines Anteils um 40.000 Taler die Fabrik in Ossendorf in alleiniger Verantwortung.[10]

Die Fabrik litt anfangs unter Rübenmangel, denn die Bauern stellten sich nur sehr zögernd auf die neue Anbaufrucht um. Deshalb wurden die Rüben zunächst fast nur auf dem firmeneigenen Gelände, Gut Frohnhof, angebaut.[11] Hier kam Emil Pfeifer aber wieder Gutsbesitzer Fühling zu Hilfe, denn dieser bewirtschaftete die in der Nähe von Pfeifers Besitz gelegenen Butzweiler Höfe und war dem neuen Zuckerrübenanbau gegenüber sehr aufgeschlossen. Er stellte die Ackerflächen, die zu den Butzweiler Höfen gehörten, für den Rübenanbau zur Verfügung. So konnten die anfänglich auf dem Gelände des „Frohnhofes" produzierten 50.000 Zentner ab 1855 auf mehrere hunderttausend Zentner gesteigert werden.[12] Nicht unwesentlich dazu beigetragen haben die Korrigenden der Arbeitsanstalt Brauweiler.

Um den mit Emil Pfeifer eingegangenen Vertragsverpflichtungen nachkommen zu können, schloß Gutsbesitzer Fühling mit der Arbeitsanstalt Brauweiler einen Vertrag über die Errichtung einer Filialanstalt auf den damals einsam gelegenen Butzweiler Höfen. Der Vertrag trat am 22. Oktober 1855 in Kraft, er sah die Übernahme aller entstehenden Kosten der Filialanstalt durch den Gutsbesitzer vor: Sie „ist mit dem ganzen Apparat von Oekonomie-Gelassen, Schlaf- und Speise-Säälen, Wohnzimmern für das Aufsichts-Personal und allen Einrichtungen, welche die Sicherheit erfordert, zur Unterbringung von 120 Häuslingen ausgestattet. Die innere wie äußere Einrichtung entspricht derjenigen der Haupt-Anstalt."[13]

Gutsbesitzer Fühling zahlte somit auch das gesamte Mobiliar (die „Bettgeräthe sind neu und von vorzüglicher Beschaffenheit"), die Verpflegung, alle laufenden Kosten sowie den einzigen von der Anstalt abkommandierten Aufseher. Das vom Gutsbesitzer zu bezahlende Hilfs-Aufsichtspersonal

---

9 Klara van Eyll, S. 147f.
10 Klara van Eyll, S. 148.
11 Hermann Kellenbenz, S. 89.
12 Kurt Pfeiffer, S. 72.
13 ALVR 1190: Verwaltungsberichte der Provinzial-Arbeits-Anstalt zu Brauweiler für die Jahre 1854 und 1855. Köln 1855, S. 18.

durfte Fühling zwar selbst auswählen, er benötigte aber zur Anstellung die Genehmigung des Anstaltsdirektors in Brauweiler. Hinzu kam das tägliche Entgelt von vier Silbergroschen pro Häusling, das an die Brauweiler Anstalt ging.

Trotzdem muß Gutsbesitzer Fühling von diesem Vertrag profitiert haben, was sich an seiner Bereitschaft ablesen läßt, eine nicht mehr genutzte Kapelle auf der Hofanlage auf seine Kosten wiederherzurichten und auszustatten, damit die Korrigenden an sog. Viertels-Feiertagen ihren religiösen Verpflichtungen nachkommen konnten. Denn nur die Sonn- und Feiertage verbrachten die Korrigenden in der Arbeitsanstalt Brauweiler, um dort die Leibwäsche zu wechseln und am Gottesdienst teilzunehmen. Dazu wurden sie am Nachmittag vor solchen Tagen in einem 2 1/2 Stunden dauernden Fußmarsch von Ossendorf nach Brauweiler geführt und am Sonntagnachmittag wieder zurück.[14]

Die Arbeit auf den Zuckerrübenfeldern wurde von der Anstaltsleitung nicht als Zuckerschlecken angesehen, denn Direktor Falkenberg bestimmte, daß nur rückfällig gewordene Korrigenden für diese Filialanstalt in Betracht kamen, und „zwar solche, bei welchen wenig Hoffnung auf Aenderung ihres Lebenswandels mehr vorhanden ist".[15]

Der zunächst auf ein Jahr abgeschlossene Vertrag wurde 1856 für ein weiteres Jahr verlängert und 1857 wegen der beiderseitigen Erfolge bis zum 1. April 1860 prolongiert. Die Zufriedenheit von Gutsbesitzer Fühling zeigt sich auch darin, daß alle Verwaltungsberichte der Arbeitsanstalt seine gute Verpflegung für die Anstaltsinsassen herausstellen, was die Arbeitsmotivation sicherlich erhöht haben wird. Auf der anderen Seite stehen die Gewinne der Arbeitsanstalt Brauweiler: Für das Jahr 1857 verzeichnete man einen Lohngewinn von 2782 Talern, 9 Silbergroschen aus der Filiale sowie einen Gewinn von 2268 Talern, 15 Silbergroschen und 7 Pfennigen an eingesparter Verpflegung. Somit verzeichnete die Anstalt einen Gesamtgewinn von 5050 Talern, 24 Silbergroschen und 7 Pfennigen.[16] Dies war eine beträchtliche Summe, wenn man bedenkt, daß die Anstalt 1852 für den Kauf des Klosterhofes innerhalb der Ringmauern nur 14.000 Taler ausgegeben hatte.

Durch die Erfolge, die Gutsbesitzer Fühling und der Zuckerindustrielle Pfeifer mit dem Zuckerrübenanbau hatten, wurde auch die Anstaltsleitung animiert, ab 1857 auf dem anstaltseigenen Ackerboden Zuckerrüben anzubauen. Da aber kein Abnehmer in unmittelbarer Nähe vorhanden war, und die drei anstaltseigenen Pferde den gesamten Transport zur Zuckerfabrik

---

14 ALVR 1190: Verwaltungsberichte für die Jahre 1854 und 1855. Köln 1855, S. 18.
15 ALVR 1190: Verwaltungsberichte für die Jahre 1854 und 1855. Köln 1855, S. 18.
16 ALVR 1190: Verwaltungsberichte für die Jahre 1856 und 1857. Köln 1857, S. 23.

nach Ossendorf nicht schaffen konnten, gab man den Versuch 1858 bereits wieder auf und probierte nun den Anbau von neuen Futterpflanzen (Zuckermoorhirse) und Gemüsepflanzen aus.

Für die Filialanstalt bei den Butzweiler Höfen war das Jahr 1857 das erfolgreichste, denn am Ende der 50er Jahre des 19. Jahrhunderts kam es zu einem starken Rückgang bei den Korrigendenzahlen, so daß man - auch in Anbetracht der anderen Arbeitsverpflichtungen - nicht mehr die gewünschte Anzahl von 120 Korrigenden abstellen konnte. So kam es 1858 für die Anstalt auch nur zu einem Gewinn von 3446 Talern, 27 Silbergroschen und 10 Pfennigen aus der Filiale.[17] Trotzdem betrachtete die Anstaltsleitung die Filiale als „die hervorragende Stelle" innerhalb aller Ökonomiebereiche der Arbeitsanstalt.[18]

Eine weitere - nicht unerhebliche - Änderung trat im Jahre 1859 ein. Emil Pfeifer wurde auch Pächter der Butzweiler Höfe. Am 22. Februar 1859 stieg er als Nachfolger Fühlings zu den gleichen Bedingungen in den Vertrag mit der Arbeitsanstalt ein. Am 1. April 1859 wurde der Vertrag um weitere drei Jahre verlängert. Zur Vertragstreue Pfeifers heißt es im Verwaltungsbericht der Anstalt: „Verpflegung, Bettung, Heizung und Beleuchtung, so wie Beaufsichtigung haben stets vollständig genügt und sind den Anforderungen an die Arbeiter fortwährend in den Grenzen einer humanen Behandlung geblieben".[19]

In den 60er Jahren des vorigen Jahrhunderts sanken die Erträge, die die Arbeitsanstalt aus der Filiale erwirtschaftete, kontinuierlich, was ausschließlich auf den Rückgang der Korrigendenzahl zurückzuführen ist. Trotzdem ging man nicht von der Praxis ab, nur rückfällig gewordene Korrigenden für die Filiale abzustellen.[20]

Noch im Jahre 1863 zeigte man sich optimistisch, die Filialanstalt für lange Zeit weiterführen zu können, insbesondere deshalb, weil sie für Korrigenden, die für die Werkstätten innerhalb der Arbeitsanstalt ungeeignet waren, ein geeignetes Betätigungsfeld bot. Diese Hoffnung stützte sich darauf, daß Emil Pfeifer 1863 die Butzweiler Höfe erneut angepachtet hatte, und der Vertrag mit der Arbeitsanstalt bis zum 31. März 1866 verlängert wurde. Die Zahl der Korrigenden in Ossendorf sank allerdings auf 30 Personen, und da gleichzeitig die Lebensmittelpreise stark fielen, verringerte sich der Gewinn für die Arbeitsanstalt im Jahre 1863 bereits auf nur 2064 Taler, 10 Silbergroschen und 9 Pfennige.[21]

---

17 ALVR 1190: Verwaltungsberichte für die Jahre 1858 und 1859. Köln 1860, S. 21.
18 ALVR 1190: Verwaltungsberichte für die Jahre 1858 und 1859. Köln 1860, S. 21.
19 ALVR 1190: Verwaltungsberichte für die Jahre 1858 und 1859. Köln 1860, S. 21.
20 ALVR 1190: Verwaltungsberichte für die Jahre 1860 und 1861. Köln 1862, S. 20.
21 ALVR 1190: Verwaltungsberichte für die Jahre 1862 und 1863. Köln 1864, S. 27.

Emil Pfeifer verlängerte den Vertrag mit der Arbeitsanstalt kein weiteres Mal. So endete die seit dem 22. Oktober 1855 bestehende „Filial-Anstalt zu Butzweiler" am 1. April 1866. Der Verwaltungsbericht der Arbeitsanstalt begründet das Auslaufen des Vertrages mit den hohen Unkosten, die sich für nur noch 30 Korrigenden ergaben und mit der nicht mehr gegebenen Auslastung der Arbeiter durch „die vielfältige Verwendung von Maschinen".[22] Hinzu kamen sicherlich weitere betriebswirtschaftliche Gründe, so hatte Emil Pfeifer 1865 Eugen Langen als Ingenieur für seine Fabrik angestellt. Aus dieser Anstellung ergab sich eine betriebswirtschaftliche Kooperation zwischen beiden, die 1870 zur Gründung der Firma Pfeifer & Langen führte; 1865 war zudem Pfeifers Sohn, Valentin, als Teilhaber in die Firma eingetreten.[23]

Neben diesen betriebsinternen Gründen waren sicherlich noch weitere Motive für die Vertragsbeendigung entscheidend. Die Zuckerfabrik Ossendorf produzierte zwar noch bis 1902, aber die Anbaugebiete hatten sich seit den 60er Jahren verlagert. Der teils lehmige, teils sandige Boden des ehemaligen Rheintales erwies sich als nicht so geeignet für den Zuckerrübenanbau wie der Boden des benachbarten Erfttales. So ging mit der Schließung der „Filial-Anstalt zu Butzweiler" die Eröffnung der Zuckerrübenfabrik Elsen im Jahre 1866 einher. Zudem hatten die Bauern ihre Skepsis gegenüber dem Zuckerrübenanbau aufgegeben, so daß Emil Pfeifer Anfang der 70er Jahre den eigenen Rübenanbau ganz einstellen konnte.[24]

Die Arbeitsanstalt Brauweiler blieb aber weiterhin der Landwirtschaft der Region und somit dem Zuckerrübenanbau verbunden. In Jülich gründeten Pfeifer & Langen 1880 eine Zuckerfabrik, und in diese verlegte die Arbeitsanstalt Brauweiler ein sog. Außenkommando.[25]

Wie eng die Verbindung zwischen der Arbeitsanstalt Brauweiler und dem Zuckerrübenanbau der Region lange Zeit gewesen ist, zeigt eine Notiz aus der Jülicher Zeitung aus dem Jahre 1934: „Wenn in den Vorkriegsjahren der Herbst seinen Einzug gehalten hatte, die Landwirte die Knollen ihrer Rübenfelder zur Stadt fuhren und die Zuckerfabrik ihre Arbeit begann, dann sah man eines Sonntags in langer Reihe zu Zweien schwarzgekleidete und mit einer runden schwarzen Kappe versehene Gestalten, begleitet von einem Uniformierten zur Kapuzinerkirche gehen. 'Die Brauweiler sind wieder da!' hieß es. Unter ihnen waren viele alte bekannte Gestalten, die schon bei mancher Kampagne der Zuckerfabrik mitgearbeitet hatten."[26]

---

22 ALVR 1189: Verwaltungsresultate für die Jahre 1864, 1865 und 1866. Köln 1867.
23 Klara van Eyll, S. 149.
24 Hermann Kellenbenz, S. 89f.
25 Kurt Pfeiffer, S. 123. Hugo Friedländer, S. 4 und S. 10.
26 PAB Nr. 47: Jülicher Zeitung vom 30. Mai 1934.

Geplante Zweiganstalt Heimbach-Malmedy

Als Ende der 70er Jahre des 19. Jahrhunderts die Zahl der Korrigenden auf über 1000 Personen angestiegen war, beschäftigte sich der Provinzial-Verwaltungs-Rat mit Plänen, ca. 300 männliche Korrigenden in einer Zweiganstalt unterzubringen. Dafür inspizierte man Gebäude im Eifel-Ardennen-Bereich: Das Kloster Mariawald bei Heimbach, das Abteigebäude in Malmedy sowie drei Gebäude im Kreise Montjoie (Bezeichnung für Monschau zwischen 1812 und 1918).[27]

Die kirchlichen Gebäude hatten wegen des Kulturkampfes über zehn Jahre leergestanden und schienen den Verantwortlichen - ähnlich der Abtei Brauweiler - für die Unterbringung einer Arbeitsanstalt geeignet zu sein.[28]

Die Pläne der Neugründung einer Anstalt wurden jedoch nach der Inspizierung der erwähnten Gebäude fallengelassen, da die Instandsetzungs- und die zusätzlichen Verwaltungskosten für eine Zweiganstalt zu hoch erschienen, zudem fehlte es damals im Eifel-Ardennenraum an geeigneten Beschäftigungsmöglichkeiten für die Korrigenden. Somit gewannen zunehmend Überlegungen an Bedeutung, im Bereich der Arbeitsanstalt Brauweiler weitere Gebäude zu errichten.[29]

Das Ergebnis dieser Überlegungen waren größere Baumaßnahmen, die der 29. Provinziallandtag 1883 beschloß und die zu einer regen Bautätigkeit im Bereich der Arbeitsanstalt Brauweiler in den beiden letzten Jahrzehnten des 19. Jahrhunderts führten:

Gasfabrik	1884/85
Isolierflügel	1884/85
Bäckerei	1884/85
Maschinenhaus	1884/85
Arresthaus	1897/98

Außerdem wurden in unmittelbarer Nähe der Arbeitsanstalt zwischen 1881 und 1904 neun Beamtenwohnhäuser errichtet.

Durch die Baumaßnahmen hatte man auch genügend Beschäftigungsmöglichkeiten für die gestiegene Anzahl der Korrigenden, denn alle Neu- und Umbauten sowie die baulichen Instandsetzungsarbeiten erfolgten durch die Korrigenden der Anstalt.[30]

Einsatz von Korrigenden in Industrieunternehmen

Die zunehmend rascher verlaufende Industrialisierung Deutschlands am Ende des 19. Jahrhunderts führte für die Arbeitsanstalt zu neuen Beschäfti-

---

27 ALVR 8144, Bl. 50.
28 Abtei Maria Wald (Hrsg.), S. 4.
29 ALVR 8144, Bl. 50.
30 H. von Jarotzky, 1911, S. 51f.

gungsmöglichkeiten für die Korrigenden. Jahrelang befand sich ein sog. Außenkommando in der Chemischen Fabrik Wesseling, Vorläufer der heutigen Degussa. Hier waren ständig 20 bis 30 Korrigenden beschäftigt. Die Arbeitsbedingungen müssen allerdings katastrophal gewesen sein, denn selbst die Anstaltsleitung zeigte sich besorgt. Direktor von Jarotzky wollte 1907 die Verträge u.a. wegen der schlechten gesundheitlichen Bedingungen in der Fabrik kündigen.[31]

Außenarbeiten der Arbeitsanstalt

Sehr häufig war auch die Inanspruchnahme von Korrigenden durch die Kommunen und Kreise der Rheinprovinz für Wegearbeiten an den Provinzialstraßen und für Meliorationsarbeiten. In diesen Bereichen sowie in der Land- und Forstwirtschaft sah auch die Anstaltsleitung Anfang des 20. Jahrhunderts die besten Möglichkeiten für den Außeneinsatz von Korrigenden, insbesondere auch deshalb, weil man in diesen Bereichen ungelernte Arbeitskräfte einsetzen konnte. So arbeiteten ständig 64 Anstaltsinsassen um die Jahrhundertwende als Waldarbeiter bei der Oberförsterei Ville. Im Auftrag der Provinzial-Straßenbauverwaltung rückten alljährlich im April bis zu 22 Bauabteilungen aus. Jede Abteilung bestand aus 12 Korrigenden und einem Aufseher. Die Arbeiter waren in zwei Wohnwagen untergebracht, davon diente einer als Schlafwagen, der einen abgetrennten Raum für den Aufseher beinhaltete. Der andere Wagen diente als Aufenthaltsraum und Küche. Ende Oktober oder Anfang November kehrten die Kommandos von den Straßeninstandsetzungsarbeiten wieder nach Brauweiler zurück.[32]

Auf die Erfahrungen der Anstalt im Straßenbau wollte während des Dritten Reiches auch der Staat zurückgreifen. Nachdem die Arbeitsämter in der zweiten Hälfte der 30er Jahre keine Arbeitslosen für den Reichsautobahnbau mehr abstellen konnten, versuchte man, die im Rahmen des Vierjahresplanes gesteckten strategischen Zielsetzungen mit Hilfe von Arbeitsanstaltsinsassen und Strafgefangenen zu erreichen. So forderte der Generalstaatsanwalt Köln im Mai 1939 die Arbeitsanstalt Brauweiler auf, zusammen mit den Strafanstalten Neuwied, Siegburg, Köln, Aachen und Rheinbach mehrere hundert Personen für den Autobahnbau im Großraum Köln abzustellen.[33] Die Arbeitsanstalt konnte das Begehren mit Erfolg zurückweisen. Sie verwies dabei darauf, daß nur noch 445 Korrigenden - die Kriegsvorbereitung hatte sich auch auf die Insassenzahl ab 1938 ausgewirkt - vorhanden seien, davon seien schon 137 im Auftrage des Reichsnährstandes in landwirtschaftlichen Betrieben beschäftigt. Weitere 60 Personen seien unabkömmlich, weil sie in

---

31 ALVR 8341.
32 ALVR 8291.
33 ALVR 17364.

Filialen und Außenkommandos

Schlafwagen für Straßenbaukolonnen der Arbeitsanstalt, um 1905

Aufsichtsbeamter Alois Stauß (1872-1935) mit Anstaltsinsassen beim Straßenbau, Foto ca. 1919

der Ziegelei arbeiteten und diese Aufträge für „staatspolitisch wichtige Bauten" vorliegen habe, u.a. von der Reichsbahn, von den Braunkohlewerken Fortuna und Oberaussem, von der Union Kraftstoff AG Wesseling und von der Luftwaffe in Köln-Dellbrück. Die hauseigenen Werkstätten könnten sowieso nur noch mit bedingt arbeitsfähigen Insassen betrieben werden.34

Der angedeutete Rückgang der Korrigendenzahlen wegen der Kriegsvorbereitungen und der damit verbundenen zurückhaltenden Anwendung des Paragraphen 42 StGB (Bettelei und Landstreicherei) war allerdings Anfang der 30er Jahre nicht in Sicht gewesen. Wegen der Ideologie des Nationalsozialismus waren zunächst die Einweisungszahlen sprunghaft angestiegen, von 730 Insassen im Jahre 1932 auf 1520 im Jahre 1934, und nach der Auflösung des Konzentrationslagers wies die Statistik für den 1. Januar 1935 eine Zahl von 940 Insassen aus.35

Da wegen der Auswirkungen der Weltwirtschaftskrise die finanzielle Situation der Arbeitsanstalt nicht besonders günstig war, hatte man sich zunächst intensiv um Staatsaufträge bemüht. So setzte man Ende 1933 große Hoffnungen in das Projekt der Reichsbahn, den Tunnel auf der Eisenbahnstrecke Köln-Aachen zwischen Großkönigsdorf und Horrem auf einer Länge von 200 Metern von den Erdmassen freizulegen und das Tunnelmauerwerk zu beseitigen. Hierfür sollten vier Jahre lang täglich 150 Korrigenden abgestellt werden. Die Verträge zwischen Reichsbahn und Arbeitsanstalt waren bereits bis zur Unterschriftsreife gediehen, als die Reichsbahn im August 1934 einen Rückzieher machte: da die Reichsbahn „durch die Vornahme wichtiger Arbeiten in aussen- und innenpolitischer Beziehung zur Zeit kein Geld hat".36 Die Freilegung des Tunnels wurde dann erst 1954/55 durchgeführt.37

Bei den für die Arbeitsanstalt typischen Außenarbeiten in der Landwirtschaft hatte sich die Anstalt seit der Jahrhundertwende besonders bei Meliorationsarbeiten einen Namen gemacht.38 Anstaltsleiter von Jarotzky sah in diesem Aufgabenbereich für seine Anstalt auch das wichtigste Betätigungsfeld. Auf seine Initiative hin hatte die Rheinische Provinzial-Verwaltung 1912 mit der Kultivierung von Ödländereien in der Eifel begonnen. Es handelte sich um vier große Meliorationsgebiete von jeweils 80-100 ha im Kreis Malmedy und im Kreis Montjoie (Monschau). Nach dem Friedensvertrag von Versailles war hiervon nur noch das Areal in Lammersdorf bei Mon-

---

34 ALVR 17364.
35 ALVR 8383.
36 ALVR 8340, Bl. 1-9.
37 Helmut Weingarten, S. 138f.
38 ALVR 8341: Der Königliche Landrat aus dem entfernten Geldern forderte Korrigenden aus Brauweiler für die Urbarmachung der Wankumer Heide im Kreis Geldern an.

schau übriggeblieben. Hier wurden fünf sog. Kolonate durch Anstaltsinsassen und Pächter bewirtschaftet.[39] Wegen der hierbei gemachten Erfahrungen stiegen bei der Arbeitsanstalt die Nachfragen für die Abstellung von Korrigenden für den Bau von Entwässerungsgräben, für Flurbereinigungsarbeiten sowie für Arbeiten in Steinbrüchen.[40]

In den 30er Jahren waren die Brauweiler Korrigenden vor allem beim Reichsnährstand als billige Arbeitskräfte für die Landwirtschaft begehrt. So existierten während des Dritten Reiches zahlreiche große landwirtschaftliche Außenkommandos: auf dem Frentzenhof in Fliesteden bei Gutsbesitzer Tils, auf Gut Barbarastein bei Knechtsteden, auf der Burg Stammeln bei Heppendorf und auf dem Rittergut Horbell bei Frechen.[41] Es gab allerdings auch stationäre Außenkommandos, die nur aus Fürsorgezöglingen bestanden. Diese waren bis September 1944 in Fünfbrunnen in Luxemburg tätig.[42]

So wie die Werksbetriebe der Anstalt hauptsächlich für die Rheinische Provinzialverwaltung arbeiteten, so gab es auch Außenkommandos, die im gleichen Auftrag handelten. Deshalb waren ständig Brauweiler Korrigenden mit Bauarbeiten an Gebäuden der Provinzial-Verwaltung beschäftigt. In erster Linie handelte es sich um Instandsetzungsarbeiten und Umbauten, aber auch Neubauten wurden von Brauweiler Korrigenden durchgeführt. Die Heil- und Pflegeanstalten Johannistal bei Süchteln und Bedburg-Hau bei Kleve und die drei Fürsorgeerziehungsanstalten Fichtenhain, Solingen und Rheindahlen wurden von Brauweiler Korrigenden errichtet. Selbstverständlich auch die Gebäude in Brauweiler selbst, u.a. zwischen 1911 und 1913 der Zellentrakt.[43]

---

39 ALVR 8291.
40 ALVR 8291.
41 ALVR 17355.
42 ALVR 17356.
43 ALVR 8291.

Die Arbeitsanstalt Brauweiler in der Zeit der Weimarer Republik

Die gesetzlichen Bestimmungen des Reichsstrafgesetzbuches aus der Kaiserzeit behielten auch in der Weimarer Republik ihre Gültigkeit. Somit konnten auf der Basis von § 361, 3-8 und § 181a Verurteilte für 1½ bis 2 Jahre nach Brauweiler eingewiesen werden. Mit der Kontinuität in der Anstaltsführung blieb auch der Geist des 19. Jahrhunderts in der Brauweiler Anstalt zunächst erhalten. Allerdings nahm auf Grund der neu verbrieften Verfassungsrechte die Kritik an der Anstalt in den Medien und von Seiten der Insassen zu.

Vor allem die Rheinische Zeitung machte sich zum Fürsprecher der Interessen der Insassen. In einem Artikel vom 4. Oktober 1919 schrieb das Blatt: „In der Anstalt herrschen noch die alten Zustände. Der Direktor, ein Despot der alten militärischen Schule, hält auch seinen Beamten gegenüber am alten System fest. Auf militärisches Benehmen, wie es früher Gebrauch war, vorschriftsmässiges militärisches Grüssen, auf stramme militärische Haltung, militärische Antworten und Anreden in der dritten Person, wie 'Wollen der Herr Direktor usw.' wird streng gehalten. Sein Intimus, der Herr Vorsteher, ist auch noch ein Mann des alten Schlages. Ohrfeigen klatschen nur so um die Köpfe der Korrigenden, Leute von 16 bis 19 Jahren, darunter auch solche, die schon beim Militär gedient haben, müssen sich in gesundheitswidriger Weise ohrfeigen lassen..."[1]

Allerdings war die Anstalt zum Zeitpunkt des Zeitungsartikels fast ohne Korrigenden, ihre Zahl war von ca. 1000 in den Vorkriegsjahren auf 34 im Jahre 1919 gesunken, weil ein großer Teil der Anstalt von britischen Besatzungstruppen genutzt wurde, die bis zum Herbst 1919 in der Brauweiler Anstalt blieben.[2]

---

1 ALVR 8162.
2 ALVR 8219, Bl. 59.

Indische Offiziere der englischen Besatzungstruppen in Brauweiler. Das Foto entstand am 24. Februar 1919.

Mit der zunehmenden Stabilität der Weimarer Demokratie änderte sich allerdings das Klima in der Anstalt, was auch die Rheinische Zeitung nicht verhehlen konnte. Dort hieß es am 21. November 1925: „Hier [in Brauweiler] waltet ein ehemaliger Offizier v. Jarotzky seines Amtes als Direktor - scharf, schneidig, echt altpreußisch! Die ersten sozialdemokratischen Angriffe entfesselten Stürme der Entrüstung bei den Bürgerlichen, und doch mußte dieser Mann endlich gehen. Heute sitzt er irgendwo in Ostelbien, und selbst von seinem Geiste ist aus Brauweiler schon manches ausgetrieben".[3]

Die Ablösung Jarotzkys durch Dr. Dick war 1924 erfolgt. Die in der Zeitung angedeuteten Veränderungen setzten sich fort, was auch die Rheinische Zeitung 1927 positiv vermerkte: „Brauweiler ist keineswegs die dumpf hoffnungslose Galeere, noch die vor schreienden Aufsehern erfüllte Strafkaserne".[4]

Ein Grund für diesen Imagewandel lag darin begründet, daß sich die Anstalt seit Mitte der 20er Jahre primär als eine fürsorgerechtliche und nicht mehr so sehr als strafrechtliche Anstalt verstand. Dies korrespondierte mit einem Rückgang der Korrigendenzahlen, denn auch die Gerichte sahen in

---

3 ALVR 8162.
4 ALVR 8162.

den Arbeitsanstalten alten Zuschnitts kaum noch Institutionen, die die Korrigenden „bessern" konnten.

In Brauweiler war es zwar weiterhin noch Ziel, mittels Arbeit die eingewiesenen Personen zu einem geordneten Leben zurückzuführen, man erkannte aber zunehmend die Bedeutung von Unterricht, von der Vorbildfunktion der Erzieher und von der Seelsorge für die Persönlichkeitsbildung. Als begleitende pädagogische Maßnahmen wurden nun Arbeitsprämien, Arbeit ohne Aufsicht u.ä. eingeführt.

In der Frauenabteilung setzte man mit Erfolg wohlfahrtspflegerisch geschultes Personal ein und hatte die Korrigendinnen zu Gruppen von 25 bis 30 Mädchen zusammengefaßt. Jeder Gruppe war eine Erzieherin zugeordnet, die die Aufgabe einer Ersatzmutter übernehmen sollte. Sie brachte die Mädchen an die Arbeitsstätten, nahm mit ihnen das Essen ein und hielt am Abend eine sog. Heimstunde ab. Dabei unterwies sie die Mädchen in Körper- und Gesundheitspflege sowie Haushaltskunde. Anschließend wurden in der Regel noch gemeinsam Gesellschaftsspiele veranstaltet oder man fertigte Handarbeiten an. In den Sommermonaten wurden die Heimstunden für sportliche Aktivitäten genutzt. Ziel dieser Maßnahmen war es, insbesondere den Familiensinn der Mädchen zu fördern. Neben der Gruppenleitung oblag den Erzieherinnen die „Führung und Fürsorge" jedes einzelnen Mädchens. Dazu gehörte auch, daß sie sich um eine Stelle für ihre Mädchen für die Zeit nach der Entlassung bemühten. Das weibliche Anstaltspersonal in Brauweiler hatte sich in der zweiten Hälfte der 20er Jahre folgenden Leitsatz für den Umgang mit den Korrigendinnen gegeben: „So hart der Mensch immer sein möge, im Feuer der Liebe wird er schmelzen, schmilzt er nicht, so ist das Feuer der Liebe nicht heiß genug".[5] Für Brauweiler waren das völlig neue Töne.

Im Rahmen der Reformbemühungen hatte die Arbeitsanstalt auch eine neue Hausordnung erhalten. Die Anstaltsleitung betrachtete die in der Ordnung aufgeführten Strafen als Kompromiß dessen, was sich im Landtag wegen der unterschiedlichen Parteienauffassung durchsetzen ließ. Die anderen Direktoren der preußischen Arbeitshäuser verwarfen diese Hausordnung allerdings als zu lasch und quittierten sie mit der Ansicht, „daß im Westen des Staates mit Rücksicht auf den Volkscharakter mit milderen Zwangsvorschriften auszukommen sein würde als in den anderen Provinzen".[6]

Als härteste Strafe sah die Hausordnung die Verringerung der Essensrationen vor. Eine Einschränkung auf Brot und Wasser durfte nur für maximal 14 Tage ausgesprochen werden. Im Jahr 1931 z. B. wurden in Brauweiler Zwangsmittel, die vom Verweis bis zur Essensreduzierung reichten, bei insgesamt 300 Insassen nur 60mal angewandt.[7]

---

5 Orth, S. 207ff.
6 ALVR 17366.
7 ALVR 17364.

Weimarer Republik

Aufseherinnen und Erzieherinnen der Frauenabteilung, Foto 1927

Beamtinnen und Beamte der Provinzial-Arbeitsanstalt 1927 mit dem neuen Direktor Scheidges (9. v. l. in mittlerer Reihe) und dessen Stellvertreter Kirschieben (6. v. l. in der mittleren Reihe), Anstaltslehrerin Maria Render (1. v. l. in der vorderen Reihe)

Weimarer Republik

Aufsichtsbeamte der Provinzial-Arbeitsanstalt, Foto 1927

Meister und Meisterinnen der Werkstätten der Provinzial-Arbeitsanstalt, Foto 1927

Die Strafen wurden zumeist gegenüber den Zuhältern in der Anstalt ausgesprochen. Die Anstaltsleitung sah in diesen Insassen die problematischste Gruppe und bemühte sich deshalb, die Zahl - wenn schon deren Aufenthalt in Brauweiler unumgänglich war - zu verringern. Dies gelang auch, denn am 1. Januar 1932 zählten von den insgesamt 317 Insassen der Arbeitsanstalt nur 13 zur Gruppe der Zuhälter. Auch die Zahl der Prostituierten ging in der zweiten Hälfte der Weimarer Republik in der Brauweiler Anstalt zurück. Dies lag daran, daß durch ein Gesetz vom 1. Oktober 1927 die sittenpolizeiliche Kontrolle der Prostituierten aufgehoben wurde, so daß die Zahl der Prostituierten in der Anstalt von 179 im Jahr 1927 auf fünf zu Beginn des Jahres 1932 zurückging.[8]

Die beschriebenen Reformbemühungen gingen ab 1926 mit dem Versuch einher, einen neuen Unterrichtsplan im Schulwesen der Anstalt einzuführen.[9]

Die Reformversuche korrespondierten aber nicht mit einer wohlorganisierten und harmonisch arbeitenden Anstaltsleitung. Vielmehr war das Klima zwischen Beamten und Angestellten in der zweiten Hälfte der Weimarer Republik vergiftet, und die Anstaltsleitung verfügte zeitweise über wenig Autorität. Diese Personalprobleme können nur zum Teil mit den inneren Veränderungen der Anstalt erklärt werden. So sollen z. B. auch „parteipolitische Strömungen unter den Beamten mit allerhand Denunziationen" zur vorzeitigen Pensionierung Jarotzkys beigetragen haben.[10] Allerdings war dessen Position wegen der zahlreichen Vorwürfe schon seit Beginn der Weimarer Republik immer schwächer geworden.[11]

Die kurze Amtszeit von Direktor Dr. Dick und die Umstände seiner Entlassung haben auch nicht zur Stärkung der Anstaltsleitung beigetragen. In der Zeit der Vakanz des Direktorenpostens führte der eigentlich schon pensionierte Arbeitsinspektor Klein die Direktorengeschäfte. Der in dieser Zeit neu eingestellte Arbeitsinspektor Kirschieben vollzog in dieser Zeit mehr oder weniger eigenmächtig eine Umorganisation der Arbeitsbetriebe, die er am 2./3. Juni 1927 auf einer Dezernenten- und Leitertagung den anderen preußischen Arbeitshäusern als eine den anderen Brauweiler Reformen entsprechende Neuorganisation vorstellte.[12]

Dicks Nachfolger wurde dann im Oktober 1927 Ernst Scheidges. Seine Amtszeit bis 1933 stand im Zeichen der Folgen der Weltwirtschaftskrise. Einsparungen, Stellenkürzungen und Straffung der Anstaltsorganisation bestimmten seine Amtsführung.[13]

---

8 ALVR 17364.
9 ALVR 8147. Siehe dazu auch das entsprechende Kapitel.
10 Josef Wißkirchen: Brauweiler Korruptionsprozeß, S. 194f.
11 ALVR 8162 und 8217.
12 ALVR 17366. Siehe dazu auch das entsprechende Kapitel.
13 Josef Wißkirchen: Brauweiler Korruptionsprozeß, S. 195.

Die Abteilungen „Freimersdorf", „Dansweilerhof" und „Tobruk"

Fürsorge-Erziehungshaus Freimersdorf

„Brauweiler! Mit dem Klang dieses Namens verbinden sich, zumal für die Kölner, durch vulgären Humor gemilderte Schreckensvorstellungen, ähnlich wie man auch früheren Tortur- und Terrorinstrumenten durch die Nonchalanze des Ausdrucks ihre Bitterkeit zu nehmen suchte... Denn Brauweiler - das ist eben für die Allermeisten der Ort wenn nicht des Grauens, so doch der büssenden Sünde, der kalten Justiz, der unerbittlichen Staatsräson. Eine Cayenne kleinbürgerlichen Formats!"

So beschreibt Efferoth, Redakteur der Rheinischen Zeitung, im Dezember 1927 seine Assoziationen zum Namen Brauweiler.[1] Das negative Image war natürlich durch die Arbeitsanstalt verursacht worden, denn gegenüber Bettlern und Landstreichern hatte man dort selten Mitleid gezeigt. Etwas nachsichtiger war man jedoch gegenüber jugendlichen Korrigenden und Fürsorgezöglingen eingestellt. Man glaubte und hoffte durch das Element der Strafe in Verbindung mit der Fürsorge, die Jugendlichen vor einem Abgleiten ins soziale Abseits bewahren zu können.

Zu den Insassen der Arbeitsanstalt Brauweiler gehörten von Beginn an immer eine große Zahl Jugendlicher bzw. Kinder. Der erste preußische Anstaltsdirektor Ristelhueber hat insbesondere zu den Kindern umfangreiche Aufzeichnungen hinterlassen, und auch die Verwaltungsberichte späterer Jahre verweisen an manchen Stellen besonders auf die Anzahl der einsitzenden Kinder und Jugendlichen. So führt der Verwaltungsbericht des Jahres 1862 die Zahl von „37 straffälligen Knaben" auf, die in Brauweiler wegen Diebstahls, Brandstiftung, Bettelei und Landstreicherei einsaßen.[2] Im Jahre 1932 berichtet die Anstaltsleitung davon, daß bis zur Novelle des Strafgesetzbuches vom 25. Juni 1900, in der u.a. die untere Altersgrenze für die

---

1 ALVR 8162
2 ALVR 1190: Verwaltungs-Resultate der Provinzial-Arbeits-Anstalt zu Brauweiler für die Jahre 1862 und 1863. Köln 1864, S.7.

Arbeitshauseinweisung auf 18 Jahre hochgesetzt wurde, sich ständig eine große Anzahl von Korrigenden zwischen 12 und 18 Jahren im Arbeitshaus befunden habe.[3]

Man bemühte sich auch im 19. Jahrhundert, erwachsene und jugendliche Korrigenden - sofern das möglich war - streng voneinander zu trennen. So waren die Jungen abgesondert im Bereich um den ehemaligen klösterlichen Wirtschaftshof untergebracht, dessen Gebäudekomplexe im Jahr 1811 zu Wohnzwecken umgebaut worden waren.[4]

Die Anstaltsleitung bedauerte es ausdrücklich, daß nur die Stadt Köln bei der Einlieferung von Korrigenden eine Trennung nach Altersgruppen vornahm. Die Anstalt selbst bemühte sich darum, bei Entlassungen jugendliche Korrigenden nicht direkt in die Fittiche erwachsener Insassen kommen zu lassen. So wurden Frauen und Männer zu verschiedenen Tageszeiten entlassen, und jugendliche Häuslinge brachte der Anstaltsbote mit Pferd und Wagen nach Köln und setzte sie dort in einen Eisenbahnzug Richtung Heimat.[5]

Letztendlich sah es aber der Staat nicht als seine Aufgabe an, bei jugendlichen Kriminellen oder jugendlichen Hilfsbedürftigen fürsorglich tätig zu werden. Vielmehr verstand er seine „Fürsorgepflicht" bei straffällig gewordenen Jugendlichen im Sinne einer Gefängnisverwahrung.

Im Jahre 1901 trat aber dann ein Fürsorgegesetz in Kraft, das zwar eine Erhöhung der Zahl der Jugendlichen, die unter staatlicher Kontrolle standen, mit sich brachte, diese jedoch in die Obhut von Familien und Häusern privater Trägerschaft, zumeist Kirchen, überführte. Problematische Fälle sollten nach diesem Gesetz aber in staatlich geführten Fürsorgeerziehungsanstalten untergebracht werden.

Da sich die für die Rheinprovinz vorgesehenen Heime in Krefeld und Rheindalen noch im Bau befanden, wurden Gebäude der Arbeitsanstalt Brauweiler für die Aufnahme weiblicher und männlicher Fürsorgezöglinge hergerichtet. Damit die Zöglinge nicht mit dem Makel des Namens Brauweiler - insbesondere in ihren Entlassungspapieren - behaftet wurden, wählte man als Heimnamen den Namen der Bürgermeisterei, nämlich Freimersdorf.[6] Dieser idyllische Weiler vor den Toren Brauweilers war zu seiner administrativen Bedeutung dadurch gelangt, daß sich mit der französischen Besetzung im Jahre 1794 die kommunale Neugliederung - Mairie Freimers-

---

3 ALVR 17364: Schreiben der Anstaltsleitung vom 28. Juni 1932 an den Amtsgerichtsrat Clostermann zwecks Einrichtung der Abteilung „Arbeitshaus, Jugendabteilung Freimersdorf".
4 ALVR 1190: Verwaltungsresultate der Jahre 1851, 1852 und 1853.
5 ALVR 1190: Verwaltungsresultate der Jahre 1858 und 1859.
6 H. von Jarotzky, S. 60f.

Abteilungen „Freimersdorf", „Dansweilerhof", „Tobruk"

Vorderansicht des Fürsorge-Erziehungshauses Freimersdorf, um 1905

Schusterwerkstätte im Fürsorge-Erziehungshaus Freimersdorf, um 1905

Abteilungen „Freimersdorf", „Dansweilerhof", „Tobruk"

Schreinerwerkstätte im Fürsorge-Erziehungshaus Freimersdorf, um 1905

Arbeitsraum der weiblichen Zöglinge im Frauenhaus, das dem Fürsorge-Erziehungshaus Freimersdorf angegliedert war, um 1905

Abteilungen „Freimersdorf", „Dansweilerhof", „Tobruk"

Küche der weiblichen Zöglinge im Frauenhaus, um 1905

Eßzimmer der weiblichen Zöglinge im Frauenhaus, um 1905

dorf - nach dem Wohnhaus, das auch gleichzeitig Bürgermeisteramt war, des damaligen Bürgermeisters Berndgen orientierte.

In das Fürsorgeheim Freimersdorf kamen ab 1905 weibliche und männliche Jugendliche zwischen 16 und 21 Jahren, die gerichtlich mehrfach verurteilt worden waren oder aus anderen Anstalten wegen besonderer Verwahrlosung abgeschoben worden waren. Anfangs waren es 215 Jungen und 27 Mädchen. Die Zahlen sanken dann bis zur endgültigen Auflösung des Fürsorgeheims im Jahre 1911 ständig, da mit der Fertigstellung besonderer Fürsorgeheime bestimmte Personen in Brauweiler nicht mehr aufgenommen wurden.[7] Als letzte Gruppe wurden die evangelischen Jugendlichen 1911 nach Solingen verlegt.[8] Der letzte weibliche Fürsorgezögling verließ Brauweiler aber erst im September 1914.[9]

Im Fürsorgeerziehungshaus galt als wichtigstes Erziehungsmittel die Arbeit. Denn nach der Ansicht des damaligen Anstaltsdirektors, von Jarotzky, war der „Hang zum Müßiggang zum größten Teil die Ursache [der] sittlichen Verwahrlosung".[10] Besonderer Wert wurde auf die praktische Arbeit gelegt. Die männlichen Fürsorgezöglinge beschäftigte man in einer Buchbinderei, Korbmacherei, Schuhmacherei, Schreinerei und Schneiderei. Ihr Hauptbetätigungsfeld war aber die Landwirtschaft, sie unterhielten den gesamten Ackerbau der Anstalt. Dies betrachtete man als pädagogisch besonders sinnvoll, da die Zöglinge auf eine spätere Gesindetätigkeit vorbereitet werden sollten. Eine spätere Beschäftigung im ländlichen Raum erschien der Anstaltsleitung als sicherer gegenüber einer Rückfälligkeit als eine Beschäftigung in der Stadt.[11]

Die Mädchen widmeten sich in einem gemeinsamen Arbeitsraum „ausschließlich weiblichen Hand- und Hausarbeiten".[12] Neben der praktischen Unterweisung wurden die Zöglinge in vier Schulklassen auf dem Niveau des Volksschulunterrichts unterwiesen.

Die Anstaltsleitung legte nach eigenem Bekunden großen Wert auf eine völlige Trennung zwischen den Jugendlichen und den erwachsenen Korrigenden der Arbeitsanstalt. Die wenigen Mädchen waren zwar zusammen mit den Korrigendinnen im Frauenhaus untergebracht, sie hatten aber hier ihren eigenen Trakt. Die männliche Fürsorgeerziehungsabteilung schloß sich an die Gebäude des Wirtschaftshofes an. Hier existierten u.a. drei große Säle, in denen die Zöglinge unter strenger nächtlicher Aufsicht durch Beamte der

---

7 H. von Jarotzky, S. 60 und ders. 2. Auflage Brauweiler 1911, S. 1.
8 ALVR 17364.
9 ALVR 8146: Jahresbericht des evangelischen Anstaltspfarrers van de Loo von 1914.
10 H. von Jarotzky, 1. Auflage, Brauweiler 1908, S. 68.
11 H. von Jarotzky, S. 70.
12 H. von Jarotzky, S. 72.

Anstalt schliefen. Für besonders problematische Zöglinge gab es im sog. Isolierflügel (Gebäude am Marienhof) 38 Zellen zur Einzelunterbringung.[13]
Der gesamte Ordnungsrahmen des Erziehungshauses war sehr militärisch ausgestaltet. Die in Stubengemeinschaften von 12 bis 20 Zöglingen zusammengefaßten Jugendlichen waren in drei sog. Führungsklassen gegliedert. Jede Klasse trug ein besonderes Kennzeichen an der Kleidung, und die Zugehörigkeit zu einer bestimmten Klasse war an bestimmte Vergünstigungen gekoppelt. So durften Zöglinge der zweiten Klasse Briefe schreiben und Besuch empfangen. Die der ersten Klasse konnten im Sommer an Ausflügen teilnehmen. Diese Privilegierung diente natürlich auch der Disziplinierung. Neben dem Entzug dieser Vergünstigungen gab es einen genau fixierten Strafenkatalog: Verweis, Essensentzug, Arrest bis zu 14 Tagen, körperliche Züchtigung mit einem ein Zentimeter dicken Stock bis zu 20 Hieben. Verstärkt wurde der Kasernendrill durch regelmäßigen Turnunterricht mit militärischen Marschübungen.[14]
Diesen Zwängen zu entrinnen war bei einem Oberaufseher, sechzehn Hilfsaufsehern, sechs Werkmeistern und einem Pädagogen als Leiter des Heimes kaum möglich. Trotzdem wagten 1907 bei Arbeiten außerhalb der Anstaltsmauern elf Jugendliche die Flucht, was die Leitung dem „in den Entwicklungsjahren stark ausgeprägten Freiheitsdrang" zuschrieb.[15] Ansonsten endete der Aufenthalt in „Freimersdorf" erst dann, wenn die Anstaltsleitung der Ansicht war, daß ein Leben außerhalb der Mauern „normal" verlaufen könnte. Hatte man diese Aussicht zwischen dem 16. und 21. Lebensjahr erreicht, wurde man in die Freiheit entlassen, oder man mußte eine „gestundete" Gefängnisstrafe antreten.[16]
Während des Ersten Weltkrieges (1915 oder 1916) wurde eine neue Fürsorgezöglingsabteilung in Brauweiler errichtet. Sie trug den Namen „Fürsorge-Erziehungs-Anstalt Freimersdorf". Die Abteilung beherbergte anscheinend nur Zöglinge bis zum 18. Lebensjahr und wurde 1920 wieder aufgelöst, weil die Zöglinge nach Euskirchen verlegt wurden.[17]

Mädchenasyl Freimersdorf
Die euphemistische Bedeutung der Bezeichnung Freimersdorf war zu Beginn des Jahrhunderts im Kölner Raum schon allgemein bekannt. Aufgrund des Ersten Weltkrieges hatte die Prostitution auch bei jugendlichen Mädchen stark zugenommen. Die Gerichte, Militär- und Verwaltungsbehör-

---

13 H. von Jarotzky, S. 65ff.
14 H. von Jarotzky, S. 74f.
15 H. von Jarotzky, S. 77.
16 H. von Jarotzky, S. 62.
17 ALVR 17364.

den sprachen deshalb rasch eine Einweisung in eine Arbeitsanstalt aus. Dagegen bemühten sich vor allem karitative und kirchliche Organisationen, die jugendlichen Prostituierten dem Einfluß des Arbeitshauses fernzuhalten und sie in Asyle und kirchliche Erziehungsanstalten einzuweisen, bzw. für die Mädchen ländliche Arbeitskolonien zu gründen. Die Vorsitzende des katholischen Fürsorgevereins in Köln, Frau Bergat Le Hanne, schlug deshalb dem Landeshauptmann der Rheinprovinz vor, hierfür den Namen Freimersdorf zu verwenden. Der Landeshauptmann verwies allerdings in seiner Antwort am 9. September 1915 darauf, daß die zur Unterbringung geplanten Asyle nicht auf dem Gebiet der Gemeinde Freimersdorf lägen und deshalb der Name nicht genommen werden könne.[18] In zunehmendem Maße wurden dann ab Oktober 1915 Mädchen zwischen 18 und 20 Jahren, die erstmalig von einem Gericht wegen gewerbsmäßiger Unzucht verurteilt worden waren oder sog. sittlich gefährdete weibliche Jugendliche nicht mehr dem Arbeitshaus Brauweiler zugewiesen, sondern einem von Fürsorgevereinen geführten Asyl. Der rheinische Provinzialverband übernahm ab 1918 die entstehenden Kosten, so daß die Arbeitsanstalt Brauweiler in ihren Haushaltsplänen nach dem Ersten Weltkrieg Beträge aufweist, die sie den Fürsorgevereinen für die Führung der Asyle zur Verfügung stellte. Im Jahre 1924 waren es ca. 65.000 Mark für ca. 300 Mädchen.[19]

Frauenarbeitshaus Freimersdorf
Nach dem Waffenstillstand vom 5. Oktober 1918 wurde das linksrheinische Gebiet von deutschen Truppen geräumt und von belgischen, britischen, amerikanischen und französischen Truppen besetzt und verwaltet. Im Januar 1921 ging das amerikanische Hauptquartier in Koblenz dazu über, aufgegriffene geschlechtskranke Frauen nach ihrer Heilung in die Arbeitsanstalt Brauweiler einzuliefern. Anstaltsdirektor von Jarotzky protestierte zwar beim Regierungspräsidenten in Koblenz gegen dieses Vorgehen, da die Einweisung nur durch die Landespolizeibehörde nach deutschen Gerichtsbestimmungen zulässig sei; er hatte mit seinem Protest aber keinen Erfolg.[20]

Bereits im Dezember 1920 hatte sich angekündigt, daß die Arbeitsanstalt auch zur Aufnahme geschlechtskranker Prostituierter nach der Heilung, zumindest aus der britischen Zone, dienen sollte. Denn zu diesem Zeitpunkt

---

18 ALVR 8212 Bl. 13f, Bl. 21, Bl. 29, Bl. 34.
19 Johannes Horion, S. 316ff.
20 ALVR 8217 Bl. 16. Nach dem Waffenstillstandsabkommen erhielten die Briten als Besatzungszone den Großraum Köln, außerdem Aachen und Bonn. Die Belgier besetzten das Gebiet Nordrhein. Den Raum südlich der britischen Zone bis Koblenz und Trier erhielten die Amerikaner. Weiter im Süden lag die französische Besatzungszone. Die Besatzungstruppen besaßen die Obergewalt über die örtlichen Verwaltungen.

inspizierte ein britischer Generalstabsmajor die Anstalt, und Direktor von Jarotzky hatte eine Aufnahme von 250 Frauen von der Räumung der Fürsorgeerziehungsabteilung abhängig gemacht.[21]

Am 10. Mai 1921 wurden dann Räume innerhalb der Anstalt von der englischen Militärbehörde beschlagnahmt. Diese sollten der Aufnahme von maximal 250 Frauen dienen, die durch die Interalliierte Rheinlandkommission eingewiesen werden sollten. Wegen der Überfüllung der Krankenanstalt Lindenthal sollten zudem noch 50 weitere Frauen in Brauweiler untergebracht werden, deren Geschlechtskrankheiten noch nicht ausgeheilt waren. Diese sollten in Brauweiler vom Anstaltsarzt Dr. Bodet betreut werden. Die erforderlichen Umbauten gingen zu Lasten der Stadt Köln, die Unterbringungskosten galten als Besatzungskosten.[22] Die deutschen Regierungsstellen wehrten sich zwar gegen die Übernahme der Kosten und begründeten es damit, daß erst die Anwesenheit der mit großen Geldbeträgen ausgestatteten Besatzungssoldaten die Prostituierten aus dem ganzen Reichsgebiet sowie aus Nordfrankreich und Belgien ins Rheinland gelockt hätten.[23]

Im Frühsommer 1921 begann die Belegung der beschlagnahmten Räume. Der Landeshauptmann der Rheinprovinz hatte bereits am 12. Mai 1921 für die neue Abteilung den Namen „Frauenarbeitshaus Freimersdorf" festgelegt. Diese Namensgebung ging auf eine Initiative der Leiterin der Wohlfahrtsstelle bei der Regierung in Köln zurück.[24]

Die rechtliche Grundlage für die Einweisungen der über 18 Jahre alten Frauen lieferte die Ordonnanz Nr. 83 der Interalliierten Rheinlandkommission. Die alliierten Militärbehörden waren aktiv geworden, weil sie ihre Truppen vor Geschlechtskrankheiten schützen wollten und das Vorgehen der deutschen Polizei als „zu wenig scharf" empfanden.[25]

Nach der Ordonnanz Nr. 83 konnte die Militärpolizei eine aufgegriffene geschlechtskranke Prostituierte verhaften und zur Zwangsbehandlung einweisen und zur korrektionellen Nachhaft von sechs Monaten nach Brauweiler überweisen. Bei wiederholten Einlieferungen oder bei vorherigen Aufenthalten im „früheren Genesungsheim Freimersdorf" konnte die Unterbringungszeit verlängert werden.[26]

Für das Frauenarbeitshaus Freimersdorf wurde eine eigene Hausordnung erstellt, die sich an der Hausordnung für die gesamte Arbeitsanstalt und am Betrieb des früheren „Genesungsheims Freimersdorf" orientierte.[27] Danach

---

21 ALVR 8217, Bl. 20.
22 ALVR 8147, ALVR 8217 Bl. 48.
23 ALVR 8217, Bl. 163.
24 ALVR 8217, Bl. 48, Bl. 103.
25 ALVR 8217, Bl. 86.
26 ALVR 8217, Bl. 49, Bl. 85, Bl. 128.
27 ALVR 8217, Bl. 104.

sollten die Insassinnen durch „streng geregelte und gesunde Lebensweise, durch eine alle körperlichen und geistigen Kräfte anspannende Beschäftigung, durch Seelsorge, Belehrung und erzieherische Einwirkung zu einem ordnungsgemäßigen, arbeitssamen und sittlichen Lebenswandel" erzogen werden.[28]

Leiterin des Frauenarbeitshauses war im Auftrag des Leiters der Arbeitsanstalt die Lehrerin der Anstalt. Da die Arbeit als wichtigstes Erziehungsmittel betrachtet wurde, spielte sich der Tagesablauf der Frauen zumeist in gemeinschaftlichen Arbeitsräumen ab, wo sie, getrennt von den anderen Korrigendinnen der Anstalt, „mit weiblichen Hand- und Hausarbeiten" oder mit Gartenarbeiten beschäftigt wurden. Die Frauen trugen die übliche Anstaltskleidung, allerdings mit einer zusätzlichen weißen Armbinde, die die Buchstaben „A. H." trug. Der Tagesablauf begann um 6 Uhr mit dem Wecken, und das Ende war um 18.30 Uhr mit dem Einschluß. Dazwischen lagen 9 1/4 Stunden Arbeit. Bei dieser Arbeit konnten die Frauen je nach Leistung zwischen 20 und 100 Pfennige am Tag verdienen, die man für kleinere Gebrauchsgegenstände oder für Zusatznahrungsmittel verwenden konnte. Einmal im Monat durfte man Besuch empfangen und konnte immer Briefe zu Verwandten schicken. Allerdings wurden solche Vergünstigungen entzogen, wenn man gegen die Hausordnung verstoßen hatte. Besonders Arbeitsverweigerung und Nachlässigkeit bei der Arbeit wurden hart bestraft, z.B. mit der Unterbringung in Einzelzellen oder mit der Verlängerung der Anstaltszeit bis zum Doppelten der ursprünglich festgesetzten Zeit.

Für einen Teil der Insassinnen gab es einen regelmäßigen Schulunterricht, der von der Leiterin der Abteilung und den beiden Anstaltsgeistlichen erteilt wurde.[29]

Aber die der Arbeitsanstalt entlehnten „Erziehungsmethoden" zeigten nur geringen Erfolg. Die meisten entlassenen Frauen wurden wiederum auf der Basis der Ordonnanz Nr. 83 festgenommen. Deshalb sprachen sich der Kölner Polizeipräsident und die englischen Militärbehörden 1922 für eine andere Erziehungsarbeit im Frauenarbeitshaus aus. Beide konnten durchsetzen, daß alle Frauen der Abteilung täglich zwei Stunden Unterricht erhielten und es zu regelmäßigen Gesprächen zwischen dem katholischen Anstaltsgeistlichen und den Frauen kam. Zwischen dem Anstaltspfarrer Peters und dem Anstaltsdirektor von Jarotzky scheinen über die „erzieherische Behandlung" der Frauen unterschiedliche Meinungen bestanden zu haben. Während Pfarrer Peters neuen Methoden gegenüber aufgeschlossen war, hielt von Jarotzky am alten Brauweiler Stil fest.[30] In einem Brief an den Lan-

---

28 ALVR 8217, Bl. 55.
29 ALVR 8217, Bl. 55ff.
30 ALVR 8217, Bl. 279.

deshauptmann vom 20. Mai 1923 schreibt Direktor von Jarotzky, daß seiner Ansicht nach die englischen Behörden die Abteilung aufheben wollten, weil „die Unterbringung der wegen Verdachts der Gewerbsunzucht aufgegriffenen Mädchen in einer geschlossenen Anstalt wie Brauweiler eine allzu harte Maßregel darstelle".[31]

Pfarrer Peters entwickelte dagegen ein eigenes Konzept. Er wollte die besserungswilligen Mädchen im sog. Bewahrungshaus der Arbeitsanstalt unterbringen, weil sie dort völlig abgeschirmt von der übrigen Anstalt erzieherisch betreut werden könnten. Hier sollten sie für die Zigarettenindustrie Zigaretten sortieren, verpacken und versenden. Die Provinzialverwaltung zeigte sich gegenüber solchen Plänen allerdings skeptisch, da beim Umgang mit Zigaretten das eigene Rauchen nicht zu verhindern sei, und die „hierbei aufsteigenden Nikotindämpfe das sexuelle Empfinden insbesondere bei sinnlich leicht reizbaren Mädchen anregen" würden.[32]

Der Kölner Polizeipräsident und die britische Besatzungsbehörde versuchten von außen, den negativen Folgen einer Unterbringung im Frauenarbeitshaus Freimersdorf entgegenzuwirken. So gab es Entlassungen, die auf Anordnung des Polizeipräsidenten erfolgten und in der Regel viel früher stattfanden als Direktor von Jarotzky dies vorgesehen hatte. Am 1. Juli 1923 starteten britische Polizistinnen einen vorbeugenden Fürsorgedienst in Köln, um Einweisungen nach Brauweiler zu verhindern. Jarotzky beschwerte sich gegen solche Maßnahmen beim Landeshauptmann, da so die Fürsorgemaßnahmen in Brauweiler kaum zu einem Erfolg führen könnten, zudem benutze man nichtzutreffende Beschwerden über die Behandlung und das Essen in Brauweiler, um die Abteilung Freimersdorf auslaufen zu lassen, denn im Mai 1923 seien nur noch 127 Frauen im Arbeitshaus Freimersdorf untergebracht.

Die Vorwürfe gegen die Anstaltsleitung waren wohl nicht unbegründet, denn am 31. Juli und 1. August 1923 kam es zu Unruhen im Frauenarbeitsheim Freimersdorf. Direktor von Jarotzky wies die Beschwerden gegen das Essen als eine von der Presse geschürte Kampagne gegen ihn und seine Anstalt zurück, die Unruhen in der Anstalt seien nur Bestandteil allgemein verbreiteter Unruhen im gesamten Reichsgebiet im Jahre 1923.[33]

Im Oktober 1923 befanden sich nur noch 40 Frauen im Arbeitshaus Freimersdorf, aber erst am 20. Dezember 1925 wurde die am 24. Mai 1921 eingerichtete Abteilung aufgelöst. Diese Entscheidung lief parallel zum Abzug der

---

31 ALVR 8217 ohne Blattnummer.
32 ALVR 8217: Brief des Landesverwaltungsrates Dr. Szajkowski an Pfarrer Peters vom 14. Juni 1923.
33 ALVR 8217 ohne Blattnummer: Artikel in der Rheinischen Zeitung vom 11. Juli 1923.

britischen Truppen aus dem Rheinland, der mit der Räumung Kölns am 31. Januar 1926 abgeschlossen war.[34]

Trinkerheilstätte Freimersdorf

Seit 1908 wurden auch entmündigte Trinker in der Arbeitsanstalt aufgenommen und ab 1924 auch Trinkerinnen.[35] Der Gedanke an eine Heilung von Trinkern in Heilstätten war erst in den 90er Jahren des vorigen Jahrhunderts aufgekommen. Zunächst waren Trinkerheilstätten von den karitativen Verbänden gegründet worden. Da man aber die Trinkerproblematik eng mit der Irrenfrage und dem Korrigendenwesen verknüpfte, gliederte schließlich der Landesfürsorgeverband seinen Arbeitshäusern eine Abteilung für Trinker an. Für diejenigen, die sich nicht freiwillig einer Therapie in Heilstätten unterziehen wollten, bzw. die entmündigt und gewalttätig waren, wurde ab 1908 die Provinzial-Arbeitsanstalt Brauweiler zuständig.

Zunächst wurden die Trinker der Landarmenabteilung zugewiesen. Dies führte jedoch zu großen Disziplinschwierigkeiten, so daß man 1912 gezwungen war, eine eigene Abteilung für entmündigte Trinker zu eröffnen. Im gleichen Jahr trat ein preußisches Gesetz in Kraft, das es den Kreisen und Städten ermöglichte, Personen, die nicht durch Arbeit ihren Unterhalt und den ihrer Familien erwirtschaften wollten, in eine Arbeitsanstalt einzuweisen. Deshalb erweiterte man die Trinkerabteilung zur „Abteilung für entmündigte Trinker und Arbeitsscheue". Dieser Personenkreis sollte sowohl im Unterkunfts- als auch im Arbeitsbereich von den übrigen Korrigenden getrennt sein.[36] Die Zahlen der beherbergten Trinker schwankte immer erheblich. 1913 waren es 40 entmündigte Trinker, im Jahre 1918 war die Zahl auf 100 angewachsen und 1924 umfaßte sie nur 20 Personen.[37]

In den 20er Jahren wurde nach der Auflösung der Frauenabteilung, in der Prostituierte mit Geschlechtskrankheiten untergebracht waren, die Räumlichkeiten für die Unterbringung entmündigter Trinkerinnen genutzt.[38] Nach der Auflösung des im Bewahrungshaus und im Zellentrakt untergebrachten Strafgefängnisses am 30. Oktober 1925 konzentrierte man die „Abteilung für entmündigte Trinker und säumige Nährpflichtige" im ehemaligen Bewahrungshaus.[39]

Da mit der Auflösung des Fauenarbeitshauses Freimersdorf am 20. Dezember 1925 der Name Freimersdorf sozusagen wieder zur Disposition

---

34 ALVR 8147: Verwaltungsbericht 1925/26. ALVR 8382.
35 ALVR 8382: Verwaltungsbericht 1924.
36 Johannes Horion, S. 319ff.
37 ALVR 8381. ALVR 8382.
38 ALVR 8382.
39 ALVR 8147.

stand, erhielt die Trinkerheilstätte diesen Namen und behielt ihn - bis auf eine kurze Zeit in den letzten Kriegsjahren, als man dieser Abteilung in Erinnerung an Rommels Erfolg in Nordafrika im Juni 1942 den Namen Tobruk übertrug - bis zur endgültigen Auflösung der Anstalt im Jahre 1969.

Anstaltsdirektor Bosse begründete die Namenswahl in den 30er Jahren wie folgt: „Man hat dem hiesigen Trinkerheim den ominösen Namen der Arbeitsanstalt Brauweiler genommen und ihm wie auch dem Hilfsbedürftigenheim (eine Art Altersheim für Korrigenden) und Jugendhaus gegeben nach 6 alten Bauernhöfen, die vor Brauweiler liegen."[40] Der Name wurde also ab den 30er Jahren für verschiedene Abteilungen in der Anstalt gleichzeitig verwandt.

Für die Behandlung der Trinkerinnen und Trinker hatte sich die Anstaltsleitung Ende der 20er Jahre folgende Ziele gesetzt: „Aufgabe der Arbeitsanstalt ist es, all diesen Insassen soweit als möglich zu einem geordneten Leben zurückzuführen. Hierzu sollen beitragen ordentliche Unterkunft, gute Verpflegung und weitgehende erzieherische Beeinflussung durch den Direktor, den Anst.arzt, die Anst.geistlichen, Lehrer, Erzieher, Werkmeister und das gesamte Anstaltspersonal... Vornehmstes Erziehungsziel ist die Arbeit."[41]

Die Realität sah allerdings anders aus. Es begann schon mit der Einschätzung der Patienten. Dies belegt ein Vortrag des Brauweiler Oberarztes Tilliss aus dem Jahre 1929. Danach waren in Brauweiler in der Regel Trinker mit „psychopathischer Veranlagung" aus der Stadt untergebracht, weil „der auf dem Land in frischer Luft im Schweiße seines Angesichts schwer körperlich arbeitende Mensch eine viel größere Verträglichkeit für Alkohol besitzt, weil anscheinend bei intensiver Stoffwechselanregung der Alkohol rascher im Körper verbrannt und so sich seine giftige Wirkung vermindert, als der Stubenhocker in der Stadt, sei es als Büromensch, sei es als Fabrikarbeiter an der Maschine mit geringer Muskelbetätigung".[42]

Die ca. 200 Insassen der Trinkerheilanstalt wurden vom zuständigen Arzt Tilliss in fünf Gruppen entsprechend ihrer angeblichen geistigen und charakterlichen Gemütslage eingestuft:

   1. Gemütslose   15%.
   2. Haltlose   20%.
   3. Schwachsinnige   10%.
   4. Chronisch degenerierte Alkoholiker   25%.
   5. Mischformen   30%.

Für wirklich heilbar hielt der Arzt nur die Gruppe der „Haltlosen". Bei dieser Gruppe hätten Arzt und Anstaltsgeistliche die Aufgabe, durch intensi-

---

40 Albert Bosse: Brauweiler - Aufgabe und Bedeutung. S. 327.
41 ALVR 8162.
42 Tilliss, S. 1.

ve Gespräche beim Trinker den Willen zur dauernden Enthaltsamkeit zu wecken. Jene aber, die als nicht heilbar eingestuft wurden, und das waren ja die weitaus meisten, sollten „entsprechend ihrem Kräftezustand energisch zur Arbeit" herangezogen werden, „damit sie den Ernst des Lebens spüren, körperlich müde werden und vielleicht auch ein Gefühl von werktätiger Einordnung in einen großen Organismus, wie es die Arbeitsanstalt Brauweiler ist, bekommen".[43]

Diese in der Kaiserzeit verbreitete Einstellung gegenüber Suchtkranken und die daraus abgeleitete Mißachtung der Trinker und ihre Unterwerfung unter die überaus harte Arbeitsdisziplin der Anstalt mußte in der Weimarer Republik, in der Teile der Gesellschaft das Menschenbild der Kaiserzeit über Bord geworfen hatten, zu erheblichen Problemen führen. So zeigt sich in den 20er Jahren bei den in der Regel intellektuell nicht zurückgebliebenen Insassen der Trinkerheilstätte eine zunehmende Bereitschaft, Anstaltsmaßnahmen nicht ohne Widerspruch hinzunehmen.

Nach § 44 der Hausordnung konnten gegen die Behandlung in der Anstalt schriftliche Eingaben und Beschwerden vorgebracht werden. Diese Möglichkeit wurde in der Weimarer Republik von den Insassen der Heilanstalt zunehmend wahrgenommen. Vor allem wandte man sich gegen die Hausordnung. Die aus dem Jahr 1913 stammenden Bestimmungen wurden als unzeitgemäß abgelehnt und gegen die daraus resultierende Beamtenwillkür protestiert.[44]

Im Frühjahr 1926 schrieben Insassen der Trinkerheilstätte einen Brief an die Essener Zeitung mit der Bitte um Veröffentlichung. Darin brachten sie zum Ausdruck, daß von Fürsorge, Behandlung und Anerkennung als Kranke keine Rede sein könne: „Wir als Kranke - denn als solche sind wir doch wohl hier - sind in einem Gebäude in Sälen und Zellen, wie im Gefängnis immer unter Verschluss... Ein grosser Teil der Leute geht zum Ziegelfeld und muss hier Steine herstellen... aber immer unter Aufsicht... Dies ist die Medizin für Kranke... Die Leute, die im Zuchthaus und Gefängnis waren, behaupten, dass es dort besser gewesen sei als hier, ebenso die Beköstigung... Folgendes möchte ich noch hinzufügen. Entweicht mal einer der Leute aus der Anstalt, so wird eine Prämie von 5 Mark ausgesetzt für die Wiederergreifung. Der eingefangene Kranke bekommt dann 7-14 Tage Arrest bei Wasser und Brot, auch das soll zur Heilung gut sein..."[45]

Anstaltsleiter Jarotzky rechtfertigte sich nach der Veröffentlichung des Schreibens in der Essener Zeitung gegenüber dem Landeshauptmann mit

---

43 Tilliss, S. 6.
44 ALVR 8272, Bl. 203.
45 ALVR 8272, Bl. 462ff.

dem Hinweis, daß von den 63 entmündigten Trinkern 43 vorbestraft seien und somit gewisse Sicherheitsmaßnahmen erforderlich seien.[46]

Teilweise mündete die Protestbereitschaft der Insassen sogar in Prozessen gegen die Anstalt. Dies geschah natürlich immer erst nach der Entlassung. Etwas kurios ist ein Fall aus dem Jahre 1919. Der entmündigte Trinker N. ließ durch seinen Vormund die Anstalt verklagen, weil bei seiner Entlassung der Anzug von Motten zerfressen gewesen sei. Die Klage wurde letztlich abgewiesen, weil das Gericht zu der Ansicht gekommen war, daß die Maßnahmen der Brauweiler Kleiderkammer ausreichend waren: alle fünf Monate Ausbürsten, Klopfen und Lüften des Anzugs sowie Bestreuen mit Naphthalin.[47]

Die Insassen der Trinkerheilanstalt sahen insgesamt die Behandlung als willkürlich an, bei der immer eine ungerechtfertigte Gleichsetzung von Trunksucht und Kriminalität stattfand. Anders sah es die Anstaltsleitung, insbesondere in den 30er Jahren. Nach der Auffassung des Anstaltsleiters Bosse müsse die Anstalt ihre abschreckende Wirkung behalten, denn Trinker seien „gänzlich haltlose Personen", bei denen die Anstaltsleitung bei „schwerem Alkoholismus" den Antrag auf Sterilisation stelle. Nach der Aussage Bosses wurden zwischen 1934 und 1936 190 Sterilisationen an Insassen der Brauweiler Anstalt durchgeführt, bei denen die Anstaltsleitung den Antrag wegen „schweren Alkoholismus" und „angeborenem Schwachsinn" gestellt hatte.[48]

Trinkerheilstätte Freimersdorf nach dem Zweiten Weltkrieg

Als die Anstalt im Mai 1950 wieder ihrer alten Bestimmung übergeben worden war, tauchte auch die Bezeichnung Freimersdorf für die Abteilung der Trinker wieder auf. Diese Abteilung umfaßte zwar 1950 nur fünf Personen, die Zahl stieg aber im Laufe der 50er Jahre auf ca. 150 männliche und ca. 25 weibliche Trinker an.[49]

Die Trinker wurden durch Gerichtsbeschluß oder durch einen Vormund in die Anstalt verwiesen. Einen sehr anschaulichen Fall schilderte 1958 die Neue Rhein Zeitung: „Er ist Doktor der Philosophie. Mitte Fünfzig, graumeliert, ein schmales kluges Gesicht. Er ist seit langem in der Anstalt. Er schreibt viele Briefe in einer akademischen Handschrift. Er will raus. Vor sieben oder acht Monaten trank er Spiritus, der in einer Werkstatt zum Anrühren von Farbe benutzt wurde. Er schöpfte ihn von oben ab, als die

---

46 ALVR 8272, Bl. 469.
47 ALVR 8272, Bl. 136ff.
48 Albert Bosse: Brauweiler - Aufgabe und Bedeutung. S. 327, S. 329.
49 ALVR 13078. ALVR 13081, Bl. 170. ALVR 15110.

Abteilungen „Freimersdorf", „Dansweilerhof", „Tobruk"

LANDSCHAFTSVERBAND RHEINLAND

TRINKERHEILANSTALT FREIMERSDORF

Trinkerheilanstalt 5026 Freimersdorf, Bez. Köln, Ehrenfriedstraße 19

5026 BRAUWEILER BEZIRK KÖLN
EHRENFRIEDSTRASSE 19

1.) An den
Verband deutscher Heilstätten
für Alkoholsüchtige e.V.

35 Kassel
Brüder-Grimm-Platz 4

DEN 29.6.1967
FERNRUF FRECHEN *5885
NEBENSTELLE 214
ZEICHEN S/Ur

BETR.: Veröffentlichungen in der " Z e i t "

BEZUG: Ihr Schreiben vom 27.6.1967

Sehr geehrte Herren !

Der Direktor des Landschaftsverbandes Rheinland in Köln-Deutz
hat sich die Stellungnahme zu Presseveröffentlichungen
vorbehalten.

Ich habe Ihr Schreiben daher nach dort abgegeben.

Hochachtungsvoll
Der Direktor
In Vertretung

gez. Unterschrift
(Schmelz)
Landesoberverwaltungsrat

b.w.

BANKKONTO KREISSPARKASSE BRAUWEILER GIROKONTO 14

Briefbogen des Landschaftsverbandes Rheinland aus den 60er Jahren mit der Anschrift «Trinkerheilanstalt Freimersdorf» (ALVR)

Farbe sich gesetzt hatte und goß sich das Zeug in den Kaffee. Er ist ein unheilbarer Trinker".⁵⁰

Im Bewußtsein der anderen Korrigenden hatten die Trinker in Brauweiler eine herausgehobene Stellung. Schon äußerlich unterschieden sie sich von diesen durch die Anstaltskleidung. Während die Korrigenden blaue Anstaltskleidung trugen, war die der Trinker grün. Die Arbeitshäusler meinten, daß das Anstaltspersonal sich von der sozialen Herkunft vieler Trinker beeindrucken ließe: „Wenn nämlich der Aufseher ruft: Kommen Sie mal her, Herr Müller! dann ist klar, daß der Aufseher den grünen Müller meint. Dem blauen Müller hätte er zugerufen: Kommen Sie mal her, Müller!" - so ist es im Wuppertaler Generalanzeiger im März 1960 nach einem Korrespondentenbesuch in der Brauweiler Anstalt nachzulesen.⁵¹

In der Nachkriegszeit fühlte sich die Anstalt neuen Erziehungsmethoden gegenüber verpflichtet, man wollte sich von der Arbeitsanstalt zur „Arbeits-Erziehungsanstalt" entwickeln, was für die Insassen der Trinkerheilstätte zur Folge haben sollte, daß man sie durch „Gewöhnung an regelmäßige Arbeit einem geordneten und gesetzmäßigen Leben wieder zuführen" wollte.⁵²

Dies blieb aber weitgehend Wunschvorstellung, denn die katastrophalen Zustände in der Trinkerheilstätte Freimersdorf haben nicht unwesentlich zum Ende der gesamten Arbeitsanstalt Ende der 60er Jahre beigetragen. In einer reißerisch aufgemachten Artikelserie berichtete der Kölner Express Ende 1966/Anfang 1967 über die Zustände in der Trinkerheilanstalt. Hauptkritikpunkte waren die Behandlungsmethoden der Ärzte, das Verhalten der weiblichen Aufseher sowie die Koppelung von Arbeitshaus und Trinkerheilanstalt: „Trinker und Trinkerinnen unterliegen in Brauweiler dem gleichen Anstaltsgesetz wie Arbeitshäusler. Und diese Regeln stammen aus der Vollzugsordnung für die deutschen Strafanstalten."⁵³ Den Ärzten warf man vor, Trinker nicht wie Kranke, sondern wie Kriminelle zu behandeln. Zudem gerieten die Aufseherinnen ins Kreuzfeuer der Kritik: „... sind die meisten Aufseherinnen sehr schlecht, sowohl was ihre Ausbildung als auch was ihre Intelligenz betrifft. Sobald diese Frauen spüren, daß eine Insassin ihnen geistig überlegen ist, gehen die täglichen Schikanen los".⁵⁴

Haus Tobruk

Wie bereits erwähnt, erhielt zur Erinnerung an Rommels Afrikataten die Trinkerheilstätte gegen Ende des Krieges die Bezeichnung Tobruk. Dieser

---

50 ALVR 15110, Bl. 109. NRZ vom 23. November 1958.
51 ALVR 15111: General-Anzeiger der Stadt Wuppertal vom 11. März 1960.
52 ALVR 13078. ALVR 13081.
53 ALVR 15112: Kölner Express vom 3. Januar 1967.
54 ALVR 15112: Kölner Express vom 14./15. Januar 1967.

Abteilungen „Freimersdorf", „Dansweilerhof", „Tobruk"

Name für die Heilstätte bzw. für das Bewahrungshaus wurde nach dem Krieg zunächst einmal weitergeführt. So wird das „Haus Tobruk"(Bewahrungshaus) von der kommissarischen Anstaltsleitung 1945 als Unterbringungsort für ein Polizeikommando und 1948, da die verbliebenen Gefängnisse in den Städten überfüllt waren, als Strafvollzugsanstalt der britischen Militärbehörde vorgeschlagen. Beides lehnte diese jedoch ab, da das „Haus Tobruk" für die Unterbringung von ca. 300 DPs benötigt werde.[55]

Jugendhaus Freimersdorf

Das von Direktor von Jarotzky geleitete Fürsorgeerziehungshaus Freimersdorf, das zeitweise 250 bis 300 Jugendliche zwischen 18 und 21 Jahren beherbergte, wurde vor dem Ersten Weltkrieg schrittweise aufgelöst: 1906 kamen die katholischen Insassen in die neue Anstalt Fichtenhain, 1911 die evangelischen nach Solingen. Zwischen 1915 und 1920 bestand noch eine kleine Zöglingsabteilung mit dem Namen „Fürsorge-Erziehungs-Anstalt Freimersdorf".[56]

Nachdem große Teile der Anstalt nach dem Ende des Krieges bis in den Oktober 1919 mit englischen Truppen belegt waren, und dadurch die Zahl der Korrigenden von ca. 1000 auf 34 Personen im November 1919 gesunken war, waren es vor allem die Fürsorgezöglinge dieser Anstalt Freimersdorf, die zusammen mit einem Teil der Aufseher die Werkstätten und den landwirtschaftlichen Betrieb der Anstalt aufrecht erhielten. Deshalb bemühte sich der Landeshauptmann beim Reichskommissar für das besetzte Rheinland in Koblenz um die Überweisung von Jugendlichen nach Brauweiler. Er setzte dabei seine Hoffnung auf die von den Amerikanern in ihrer Zone eingerichteten Sondergerichte gegen jugendliche Landstreicher. Der Reichskommissar beschied das Ansinnen aber abschlägig, da die jugendlichen Landstreicher zu Gefängnisstrafen verurteilt würden.[57]

Dieses Bemühen um jugendliche Korrigenden zwischen 18 und 25 Jahren wurde von der Anstaltsleitung seit 1925 wieder aufgenommen. Zum einen glaubte man, daß bei dieser Altersgruppe die erzieherischen Bemühungen von Erfolg gekrönt sein könnten,[58] zum anderen gab es ökonomische Motive. Direktor Scheidges beklagte sich 1932, daß die Gerichte nach dem Ersten Weltkrieg überwiegend alte Bettler und Landstreicher an das Arbeitshaus überwiesen hätten, „richtiger wäre es, wenn vorwiegend die jüngeren Elemente der erziehlichen Einwirkung im Arbeitshaus unterworfen würden,

---

55 ALVR 13076, Bl. 103, Bl. 111, Bl. 178, Bl. 183.
56 ALVR 17364.
57 ALVR 8219, Bl. 56, Bl. 59.
58 Albert Bosse: Jugendhaus Freimersdorf. S. 190.

weil... die verhältnismäßig kostspieligen und wertvollen Einrichtungen so besser genützt werden können".[59]

Diese ökonomischen Gründe müssen für Scheidges die entscheidenden gewesen sein, denn er forderte nicht nur, Jugendliche nach Brauweiler zu schicken, die den Erziehungsbemühungen zugänglich erschienen, sondern auch anscheinend hoffnungslose Fälle, „da es m.E. für den erkennenden Richter sehr schwierig ist, aufgrund des unzureichenden Materials und der kurzen Verhandlung mit Sicherheit ein Urteil abzugeben, ob eine Person erzieherischer Einwirkung gänzlich unzugänglich ist, so würde ich es für richtig halten, wenn man alle erfaßt und überweist".[60]

Im Herbst 1932 wurde die neue Abteilung als „Jugendhaus Freimersdorf" eröffnet. Nach der Klassifizierung der Heimerziehung durch den Oberpräsidenten galt das Jugendhaus Freimersdorf als „Sonderheim für Bewährungsfälle für schulentlassene Jungen". Zu dieser gleichen Kategorie zählte auch das spätere nationalsozialistische „Jugendschutzlager" Moringen.

Während des Krieges eröffnete man in Brauweiler dann noch die Abteilung „Provinzial Erziehungsheim Dansweilerhof". Diese galt als „Normalheim für schulentlassene Jungen".[61]

Die zwischen 18 und 25 Jahre alten Jugendlichen des Jugendhauses Freimersdorf waren im Erdgeschoß des dreigeschossigen Zellentraktes untergebracht. Hier standen in der Regel Einzelzellen zur Verfügung. Für Jugendliche, die als gebessert eingestuft wurden, gab es hier auch einige 3-Mann-Zellen, so daß insgesamt etwas mehr als 50 Jugendliche untergebracht werden konnten.

Unter gleichem Namen bestand eine entsprechende Abteilung im Frauenhaus, in der bis zu 75 weibliche Fürsorgezöglinge aufgenommen werden konnten. Für die Anstaltsleitung war diese Abteilung in den 30er Jahren das „Sorgenkind der Anstalt", da sie sich angeblich aus „sittlich verwahrlosten Mädchen und Psychopathen" zusammensetzte.[62]

Das Jugendhaus Freimersdorf war zuständig für rheinische, württembergische und badische Fürsorgezöglinge.[63]

Anstaltsleiter Scheidges hatte am Ende der Weimarer Republik bei der Werbung für die neue Abteilung noch auf den neuen Geist in der Arbeitsanstalt Brauweiler verwiesen, der sich auch in der neuen Hausordnung von 1927 widerspiegele, in der die Unterbringung nicht mehr als strenge Strafe, sondern als Erziehungsmaßnahme angesehen werde, so daß den Erziehungs-

---

59 ALVR 17364.
60 ALVR 17364.
61 ALVR 17356.
62 Albert Bosse: Jugendhaus Freimersdorf. S. 1940.
63 ALVR 13078, Bl. 114.

aufgaben auch eine viel größere Bedeutung beigemessen werde.[64] Eine solche Auffassung war natürlich im Dritten Reich verpönt. Zwar war immer noch von Erziehung die Rede, aber die jugendlichen Fürsorgezöglinge wurden wie Kriminelle behandelt: „Der Jugendliche, der nach Brauweiler kommt, hat bereits ein so gerüttelt Maß an Schuld auf sich geladen...,daß man ihn von vornherein als einen Schwererziehbaren betrachten und entsprechend behandeln muß... Während also die Fürsorgeerziehungsanstalten 'erziehen', kommt es für die Insassen des Jugendhauses Freimersdorf zunächst einzig und allein darauf an, ihnen ihren Eigenwillen und Trotz zu brechen."[65]

Die Jugendlichen blieben bis zu zwei Jahren in Brauweiler. Bei einer erneuten Einweisung konnte man auf unbestimmte Zeit in Brauweiler festgehalten werden. Bei Zöglingen, die sich noch in der Fürsorgeerziehung befanden, war eine Internierung bis zum vollendeten 19. bzw. 21. Lebensjahr möglich. Insbesondere bei süddeutschen Fürsorgezöglingen gab es die Verhängung der polizeilichen Vorbeugehaft, d.h. Bewahrungsfälle über das 21. Lebensjahr hinaus.[66]

Im Januar 1943 wurde das Jugendhaus Freimersdorf um die Unterabteilung für „minderjährige männliche Arbeitsbummelanten" erweitert. Dieses Arbeitserziehungsheim, das zunächst im Zellentrakt untergebracht war, umfaßte im August 1944 40 Jugendliche. Diese Jugendlichen kamen auf Antrag der Treuhänder der Arbeit durch Beschluß eines Amtsgerichts unter vorläufige Fürsorgeerziehung. Der Aufenthalt in Brauweiler dauerte drei bis sechs Monate. Danach wurden die Jugendlichen als „gebessert" entlassen oder in die endgültige Fürsorgeerziehung übernommen. Die Jugendlichen dieser Unterabteilung kamen aus den Oberlandesgerichtsbezirken Köln und Düsseldorf.[67]

Als Beispiel für eine solche Einweisung soll hier die Begründung des Jugendamtes Geldern für den 16jährigen Lambert Th. vom 4. Februar 1944 angeführt werden. Lambert Th. war sofort nach seiner Schulentlassung 1941 als Anlernling in eine Seidenweberei gekommen. Wegen angeblicher Rüpeleien wurde er vom Betriebsleiter verwarnt. Darauf fehlte Lambert zwei Tage unentschuldigt und fälschte zudem seine Produktionszahlen. Der Treuhänder der Arbeit beließ es zunächst bei einer Verwarnung, da Lamberts Vater als Soldat Kriegsdienst leistete. In der Zeit zwischen November 1943 und Januar 1944 fehlte Lambert noch elfmal unentschuldigt. Auf Initiative des

---

64 ALVR 17364.
65 Albert Bosse: Jugendhaus Freimersdorf. S. 190, S. 193.
66 Albert Bosse: Jugendhaus Freimersdorf. S. 191.
67 ALVR 8148a.

Betriebsobmanns und der DAF stellte dann das Jugendamt Geldern den Antrag auf Einweisung in das Arbeitserziehungsheim Freimersdorf.[68]

Am 9. Juli 1944 wurde die Arbeitserziehungsabteilung des Jugendhauses Freimersdorf im Zellentrakt zugunsten der dort schon längere Zeit untergebrachten Dienststelle der Kölner Gestapo geräumt. Neuaufnahmen sog. Arbeitsbummelanten wurden gestoppt und die bereits eingewiesenen Jugendlichen in den Erziehungsheimen Dansweilerhof, Solingen und Euskirchen untergebracht. Die entsprechende „Sonderabteilung" für weibliche Jugendliche im Frauenhaus wurde weitergeführt. Hierbei handelte es sich um weibliche Minderjährige, die als Schwererziehbare in der Regel drei Monate strafweise in Brauweiler untergebracht waren. Sie sollten nach einer Anweisung des Oberpräsidenten ein tägliches Arbeitspensum bewältigen, das bis an die Grenzen des Erlaubten im Jugendschutzgesetz gehen sollte.[69]

In der Regel wurden die jugendlichen Zöglinge je nach Vorbildung und Auftragslage den Arbeitsbetrieben der Anstalt zugeteilt. Da aber viele Jugendliche kein Handwerk erlernt hatten und weil man im Dritten Reich der Ansicht war, daß harte Arbeit das beste Erziehungsmittel sei, wurden sie in den 30er und 40er Jahren mit Vorliebe für harte körperliche Tätigkeiten eingesetzt, z.B. in der Kiesgrube, zum Lehmstechen und in der Ziegelei.

Die Behandlung folgte auch ansonsten nationalsozialistischem Geist und Erziehungsstil. Als besonders wirkungsvoll wurde daher die Betreuung der Jugendlichen durch lang gediente Hauptwachtmeister oder „alte nationalsozialistische Kämpfer, die nicht lange Federlesens" machten betrachtet. Die Leitung des Jugendhauses lag in den Händen eines „Erziehers und Sportlehrers", der aber dem für alle jugendlichen Insassen zuständigen Lehrer Schnitzler und natürlich dem Anstaltsdirektor unterstand.[70]

Zweimal pro Woche fand Unterricht statt, in welchem weltanschauliche Fragen und Themen der Innen- und Außenpolitik im Vordergrund standen.[71] Die „erzieherische und weltanschauliche Betreuung" der Jugendlichen des Arbeitserziehungshauses übernahm 1944 das Kreisschulungsamt Köln der NSDAP. Anstaltsleiter Bosse äußerte sich dazu wie folgt: „Am besten setzen Sie weltanschaulich gar keine Vorkenntnisse voraus. Wertvoll wäre mir ausserdem die Behandlung, dass für einen wahren Nationalsozialisten Gesinnung, Haltung und Leistung ausschlaggebend sind. Es können nach Veranlagung und Fähigkeiten nicht alle die gleiche Arbeit vollführen, aber

---

68 ALVR 17356.
69 ALVR 17356.
70 Albert Bosse: Jugendhaus Freimersdorf, S. 193.
71 ALVR 13078, Bl. 114f.

Abteilungen „Freimersdorf", „Dansweilerhof", „Tobruk"

wie sie das Beste zu leisten bestrebt seien, erweise ihre Gesinnung, ihre Haltung, ihre Pflichtauffassung, diese fehlt den Jungen hier".[72]

Die Jugendlichen standen dem Aufenthalt in Brauweiler natürlich in völliger Opposition gegenüber. Entsprechend groß war da auch die Ablehnung der Unterrichtsmethoden und -inhalte. Deshalb verwundert es auch nicht, daß sich während des Krieges viele Jugendliche der Anstalt zu den unter dem Sammelbegriff Edelweißpiraten bekannten oppositionellen Jugendgruppen unterschiedlichster Couleur hingezogen fühlten bzw. ihnen zuzurechnen waren. Diese Verbindung wurde noch dadurch verstärkt, daß die Arbeitsanstalt Brauweiler zentraler Inhaftierungsort für Edelweißpiraten des Kölner Raumes war.

Anfangs wurden die Edelweißpiraten direkt dem Jugendhaus Freimersdorf unterstellt. So brachte die Gestapo Köln nach einer Razzia am 25. März 1940 116 Jungen und 11 Mädchen in das Jugendhaus Freimersdorf.[73]

Im Juli 1944 wurde ein Ermittlungsverfahren gegen drei Zöglinge wegen „Betätigung im Sinne der Edelweisspiraten" eingeleitet. Die Jungen sollen zusammen mit anderen Zöglingen das Lied der Edelweißpiraten angestimmt haben: „Hohe Tannen weisen uns die Sterne, über der Isar springender Flut, liegt ein Lager der Edelweisspiraten, doch du Eisbär schützt es gut".[74]

Renitente Jugendliche behandelte man mit aller Härte. So findet sich in Zusammenhang mit der Teilauflösung der Anstalt im September 1944 die Angabe des Anstaltsleiters, daß 21 Jugendliche in das Jugendkonzentrationslager Moringen abtransportiert wurden, weil in Anbetracht der militärischen Lage die „unsicheren asozialen Elemente" ins Reichsinnere verlegt werden sollten.[75] Der noch erhaltene Transportschein zeigt, daß am 22. September 1944 vier Aufseher der Anstalt 21 namentlich aufgeführte Fürsorgezöglinge per Bahn nach Moringen gebracht haben.[76]

Provinzial-Erziehungsheim Dansweilerhof

Am 15. April 1942 wurde in der rechten Hälfte des Bewahrungshauses (Trinkerheilstätte) das Erziehungsheim Dansweilerhof eröffnet. Zunächst waren es 60 Zöglinge aus Solingen und 24 aus Johannisburg im Emsland. Es waren schulentlassene Jungen bis zum 18. Lebensjahr, von denen man sich - im Gegensatz zu den Jugendlichen im Jugendhaus Freimersdorf - eine rasche Wiedereingliederung in die Gesellschaft erhoffte.[77] Dieses „Normalerzie-

---

72 ALVR 17356: Brief des Anstaltsleiters an den Kreisbeauftragten des Kreisschulungsamtes der NSDAP.
73 ALVR 13121, Bl. 80.
74 ALVR 17356.
75 ALVR 8148a.
76 ALVR 17356.
77 ALVR 13121, Bl. 220, Bl. 254.

Abteilungen „Freimersdorf", „Dansweilerhof", „Tobruk"

Geheime Staatspolizei
Staatspolizeistelle Köln

B.-Nr. IV 1 b (alt IV B 3) - 75/44
Bitte in der Antwort vorstehendes Geschäftszeichen und Datum angeben.

Köln, den 14. Juli 1944
Appellhofplatz 23/25
Fernsprecher: Nr.

[Eingangsstempel:] Arbeitsanstalt Brauweiler
Eing. 18. JULI 1944
Nr.

An den
Herrn Leiter der Prov.-Arbeitsanstalt Brauweiler

in B r a u w e i l e r

Betrifft: Ermittlungsverfahren gegen die Fürsorgezöglinge Günther B——, Johann ———— und Karl T———— wegen Betätigung im Sinne der Edelweisspiraten und staatsfeindlicher Beschriftung.

Vorgang: Dort bekannt.

Die Ermittlungen haben ergeben, daß die Fürsorgezöglinge der Arbeitsanstalt Brauweiler

1.) Günter B————,
2.) Johann M————,
3.) Karl T————

im Sommer und um die Weihnachtszeit 1943 als Zöglinge der Provinzialarbeitsanstalt in Gemeinschaft mit anderen Zöglingen ausserhalb der Arbeitszeit in einem Saal der Anstalt nachfolgendes Lied gesungen haben:

"Hohe Tannen weisen uns die Sterne
über der Isar springender Flut,
liegt ein Lager der Edelweisspiraten,
doch Du Eisbär schützt es gut".

Nach eigenen Angaben waren den Beschuldigten die Bestrebungen der Edelweisspiraten aus anderen Zusammenhängen bekannt. Es kam ihnen offensichtlich bei der Umstellung des Textes auf "Edelweisspiraten" darauf an, ihre oppositionelle Einstellung zum Ausdruck zu bringen. Wie festgestellt werden konnte, sind von anderen Zöglingen zu anderer Zeit weitere sogenannte Edelweisspiratenlieder gesungen worden, in denen die Edelweisspiraten verherrlicht werden.

Dem Zögling Karl T———— konnte mit Sicherheit nicht nachgewiesen werden, daß er die fragliche staatsfeindliche Beschriftung an der Closettür der Buchbinderei der Anstalt angebracht hat.

Ich habe den Ermittlungsvorgang dem Amtsgericht -

Schreiben der Gestapo Köln zum Ermittlungsverfahren gegen Fürsorgezöglinge in der Provinzial-Arbeitsanstalt Brauweiler, die das verbotene Lied der Edelweißpiraten gesungen haben sollen (ALVR)

Abteilungen „Freimersdorf", „Dansweilerhof", „Tobruk"

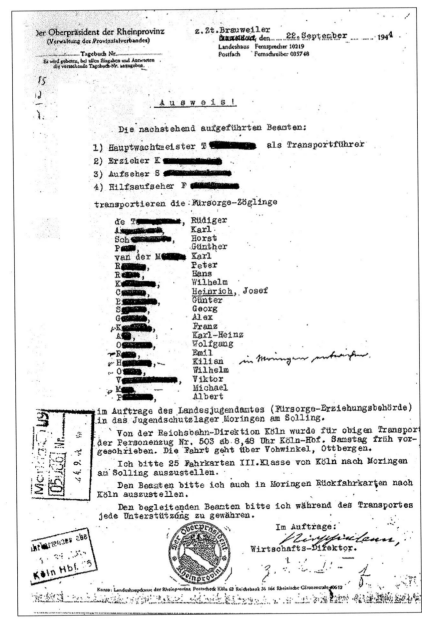

Transportschein für 21 Jugendliche aus der Arbeitsanstalt in das «Jugendschutzlager» Moringen (ALVR)

Abteilungen „Freimersdorf", „Dansweilerhof", „Tobruk"

hungsheim" war nur für rheinische Fürsorgezöglinge vorgesehen und konnte maximal 250 Jugendliche aufnehmen. In der Regel belief sich die Zahl auf ca. 200. Zur Errichtung dieser Abteilung war es als Folge des Kriegsverlaufs gekommen. Mit zunehmender Kriegslänge und den damit einhergehenden Bombenangriffen war es zu einer Verwahrlosung von Jugendlichen gekommen.[78]

Die Jugendlichen des Dansweilerhofes nahmen jahrgangsweise an nationalsozialistischen Wehrertüchtigungslagern teil. 1942 waren 143 WE-Lager entstanden. Die Jugendlichen wurden dabei von „Erziehern" und „Aufsehern" aus Brauweiler in die WE-Lager Adenau und Arsbeck begleitet.[79] Hier wurden sie von fronterfahrenen Offizieren und Soldaten in vormilitärischer Weise geschult. Ein Tagesablauf im WE-Lager Adenau sah in der Regel so aus:

6.00 Wecken, anschließend Waschen, Stubendienst und Frühstück
7.45 Flaggenparade, dann bis 12.00 Unterricht oder Geländedienst
12.30 Mittagessen
13.30 - 18.00 Ausbildung am Gewehr etc.
18.20 Flaggenparade, Bekanntgabe der Tagesereignisse und Nachrichten
18.45 Abendbrot, anschließend Unterricht, Singen, Kleiderinstandsetzen
21.30 Zapfenstreich

Dieser Tagesablauf war für die meisten Jugendlichen natürlich wesentlich attraktiver als der mit harter körperlicher Arbeit versehene Tag in der Arbeitsanstalt Brauweiler. So ist es auch nicht verwunderlich, daß die Jugendlichen in den Wehrertüchtigungslagern Zutrauen zu den Ausbildern gewannen und sich bei den Wehrmachtsoffizieren über die Behandlung in Brauweiler beschwerten.[80] Auch der von Anstaltsleiter Bosse festgestellte Wunsch vieler Jugendlicher, nach einem WE-Lager möglichst rasch zum Reichsarbeitsdienst oder zur Wehrmacht eingezogen zu werden, kann vor dem Hintergrund des Aufenthalts in Brauweiler nicht überraschen.[81]

Mit dem Kriegsende stellten auch die Abteilungen Jugendhaus Freimersdorf und Dansweilerhof ihren Betrieb ein. Die männlichen und weiblichen Jugendlichen beider Abteilungen wurden in der Nacht vom 2. auf den 3. März 1945 nach Solingen und Düsseldorf gebracht.[82]

---

78 Josef Wißkirchen: Stadt Pulheim. S. 120.
79 ALVR 8148a. ALVR 17356.
80 ALVR 17356.
81 ALVR 8148a: Brief des Direktors an den Oberpräsidenten der Rheinprovinz vom 25. September 1943.
82 ALVR 13076, Bl. 126.

Abteilungen „Freimersdorf", „Dansweilerhof", „Tobruk"

Die Bezeichnungen Freimersdorf und Dansweilerhof nach dem Zweiten Weltkrieg

Im Jahre 1950 gingen die Anstaltsgebäude in die Verwaltung des nordrheinwestfälischen Sozialministeriums über. Damit stellte sich auch die Frage nach den Bezeichnungen für einzelne Abteilungen. Bereits im Vorfeld der Wiedereröffnung der Arbeitsanstalt hatte es wegen der Bezeichnungen heftigen Streit gegeben. Die katholische Kirchengemeinde Brauweiler hatte in einem Brief vom 7. September 1949 an den Sozialminister des Landes gegen die Verwendung der Bezeichnung „Dansweiler Hof" protestiert. Man forderte vielmehr, Teile der ehemaligen Klosteranlage mit der Kirche zu einem großen Jugenddorf zu vereinigen.[83]

Die Voraussetzungen für ein Anknüpfen an Traditionen waren allerdings schon 1947 gelegt worden. Innerhalb des DP-Lagers befanden sich nämlich seit Mai 1947 25 Fürsorgezöglinge des Provinzial-Erziehungsheims Fichtenhain bei Krefeld. Diese 18-21jährigen Jugendlichen führten zusammen mit ehemaligen Beamten der Arbeitsanstalt die Gärtnerei und den Gutshof der Anstalt weiter.[84] Im Februar 1950 schlug der erste Leiter der Nachkriegsanstalt, Corsten, dem Sozialministerium die Aufnahme von weiteren 40 schwererziehbaren Jungen (18-21 Jahre) im linken Flügel des ehemaligen Provinzial-Erziehungsheims Dansweilerhof vor. Im rechten Flügel und im Mittelteil sollten dann zu einem späteren Zeitpunkt jüngere Fürsorgezöglinge untergebracht werden.[85]

Seit Sommer 1950 gab es in der Arbeitsanstalt eine Abteilung mit der Bezeichnung „Provinzial Jugendheim Dansweilerhof", seit 1951 lautete die offizielle Anschrift „Provinzial Erziehungsheim Dansweilerhof, Freimersdorf bei Köln".[86] Die Gemeinde Brauweiler beschwerte sich beim Sozialministerium über die Verwendung von Ortsnamen für Abteilungen der Arbeitsanstalt, da damit u.a. gegen das Ortsnamensrecht verstoßen werde.[87] Das Sozialministerium stellte sich dagegen auf den Standpunkt, daß die seit mindestens 1910 geduldete Praxis der Namensgebung nun eine Art Gewohnheitsrecht sei, und daß man bestimmte Mädchen und Frauen nur dann zu einer freiwilligen Therapie in die Anstalt bekäme, wenn der Name Brauweiler in keinen Papieren auftauche.[88]

Mit der Übernahme der Arbeitsanstalt durch den Landschaftsverband im Jahre 1953 änderte sich im Jahre 1954 die Bezeichnung für die Arbeitsanstalt,

---

83 ALVR 13077, Bl. 127.
84 ALVR 17357.
85 ALVR 13077, Bl. 159.
86 ALVR 17357.
87 ALVR 13077, Bl. 238.
88 ALVR 13077, Bl. 241.

aber auch für die Abteilung Dansweilerhof, die nun den offiziellen Namen „Rheinisches Landeserziehungsheim Dansweilerhof" trug.[89]

Dieses Haus beherbergte bis zur Mitte der 50er Jahre ca. 150 schwererziehbare Jugendliche, die durch die Fürsorgeerziehungsbehörde eingewiesen worden waren und für andere Erziehungsanstalten nicht tragbar waren.[90] Aus pädagogischen Gründen verringerte man dann die Zahl der Zöglinge auf 100 bis 110.[91]

Das Heim war unterteilt in sechs Gruppen, zu denen auch eine Bewahrungsgruppe und eine geschlossene Gruppe zählten. Im Haus und mit den Jugendlichen wurden folgende Tätigkeiten wahrgenommen: Arbeit in den Arbeitsbetrieben, handwerkliche Lehr- und Anlernausbildung, Seelsorge, jugendpflegerische und sportliche Betreuung sowie freiwillige Erziehungshilfe.[92]

Die Probleme der Fürsorgeerziehung von schwererziehbaren Jugendlichen mögen zwei Einzelfälle aus den 50er Jahren verdeutlichen. Am 20. Juli 1955 ermordete ein 17jähriger Fürsorgezögling die Frau des Jugendpflegers Richard Sch. Der Jugendpfleger war im Dansweilerhof beschäftigt und hatte den Zögling in seinem Privathaus zur Betreuung aufgenommen.[93]

Die Kölnische Rundschau berichtete am 9. Dezember 1959 von einer Gerichtsverhandlung wegen eines Massenausbruchs aus der Abteilung Dansweilerhof im Sommer 1959. Die Angeklagten kommentierten ihr Handeln mit den Worten: „Lieber zwei Jahre Siegburg [Vollzugsanstalt] als ein Jahr Brauweiler".[94]

Auch die Bezeichnung Freimersdorf wurde nach dem Zweiten Weltkrieg weiter benutzt. Wie bereits an anderer Stelle erwähnt, behielt die Trinkerheilstätte diesen Namen. Zudem trug das Frauenheim diese Bezeichnung. Im Frauenheim Freimersdorf waren sog. Stadtstreicherinnen über 18 Jahre untergebracht, die zudem wegen Geschlechtskrankheiten behandelt werden mußten. Um diesem Personenkreis die Möglichkeit zu geben, in ein geordnetes Leben zurückzukehren, wurde in enger Kooperation zwischen Justiz und Fürsorgestellen die Möglichkeit geschaffen, daß die Strafrichter Haftstrafen aussetzten, wenn sich die Verurteilte zu einem freiwilligen Auf-

---

89 ALVR 13077, Bl. 260. Der Landschaftsverband Rheinland - Ein Handbuch mit dem Bericht der Verwaltung über den Zeitraum der Gründung bis zum 31. März 1958. S. 245.
90 ALVR 13077: Kurzbericht über das Referat von Direktor Corsten: „Von der Arbeitsanstalt zur Arbeitserziehungsanstalt" vom 29. März 1954.
91 ALVR 21078.
92 Der Landschaftsverband Rheinland. - Ein Handbuch mit dem Bericht der Verwaltung über den Zeitraum der Gründung bis zum 31. März 1958. S. 244f.
93 ALVR 15110: Kölner Stadtanzeiger, KL Nr. 282 vom 5. Dezember 1957.
94 ALVR 15110: Kölnische Rundschau vom 9. Dezember 1959.

Abteilungen „Freimersdorf", „Dansweilerhof", „Tobruk"

enthalt von einem Jahr in Brauweiler bereit erklärte. Da sich unter diesen Frauen vielfach auch Schwangere befanden, besaß diese Abteilung seit 1951 auch eine Säuglingsstation. Im Jahre 1954 waren 52 Mädchen und Frauen im Frauenheim Freimersdorf und 22 Säuglinge und Kinder untergebracht.[95]

Außerdem trug das in der Arbeitsanstalt untergebrachte Altersheim den Namen Freimersdorf. Ein solches Alters- und Pflegeheim hatte die Anstalt immer besessen. Es diente der Aufnahme ehemaliger Korrigenden, die sich in einem anderen Altersheim nicht wohlfühlten oder nicht unterkamen. Da die Unterbringung auf freiwilliger Basis geschah, war es das einzige offene Heim der Anstalt. Die Insassen konnten zudem durch freiwillige Tätigkeiten in den Arbeitsbetrieben kleinere Arbeitsprämien erwerben. Die Unterbringungskosten trugen die Fürsorgeverbände.[96]

---

[95] ALVR 13077: Kurzbericht über das Referat von Direktor Corsten: „Von der Arbeitsanstalt zur Arbeitserziehungsanstalt" vom 29. März 1954.
[96] ALVR 13077: Kurzbericht.

Das Strafgefängnis Brauweiler

Zu den vielfältigen Nutzungen der Gebäude der Arbeitsanstalt Brauweiler im Laufe ihrer Geschichte zählt auch der Gebrauch des sog. Zellentraktes und des Bewahrungshauses als Strafgefängnis in der Zeit der Weimarer Republik.

Infolge des Rückgangs der Zahl männlicher Korrigenden bis zum Ende des Ersten Weltkrieges wegen zahlreicher Einberufungen zum Militärdienst sowie durch den Rückgang der Belegung nach Kriegsende bis Ende 1919 wegen der Belegung der Anstalt mit englischen Besatzungstruppen stellte sich für die Anstaltsleitung die Frage von Versetzungen und des Stellenabbaus des Personals. Dieses Problem wurde im Frühjahr 1920 um so dringlicher, da die „Fürsorge-Erziehungsanstalt-Freimersdorf" aufgelöst wurde.

Anstaltsleiter von Jarotzky bemühte sich deshalb um eine anderweitige Nutzung der Gebäude. Hierbei kam ihm die damalige Raumnot der rheinischen Gefängnisse entgegen.

Der Kölner Oberstaatsanwalt beschrieb diese Hintergründe in einem Brief an den Landeshauptmann der Rheinprovinz am 21. Mai 1920: „Infolge der Zunahme der Kriminalität und infolge der Anforderungen der Besatzungsbehörden sind alle Strafanstalten des Bezirks in einer bedrohlichen Weise überfüllt."[1]

Beide Seiten - Arbeitsanstalt und Justizverwaltung - faßten zunächst nur den 1913 nach dem panoptischen System fertiggestellten Zellenbau als geeignete Unterbringungsmöglichkeit ins Auge. Er umfaßte 149 Einzelzellen, fünf Arbeitssäle, einen Schulraum, eine Badeanstalt sowie Arzt-, Besucher- und Verhörzimmer. Zudem war der Hofraum mit einer Mauer umgeben und grenzte somit das Gefängnis von anderen Gebäuden ab.[2]

Die Vertragsverhandlungen zwischen beiden Parteien zogen sich allerdings über eine längere Zeit hin, da man sich nicht auf die von der preußischen Justizverwaltung an die Provinzialverwaltung der Rheinprovinz zu

---

1 ALVR 8214, Bl. 9.
2 ALVR 8214, Bl. 7f.

zahlenden Tagesgeldsätze einigen konnte. Ein unter Vorbehalt im Frühjahr 1920 abgeschlossener Vertrag ermöglichte allerdings der Justizverwaltung die Nutzung ab dem 1. August 1920. In diesem Vertragswerk hatte man aber auch die Bereitstellung des Bewahrungshauses als Gefängnis vereinbart, so daß sich die Zahl der Gefängnisplätze von 149 auf ca. 400 bis 500 erhöhte.

Somit ordnete am 27. Juli 1920 der Landeshauptmann die Räumung des Bewahrungshauses an. Die noch verbliebenen 49 Kranken des Bewahrungshauses wurden am 18. August 1920 in die für Geisteskranke zuständige Pflegeanstalt in Düren verlegt.

Das „Strafgefängnis Brauweiler" bestand seit dieser Zeit aus dem Zellenbau („Strafgefängnis A") und dem Bewahrungshaus („Strafgefängnis B"). Das selbständige Gefängnis Brauweiler wurde der Provinzialverwaltung unterstellt, somit wurde der Direktor der Arbeitsanstalt Leiter beider Gefängnisabteilungen. Diese Tätigkeit wurde besoldungsmäßig als nebenamtlich eingestuft.

In das Strafgefängnis wurden Personen aufgenommen, die älter als 21 Jahre waren und eine Strafe von mehr als sechs Monaten zu verbüßen hatten. Sie trugen die gleiche Anstaltskleidung wie die Korrigenden der Arbeitsanstalt, allerdings durch ein besonderes Zeichen am linken Oberärmel von diesen abgehoben. Die in Einzelhaft einsitzenden Gefangenen wurden in der Druckerei, Schreinerei und Schusterei der Anstalt beschäftigt. Die Gefangenen aus dem Strafgefängnis B verrichten zudem Tätigkeiten in der Weberei und im Gutshof der Anstalt sowie bei Außenkommandos.[3]

Im Frühjahr 1922 waren 72 Strafgefangene mit Außenarbeiten beschäftigt: 12 bei Landzusammenlegungsarbeiten, 48 bei landwirtschaftlichen Arbeiten und 12 in der Sandgrube der Gemeinde. Für den Sommer 1922 plante Anstaltsleiter und Gefängnisdirektor von Jarotzky den Einsatz von 24 Gefangenen auf dem Meliorationsgelände der Rheinprovinz in der Eifel.[4]

Das Verhältnis zwischen Korrigenden und Strafgefangenen scheint nicht ganz reibungslos gewesen zu sein. Die Gefangenen, die zumeist wegen Eigentumsdelikten inhaftiert waren, zeigten nach Aussage von Jarotzkys den Korrigenden gegenüber ein Überheblichkeitsverhalten. Allerdings schätzte von Jarotzky die Korrigenden, denn sie seien wesentlich arbeitsamer als die Gefangenen. Bei letzteren würde die maximal mögliche Arbeitsentlohnung von 1,50 Mark pro Tag nur von 15% erreicht, bei den Korrigenden sei die

---

3 ALVR 8214, Bl. 7, 21, 44, 69, 231.
4 ALVR 8291: Vortrag von Jarotzkys vor dem Gefängniskursus der Justizverwaltung am 9. April 1922.

Strafgefängnis Brauweiler

Zellentrakt, sog. «Strafgefängnis A», erbaut 1911/13

Bewahrungshaus, sog. «Strafgefängnis B», erbaut 1906/08

Strafgefängnis Brauweiler

Rate wesentlich höher. Außerdem übten die Korrigenden in der Regel einen positiven Einfluß auf die Gefangenen aus.[5]

Ähnlich wie bei den Korrigenden der Arbeitsanstalt kam es auch bei den Insassen des Strafgefängnisses in den 20er Jahren wegen des schlechten Essens häufiger zum Protest. So verweigerten im November 1921 die Strafgefangenen die Arbeit - „Mehlsuppe mit Mehlwürmern" sei in Brauweiler das Standardgericht, so lautete der Vorwurf von 85 Insassen des Strafgefängnisses B. Die Vorwürfe scheinen nicht unberechtigt gewesen zu sein, denn Anstaltsleiter von Jarotzky schloß durch Vermittlung von Anstaltspfarrer Willems mit den protestierenden Gefangenen einen Kompromiß: Beendigung der Arbeitsverweigerung und Straffreiheit für diese Aktion sowie Zulagen beim Abendessen als Gegenleistung.[6]

Gefängnisdirektor von Jarotzky rechtfertigte sein Verhalten u.a. damit, daß es im „Bewahrungshaus" ein Raumproblem gäbe, denn dieses sei ursprünglich nur für 60 Personen konzipiert gewesen, und jetzt seien 240 Gefangene dort untergebracht.[7]

Im Herbst des Jahres 1921 war das Strafgefängnis Brauweiler aber nicht nur wegen des Essens ins Gerede gekommen. Die kommunistische Zeitung „Sozialistische Republik" veröffentlichte Beschwerden über die Behandlung der Insassen des Strafgefängnisses. Einerseits war das Essen Anlaß der Kritik, andererseits die schikanöse Behandlung durch betrunkene Oberaufseher sowie das Vorenthalten kommunistischer Zeitungen wie die „Sozialistische Republik" und die „Bergische Arbeiterstimme" und deren Unbrauchbarmachung, indem man sie zu „Klosettpapier" verarbeitete.[8]

Am 1. Februar und am 21. März 1921 war das noch nicht endgültig unterschriebene Vertragswerk schließlich von beiden Seiten endgültig akzeptiert worden. Man hatte sich auf eine tägliche Aufwandsentschädigung von 15 Mark pro Häftling am Tag geeinigt. Die zunehmende Inflationsrate machte allerdings bald Korrekturen erforderlich, so daß es zu mehreren Nachtragsverträgen kam, die letztlich aber auch dazu beitrugen, daß es am 7. Juni 1924 zur endgültigen Vertragsauflösung kam.[9] Bereits seit Februar 1923 hatte die Provinzialverwaltung nur noch den Zellentrakt als Gefängnis zur Verfügung gestellt, und das Strafgefängnis B war somit aufgelöst. Für das Strafgefängnis A kam das endgültige Ende am 30. Oktober 1925. Der Zellenbau wurde nun von der Frauenabteilung der Arbeitsanstalt als Schlafhaus genutzt. Somit

---

5 ALVR 8291: Vortrag von Jarotzkys vor dem Gefängniskursus der Justizverwaltung am 9. April 1922.
6 ALVR 8214, Bl. 234.
7 ALVR 8214, Bl. 230.
8 ALVR 8214, Bl. 202.
9 ALVR 8214, Bl. 361.

konnte man die Eisenkojen im Speicherbereich des Frauenhauses aufgeben. In das Bewahrungshaus war bereits ab 1923 die „Abteilung für entmündigte Trinker und säumige Nährpflichtige" eingezogen, die bis dahin im ehemaligen Lazarett untergebracht war.[10]

Blick in die Küche der Arbeitsanstalt, um 1905

---

10 ALVR 8147: Verwaltungsbericht 1925/26.

Männerschule in der Provinzial-Arbeitsanstalt, um 1905

Knabenschule des Fürsorge-Erziehungshauses Freimersdorf, um 1905

Erziehungswesen in der Anstalt

Kinder und Unterricht im Bettlerdepot

Trotz aller restaurativen Bemühungen in der Zeit des Direktoriums und in der napoleonischen Ära, hatte sich - zumindest theoretisch - die Ansicht der Französischen Revolution erhalten, daß Unterricht ein „Bedürfnis aller Menschen" sei und deshalb die Gesellschaft verpflichtet sei, den Fortschritt der allgemeinen Vernunft voranzutreiben „und die Bildung allen Citoyens zugänglich zu machen".[1] Das bedeutete, daß in staatlichen Anstalten, wie z.B. in Bettlerdepots, Schulunterricht obligatorisch war und der „technische Unterricht" gleichwertig neben den geistigen Kulturtechniken bestand. Dies war für die Brauweiler Anstalt in französischer Zeit umso bedeutsamer, da von den ca. 650 Insassen etwa 300 Kinder waren, und außerhalb der Anstalt während der gesamten Besatzungszeit das Elementar- und das Primarschulwesen keine große Beachtung und Förderung erfuhren.[2]

Für diese Kinder sollte die Anstalt eine Art Lehrwerkstatt darstellen. Sie wurden deshalb einzelnen Arbeitern zugeordnet. Für die Arbeitsaufträge der Kinder wurde keine feste Zeit vorgegeben. Zudem erhielten Mädchen und Jungen - jeweils abwechselnd - zu festgesetzten Zeiten Unterricht in den Fächern Lesen, Schreiben, Rechnen. Zweimal in der Woche nahm der Anstaltsgeistliche noch eine moralische und religiöse Unterweisung vor, die durch den sonntäglichen Katechismusunterricht ergänzt wurde.[3]

Erziehung und Ausbildung in preußischer Zeit und im Kaiserreich

Eine wichtige Voraussetzung für eine erfolgreiche Resozialisierung von Arbeitshäuslern und Fürsorgezöglingen war Bildung bzw. Weiterbildung. Diesem Ziel hatte sich das Arbeitshaus mit seinen vielen Werkstätten auch verschrieben. Neben der beruflichen Bildung zählte dazu in besonderem Maße die schulische Bildung. Vor allem dann, wenn die Arbeitshäusler

---

1 Albert Soboul, S. 564.
2 Sabine Graumann: Französische Verwaltung, S. 56.
3 Baron Jean Charles François de Ladoucette, S. 115f.

Erziehungswesen in der Anstalt

Analphabeten waren bzw. auch in höherem Alter über keine schulischen Grundkenntnisse verfügten, was im 19. Jahrhundert nicht selten war.

Der Schulunterricht in Arbeitshäusern, was Lerninhalte und Methoden anbelangt, war in der Regel Abbild der öffentlichen Schulen und auch Spiegelbild gesellschaftlicher Zielvorstellungen. Besonders problematisch war natürlich, daß die Anstaltsschüler in der Regel besonders verhaltensauffällig waren und die Atmosphäre eines Arbeitshauses nicht gerade das Lernklima förderte.

Die Arbeitsanstalt beherbergte von Anfang an zahlreiche Jugendliche und Kinder. Daran änderten auch Gesetze und Erlasse über die Zweckbestimmung der Brauweiler Anstalt nichts. So war durch den Landtagsabschied vom 15. Juli 1829 nochmals die ursprüngliche Zweckbestimmung der Anstalt festgelegt worden: „daß diese Anstalt ausschließlich zur Aufnahme und Correction der ... Bettler, so wie hiernächst zur Unterbringung der von den Gerichten zur Einlieferung in das Institut verurtheilten Landstreicher bestimmt" war.[4]

Dagegen waren jugendliche Straftäter sowohl vor 1829 als auch nachher in größerem Umfang in der Anstalt untergebracht und damit ergab sich zwangsläufig die Erfordernis, Elementar-Unterricht durchzuführen. Als solchen bezeichnet man die vom Staat Anfang des 19. Jahrhunderts propagierte „volkstümliche Bildung" in niederen Volksschulen, bei der es vor allem auf die Vermittlung von Grundkenntnissen in den Kulturtechniken Rechnen, Lesen, Schreiben ankam sowie auf die Erziehung zur Frömmigkeit, Gottesfurcht und christlichen Demut, gepaart mit dem Gehorsam gegenüber der Obrigkeit.[5]

Dabei hatte eine geschlossene Anstalt gegenüber anderen Elementarschulen, insbesondere im ländlichen Raum, in der ersten Hälfte des 19. Jahrhunderts den Vorteil, den der Bevölkerung obskuren Schulzwang nicht erst durchsetzen zu müssen. Zudem förderten die militärischen Umgangsformen in der Anstalt die Bedeutung des Erziehungsziels, die Jugendlichen in Demut vor der Obrigkeit zu erziehen.

So genossen im Jahre 1826 die 148 Kinder (116 Jungen und 32 Mädchen) sowie die über sechzehn Jahre alten Jugendlichen einen Elementarunterricht, der paramilitärisch geprägt war und über dessen Erfolge sich der damalige Anstaltsleiter Ristelhueber voller Lob äußerte: „Die Knaben werden ... in militairischen Marsch-Uebungen geübt und hierdurch zum künftigen Soldatenstand vorbereitet. Eine solche Vorbereitung würde auch bei jeder anderen Erziehungs-Anstalt von großem Nutzen seyn...In den Schuljahren hierzu

---

[4] ALVR 1190: Bericht des fünften Ausschusses über die Schulangelegenheiten in der Arbeitsanstalt zu Brauweiler. Düsseldorf 1862, S. 3.
[5] Helena Mörsdorf, S. 189.

vorbereitet, würde dieses Geschäft später beiden Theilen, dem Instruktor und Rekruten, leichter werden, manche Qual beseitigt, und der Unterricht überhaupt weit schneller von Statten gehen."[6]

Auf dem Stundenplan fanden sich folgende Fächer: Religionslehre, Syllabieren (in Silben sprechen), Lesen, vaterländische Geschichte, Rechnen, Schreiben, Zeichnen und Gesang.[7] Die Schüler der Anstalt waren auf drei Klassen verteilt. Da die Alphabetisierungsrate der erwachsenen Korrigenden durchschnittlich bei 10% lag, bildeten ältere Jugendliche und junge Erwachsene eine gesonderte, weitere Klasse (sog. Übergangsklasse).

Die Jungen und Mädchen wurden zunächst von zwei männlichen Lehrkräften und einer Lehrerin sowie dem katholischen und evangelischen Anstaltsgeistlichen unterrichtet. Die 5-16jährigen Schüler erhielten täglich 7 Unterrichtsstunden und 6 Wochenstunden Religion. Im Unterricht der Mädchen standen Lesen und Handarbeiten im Vordergrund. In jedem Jahr nahm ein Schulkommissar die Schulprüfung ab.[8]

Für alle Beteiligten verbesserte sich in den 50er Jahren die Schulsituation der Anstalt. Die jugendlichen Korrigenden wurden den Erziehungsanstalten Steinfeld und Boppard überwiesen, so daß Anfang der 60er Jahre nur noch 40 Schüler vorhanden waren.[9] In diesem Zusammenhang setzte sich der Provinzialausschuß in einer lebhaften Diskussion mit der Frage auseinander, ob die verbliebenen katholischen Mädchen nicht zusammen mit den zwei protestantischen Mädchen von der evangelischen Lehrerin unterrichtet werden könnten. Schließlich bewilligte der Ausschuß die Anstellung einer weiteren, katholischen, Lehrerin.[10]

Das am 1. August 1856 eingerichtete eigene Erziehungshaus für jugendliche Korrigenden und die geringe Schülerzahl verbesserten das Unterrichtsniveau so sehr, daß es mit dem der zwei Brauweiler Elementarschulen vergleichbar war. Der Wochenunterricht wurde noch ergänzt durch sonntäglichen Gesang- und Instrumentalunterricht.[11] Der Vergleich mit Schulen außerhalb der Anstalt war nicht überzogen, dies belegen die Zahlen über die bestandenen Gesellenprüfungen der Anstaltszöglinge im Jahr 1859: 6 Schuhmacher, 5 Buchbinder und 1 Schneider.[12] Hierzu war sicherlich auch eine

---

6 Ristelhueber, S. 86f.
7 Ristelhueber, S. 67.
8 Ristelhueber, S. 86f.
9 ALVR 1190: Bericht des 5. Ausschusses über Schulangelegenheiten in der Arbeitsanstalt zu Brauweiler. Dezember 1862.
10 ALVR 1190: Protokoll der Sitzung des fünften Provinzialausschusses des Rheinischen Provinzial-Landtags von 1860.
11 ALVR 1190: Übersicht der Verwaltungsresultate der Provinzial-Arbeits-Anstalt in Brauweiler für die Jahre 1858 und 1859, Köln 1860.
12 ALVR 1190.

gute Schulausbildung eine Voraussetzung, etwas, was die Korrigenden in der Regel nicht in die Anstalt mitbrachten.

Die Jahre 1861 und 1862 brachten für die Anstalt entscheidende Veränderungen im Unterrichtswesen. Direktor Falkenberg stellte im Mai 1861 den Antrag, den Elementar-Unterricht auf alle männlichen Insassen auszuweiten. Den Hintergrund für diesen Antrag lieferte ein Erlaß des Innenministers vom 3. Juli 1860, der den Schulunterricht in Strafanstalten für erwachsene Männer vorschrieb. Diese Vorgabe wurde aber nicht automatisch auf Arbeitshäuser übertragen. Der zuständige Provinzialausschuß stand dem Begehren Falkenbergs zunächst skeptisch und ablehnend gegenüber, da wegen der Verlegung Jugendlicher nach Steinfeld und Boppard Anfang der 60er Jahre nur noch wenige jugendliche Korrigenden in Brauweiler waren, und man die Anstellung eines zweiten Lehrers vermeiden wollte.[13] Deshalb versuchte man zunächst, der Entscheidung durch intensive Untersuchungen des Bildungsstandes der Korrigenden auszuweichen, weil man auch der Ansicht war, daß die weitere Beschäftigung eines zweiten Lehrers nur dazu führen würde, weiterhin jugendliche Kriminelle nach Brauweiler einzuweisen. Zudem sah man einen Elementar-Unterricht für ältere Korrigenden als wenig erfolgversprechend an, da diese nur durch Religionsunterricht zu bessern seien und dieser könne durch die Anstaltsgeistlichen erteilt werden.[14]

Zudem vertrat der Ausschuß die Auffassung, daß es nicht Aufgabe der Anstalt sein könne, Insassen über 30 Jahre in den Fächern Schreiben und Rechnen zu unterweisen. Allenfalls die Fertigkeit des Lesens dürfe diesen Insassen vermittelt werden; die absolut Unfähigen seien aber auch dabei auszuschließen.

Der Anstaltsleiter wurde aufgefordert, zunächst Prüfungen zum Bildungsstand der Korrigenden durchzuführen, dabei sei - aus den erwähnten Gründen - bei den über 30 Jahre alten Insassen nur die Fähigkeit des Lesens zu überprüfen. Ansonsten waren die Prüfungen in den Fächern Lesen, Schreiben, Rechnen vorgesehen. Als Prüfer sollten die Geistlichen und Lehrer der Anstalt fungieren. Die Prüfungen sollten allerdings auf das „Notdürftigste" beschränkt bleiben, da „nach wie vor die Arbeit als das Haupt-Kulturmittel anzusehen" sei.[15]

Zusätzlich entsandte der Regierungspräsident als Kontrolleur den Regierungsgeistlichen und Schulrat Grashof nach Brauweiler. Dieser verfaßte am

---

13 ALVR 1190: Bericht des fünften Ausschusses über die Schulangelegenheiten in der Arbeitsanstalt Brauweiler. Der Anstaltslehrer Franz war 1861 in Pension gegangen, sein Nachfolger Viehkötter wurde am 1. Juli 1861 mit sechsmonatiger Probezeit angestellt.
14 ALVR 1190: Bericht des fünften Ausschusses über die Schulangelegenheiten in der Arbeitsanstalt Brauweiler.
15 ALVR 8291.

Erziehungswesen in der Anstalt

28. November 1861 einen Bericht für den Königlichen Regierungspräsidenten Moeller über die Schulverhältnisse in der Arbeitsanstalt Brauweiler. Dieser Bericht gibt genaue Aufschlüsse über den Bildungsstand der Anstaltsinsassen und über die Einschätzung der Bedeutung von Erziehungszielen. Grashof hatte sich für seinen Bericht am 22. November in Brauweiler aufgehalten.

An diesem Tag waren 555 Korrigenden (429 männliche, 126 weibliche) und 86 Landarme (63 männliche, 23 weibliche), d.h. zusammen 641 Korrigenden in Brauweiler untergebracht. Davon waren 492 katholisch, 141 evangelisch und 8 jüdisch. Von den 429 männlichen Korrigenden waren 67 in einem Alter bis zu 16 Jahren (Knabenklasse), 54 waren zwischen 17 und 22 Jahren (Übergangsklasse) und 308 waren älter. Bei den weiblichen Korrigenden waren 4 unter 16 Jahren, 14 zwischen 17 und 22 Jahren, 84 über 22 Jahre; der Rest bestand aus „liederlichen Dirnen", die nach Ansicht Grashofs für einen Schulunterricht sowieso nicht geeignet waren.

Für die Unterweisung der Knabenklasse hielt der Schulrat trotz des unterschiedlichen Alters und Bildungsstandes eine Lehrperson für ausreichend. Diese Lehrperson würde aber dann auch völlig von dieser Aufgabe in Anspruch genommen. Grashof setzte sich aber trotzdem für die Anstellung eines weiteren Lehrers ein und begründete es mit den Aufgaben der Anstalt. Dieser komme zwar die Aufgabe zu, auf dem Weg „strenger Zucht und Arbeit", die Häuslinge „sittlich zu bessern und zu nützlichen, fleißigen Mitgliedern der menschlichen Gesellschaft zu machen", dies könne aber nur gelingen, wenn bei den Korrigenden die entsprechende Auffassungsgabe und einfache Kenntnisse vorhanden seien, die dann die seelsorgerische Tätigkeit der Geistlichen sowie deren Belehrungen und Ermahnungen fruchtbar werden ließen. Damit der Inhalt der Bibel, der Gebete und des Gesangbuches auch haften blieben, sei ein zweiter Lehrer erforderlich. Der Schulrat verweist in diesem Zusammenhang auf den bereits erwähnten Ministererlaß von 1860 und zitiert ihn zur Stützung seiner Ausführungen mit folgendem Auszug: „Die Strafanstalten haben es im allgemeinen mit Individuen zu thun, unter denen ... eine große Unwissenheit nicht bloß in religiösen, sondern eben so in anderen für das gewöhnliche bürgerliche Leben erforderlichen Dingen, und ein so hoher, dieser Unwissenheit entsprechender Grad von Stumpfsinn und nicht minder ein so bedenklicher Mangel an dem einfachsten sittlichen Urtheilsvermögen herrscht, daß das Verbrechen in außerordentlich vielen Fällen nur als eine naturgemäße Folge dieser Verwahrlosung verstanden werden kann. Eine richtige Strafanstalts-Verwaltung muß die sittliche Erneuerung des Verbrechers ... aufs ernsteste ins Auge fassen, um den Rückfall in das Verbrechen nach Kräften zu verhüten..." Der Minister zieht daraus die Folgerung, daß Schulunterricht ein wichtiges Glied in einer Reihe von anderen Faktoren sei, der in den Anstalten der „sittlichen Erneuerung und Hebung der Gefangenen" diene. Deshalb fordert der Minister, daß alle Gefangenen, die dessen bedürfen, Grundkenntnisse in „Biblischer Geschichte" vermittelt bekommen, damit sie dann dem Katechismusunterricht oder einer Predigt folgen können. Die älteren Gefangenen benötigen einen eingeschränkten Leseunterricht, damit sie sich selbst in der Bibel oder zumindest im Gebet- und Gesangbuch zurechtfinden können. Bei den jüngeren Gefangenen, also bis zum 30. Lebensjahr, könnten frühere Schulversäumnisse noch ausgeglichen werden, deshalb seien diese Personen in den Fächern „Biblische Geschichte", „Lesen", „Schreiben" und „Rechnen" zu unterrichten.

Der Regierungsgeistliche und Schulrat Grashof fordert deshalb die Anwendung des Ministererlasses auch auf die Arbeitsanstalt Brauweiler. Dann müsse aber ein zweiter Lehrer angestellt werden, der aber evangelisch sein sollte. Letzteres begründet er mit der großen Zahl der evangelischen Korrigenden. Dieser Lehrer könne dann die evangelischen Teilnehmer der Übergangs- und Männerklasse in Biblischer Geschichte und den anderen Unterrichtsfächern und die evangelischen Jungen der Knabenklasse in Biblischer Geschichte unterweisen. Zudem sei dieser Lehrer wegen der Mithilfe im evangelischen Gottesdienst erforderlich. Nach der Ansicht Grashofs ist ein Gottesdienst nämlich nur dann erbaulich, wenn „der kirchliche Gemeindegesang die Gemüther anspricht und erhebt". Dies könne nur durch sicheres Vorsingen und durch Orgelspiel erreicht werden. Gäbe es keinen evangelischen Lehrer, der dazu in der Lage sei, müßten Mittel für die Anstellung eines eigenen Organisten aufgebracht werden.[16]

Auf der Basis dieses Gutachtens sprach sich die Verwaltungs-Kommission mehrheitlich im Dezember 1861 für die Beschäftigung zweier männlicher Lehrer aus.[17] Aber der Ausschuß des Provinzial-Landtages akzeptierte dies nur widerwillig, da die „jugendlichen Kriminellen" nach den Bestimmungen des Landtagsgesetzes von 1829 nicht in diese Anstalt gehörten, und weil die dadurch entstehenden Kosten nicht aus dem Fonds der Regierungsbezirke bezahlt würden. Somit verneinte zwar der 7. Ausschuß des Rheinischen Provinzial-Landtags die Beschäftigung eines Lehrers, konnte sich damit aber nicht durchsetzen.[18]

Damit konnte die Verfügung vom 22. Februar 1862 greifen, wonach der Schulunterricht auf die gesamte Männerabteilung auszudehnen sei. Nach dem Stundenplan von April 1862 gab es demnach neben der Knaben- und Übergangsklasse eine „Männerklasse A" für diejenigen, die noch keine 30

---

16 ALVR 8291: Bericht des Regierungsgeistlichen und Schulrates Grashof vom 28. November 1861.
17 ALVR 1190.
18 ALVR 1190.

Jahre alt waren und eine „Männerklasse B" für die, die das 30. Lebensjahr überschritten hatten. Letztere erhielten in der Woche drei Stunden Leseunterricht und eine Stunde Gesangunterricht. In der „Männerklasse A" wurden neben diesem Unterricht noch je zwei Wochenstunden in den Fächern Schreiben und Rechnen sowie eine Wochenstunde Leibeserziehung unterrichtet.[19]

In der Folgezeit erhielten auch die erwachsenen Insassen des Frauenhauses Schulunterricht. Im Jahr 1880 waren 132 Frauen verpflichtet, am Schulunterricht teilzunehmen. Das Alter lag zwischen 17 und 38 Jahren. Die wöchentliche Stundenzahl schwankte je nach dem Grad der Vorkenntnisse zwischen 4 und 20 Stunden inklusive Religionsunterricht. Jede Korrigendin erhielt Unterricht in den Fächern Lesen, Rechnen und Schreiben. Beim Eintritt in die Anstalt und bei der Entlassung wurden die Schulkenntnisse schriftlich festgehalten. Zumeist treten bei der Einweisung die Prädikate „mittelmäßig", „notdürftig" und „ungenügend" auf. Bei der Entlassung überwiegen allerdings die Klassifizierungsmerkmale „genügend", „mittelmäßig" oder „befriedigend". Nur bei der Korrigendin „van den Hoff (Nr. 30) - Alter 23" scheinen die 14 Wochenstunden ohne Erfolg gewesen zu sein. Ihre Lese- und Rechenfähigkeiten werden sowohl bei der Einlieferung als auch bei der Entlassung nach neun Monaten mit „ungenügend" bezeichnet. Die Korrigendin Anna Beiers, 21 Jahre, wurde 1880 „ohne alle Schulkenntnisse eingeliefert, nach vier Monaten zeigte der Unterricht von 20 Wochenstunden das bescheidende Ergebnis, daß Anna Beiers „ihren Namen schreiben konnte".[20]

Wegen der Zunahme von Fürsorgezöglingen trat 1901 eine Veränderung bei der Knabenklasse ein. Bis dahin waren die Zöglinge in einer Klasse an vier Nachmittagen jeweils zwei Stunden unterrichtet worden. Die Schüler waren unabhängig von ihren Vorkenntnissen in einer Klasse zusammengefaßt. Da aber jetzt die Zahl der Zöglinge auf über 50 angestiegen war, wurden zwei Klassen eingerichtet, die jeweils sieben Stunden in der Woche unterrichtet wurden.[21]

Anfang des Jahrhunderts wurde als besondere Abteilung in der Arbeitsanstalt das Fürsorgeerziehungsheim „Freimersdorf" eingerichtet. Die Leitung des Hauses lag in den Händen eines Pädagogen. Am 1. April 1908 befanden sich 119 männliche und 21 weibliche Fürsorgezöglinge in Brauweiler. Für diese existierten vier Klassen: zwei parallele Unterstufen, eine Ober- und eine Fortbildungsstufe. In einer Klasse saßen jeweils 20 bis 40 Schüler, die in

---

19 ALVR 1190: Stundenplan der Übergangs- und Männerklasse.
20 ALVR 8291: Jahresschulbericht 1880.
21 ALVR 8291: Schreiben des Anstaltsleiters Schellmann an den Landeshauptmann vom 5. Dezember 1901.

den Unterrichtsfächern der Volksschule unterrichtet wurden. Teilweise erhielten die minderjährigen Zöglinge zu ihrer Schulunterweisung eine Art Werkunterricht: Laubsäge-, Kerbschnitt-, Holzbrand- und Papparbeiten.

Besondere Aufmerksamkeit wurde dem Turnunterricht geschenkt, der im Sommer in Verbindung mit militärischen Marschübungen vor dem Schlafengehen stattfand.[22]

Parallel dazu waren ein Lehrer und eine Lehrerin für den Unterricht der Korrigenden der Arbeitsanstalt zuständig. Diese Lehrerin unterrichtete aber auch die weiblichen Fürsorgezöglinge des Erziehungshauses.[23]

Unterrichtswesen in der Weimarer Republik

Mit der Weimarer Verfassung war das Schulwesen im Vergleich zur Kaiserzeit demokratisiert worden. Die entsprechenden Artikel der Verfassung enthielten u.a. die Postulate der wissenschaftlichen Ausbildung aller Lehrer, der Einführung der politischen Bildung (Staatsbürgerkunde) und des Arbeitsunterrichts (Art. 148) sowie die Forderung nach einer Erziehung „im Geiste der Völkerverständigung" und die Festlegung der Schulpflicht bis zum 18. Lebensjahr: acht Jahre Volksschule, anschließend Berufsschule (Art. 145). Diese Verfassungsnorm deckte sich wegen der häufig zu schließenden politischen Kompromisse innerhalb der Weimarer Koalition nur zum Teil mit der Verfassungswirklichkeit, trotzdem kann die Schulpolitik der Weimarer Republik bis zur Zeit der Weltwirtschaftskrise als „begrenzt fortschrittlich" bezeichnet werden.[24]

Trotz der monarchisch-konservativen Kontinuität im Beamten- und Leitungsapparat hatten die Vorgaben der Verfassung auch Auswirkungen auf das Unterrichtswesen in der Brauweiler Anstalt. Jedoch ist festzuhalten, daß mit der Auflösung der im Ersten Weltkrieg eröffneten Zöglingsabteilung „Freimersdorf" im Jahre 1920 als Adressaten der Bildungsarbeit zu Beginn der Weimarer Republik nur jüngere Korrigenden ab dem 18. Lebensjahr in Betracht kamen. Denn die Novelle zum Reichsstrafgesetz vom 25. Juni 1900 hatte für eine Einweisung in ein Arbeitshaus das 18. Lebensjahr als untere Altersgrenze festgelegt.[25] Da aber die Schulkenntnisse der Jugendlichen zwischen 18 und 21 Jahren und auch der erwachsenen Korrigenden in der Regel nur als rudimentär zu bezeichnen waren, war es dringend erforderlich, daß auch dieser Personenkreis Schul- und Berufsschulunterricht erhielt.

In der Anstalt versprach man sich aber nur Erfolge des Unterrichts für eine Wiedereingliederung in die Gesellschaft bei Korrigenden bis zum 25.

---

22 H. von Jarotzky, S. 74f.
23 H. von Jarotzky, S. 14.
24 Krause-Vilmar, S. 34.
25 ALVR 17364.

Lebensjahr. Dieser Personenkreis wurde aber im Laufe der Weimarer Republik bis zum Beginn der 30er Jahre immer kleiner, da das Durchschnittsalter der Anstaltsbevölkerung immer höher wurde, denn die Gerichte gingen dazu über, nur noch ältere Bettler und Landstreicher der Landespolizeibehörde zum Zwecke der Einweisung in ein Arbeitshaus zu überweisen.

Deshalb bemühte sich auch die Anstaltsleitung, zu Beginn der 30er Jahre wieder eine Abteilung für Fürsorgezöglinge einzurichten.[26] Bis dahin waren andere Wege beschritten worden, so hatte man 1921 eine Anstaltsschule für jugendliche Korrigendinnen zwischen 18 und 25 Jahren eröffnet, der 1924 eine entsprechende für männliche Korrigenden gefolgt war. Bei beiden versuchte man, schulische und berufliche Bildung zu kombinieren.[27] An diesem Projekt versuchten sich die beiden Anstaltsgeistlichen, die für „sozial-ethische Fragen" zuständig waren, die Lehrerin Render und Lehrer Schnitzler.[28]

Diese Bemühungen basierten auf den vom preußischen Justizministerium erlassenen Lehr- und Stundenplänen für Gefangenenanstalten vom 27. Juni 1924. Danach sollte in den verschiedenen Klassenstufen folgendes Ziel erreicht werden: „die Vermittlung eines gründlichen Volksschulunterrichts für Zurückgebliebene und schwach Begabte und für Vorgeschrittenere die Vermittlung des Lehrstoffes der Fortbildungsschule (Berufsschule) mit dem Ziel der Vertiefung des Lehrstoffes der Volksschule und der Ergänzung in der Richtung des gewerblichen Berufes, wobei sämtlichen Bedürfnissen des gewerblichen, kaufmännischen und land- und hauswirtschaftlichen Lebens Rechnung getragen werden soll."[29]

Die Klasseneinteilung für die Korrigenden bis zur Vollendung des 25. Lebensjahres sah wie folgt aus:
1. Klasse: Schüler mit guten Kenntnissen, im Rechnen nur Volksschulwissen.
2. Klasse: Schüler mit geringen Schulkenntnissen; der Unterricht in Deutsch und Rechnen nähert sich dem Niveau der Volksschulen.
3. Klasse: Korrigenden, die im Laufe eines Schuljahres eingeliefert wurden.

Die Korrigendinnen nahmen bis zum 23. Lebensjahr am Unterricht teil. Hier gab es folgende Klassen:
1. Klasse: „Befähigte Schülerinnen".
2. Klasse: „Weniger befähigte Schülerinnen".
3. Klasse: „Schwachbegabte Schülerinnen".[30]

Die unterschiedlichen Einstufungsmerkmale zwischen männlichen und weiblichen Korrigenden basierten auf der weit verbreiteten Ansicht, daß die

---

26 ALVR 17364: Schreiben an den Landeshauptmann vom 30. Juni 1932.
27 ALVR 8383: Bericht des evangelischen Anstaltspfarrers von 1924.
28 ALVR 8382.
29 ALVR 8291: Schreiben des Anstaltsleiters Dr. Dick vom 23. Mai 1925 an den Landeshauptmann.
30 ALVR 8291: Offizieller Lehrplan der Arbeitsanstalt Brauweiler aus dem Jahr 1925.

Erziehungswesen in der Anstalt

Zielsetzung männlicher und weiblicher Ausbildung und Bildung unterschiedlich sei.

Der Unterricht der männlichen Korrigenden fand täglich (montags bis samstags) zwischen 7 und 9 Uhr morgens statt, denn anschließend mußte in den Werkstätten gearbeitet werden. In den Fächern Rechnen, Deutsch, Bürgerkunde, Lebens- und Berufskunde wurden jeweils eine Wochenstunde Unterricht erteilt. Hinzu kamen Religionsunterricht und sonntags Gesangunterricht. Die Inhalte waren in der Regel sehr praktisch ausgerichtet, z. B. beinhaltete der Deutschunterricht der 1. Klasse das Schreiben von Rechnungen und Quittungen. Daneben wurden aber auch Balladen und Gedichte der deutschen Klassik besprochen, z.B. die Werke „Wenn du eine Mutter hast" oder „Wachende Augen für anderer Glück". An den Titeln erkennt man die Absicht, die Korrigenden auf bestimmte Normen der Gesellschaft hin zu erziehen. Im Fach Berufs- und Lebenskunde wurden u.a. Lehrlings- und Arbeitsverträge besprochen. In Bürgerkunde vermittelte man Kenntnisse über die Reichsverfassung und thematisierte Nachrichten der Tagespresse.[31]

Der Unterricht in den Mädchenklassen umfaßte die Fächer Lebenskunde, Deutsch, Rechnen, Gesang und Religion. Dabei wurde dem Fach Lebenskunde besondere Bedeutung im Hinblick auf die Resozialisierung beigemessen. In diesem Fach wurden die Korrigendinnen auf ein Leben als Hausfrau und Mutter vorbereitet. Die Gegenstandsbereiche gliederten sich in die Themen „Die Frau im Haus", „Pflichten der Tochter", „Die Aufgaben der Hausfrau", „Aufgaben der Gattin und Mutter". Aber auch die Themen „Staat" und „Reich" wurden angesprochen. Diese Oberthemen wurden umgesetzt anhand konkreter Unterrichtseinheiten, wie z.B. folgender Reihen: „Haar- und Nagelpflege", „Die Frau als Gefährtin des Mannes". An dieser Art des Unterrichts nahmen 1925 80 bis 100 Schülerinnen teil.[32]

Ab 1926 erprobte man eine Art Blockunterricht. Ein Kursthema wurde sechs Monate lang unterrichtet.[33] Der Unterricht lag in den Händen von Lehrerin Render und Lehrer Schnitzler. Da aber der Anstaltslehrer Schnitzler auch zu anderen Dienstangelegenheiten der Anstalt herangezogen wurde, sprach sich Anstaltsleiter Scheidges 1927 für die Einstellung des Junglehrers Brockhausen aus, der in der Arbeitsanstalt seine Ausbildung erfahren hatte und in dieser Zeit es verstanden hatte, „unter Aufrechterhaltung tadelloser Disziplin sich das Vertrauen seiner Zöglinge zu erwerben und sie zu eifriger Betätigung mitzureissen".[34] Brockhausen wurde aber erst - sicherlich Folge der Weltwirtschaftskrise - im April 1932 eingestellt. Zu diesem Zeitpunkt

---

31 ALVR 8147: Verwaltungsbericht der Anstalt 1925/26.
32 ALVR 8291: Offizieller Lehrplan 1925.
33 ALVR 8147: Verwaltungsbericht der Anstalt 1925/26.
34 ALVR 8291: Schreiben des Anstaltsleiters Scheidges vom 28. Dezember 1927.

verfügte die Arbeitsanstalt seit einigen Monaten über eine Jugendabteilung „Freimersdorf", in der jugendliche Bettler und Landstreicher unter 18 Jahren untergebracht wurden.[35]

Unterrichtswesen während des Dritten Reiches

Brockhausen war von dem dem Zentrum nahestehenden Anstaltsleiter Scheidges für den Lehrerposten in der Anstalt favorisiert worden. Scheidges sah sich nach der sog. Machtergreifung zahlreichen Verleumdungen durch die NSDAP ausgesetzt, die schließlich zu seiner Entlassung führten. Brockhausen aber setzte sofort mit Beginn des Dritten Reiches den nationalsozialistischen Geist in seiner Unterrichtstätigkeit um. Anstaltslehrer Schnitzler stellte dazu in seinem Schulbericht vom 27. Mai 1933 fest, daß der Unterricht stark von den politischen Vorgängen beeinflußt werde, u.a. sei den Schülern die Bedeutung der Volksgemeinschaft verdeutlicht worden.[36] Die ausgeprägt nationalsozialistische Einstellung Brockhausens wird in dessen Jahresbericht von 1934 deutlich, in dem es u.a. heißt: „Der junge Asoziale ist träge, schlaff. Er hat nie gekämpft. Er hat sich ohne Kampf in sein Schicksal ergeben,..." Deshalb wollte Brockhausen den Mannschaftskampf in den Vordergrund des Unterrichts rücken. Der theoretische Teil des Unterrichts sollte nicht so sehr zur Vermittlung von Schulkenntnissen benutzt werden, sondern dazu „die nationalsozialistische Idee zu lehren, den Nationalstolz zu wecken, den Rassesinn und das Rassegefühl instinktiv und verstandesgemäßig ins Herz einzubrennen...".[37] Dementsprechend fand das Fach Wehrsport Eingang in den Schulunterricht der Anstalt, und im Gesangsunterricht bildete das HJ-Liedbuch „Uns geht die Sonne nicht unter" das einzige Unterrichtswerk.

Brockhausen lag damit auf der gleichen Wellenlänge wie sein neuer Anstaltsleiter Bosse, der sich über die Erziehungsmöglichkeiten seiner Anstaltsinsassen despektierlich äußerte. Im Vergleich zu allen übrigen Korrigenden sah er nur bei der Gruppe der 16 bis 25jährigen Jugendlichen in der Anstaltsabteilung des Jugendhauses Freimersdorf „noch etwas Hoffnung auf Besserung". Für die weiblichen Jugendlichen zwischen 17 und 20 Jahren dieses Hauses hatte er diese Hoffnung nicht, er hielt sie für „das minderwertigste Menschenmaterial..., welches die Anstalt überhaupt betreut".[38] Deshalb sollte alle „Erziehungsaufmerksamkeit" den männlichen Jugendlichen im Jugendhaus Freimersdorf geschenkt werden. Die Erziehungsmethode war

---

35 ALVR 8148: Jahresbericht des Lehrers Brockhausen vom 7. Juni 1934. ALVR 13077 Bl. 18. ALVR 17364.
36 ALVR 8148.
37 ALVR 8148: Jahresbericht des Lehrers Brockhausen vom 7. Juni 1934.
38 Albert Bosse: Brauweiler - Aufgabe und Bedeutung, S. 328.

Erziehungswesen in der Anstalt

Nationalsozialistische Deutsche Arbeiterpartei
Kreisleitung   Landkreis Köln

Briefanschrift:
Köln, St. Apernstraße 17
Fernsprech-Sammelnummer 21 33 41

Kampfzeitung des Gaues:
„Westdeutscher Beobachter"
Geschäftsstelle der Zeitung: Köln-Deutz
Schriftleitung: Deutz-Kalker Straße 30
Fernsprecher 1 00 31

Amtsleitung: Kreisschulungsamt
Abteilung: Aktive Schulung B.K.

Rodenkirchen, den 29. 7. 44

Brauweiler
Eing. 2. AUG. 1944

An die
Verwaltung des Jugendheims
F r e i m e r s d o r f

Betrifft: Erzieherische und weltanschauliche Betreuung der dort untergebrachten jugendlichen Arbeitsbummelanten.

Laut Mitteilung des Gauschulungsamtes Köln - Aachen wird die Schulung der jugendlichen Arbeitsbummelanten in die Zuständigkeit des Kreisschulungsamtes Köln - Land überwiesen.
Um das Erforderliche veranlassen zu können, bitte ich um baldige Mitteilung Ihrer speziellen Wünsche.
Die Sache eilt, da der der Herr Oberpräsident der Rheinprovinz Bericht verlangt.
Die Antwort ist zu richten an den Kreisbeauftragten, Pg. Richard K l u c k , H ü r t h (Ldkr.Köln), Berrenratherstraße 8.

H e i l H i t l e r !
I.A. Bermel
(Bermel)

Schreiben der NSDAP Kreisleitung Landkreis Köln von Juli 1944 zum weltanschaulichen Unterricht der Fürsorgezöglinge in der Arbeitsanstalt Brauweiler (ALVR)

Erziehungswesen in der Anstalt

äußerlich ähnlich militärisch geprägt wie zu Beginn des 19. Jahrhunderts: „Die [Jugendlichen] werden wie der junge Rekrut von dem militärischen Zuschnitt und dem Kameradschaftsgeist so beeindruckt, daß sie gar nicht daran denken, aus der Reihe zu tanzen."[39]

An der Spitze des Jugendhauses stand ein „Erzieher und Sportlehrer", der den weltanschaulichen Unterricht und Sportunterricht leitete und die Jugendlichen in ihrer Freizeit betreute. Aus dem Jahresbericht des „Erziehers und Sportlehrers" Prill von 1938/39 erfährt man, daß im letzten Friedensjahr ca. 100 Jugendliche zwischen 16 und 25 Jahren im Jugendhaus untergebracht waren. Aber bereits Ende des Jahres 1938 sei die Zahl wegen der zahlreichen Einberufungen zum Reichsarbeitsdienst und zur Wehrmacht auf 71 gesunken. Darunter befanden sich rheinische, württembergische und badische Fürsorgezöglinge.

Bei deren Einsatz in den Werkbetrieben orientierte man sich an den erlernten Berufen, ansonsten hielt man insbesondere die landwirtschaftliche Betätigung für erzieherisch wirksam. Der weltanschauliche Unterricht fand zweimal pro Woche statt, hier „wurden die großen Ereignisse der Außen- und Innenpolitik ... und nationale Gedenktage regelmäßig besprochen".[40]

Dieser weltanschauliche Unterricht wurde während der Kriegsjahre noch intensiviert. Das Kreisschulungsamt Köln-Land der NSDAP übernahm ab 1944 die weltanschauliche Betreuung an jedem 2. Sonntag mittels eines einstündigen Vortrags. Anstaltsleiter Bosse unterbreitete dem Amt hierfür folgende Themenvorschläge: „Gegenüberstellung der charakteristischen Merkmale und Ziele des Bolschewismus und des Nationalsozialismus", „Sinn und Zweck der augenblicklichen Auseinandersetzung in der Welt", „Die Bedeutung des Judentums für die Völker, die Plutokratie und ihre Ausbeutung der arbeitenden Schichten als Schrittmacher der jüdischen Weltmachtpläne".[41]

Anscheinend hatte dieser Unterricht aber keinen großen Erfolg, denn die Gestapo Köln leitete im Juli 1944 ein Strafverfahren beim Amtsgericht Köln, Abteilung 28 (Jugendgericht), gegen drei Fürsorgezöglinge ein, weil diese andere Jugendliche dazu animiert hätten, Lieder der Edelweißpiraten zu singen.[42]

---

39 Albert Bosse: Jugendhaus Freimersdorf, S. 193.
40 ALVR 13078, Bl. 114f.
41 ALVR 17365: Schreiben des Anstaltsleiters Bosse vom 2. August 1944.
42 ALVR 17356.

Skandale um die Anstalt Brauweiler

Mißhandlungen unter Direktor Schellmann
Wo Menschen Zwänge durch andere erfahren, und wo Menschen anderen gegenüber nicht nur eine Obhutspflicht wahrnehmen, sondern gegebenenfalls mit direktem Zwang ihre Ansprüche durchsetzen wollen, kommt es häufig zu subjektiv und objektiv empfundenem Unrechtsverhalten. So zieht sich durch die Geschichte der Arbeitsanstalt Brauweiler wie ein roter Faden eine Kette von Beschwerden der Anstaltsinsassen gegen Unterbringung, Behandlung und Verpflegung.

Besonders öffentlichkeitswirksam werden diese Beschwerden jedoch, wenn die Anstaltsdirektoren unmittelbar involviert sind bzw. gegen offenkundiges Unrecht nichts unternehmen.

Das, was als Unrecht empfunden wird, ist zu einem gewissen Grad auch abhängig vom Zeitgeist, andererseits aber auch von den Möglichkeiten der Offenlegung. So korrespondieren Phasen größerer gesellschaftlicher Liberalität mit der Zunahme der Kritik an den Zuständen in Brauweiler. Zeiten eines großen Widerhalls von Mißständen in Presseorganen gingen einher mit Zeiten gesellschaftlicher Sensibilisierung für die Behandlung von Gefangenen. So blieb die Anstaltsleitung in preußischer Zeit und in den ersten Jahrzehnten des Kaiserreiches von massiver Kritik in der Öffentlichkeit verschont, was den restriktiven Zügen der Gesellschaft und den mangelnden Artikulationsmöglichkeiten der Insassen in Presseorganen entsprach. Aber seit den 90er Jahren des 19. Jahrhunderts stehen die Anstaltsdirektoren von Brauweiler - bis auf wenige Ausnahmen - wegen ihrer Amtsführung, der Behandlung von Insassen und wegen Machtmißbrauchs im Feuer öffentlicher Kritik.

Den Skandalreigen eröffnet Direktor Schellmann (1882-1905). Die Rheinische Zeitung in Köln veröffentlicht am 6. März 1895 in ihrer 54. Nummer einen Artikel mit der Überschrift „Das Arbeitshaus in Brauweiler". In diesem Bericht heißt es u.a.: „Von seinen Vorgesetzten und von verschiedenen anderen Seiten wird Schellmann als das Ideal eines musterhaften Beamten gefeiert. Aber leider hat bis jetzt noch niemand danach gefragt, welcher Mittel sich dieser Mann bedient, um seine Triumphe zu feiern. Die Anstalt soll glänzen von innen und außen, es werden hierfür keine Unkosten gescheut. Arme Künstler und Arbeitskräfte sind genug zur Verfügung. Aber die armen Gefangenen werden durch die rohesten Mittel zur Arbeit angetrieben. Alte Leute von 60 und 70 Jahren werden durch Hungerleiden bis zum Umfallen, durch Schläge, durch Anlegen einer Zwangsjacke oder Handeisen zur Arbeit angetrieben. Es kann sich Niemand einen Begriff davon machen, wie viele arme Geschöpfe durch diese Behandlung ihren frühen Tod gefunden haben."[1]

Hintergrund dieser Vorwürfe war der Todesfall der Korrigendin Wodtke, der man wegen „Renitenz" im Mai 1893 eine sog. Mundbinde angelegt hatte, was den Tod der Frau zur Folge hatte. Direktor Schellmann und Anstaltsarzt Bodet wurden deshalb wegen fahrlässiger Tötung vor Gericht gestellt, allerdings am 1. März 1895 freigesprochen.

Der daraufhin erschienene Artikel in der Rheinischen Zeitung veranlaßte dann Landesdirektor Klein und Direktor Schellmann, gegen den verantwortlichen Redakteur, Ad. Hofrichter, wegen „verleumderischer Beleidigung" zu klagen. Über diesen acht Verhandlungstage umfassenden Prozeß hat der Berliner Journalist Hugo Friedländer einen ausführlichen Bericht verfaßt, der sich auf die Verhandlungsprotokolle stützt und als broschiertes Heftchen in Köln herausgegeben wurde. Die folgenden Ausführungen stützen sich somit auf Friedländers Prozeßbericht.

Dem Prozeß gegen den Redakteur Hofrichter ging allerdings ein Prozeß gegen den ehemaligen Brauweiler Aufseher Szaplewski voraus. Dieser war der wichtigste Informant der Rheinischen Zeitung. Direktor Schellmann verklagte ihn nach seinem Freispruch wegen Häftlingsmißhandlung. Da mehrere Zeugen die körperliche Mißhandlung von Korrigenden durch den in den Jahren 1889 bis 1892 in Brauweiler tätigen Szaplewski bestätigten, wurde dieser vom Gericht unter der Leitung von Landgerichtsrat Reichensperger zu drei Monaten Gefängnis verurteilt.

Der gleiche Gerichtshof verhandelte dann ab dem 13. Dezember 1895 die Beleidigungsklage gegen Redakteur Hofrichter. Der Prozeß fand in der Öffentlichkeit ein großes Interesse, der Zuschauerraum war an jedem der acht Verhandlungstage bis auf den letzten Platz gefüllt. Im Mittelpunkt der Auseinandersetzungen standen der Verteidiger des Angeklagten, Rechtsanwalt Oestreich, der als Nebenkläger auftretende Anstaltsleiter Schellmann,

---

[1] Rheinische Zeitung, Nr. 54, 6. März 1895, zitiert nach Hugo Friedländer: Die Vorgänge im Provinzial-Arbeitshaus Brauweiler vor Gericht. Verhandlungen vor der zweiten Strafkammer des Landgerichts zu Köln vom 13. bis 21. Dezember 1895, Köln o.J., S. 1.

der dem Anstaltsdirektor wohlgesinnte Gerichtsvorsitzende Reichensperger und diverse Zeugen aus der Anstalt und ihrem Umfeld.

Bevor die Verhandlung zum Kernpunkt der Vorwürfe, Tod der Korrigendin Wodtke, kommt, ergeben die Zeugenaussagen ein eindrucksvolles Bild über die Interna der Anstalt. Letztlich entlasten alle von Schellmann abhängigen Zeugen (Aufseher, noch inhaftierte Korrigenden) den Direktor insoweit, daß sie eine Anordnung der Mißhandlungen verneinen und sein Wissen darüber bestreiten. Die anderslautenden Aussagen ehemaliger Korrigenden werden durch ärztliches Infragestellen der Aussagefähigkeit dieser Zeugen zurückgewiesen.

Trotzdem kristallisieren sich aus der Darstellung des Sachverhaltes bestimmte Behandlungspraktiken der Insassen in Brauweiler gegen Ende des 19. Jahrhunderts heraus.

Die 30jährige Korrigendin Anna Kranen - von Direktor Schellmann als „das schlimmste Frauenzimmer, das in Brauweiler je gewesen sei"[2] bezeichnet - berichtet, daß sie pro Tag 30 Hemden und 120 Knopflöcher zu fertigen und die entsprechende Anzahl Knöpfe mit der Hand anzunähen hatte, was auch zu schaffen gewesen sei, allerdings sei sie sechs Wochen lang in die sog. Cachotte gesperrt worden und habe dort stets eine Zwangsjacke tragen müssen, nur weil sie sich geweigert habe, den Flur zu putzen.[3]

Cachottes waren Arrestzellen, in denen der Nacht- sowie der regelmäßige Arrest verbüßt wurden. Die Zellen waren 2,50 Meter lang und hoch und 1,50 Meter breit. Die Arrestanten erhielten nur eine Decke, aber keinen Strohsack und kein Kopfkissen. Es gab nur an jedem vierten Tag warmes Essen, ansonsten bestanden die Mahlzeiten aus Wasser und Brot. In den Zellen herrschte ständig Dunkelheit.

In Brauweiler gab es zwei Arten von Zwangsjacken, eine, die aus starkem Leinen bestand und eine andere, die aus einem den ganzen Oberkörper umschließenden Sohlenlederstück bestand. An den Seiten besaß diese Jacke vier Zentimeter breite Eisenschienen und hatte insgesamt ein Gewicht von 30 bis 40 Pfund. Die Arme wurden an den Körper angelegt, mit Riemen und Schnallen wurden dann die Glieder eingeschnürt. Diese Zwangsjacke konnte nur stundenweise angelegt werden.[4]

Zudem beschwerte sich Anna Karen darüber, daß sie wegen ihres Klopfens an die Zellentür, um sich bemerkbar zu machen, zwei Stunden lang einen Maulkorb angelegt bekommen habe, der das Atmen stark behinderte und zu Nasenbluten und Halsschmerzen geführt habe.[5]

---

2 Friedländer, S. 28.
3 Friedländer, S. 28.
4 Friedländer, S. 63 und Anhang.
5 Friedländer, S. 29.

Skandale um die Anstalt Brauweiler

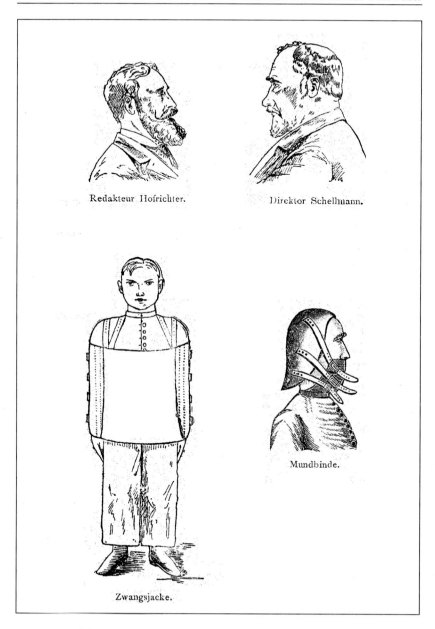

Portraits: Redakteur Hofrichter (links oben) und Direktor Schellmann (rechts oben); darunter Zwangsjacke (links) und Mundbinde (rechts). Entnommen aus: Hugo Friedländer, Die Vorgänge im Provinzial-Arbeitshause «Brauweiler» vor Gericht. Verhandlungen vor der zweiten Strafkammer des Landgerichts zu Köln vom 13.-21. Dezember 1895.- Köln o.J.

Dieser Maulkorb - auch Mundbinde genannt - bestand aus steifem Leder. Er verschloß den Mund und zum Teil auch die Nase. Durch Riemen und Schnallen wurde der Maulkorb fest angezogen.[6] Ein Ministerialerlaß aus dem Jahre 1871 hatte den Maulkorb zwar verboten, aber dieser Erlaß war in der Provinzialverwaltung in Vergessenheit geraten, und man hatte die Mundbinde als Bändigungsmittel stillschweigend wieder genehmigt. Erst der Fall Wodtke brachte den Erlaß wieder ans Tageslicht. Direktor Müller, Schellmanns Vorgänger, hatte noch 1873 ausdrücklich auf das Verbot hingewiesen.[7]

Anna Karen hatte im Mai 1893 den Widerstand der Korrigendin Wodtke gegen das Anlegen des Maulkorbes vernommen, die Aufseherinnen Medder und Scherf hätten sich allerdings mit Gewalt durchgesetzt, kurze Zeit später sei die Korrigendin Wodtke tot gewesen.[8]

Im Prozeß gegen Schellmann und Anstaltsarzt Bodet hatten die Sachverständigen darauf verwiesen, daß nicht die Mundbinde, sondern die Nervosität der Korrigendin zum Tode geführt habe.[9]

Weitere Vorwürfe im Prozeß gegen Redakteur Hofrichter, die häufiger auftauchen, sind die von der Anstaltsleitung gesetzten überhohen Arbeitsnormen und die drakonischen Strafen bei Nichterreichen der Vorgaben. Bei Nichterfüllung der Arbeitsnorm wurde die Essensration auf täglich 625 Gramm Brot herabgesetzt und eine Arreststrafe von 24 bis 48 Stunden ausgesprochen. Bei Arbeitsverweigerung wurde regelmäßig eine Arreststrafe von sieben Tagen und Nächten, verbunden mit einer viertägigen Essensration, die nur aus Wasser und Brot bestand, angeordnet.[10]

Der als Zeuge auftretende Werkmeister Faßbender verneint eine übermäßig hoch angesetzte Arbeitsnorm mit dem Hinweis, daß in Brauweiler das Arbeitspensum grundsätzlich um ein Drittel niedriger angesetzt sei als in der freien Wirtschaft und zwei Drittel aller Korrigenden regelmäßig die Norm erfüllten.[11] Ehemalige Korrigenden verwiesen im Prozeß allerdings auf die Tatsache, daß die Häuslinge in der Regel für die Tätigkeiten wie Tütenkleben, Bürstenmachen, Hemdennähen usw. ungelernte Arbeitskräfte waren und deshalb die Norm nicht schaffen konnten. Insbesondere kranke Insassen seien hart betroffen gewesen, da Anstaltsarzt Bodet in der Regel die Krankmeldungen als Simulation abgetan hätte. Ein rascher Tod nach mehrmaligem Essensentzug und Arrest sei deshalb keine Seltenheit gewesen.[12]

---

6 Friedländer, Anhang.
7 Friedländer, S. 56.
8 Friedländer, S. 29.
9 Friedländer, S. 32 und S. 56.
10 Friedländer, S. 8.
11 Friedländer, S. 28.
12 Friedländer, S. 18.

Anstaltsleiter Schellmann widerlegt solche Behauptungen mit dem Hinweis, daß die Todesrate deshalb hoch sei, weil sehr viele Insassen an Tuberkulose litten und häufig auch „Delirium putatorum" in Verbindung mit Herzlähmung als Todesursache zweifelsfrei festgestellt werde.[13]

Durch die gesamte Gerichtsverhandlung zieht sich wie ein roter Faden der Vorwurf, daß in Brauweiler die Prügelstrafe an der Tagesordnung sei. Nach Zeugenaussagen sollen Hilfsaufseher, Werkmeister, Oberaufseher, Anstaltsgeistliche und der Direktor selbst die Korrigenden regelmäßig geprügelt haben. Die Rolle Schellmanns bleibt im Prozeß allerdings ungeklärt.[14] In den Arrestzellen war an der Wand für die Prügelstrafe extra ein Seil befestigt worden, in der Regel schlug man allerdings mit der Hand oder mit dem Säbel zu.[15]

Direktor Schellmann hatte den Landesdirektor ersucht, die Prügelstrafe - wie es in Zuchthäusern üblich war - auch wieder in Arbeitshäusern zum normalen Züchtigungsmittel zu machen.[16] Gegenüber schulpflichtigen Häuslingen beanspruchte Schellmann dieses Recht sowieso und erhält dabei auch Unterstützung von Landesdirektor Klein, der dem Gericht erklären läßt, daß er das Züchtigungsrecht für unentbehrlich halte, „wenn dies nicht mehr gestattet sein sollte, dann sei es besser, die Arbeitshäuser aufzuheben, denn alsdann sei die Ordnung und Disziplin in den Arbeitshäusern nicht mehr aufrechtzuerhalten".[17]

Auch dem katholischen Anstaltspfarrer Peiner wird im Prozeß vorgeworfen, die Insassen aus nichtigen Gründen geschlagen zu haben, z.B. wenn die Korrigenden beim Besuch der Kirche nicht vorschriftsmäßig das Weihwasser genommen hätten. Pfarrer Peiner erklärt das mit seiner besonderen Berufssituation: „Es kommen täglich etwa 600 Menschen in seine Schreibstube. Diese legen in den meisten Fällen eine derartige Unbotmäßigkeit an den Tag, daß er oftmals gesagt habe: er wolle lieber Schweine hüten als hier Geistlicher sein."[18]

In seinem Plädoyer gegen den Angeklagten, Redakteur Hofrichter, versuchte der Staatsanwalt, alle Vorwürfe gegen Schellmann zu entkräften. Aber auch der Staatsanwalt muß zugeben, daß in Brauweiler zu oft geschlagen wurde - natürlich ohne Wissen der Anstaltsleitung - deren Zustimmung zu Züchtigungen sei nur nach Angriffen auf Beamte gekommen, und dies sei eine Art Notwehr und aufgrund der Hausordnung zulässig gewesen. Direk-

---

13 Friedländer, S. 22 und S. 37.
14 Friedländer, S. 19 und S. 35.
15 Friedländer, S. 35, S. 37 und S. 48.
16 Friedländer, S. 40.
17 Friedländer, S. 56.
18 Friedländer, S. 54.

tor Schellmann sei vielmehr ein zwar strenger, aber sehr gerechter Mann, „der eine geradezu väterliche Fürsorge für die Korrigenden an den Tag gelegt hat".[19]

Die aufgetretenen Mißhandlungen entschuldigt der Staatsanwalt mit der besonderen „Spezies" von Menschen auf der Seite der Korrigenden und des Aufsichtspersonals: „Die Zuchthausinsassen sind distinguierte Leute gegen die Insassen eines Arbeitshauses...und auch mit sehr wenigen Ausnahmen besteht das Aufsichtspersonal eines Arbeitshauses naturgemäß aus dem schlechtesten Material".[20]

Die Verteidigung plädiert natürlich auf Freispruch für Hofrichter, da die Mißstände bewiesen worden seien und Direktor Schellmann sich in Widersprüche verwickelt habe.

Der angeklagte Redakteur rechtfertigt zum Schluß den Artikel mit den Worten: „Ich habe den Artikel veröffentlicht, weil ich die Zustände in Brauweiler für eine öffentliche Gefahr gehalten habe... Durch die Prügelstrafe wird...jedes Ehr- und Schamgefühl erstickt, die aus Brauweiler Entlassenen dürften daher für die menschliche Gesellschaft eine Gefahr werden".[21]

Der Angeklagte Hofrichter wird zu drei Monaten Gefängnis verurteilt, und das Gericht ordnet die Unbrauchbarmachung aller noch vorhandenen Exemplare des „inkriminirten Artikels nebst der zu seiner Herstellung gedienten Platten und Formen" an.[22]

Der Prozeßberichterstatter schreibt am Schluß seiner Ausführungen, daß der Verurteilte von einer großen Menschenmenge mit Hochrufen vor dem Gerichtsgebäude begrüßt worden sei.

Vorwürfe gegen Direktor von Jarotzky und die Entlassung von Direktor Dr. Dick

Im Oktober 1919 beschwerte sich ein Leser in der Rheinischen Zeitung darüber, daß Direktor von Jarotzky, in dessen Dienstvilla englische Besatzungstruppen einquartiert waren, unberechtigterweise dafür Quartiergeld erhalten habe, obwohl die Leistungen gegenüber den englischen Truppen (z.B. Wäsche, Heizmaterial) unentgeltlich von der Anstalt gestellt würden.[23]

Diese Beschwerde ist Anlaß für die Rheinische Zeitung, grundsätzlich die Anstaltsführung durch Jarotzky anzuprangern. Hierbei werden vor allem die militärischen Umgangsformen sowie das schlechte Essen in der Anstalt

---

19 Friedländer, S. 59.
20 Friedländer, S. 57f.
21 Friedländer, S. 66.
22 Friedländer, S. 67.
23 ALVR 8162.

Skandale um die Anstalt Brauweiler

herausgestellt. Diese Vorwürfe wiederholen sich in regelmäßigen Abständen bis zu Jarotzkys Entlassung im Jahr 1924.[24]

Sein Nachfolger Dr. Joseph Dick konnte sich nur kurz in seinem Amt halten. Nach einhalb Jahren schied er 1926 nach einem förmlichen Disziplinarverfahren aus dem Amt.[25]

Zum Verhängnis wurde Dr. Dick seine Liebe zum Alkohol. Er hatte seine Tätigkeit als Direktor der Arbeitsanstalt am 1. April 1924 auf Probe begonnen und war am 1. Oktober 1924 vom Provinzialausschuß für 12 Jahre in dieses Amt gewählt worden.

Die Verfehlungen des ehemaligen Gerichtsassessors führten zunächst zur Dienstsuspension und zu einem Disziplinarverfahren, das am 17.2.1927 mit einem Urteilsspruch des Provinzialbezirksausschusses endete, nämlich mit der „Versetzung in ein anderes Amt vom gleichen Rang wegen Entfernung vom Amte". In der Urteilsbegründung werden drei Ereignisse besonders hervorgehoben. Im Frühjahr 1926 soll Dr. Dick morgens gegen 7.00 Uhr betrunken auf einer Bank der Veranda seiner Dienstvilla gefunden worden sein. Die Nacht vom 24. zum 25. August habe er zusammen mit drei jungen Männern in der der Anstalt gegenüberliegenden Gaststätte Vogel verbracht und anschließend mit diesen eine Vergnügungsfahrt unternommen. Zudem habe er sich „eines regelmäßigen und übermäßig ausgedehnten Wirtshausbesuches befleißigt, wodurch er in den Ruf eines Trinkers gekommen sei." Der Landeshauptmann konnte Dr. Dick nach dem Urteil bewegen, gegen Erhalt von 75% seiner Dienstbezüge bis zum Ende seiner 12jährigen Anstellungsperiode (30.9.1936) ganz aus dem Provinzialdienst auszuscheiden (1.7.1927).[26]

Während der Zeit des Nationalsozialismus drangen Mißstände innerhalb der Anstalt natürlich nicht an die Öffentlichkeit, bzw. Mißachtungen der menschlichen Würde galten im Sinne der nationalsozialistischen Vorstellungen vom Wert und Unwert menschlichen Daseins geradezu als legitim. Nonkonformistisches Verhalten der Anstaltsleitung gegenüber den Zielen des Nationalsozialismus wurden gegebenenfalls dadurch beseitigt, daß man Beamte verleumdete. Beispielhaft hierfür ist der Korruptionsvorwurf gegen den seit 1927 tätigen Anstaltsleiter Ernst Scheidges.[27]

---

24 ALVR 8162.
25 Josef Wißkirchen: Brauweiler Korruptionsprozeß, S 195
26 ALVR 18140, Bl. 42ff.
27 Eine ausführliche Darstellung der Vorgänge und Umstände um die Entlassung des Direktors Scheidges findet sich bei Josef Wißkirchen: Brauweiler Korruptionsprozeß. Siehe dazu auch das Kapitel „Die Arbeitsanstalt während des Dritten Reiches - Allgemeiner Überblick".

Skandale in der Nachkriegszeit

Mit der Wiedereröffnung der Anstalt setzte sich die Vorkriegstradition der Verfehlungen und Mißstände fort. Als die Engländer 1949 die Gebäude freigegeben hatten, hielt man es im Düsseldorfer Sozialministerium für ein Zeichen des Neuanfangs, den Posten des Leiters mit einem Psychologen zu besetzen. So wurde der zunächst kommissarisch tätige Leiter Heinrich Corsten am 4. Januar 1951 mit 39 Jahren zum offiziellen Leiter der Arbeitsanstalt bestellt.

Ende 1953 kam es anläßlich eines Besuchs von Mitgliedern des Sozialausschusses des nordrhein-westfälischen Landtags in Brauweiler zu einem Skandal. Die Besucher wurden bei ihrem Rundgang mit einer achtzehnjährigen weiblichen Insassin konfrontiert, die aus Verzweiflung Stecknadeln geschluckt hatte und deshalb in einer Einzelzelle auf unbefristete Zeit festgehalten wurde.

Dieser Vorfall wurde vor allem von der „Münchener Illustrierten" (Vorläufer der Illustrierten „Quick" und der Zeitschrift „Aufwärts", einer Jugendzeitung des Deutschen Gewerkschaftsbundes, aufgegriffen, um die „mittelalterlichen Zustände in Brauweiler" anzuprangern.

Es folgte eine riesige Pressekampagne um die Anstalt Brauweiler, in der es neben den harten Strafen vor allem um die Methoden des Anstaltsarztes Dr. Kurzweg ging, „unruhige Zöglinge" durch Spritzen zu besänftigen.[28]

Die Anstaltsleitung bemühte sich, durch die Einladung wohlmeinender Journalisten und durch Öffnung der Anstalt nach außen diesem Negativbild entgegenzutreten. So veranstaltete man Weihnachten 1953 eine öffentliche Feier, gestaltet von jugendlichen Zöglingen, zu der die gesamte Bevölkerung Brauweilers eingeladen wurde.[29]

Das negative Image der Anstalt verstärkte sich dann aber noch durch dienstliche Verfehlungen des Anstaltsleiters. Dieser hatte Anfang der 50er Jahre versucht, sein Gehalt dadurch aufzubessern, daß er außerhalb des Anstaltskomplexes große Gemüsegärten und einen Hühnerstall angelegt hatte und diese durch Korrigenden der Anstalt ohne entsprechende Entlohnung bewirtschaften ließ. Hinzu kamen Unregelmäßigkeiten bei Anstaltsabrechnungen, was schließlich 1958 zum Prozeß gegen Anstaltsleiter Corsten führte.

Das Gericht verurteilte Heinrich Corsten zu fünf Monaten Gefängnis auf Bewährung und zu 600 DM Geldstrafe wegen Untreue und Urkundenfälschung im Amt und wegen Betrugs.[30]

---

28 ALVR 15110: Aufwärts vom 29. Oktober 1953.
29 ALVR 15110: Kölnische Rundschau (Landkreis Köln) vom 24.12.1953.
30 ALVR 15110: NRZ vom 1.4.1958.

Mädchen im Raubtierkäfig

Zustände wie im Mittelalter – Dunkelarrest in der Bunkerzelle bei Verstößen gegen die Hausordnung – Nadeln aus Verzweiflung verschluckt – Mittelalterliche Strafmethoden in der Anstalt Brauweiler

Ein neunzehnjähriges Mädchen ist in Brauweiler achtmal in die Isolierzelle gesteckt worden. Mehrere Male bei Abdunklung der Zelle. Beim achten Male hat sie sich eine Pulsader durchgeschnitten. Solche und schlimmere Zustände entdeckten nordrhein-westfälische Landtagsabgeordnete bei einem Besuch der Erziehungsanstalt Brauweiler bei Köln.

Das einundzwanzigjährige Mädchen hatte nur ein Nachthemd an. Matt und apathisch lag es auf einem Strohsack in der Bunkerzelle. Mit den schweren Gittern sah die Zelle aus wie ein Raubtierkäfig. Stumm vor Entsetzen standen die Landtagsabgeordneten in den Kellergängen unter dem ehemaligen Zuchthaus. „Dieser Zögling", sagte die Erzieherin mit schneidender Stimme, „hat gegen die Hausordnung verstoßen." Das Mädchen flüsterte ängstlich: „Ich habe gestern gepfiffen..." Die Leute vom NRW-Sozialausschuß fielen an diesem Tag von einer Bestürzung in die andere. Es hatte ganz harmlos angefangen. Zuerst hatte

Und dann brach aus ihr die ganze Verbitterung über diese Art von Fürsorgeerziehung heraus — sie wurde frech, bockig und schließlich ordinär. Ein typisches Resultat falscher „Erziehungs"methoden. Das „Urteil" der „Erzieherin": Einzelhaft auf unbefristete Zeit.

Was sind das für Erzieher?

Als die Landtagsabgeordneten sich von diesen Erlebnissen erholt hatten, knöpften sie sich den Anstaltsdirektor vor. Aber Dr. Corten wußte von nichts. Nichts davon zum Beispiel, daß diese beiden Mädchen in unbefristeter Einzelhaft saßen. Das erfährt er immer erst einen Monat später in seinem Monatsbericht. „Wir haben hier", doziert Dr. Corten, „siebenhundert Insassen. Arbeitsscheue, Trinker, Kriminelle, Fürsorgezöglinge." Das ist das Typische für Brauweiler: In allen Erziehungsanstalten Europas hält man mit peinlichster Sorgfalt die jugendlichen Gestrauchelten von allen kriminellen Einflüssen fern. Hier in

Artikel aus «Aufwärts» (Jugendzeitschrift des Deutschen Gewerkschaftsbundes) vom 29.10.1953

EXPRESS K Seite 9

Dem Arbeitshaus Brauweiler ist die Trinkerheilanstalt Freimersdorf angeschlossen. Harte Kritik üben die Patienten an den Methoden, mit denen hier Kranke von ihrer Sucht geheilt werden sollen. Dabei könnten viele Mißstände leicht beseitigt werden.

DER BRAUWEILER-REPORT
Endstation der Verstoßenen
Dirnen am Fließband

EXPRESS-Report alarmiert Landschaftsverband

Von HANS WÜLLENWEBER

IX

Nach Ansicht von Hermann K., der zweimal Patient in Brauweiler war, kann ohne erheblichen Aufwand eine Reihe von Verbesserungen in der Trinkerheilanstalt Freimersdorf vorgenommen werden.

Dazu gehören: Trennung der Alkoholiker während der Arbeit von den Korrigenden (Arbeitshäuslern);

Bessere ärztliche Betreuung, speziell seelische Hilfe durch den Arzt;

Umerziehung der Beamten, die im Trinker keinen Kranken sehen, sondern einen minder- die Rede sein wird, lohnt es sich, die Resonanz zu beleuchten, die durch diese Veröffentlichungsreihe beim Landschaftsverband Rheinland in Köln-Deutz schon zu spüren war.

Ein positives Echo

Es ist trotz aller Kritik, die in dieser Serie vorgebracht werden muß, ein positives Echo. Die 19 Abgeordneten des Fachausschusses für Sozialhilfe und Kriegsopferfürsorge — ob sie alle jemals die Anstalt von innen gesehen haben, dürfte man bezweifeln können — erfahren fähige Frühinvaliden ihre acht Stunden pro Tag am Fließband für die Staatskasse schuften müssen.

Pressechef Hartung vom Landschaftsverband: „Ich bin überzeugt, daß hier im Landschaftsverband die wenigsten diese Einzelheiten wußten. Die Trinkerheilanstalt existiert in Brauweiler schon seit eh und je. Bis vor kurzem war ihr noch das Landesjugendheim Dansweilerhof angegliedert. Mit vielen Millionen wurde es neu gebaut, um die Jugendlichen aus dem Brauweiler Milieu herauszuholen. Wenn wir noch einmal 18 Millionen Mark hätten, würde bestimmt auch eine ge- nierung gibt es keinerlei Vorschrift. Sie scheint noch aus Zeiten zu stammen, als germanische Rassenfanatiker den Grundsatz aufstellten: „Die deutsche Frau raucht nicht."

Zu welchen Auswirkungen der ständige Verstoß gegen die Gleichberechtigung im Rauchen geführt hat, schildert unter anderem Renate P. (29), die acht Monate in der Trinkerheilanstalt Brauweiler zubringen mußte.

Renate P. ist Sekretärin in einer Stadt am Rhein. Der Alkoholverbrauch als Wohlstandsvorzeichen hat die junge Frau zur Trinkerin werden lassen. „Wenn die Hände zittern und der Verzehr von scharfen Sachen schon morgens beginnt, ist die Kontrolle ver-

Artikel aus «Kölner Express» vom 12.1.1967

Arbeitsanstalt Brauweiler und „Kölner Express"

Im April 1956 war Corsten durch Rudolf Müller in der Anstaltsleitung ersetzt worden. In seiner Amtszeit setzte dann Mitte der 60er Jahre eine vor allem von der Zeitung „Kölner Express" geführte Pressekampagne um die Zustände in der Anstalt ein, die unter anderem zu ihrer Auflösung beigetragen hat.

Als im Dezember 1965 eine Gruppe Kölner Ärzte und Soziologen den Dienstbetrieb in Brauweiler verfilmen wollte, erschien diese Ankündigung im Express am 6. Dezember 1965 mit dem Hinweis auf die mittelalterlichen Methoden bei der Therapie jugendlicher Fürsorgezöglinge, Trinker und Korrigenden.[31]

Die Anstaltsleitung reagierte mit einer Einladung zum Besuch der Anstalt an den Artikelschreiber, aber trotz des Besuchs änderte sich nichts am Tenor der Express-Berichterstattung. Im Februar 1966 begann ein Artikel mit folgenden Worten: „Tausendmal im Jahr erklingt vor Kölner Gerichten das Stichwort 'Brauweiler'...Wenn dieses Wort erklingt, zittern die Leute, die dorthin sollen, und kämpfen wilder als bei einem Todesurteil".[32]

Neu entfacht wurden die Auseinandersetzungen um Brauweiler, als sich im Dezember 1966 in Zusammenhang mit Mißständen im Kölner Strafgefängnis „Kingelpütz" ehemalige Brauweiler Insassen in Prozessen aussagten, daß sie in Brauweiler regelmäßig von bestimmten Wachtmeistern geschlagen worden seien.[33] Was folgte, war eine reißerisch aufgemachte Express-Serie über die Erziehungsideale „Arbeit" und „Ordnung" in der Brauweiler Anstalt.

Da sich gleichzeitig die neue Düsseldorfer sozialliberale Landesregierung um eine Reform des Straffvollzugs bemühte, wurde die Frage der Zeitgemäßheit der Arbeitshäuser in der Bundesrepublik aufgeworfen.[34]

Die Vorwürfe wurden von der Anstaltsleitung kategorisch zurückgewiesen, allerdings scheinen sie den Fachausschuß für Sozialhilfe und Kriegsopferfürsorge des Landschaftsverbandes, der im Februar 1967 die Anstalt besuchte, überzeugt zu haben, denn 1968/69 wurde die Arbeitsanstalt in ein Rheinisches Landeskrankenhaus, insbesondere für die Behandlung von Suchtkranken (Alkohol-, Arznei- und Drogensüchtige), umgewandelt.

Rheinisches Landeskrankenhaus Brauweiler

Im März 1968 löste Dr. Reinhard Mangliers den pensionierten Anstaltsleiter Müller ab. Damit einher ging eine Umstrukturierung der beiden Abtei-

---

31 ALVR 15112: Express vom 6. Dezember 1965.
32 ALVR 15112: Express vom 11. Februar 1966.
33 ALVR 15112: Kölnische Rundschau vom 22.12.1966.
34 ALVR 15112: Express-Serie im Januar 1967.

Skandale um die Anstalt Brauweiler

lungen für Trinker und Korrigenden. In den Vordergrund rückte jetzt die Funktion als Landeskrankenhaus, daneben gab es aber noch bis 1969 eine Abteilung für Arbeitshäusler. Dr. Mangliers hatte seinen Dienst unter der Devise angetreten, daß „wir nicht länger Bewahrungsanstalt, sondern ein Behandlungszentrum für Suchtkranke" sein müssen.[35]

Zunächst strebte er in Brauweiler eine Gesamtbettenzahl des Krankenhauses von 700 bis 800 Betten an und wollte durch Umbauarbeiten die Gemeinschaftsschlafsäle beseitigen und Fünfbettzimmer einrichten. Dem Kölner Stadtanzeiger gegenüber verkündete er in einem Interview seine Behandlungsmethoden: Medikamente, Beschäftigungs- und Gruppentherapie.[36]

Um der Anstalt den gefängnisartigen Charakter zu nehmen, bemühte sich Dr. Mangliers, den Mangel an fachkundigem Pflegepersonal durch Fortbildungsmaßnahmen abzubauen.[37] Aber alle Verbesserungsmaßnahmen waren halbherzig; ein Neubauprogramm konnte nicht umgesetzt werden, und von den ca. 110 Pflegekräften waren 53 ehemalige Aufseher und Erzieher aus der Zeit der Arbeitsanstalt, die in nur anderthalb Jahren in allgemeiner und psychiatrischer Krankenpflege umgeschult worden waren.[38] Dr. Mangliers gab, nachdem er die Unzulänglichkeiten in Brauweiler erkannt hatte und keine Änderung herbeiführen konnte, 1971 resigniert auf. Sein Nachfolger wurde Dr. Fritz G. Stockhausen.

Inzwischen - 1969 - hatte die „Rheinische Arbeitsanstalt Brauweiler" ihren Namen abgelegt und nannte sich nun Landeskrankenhaus Brauweiler.

Seit Anfang 1976 wurden bei Dr. Stockhausen Symptome des Alkoholmißbrauchs und starker Stimmungsschwankungen beobachtet.[39] Im Februar 1976 teilte der Gesundheitsdezernent des Landschaftsverbandes, Professor Kulenkampff, dem Personaldezernenten schriftlich mit, daß Dr. Stockhausen nicht mehr in der Lage sei, das Krankenhaus zu leiten. Kulenkampff hatte in Brauweiler ein „desolates Bild und völlige Führungslosigkeit" festgestellt. Aber der Verwaltungsrat des Landschaftsverbandes folgte nicht den Empfehlungen Kulenkampffs.[40]

Zu diesem „desolaten Bild" gehörte auch die Tatsache, daß auf Anordnung Stockhausens seit 1974 die Fenster nachts unverriegelt blieben, was natürlich die Versuche der Patienten förderte, zu entweichen. Stockhausen

---

35 Kölner Stadtanzeiger (KL Nr. 7) vom 9. Januar 1969.
36 Kölner Stadtanzeiger (KL Nr. 208) vom 7./8. September 1969.
37 Josef Wißkirchen: Stadt Pulheim, S. 294f.
38 ALVR 15109: Kölnische Rundschau vom 18.11.1975.
39 Der Spiegel Nr. 21/1981, S. 79.
40 Der Spiegel Nr. 21/1981, S. 79.

Skandale um die Anstalt Brauweiler

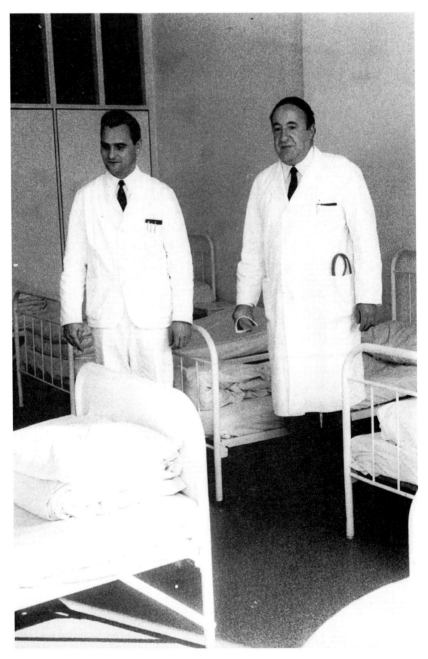

Chefarzt Dr. Fritz Stockhausen (rechts) bei einer Besichtigung neu eingerichteter Krankenzimmer (Kölner Stadt-Anzeiger vom 23.2.1978)

Skandale um die Anstalt Brauweiler

Bericht des Kölner Stadt-Anzeigers vom 7.9.1977 zum Landeskrankenhaus Brauweiler

betrachtete dies allerdings als Zeichen beginnender Genesung und Normalität.[41]

Aber diese „Liberalisierung" entsprach nicht der sonstigen Behandlung, denn seit Oktober 1975 mehrten sich Vorwürfe von Patientenseite, daß man nicht als Kranker, „sondern als haltloser, unverbesserlicher Trinker angesehen" werde und „durch simplen Verwaltungsakt unter Mißbrauch des Amtsrichters nachträglich aus freiwilligen Patienten Zwangseingewiesene" gemacht würden.[42]

Mit der Eröffnung des Landeskrankenhauses Brauweiler hatte sich in Köln eine Bürgerinitiative gegründet, die Verbesserungsvorschläge unterbreitete und praktische Sozialarbeit leisten wollte. Aber erst im Mai 1974 durfte sie im LKH Brauweiler tätig werden.[43] Diese Gründung ging einher mit der Einrichtung eines „Beschwerdezentrums gegen Verbrechen in LKHs" in Köln, das seit November 1977 in einer vierteljährlich erscheinenden Schrift - „Unbequeme Nachrichten" - auf Mißstände in Landeskrankenhäusern hinwies. Dabei wurde das Zentrum von der SSK (Sozialistische Selbsthilfe Köln) unterstützt.[44]

Demonstrationen und Proteste der SSK und Strafanzeigen durch die SSK-Laienhilfegruppe für psychisch Kranke machten den Landschaftsverband Anfang 1978 auf zwei Todesfälle in Brauweiler aufmerksam.

Die 20jährige Marion Masuhr, die geistig behindert war, hatte mehrere Aufenthalte in Brauweiler hinter sich. Sie wurde hier in der Regel mit Psychopharmaka „ruhiggestellt". Als sie Weihnachten 1977 erneut eingeliefert wurde und in eine tiefe Bewußtseinstrübung fiel, wurden die Medikamente abgesetzt, ansonsten fand keine Behandlung statt. Sie dämmerte so ihrem Tod entgegen, der Totenschein gab als Ursache „zentrales Kreislaufversagen" an. Ob die Verabreichung hoher Dosen von Psychopharmaka über eine längere Zeit die Ursache war, das galt es, nach der Strafanzeige herauszufinden.

In Zusammenhang mit dem Tod von Marion Masuhr wurde ein Todesfall aus dem Sommer 1977 wieder aufgegriffen. Der nerven- und herzkranke Franz Machwirth war wegen Randalierens von der Kölner Schildergasse nach Brauweiler gebracht worden. Ihm wurden am 6. Juli 1977 zahlreiche Betäubungsmittel verabreicht, eine Untersuchung und Diagnose erfolgte aber erst im Anschluß. Am 17. Juli 1977 starb Franz Machwirth an „Herzversagen".[45]

---

41 Josef Wißkirchen: Stadt Pulheim, S. 295f.
42 ALVR 15109: Kölner Stadtanzeiger vom 28. Oktober 1975.
43 ALVR 15109: Kölnische Rundschau vom 6.11.1975.
44 Josef Wißkirchen: Stadt Pulheim, S. 296f.
45 ALVR 15109: Bonner Generalanzeiger vom 23. Februar 1978.

Skandale um die Anstalt Brauweiler

Staatsanwaltschaft ermittelt gegen Ärzte und Pfleger
20jährige in Klinik Brauweiler vergiftet?

Politiker wollen Skandal aufklären

Von ERICH SCHAAKE

exp Köln — Wegen Verdachts der fahrlässigen Tötung der 20jährigen Marion Masuhr ermittelt die Kölner Staatsanwaltschaft im rheinischen Landeskrankenhaus Brauweiler. Das seit einer Hirnoperation im Kindesalter behinderte Mädchen soll infolge von Überdosen stark dämpfender psychopharmazeutischer Medikamente gestorben sein.

Artikel aus «Kölner Express» vom 22.2.1978

«Haus D». Anfang der 60er Jahre erbauter neuer Zellenbau

Der Landschaftsverband reagierte auf die Strafanzeigen mit einem sofortigen Patientenaufnahmestopp.[46] Die Reaktion erfolgte deshalb so rasch, weil zum einen bereits 1977 in verschiedenen Gremien des Landschaftsverbandes über eine Schließung des LKH Brauweiler nachgedacht worden war,[47] und weil es zum anderen in der Nacht zum 17. Februar 1978 zu einem weiteren Todesfall gekommen war. Der 71jährige Patient Walter F. wollte sich an aneinandergeknüpften Bindfäden in alkoholisiertem Zustand aus dem „Haus D" abseilen. Dabei stürzte er ab und erlag seinen Verletzungen.[48]

Im Jahr 1975 war bereits der 24jährige Achim P. abgestürzt und seinen Schädelverletzungen erlegen.[49]

Diese Vorfälle und Flugblattaktionen der SSK vor dem LKH Brauweiler veranlaßten den Landschaftsverband, noch im Februar 1978 vier Ärzte - darunter auch den Leiter Dr. Stockhausen - an andere Einrichtungen des Landschaftsverbandes zu versetzen.[50]

Im Jahre 1981 hatte sich Dr. Stockhausen vor der 15. Strafkammer des Landgerichts Köln zu verantworten. Das Gericht verurteilte ihn schließlich zu zwei Jahren Freiheitsstrafe auf Bewährung, weil er sich als leitender Arzt des Landeskrankenhauses Brauweiler „der Körperverletzung mit Todesfolge in einem Fall, der gefährlichen Körperverletzung in vier Fällen und der fortgesetzten Gefangenenbefreiung (tateinheitlich mit gefährlicher Körperverletzung) in acht Fällen" schuldig gemacht hatte.[51]

Der Vorsitzende Richter verwies in seiner mündlichen Urteilsbegründung auch darauf, daß es sich bei den Vorgängen in Brauweiler um Verschulden gehandelt habe, das auf „viele Schultern verteilt" war. Der Spiegel kommentierte den Urteilsspruch mit der Bemerkung: „Es ist eine Schande der Psychiatrie (und anderer erst in zweiter Linie), daß Dr. Stockhausen nicht spätestens von 1976 an Hunderten von Patienten und gerichtlich in Brauweiler Eingewiesenen erspart wurde".[52]

---

46 ALVR 15109: Kölnische Rundschau vom 23.2.1978.
47 ALVR 15109: Der Kölner Stadtanzeiger (KL 13 Nr.100) berichtet am 30.April/1. Mai 1977 vom Protest der Angestellten wegen des möglichen Verlusts von Arbeitsplätzen bei einer Schließung des LKH. Am 9.12.1977 berichtet der Kölner Stadtanzeiger davon, daß sich der Vorsitzende der CDU-Fraktion in der Landesversammlung, Dr. Karlheinz Gierden, für eine weitgehende Sanierung der Abteigebäude und für die Aufnahme von Einrichtungen der Kulturpflege in diesen Gebäuden ausgesprochen habe.
48 ALVR 15109: Kölner Stadtanzeiger vom 23.2.1978.
49 Josef Wißkirchen: Stadt Pulheim, S. 296.
50 ALVR 15109: Kölnische Rundschau vom 23.2.1978.
51 Der Spiegel, Nr. 21/1981, S. 77.
52 Der Spiegel, Nr. 21/1981, S. 79.

Die Arbeitsanstalt Brauweiler während des Dritten Reiches

Allgemeiner Überblick

Der 30. Januar 1933 brachte nicht nur den Beginn der Kanzlerschaft Hitlers, sondern nach der Ansicht Goebbels' den Beginn der „deutschen Revolution".[1] Nach dem Selbstverständnis der Nationalsozialisten bedeutete das zunächst die rasche Beseitigung des bestehenden politischen Systems inklusive seiner Funktionsträger und die Umsetzung des nationalsozialistischen Menschenbildes. Beides hatte unmittelbare Auswirkungen auf die Arbeitsanstalt Brauweiler.

Der dem Zentrum nahestehende Direktor Scheidges und der dem Zentrum zugehörige Landeshauptmann Horion - oberster Dienstherr der Brauweiler Beamten und Angestellten - verloren im Zuge der „Verordnung des Reichspräsidenten zur Wiederherstellung geordneter Regierungsverhältnisse" vom 6. Februar 1933, die die preußische Verwaltung von demokratisch gesinnten Beamten säubern sollte, ihre Ämter.

Im April 1933 wurde Horion durch das NSDAP-Mitglied Heinz Haake ersetzt, und Ernst Scheidges wurde am 24. April 1933 zusammen mit dem Ökonomieinspektor der Anstalt verhaftet. Der zunächst ohne offizielle Begründung vorgenommenen Verhaftung, die von einer Diffamierungskampagne in der Presse begleitet war, wurde erst am 1. März 1934 eine offizielle Anklage nachgeschoben. Scheidges soll danach bei der Bestellung von Kokskohle für die Anstalt bei einer Brennstoffhandlung, bei der er selbst geschäftlich beteiligt war, durch Zahlung überhöhter Preise bei minderwertiger Ware der Gesellschaft und sich Vorteile verschafft haben.

In dem im April 1934 in Köln stattgefundenen Landgerichtsverfahren konnten die Betrugsvorwürfe nicht bewiesen werden; Scheidges wurde hier als auch im beamtenrechtlichen Disziplinarverfahren im Dezember 1936 wegen erwiesener Unschuld freigesprochen.

---

1 Josef Goebbels: Vom Kaiserhof zur Reichskanzlei, München 1934, S. 247ff.; zitiert nach: Wolfgang Michalka (Hrsg.), S. 15.

Inzwischen waren aber die personellen Entscheidungen in Brauweiler zugunsten der Nationalsozialisten gefallen. Scheidges konnte auch nach dem abschließenden Urteil des Jahres 1937 nicht mehr auf seinen Posten zurück. Diesen hatte seit dem 3. April 1934 der überzeugte Nationalsozialist Major a.D. Albert Bosse eingenommen.[2]

Die wahren Gründe für Scheidges' Verhaftung lagen allerdings darin begründet, daß die Nazis bei ihm auf einen politisch und dienstlich prinzipientreuen Mann gestoßen waren, von dem sie nicht erwarten konnten, daß er sich der nationalsozialistischen Gleichschaltung unterwarf. Dies wurde bereits unmittelbar nach der sog. Machtergreifung deutlich. Am Tag der erwähnten Verordnung des Reichspräsidenten, am 6. Februar 1933, begann im Westdeutschen Beobachter die Pressekampagne gegen Scheidges, bezeichnenderweise ohne den später erst erhobenen Korruptionsvorwurf. Das nationalsozialistische Presseorgan warf Scheidges vor, daß eine Rede Adolf Hitlers nicht in der Arbeitsanstalt von den Insassen gehört werden durfte, weil Hauptwachtmeister Dahmen auf Anordnung Scheidges' den Radioempfang verboten habe.

In einem Brief vom 17. Februar 1933 an den Landeshauptmann rechtfertigte sich Scheidges. Danach könnten die Insassen Reden des Reichspräsidenten und des Reichskanzlers durchaus hören, wenn sie vor dem „Einschluß" lägen, den Empfang von Reden der Parteiführer gestatte er allerdings nicht, damit es in der Anstalt nicht zu Streitigkeiten komme.[3]

Hinter diesen Formulierungen verbirgt sich durchaus eine antinationalsozialistische Haltung, dieses erschließt sich aus dem Jahresbericht des evangelischen Anstaltspfarrers Rabe. Dieser Bericht stammt erst vom 29. Mai 1933, also einen Monat nach der Verhaftung Scheidges', er zeigt aber die aufbrechenden Meinungsverschiedenheiten innerhalb der Anstaltsführung vor dem Hintergrund der politischen Veränderungen. Rabe beklagt sich, daß Scheidges ihm die Verteilung nationalsozialistischer Zeitungen in den Abteilungen „unter nichtigen Vorwänden" verboten habe. Im Gegensatz dazu lobt der katholische Anstaltspfarrer Thewissen in seinem Bericht vom 30. Mai 1933 das „in jeder Hinsicht weitgehende Einvernehmen" mit dem Direktor.[4]

Im Jahr vor der nationalsozialistischen Machtübernahme, also 1932, umfaßte trotz der Weltwirtschaftskrise die Insassenzahl nur 730 Personen: 360 männliche Korrigenden und säumige Unterhaltspflichtige, 20 weibliche Korrigenden, 200 Land- und Bezirkshilfsbedürftige, 150 entmündigte Trinker und Trinkerinnen.

---

2 Über die Entlassung und den Prozeß gegen Ernst Scheidges informiert ausführlich: Josef Wißkirchen: Brauweiler Korruptionsprozeß, S. 190-209.
3 ALVR 8162.
4 ALVR 8148.

Während des Dritten Reiches

Die Zahlen stiegen in den Jahren 1933 und 1934 aber merklich an, so daß am 1. Januar 1935 die Anstalt 940 Personen der geschilderten Gruppen beherbergte.[5]

Das lag zum einen daran, daß die Nationalsozialisten Bettelei und Landstreicherei verstärkt bekämpften. Unter anderem hatte im September 1933 eine reichsweite Razzia stattgefunden, die zu über 100.000 Verhaftungen geführt hatte. Andererseits war durch das „Gesetz gegen gefährliche Gewohnheitsverbrecher und über Maßregeln der Sicherung und Besserung" vom 24. November 1933 die Begrenzung der Detentionszeit weggefallen.[6] In Brauweiler wurden im Zuge dieser Verhaftungswellen insbesondere minderjährige Bettler und Landstreicher, sog. Wanderarme, eingewiesen.[7]

Die Hintergründe für die zunehmende Bekämpfung der Bettelei und Landstreicherei lagen natürlich in der nationalsozialistischen Wertevorstellung begründet. Anstaltsleiter Bosse äußerte sich dazu in einem im „Ärzteblatt für das Rheinland" 1936 erschienenen Artikel. Darin bezeichnet er die Insassen als „Elemente", „die Ruhe und Ordnung sowie Rücksichtnahme gegenüber der Volksgemeinschaft nicht kennen, vielmehr auf deren Kosten leben". Die Bettler werden als „arbeitsscheue Individuen", die „Hilfsbedürftigen mit Arbeitszwang" als „asozial" und „Volksschädlinge" bezeichnet.

Bei der letzten Gruppe handelte es sich um Personen, die aufgrund einer gesetzlichen Bestimmung aus dem Jahre 1931 (§ 13,2 der Reichsgrundsätze über Voraussetzung, Art und Maß der öffentlichen Fürsorge) von den Wohlfahrtsämtern der Arbeitsanstalt zugewiesen werden konnten, wenn die betreffenden amtlichen Stellen den Eindruck hatten, daß die gewährte staatliche Unterstützung nicht sachgerecht verwandt und Pflichtarbeit abgelehnt wurde.[8] In der Statistik tauchen sie unter der Bezeichnung „Land- und Bezirkshilfsbedürftige" auf, sie gehörten aber nicht zum Altenheim der Hilfsbedürftigen.

Die Charakterisierung der 17-20jährigen schwersterziehbaren weiblichen Jugendlichen im „Jugendhaus Freimersdorf" fällt noch negativer aus; Bosse bezeichnet sie als „das minderwertigste Menschenmaterial", „welches die Anstalt überhaupt betreut".[9]

Neben diesen Jugendlichen, den weiblichen Korrigenden und den Prostituierten beherbergte das Frauenhaus ab 1936 noch eine Abteilung für geschlechtskranke Frauen, die sich einer Zwangsbehandlung unterziehen

---

5 ALVR 8383.
6 Josef Wißkirchen: Stadt Pulheim, S. 128.
7 ALVR 8383.
8 Albert Bosse: Brauweiler - Aufgabe und Bedeutung, S. 327f.
9 Albert Bosse: Brauweiler - Aufgabe und Bedeutung, S. 328.

Während des Dritten Reiches

mußten. Es waren aber insgesamt wenige Personen, die im Frauenlazarett untergebracht waren.[10]

Aufgrund des geschilderten nationalsozialistischen Menschenbildes und der politischen Zwangsmaßnahmen stieg die Insassenzahl während des Dritten Reiches bis zum Kriegsausbruch stetig an. Waren es 1932 noch 730 Personen, so belief sich die Zahl im letzten Friedensjahr(1938) auf 1300:

a) Landhilfsbedürftige (männlich und weiblich)	110
b) Korrigenden (Insassen, die aufgrund von § 42c und d des Reichsgesetzes vom 24.11.1933 verurteilt worden waren)	593
c) Bezirkshilfsbedürftige	225
d) säumige Unterhaltspflichtige	60
e) männliche Fürsorgezöglinge	25
f) weibliche Fürsorgezöglinge	5
g) entmündigte Trinker und Trinkerinnen	260
h) weibliche Geschlechtskranke	22
Summe:	1300[11]

Die Provinzialverwaltung erfüllte diese Veränderungen mit Stolz. Nach deren Urteil aus dem Jahr 1937 seien die „Deutsche Revolution" und die „Zeit des Konzentrationslagers" für Brauweiler ein „Frühlingssturm" gewesen, die u.a. ein Arbeitstempo gebracht hätten, „das keine schöpferische Besinnlichkeit aufkommen ließ". Seit 1934 sei man dann zu einer „planmäßigen Erneuerung und Umgestaltung der Anstalt auf allen Gebieten der Verwaltung und der Organisation geschritten". Zunächst habe dabei die „erzieherische und weltanschauliche Schulung des Beamtenkörpers" im Vordergrund gestanden, und man habe mit den „Überbleibseln geistiger Einstellung aus der Systemzeit aufgeräumt". Der Beamtenapparat sei durch „alte Kämpfer und gediente Berufssoldaten" ergänzt worden, damit „der Zustand der Anstalt wieder militärischer wurde". Durch eine neue Hausordnung, die dem „neuen" Strafvollzug angepaßt war, hätten die Beamten wieder ihre früheren Rechte den Insassen gegenüber erhalten.[12]

Die Zahl der männlichen Korrigenden erreichte 1938 ihren höchsten Stand. Sie ging danach u. a. wegen der Verfügung des Reichsjustizministers, arbeitsfähige Korrigenden Arbeitslagern zuzuführen, zurück. So gab die Arbeitsanstalt Brauweiler 1938 30 Korrigenden an das Arbeitslager Rodgau in Oberroden/Hessen ab. Einen weiteren Rückgang konnte die Anstaltsleitung mit dem Hinweis auf die Erfordernisse des Reichsnährstandes und den Einsatz von Korrigenden in der Landwirtschaft verhindern.

---

10 Albert Bosse: Brauweiler - Aufgabe und Bedeutung, S. 329.
11 ALVR 13076, Bl. 344.
12 Bericht der Rheinischen Provinzialverwaltung über ihre Tätigkeit in den Jahren 1933 - 1936. Düsseldorf o.J., S. 64.

Während des Dritten Reiches

Bei den säumigen Unterhaltspflichtigen ging die Zahl wegen der militärischen Erfassungen zurück. Nur bei den jugendlichen Fürsorgezöglingen stieg die Zahl auch 1939 weiter an. Dies resultierte vor allem aus zusätzlichen Einweisungen aus Süddeutschland in das Jugendhaus Freimersdorf.

Während der Kriegsjahre hatte die Anstalt im Sommer 1944 mit 1270 Insassen ihre größte Belegungsstärke. Diese Zahl schloß aber auch alle politischen Gefangenen mit ein.

Mit dem nationalsozialistischen Geist war auch eine härtere Behandlung in die Anstalt eingezogen. So wurden die Arbeitsverpflichtungen heraufgesetzt und die Strafen gegen Arbeitsverweigerung und „Auflehnung" wesentlich verschärft. Zum einen wurden Arreststrafen viel häufiger als früher ausgesprochen, andererseits wurden besonders „renitente" Korrigenden dem Regierungspräsidenten gemeldet, was dazu führte, daß diese bei der Entlassung aus der Arbeitsanstalt in ein Konzentrationslager überführt wurden.[13]

Mit den Veränderungen einher ging - ob ursächlich zusammenhängend oder nicht sei dahingestellt - eine Zunahme der Todesfälle. Während es 1932 zehn Todesfälle in der Anstalt gab, stieg die Zahl 1935 auf 16 und betrug 1939 25. Während des Krieges nahm sie dann sprunghaft zu und erreichte 1942 mit 77 Fällen ihren traurigen Rekord.

Nach dem Krieg führte der kommissarische Anstaltsleiter Thewissen dieses Ansteigen der Zahlen allerdings auf eine veränderte Altersstruktur und auf die durch den Krieg bedingte schlechte Ernährungslage, nicht aber auf Gewalteinwirkungen zurück. Die Toten wurden in der Regel nicht in Brauweiler beerdigt, sondern wurden seit dem 19. Jahrhundert, sofern Angehörige nicht widersprachen, der Anatomie der Universität Bonn zu Forschungszwecken überlassen.[14]

Beispielhaft für die Behandlung der Korrigenden während des Dritten Reiches ist eine Maßnahme in Zusammenhang mit der Teilräumung der Anstalt im Herbst 1944. Wegen der vorrückenden Front brachte man „unsichere asoziale Elemente" in verschiedene Konzentrationslager:

am 15.9.   111 Korrigenden i.d.Kl. Oranienburg/Sachsenhausen,
am 18.9.   115 Korrigenden i.d.Kl. Flossenburg,Weiden/Oberpfalz,
am 22.9.   34 Dirnen in das Kl. Ravensbrück/Mecklenburg,
am 23.9.   21 Jugendliche in das Jugendschutzlager Moringen.[15]

Diese Aktion war keine einmalige Maßnahme, insbesondere gegen Kriegsende scheint man alte und gebrechliche Korrigenden in KZs abgeschoben zu

---

13 ALVR 13078, Bl. 96-100.
14 ALVR 15113: Schreiben des kommissarischen Leiters Thewissen an die Polizeistation Weiden vom 11. November 1947.
15 ALVR 8148a.

Während des Dritten Reiches

Bd. 4/S. 9

Waffen-SS
Konzentrationslager Buchenwald
– Verwaltung –
Az.: Y.5 14/4/295/Bo.

Weimar-Buchenwald, den 4. Januar 1945

Betr.: Arbeitsguthaben früherer Korrigenden.
Bezug: Dort. Schreiben vom 6.12.44; 5.1.3430 K und dieses. Schreiben vom 22.12.44.
Anlage: Ohne

An die
Kasse der
Provinzial-Arbeitsanstalt
B r a u w e i l e r   b. Köln

Unter Bezugnahme auf den bereits geführten Schriftwechsel wird mitgeteilt, daß sich inzwischen die nachstehend aufgeführten Häftlinge gemeldet haben, die als ehemalige Insassen der dort. Anstalt über Arbeitsguthaben bei Anstaltskasse verfügen:

Häftl.-Nr.	Name	Vorname	Geburtsdatum	Angaben über das vermutliche Guthaben
76585	Meuer	Hermann	14.10.88	ca. RM 300.—
85342	Schön	Peter	4.6.90	300.—
85341	Floppa	Wilhelm	7.1.91	280.—
76586	Berthold	Richard	21.5.93	185.—
85362	Forstbach	August	1.2.82	200.—
76552	Kost	Johann	2.1.78	350.—
87886	Schmoldt	Martin	11.11.76	50.—
81892	Richter	Wilhelm	15.5.79	50.—
85354	Ritter	Johann	26.2.87	340.—
85357	Hartmann	Peter	4.5.79	100.—
85368	Huppelsberg	Wilhelm	17.8.83	100.—
85376	Rassinger	Philipp	9.2.85	300.—
85379	Scheurell	Paul	21.4.82	200.—
85388	Horst	Karl	11.9.82	300.—
85407	Lustig	Max	13.11.79	300.—
85367	Gutstein	Karl	28.9.85	250.—
76478	Engmann	Ernst	7.2.79	100.—
76569	Esch	Hermann	13.12.74	150.—
76573	Puppe	Karl	21.6.79	130.—
76584	Theisen	Heinrich	8.8.74	100.—
76562	Eckmann	Albert	4.2.81	220.—
76670	Traurich	Peter	24.6.74	300.—
(siehe diess. Schreiben vom 22.12.1944)				
76678	Theisen	Emmerich	6.7.74	140.—
76742	Feßgstroth	Gustav	9.9.71	120.—
78512	Priester	Heinrich	17.10.74	250.—
85347	Stadie	Richard	30.11.73	220.—
85348	Schambiers	Julius		200.—
		Sembria	24.8.72	200.—
85358	Postinet	Bernhard	23.12.73	120.—
85359	Ruffing	Albert	27.10.72	400.—
85366	Walter	Johann	15.9.78	100.—
85369	Reich	Karl	5.8.74	100.—
85371	Brasseler	Konrad	14.5.98	120.—
85372	Funk(e)	Emil	6.4.75	130.—
85375	Weisinger	Max	27.6.79	200.—
85377	Schaffner	Valentin	1.2.77	220.—
85380	Friedel	Richard	83.3.65	10.—

– wenden –

Auflistung von ehemaligen Brauweiler Korrigenden, die 1944 ins KZ Buchenwald deportiert wurden (BA Weimar)

**Rheinisches Provinzial-Institut
für psychiatrisch-neurologische
Erbforschung.**
Direktor Prof. Dr. Pohlisch.
Leitender Arzt Oberarzt Dr. med. habil. Panse.

Bonn, den 29. 4. 1937
Kölnstraße 208
Fernsprecher: 2676

An den

Herrn Direktor

der Rheinischen Prov. Arbeitsanstalt

B r a u w e i l e r .

Ihre Zeichen:
Ihre Nachricht vom:
Unsere Zeichen: Pa/N

Sehr geehrter Herr Direktor!

Für die ausserordentlich bereitwillige Hilfe, die Sie dem Institut haben zukommen lassen durch die Verkartung des dortigen reichhaltigen Materials, möchte ich Ihnen meinen besonderen Dank aussprechen. Ich bestätige sogleich den Empfang der 5 585 Karten für weibliche und männliche Korrigenden.

Die Karten sind in ihrer vorzüglichen Ausführung eine wertvolle Bereicherung unserer Kartei.

Heil Hitler!

Schreiben des Rheinischen Provinzial-Institutes für psychiatrisch-neurologische Erbforschung, eingerichtet an der Universität Bonn während des Dritten Reiches, an die Provinzial-Arbeitsanstalt Brauweiler (ALVR)

haben. Belegt wird diese Tatsache durch ein Schreiben der KZ-Verwaltung Buchenwald vom 4. Januar 1945. Die KZ-Verwaltung fordert die Leitung der Arbeitsanstalt auf, für 39 namentlich genannte ehemalige Korrigenden die in der Arbeitsanstalt angesparten Guthaben zu überweisen. Die angeführten Geburtsdaten zeigen, daß es sich zumeist um ältere Personen handelte.[16]

Diese sozialdarwinistische Einstellung hatte sich aber schon in den 30er Jahren gezeigt, denn die Arbeitsanstalt veranlaßte zahlreiche Zwangssterilisationen. Anstaltsleiter Bosse äußerte sich diesbezüglich in dem schon erwähnten Ärzteblatt, daß die Anstaltsleitung bei Fällen von „schwerem Alkoholismus" und „angeborenem Schwachsinn" den Antrag auf Sterilisation stelle. Bis 1936 waren nach Bosses Angaben bereits 212 Anträge gestellt worden, von denen nur 22 abgelehnt worden waren.[17] Die rechtliche Grundlage für diese Maßnahmen lieferte das „Gesetz zur Verhütung erbkranken Nachwuchses" vom 14. Juli 1933. Der chirurgische Eingriff erfolgte in der Universitätsklinik Köln-Lindenthal. Bis 1945 wurden ca. 550 Zwangssterilisationen an Brauweiler Insassen durchgeführt.[18]

Aus den nationalsozialistischen Rassevorstellungen ergaben sich zwangsläufig auch erbbiologische Untersuchungen an den Brauweiler Insassen. Deshalb arbeitete die Anstalt seit 1936 eng mit dem an der Universität Bonn ein Jahr zuvor gegründeten „Institut für psychiatrisch-neurologische Erbforschung" zusammen. Man erfaßte karteimäßig alle angeblich erbkranken Personen und leitete die Daten nach Bonn weiter.[19]

Der nationalsozialistische Geist zeigte sich auch bei der Ausgestaltung des Tagesablaufs in der Anstalt. Für das Personal, das nun Gefolgschaft hieß, wurden Gefolgschaftsappelle im Kaisersaal zur Pflicht.[20]

An sog. nationalen Feiertagen nahm die dienstfreie Belegschaft in militärischer Formation an Ortsumzügen zusammen mit Wehrmacht, Partei, NS-Reichsverbänden teil. Häufig endete der Umzug in der Gaststätte Heuser, um eine Radioübertragung aus Berlin gemeinsam zu empfangen.

Zu bestimmten Anlässen hielt auch Anstaltsleiter Bosse Ansprachen an die versammelten Insassen. In seiner Ansprache zum Kriegsbeginn vom 4. September 1939 forderte er die Zuhörer u.a. zu „besonders willigem und hausordnungsgemäßigem Betragen" auf; bei Übertretungen drohte er harte Strafen an. Diese Rede wurde auch in den Außenkommandos verlesen. Am 18. September 1939 ließ er seinen Worten Taten folgen, es erging eine Anord-

---

16 BA Weimar, NS 4, Bd. 4, S. 9.
17 Albert Bosse: Brauweiler - Aufgabe und Bedeutung, S. 327f.
18 Über die Zwangssterilisationen berichtet detailliert: Josef Wißkirchen: Stadt Pulheim, S. 132ff.
19 Albert Bosse: Brauweiler - Aufgabe und Bedeutung, S. 328.
20 Josef Wißkirchen: Stadt Pulheim, S. 129.

Während des Dritten Reiches

Aufmarsch nationalsozialistischer Verbände zum 1. Mai 1937 vor der Arbeitsanstalt

Erntedank-Umzug, Oktober 1936 mit Beamten der Arbeitsanstalt

Während des Dritten Reiches

In der Arbeitsanstalt einquartierte Flaksoldaten. Im Hintergrund auf der Tafel die Anweisung für die Soldaten: «Das Umherlaufen in der Anstalt und das Unterhalten mit den Anstaltsinsassen ist verboten! Der Direktor», Foto von Anfang 1942

Fliegerbeobachtungsturm im Prälturhof, Foto von 1942

nung, daß alle körperlichen Angriffe auf Beamte durch Sondergerichte mit dem Tod bestraft werden sollten.[21]

Wehrmachtseinheiten in der Brauweiler Anstalt

Die Lage änderte sich in der Anstalt mit Kriegsbeginn auch insofern, daß die Arbeitsanstalt nach dem Reichsleistungsgesetz verpflichtet war, Räume und Gebäude für militärische Einheiten bereitzustellen. In der Folgezeit wurden so Gebäude immer häufiger von Militäreinheiten benutzt. Bereits im Oktober 1939 beherbergte die Anstalt eine berittene Artillerie-Batterie mit Geschützen, Fahrzeugen und 100 Pferden. Diese Einheit war in den Schuppen der Schwemmsteinfabrik untergebracht und zog am 17. Dezember 1939 ab. Ihr folgten eine motorisierte Batterie, Teile der 4. Panzer-Division, zwei motorisierte Infanterie-Kompanien und Teile der Armeereserve.[22]

Seit Kriegsbeginn war zudem zum Schutz des RWE-Umschaltwerks vor Bombenangriffen eine Flakbatterie in der Anstalt untergebracht. Die anfängliche Unterbringung der Flakgeschütze auf dem Dach des Prälaturgebäudes erwies sich als ungeeignet. Deshalb errichtete man einen Holzturm als Befehlsstand im Hof des Prälaturgebäudes.[23]

Die Flakuntergruppe und der dazugehörige Stab der Fluguntergruppe aus Ossendorf (L00213) benötigten natürlich auch Unterkunftsräume, und die Raumansprüche wurden mit zunehmender Kriegsdauer immer umfangreicher. So mußte Anstaltsleiter Bosse im November 1944 seine Diensträume und die des katholischen Anstaltspfarrers im Prälaturgebäude sowie den Kaisersaal und die dahinter liegenden Geschäftszimmer, das Besuchs- und Wartezimmer im Erdgeschoß dieser militärischen Einheit zur Verfügung stellen.[24]

---

21 ALVR 17355.
22 ALVR 13121, Bl. 29, Bl. 47f, Bl. 74, Bl. 93.
23 ALVR 13121, Bl. 93, Bl. 110.
24 ALVR 17355

Die Arbeitsanstalt Brauweiler als politische Anstalt während des Dritten Reiches

Konzentrationslager Brauweiler

Hitlers politische Taktik zwischen der Machtübernahme am 30. Januar und den Reichstagswahlen am 5. März 1933 beinhaltete einen Stufenplan der Einschüchterung politischer Gegner. Dies sollte durch Verordnungen des Reichspräsidenten, wie die Notverordnung zum „Schutz des deutschen Volkes" vom 4. Februar (Außerkraftsetzung wesentlicher Grundrechte) und die „Verordnung des Reichspräsidenten zur Herstellung geordneter Regierungsverhältnisse" vom 6. Februar (die preußische Verwaltung wird von demokratisch gesinnten Beamten gesäubert), legalisiert werden. Die Umsetzung der Vorhaben konnte am leichtesten in Preußen erfolgen, da seit dem Staatsstreich gegen Preußen vom 20. Juli 1932 die Reichsregierung in diesem Reichsland das Sagen hatte, und die neue preußische Regierung mit Innenminister Göring über die Exekutive verfügte. Dies wurde noch dadurch ausgeweitet, daß Göring am 22. Februar 1933 ca. 50.000 Mann aus SA, SS und Stahlhelm zu Hilfspolizisten ernannte.

Nach dem Reichstagsbrand vom 27./28. Februar 1933 konnte es die NSDAP wagen, den verhaßten „Bolschewismus" und „Marxismus" ganz und rasch zu beseitigen. Den Behauptungen vom kommunistischen Aufstandsversuch und der sozialdemokratischen Mitverantwortung folgten Ausnahmeverordnungen und Gewaltmaßnahmen. Die am 28. Februar erlassene sog. Brandverordnung zur Bekämpfung der KPD setzte u.a. Grundrechte außer Kraft und drohte drakonische Strafen bei Zuwiderhandlungen an. Wichtig war aber, daß der Notverordnung keine Ausführungsvorschriften folgten, und es somit den Ländern überlassen blieb, diese Verordnung auszufüllen. Folglich legte Göring in Preußen die Verordnung sehr umfangreich aus.[1]

---

1 Martin Broszat: Der Staat Hitlers, S. 99ff.

Unmittelbar nach dem Reichstagsbrand setzte eine Verhaftungswelle ein. Beim ersten Verhaftungsschub waren es 4000 Kommunisten und einige Sozialdemokraten. Bis zum 30. April 1933 waren es in Preußen ca. 25.000 sog. Schutzhaftgefangene. Da die bestehenden Gefängnisse diese Anzahl nicht aufnehmen konnten, wurden von SA und SS sog. wilde Konzentrationslager in ausgedienten Fabrikgebäuden u.ä. eingerichtet, oder - wie im Falle der Arbeitsanstalt Brauweiler - erinnerte man sich an früher genutzte Räumlichkeiten der Justizvollziehung.[2]

Nach den Untersuchungen von Wißkirchen wurden seit dem 1. März 1933 politische Häftlinge aus dem Landkreis Köln und wohl auch aus Köln selbst nach Brauweiler gebracht. Am 13. März 1933 ordnete der Regierungspräsident gegenüber dem Landeshauptmann der Rheinprovinz nachträglich an, daß in Brauweiler Polizeigefangene unterzubringen seien.[3]

Für die Koordination der Verteilung der politischen Häftlinge auf die einzelnen Inhaftierungsorte im Raum Aachen, Köln, Düsseldorf, Münster, Hamm war der Polizei-Kommandeur West mit Sitz in Recklinghausen zuständig. Da insbesondere im Ruhrgebiet ein Mangel an Haftraum herrschte, wurden besonders viele politische Gefangene aus diesem Raum nach Brauweiler gebracht.

Aus einem abschließenden Bericht über das Konzentrationslager Brauweiler vom Juli 1934 durch Anstaltsleiter Bosse erfährt man, daß die massive Einweisung von politischen Häftlingen am 6. April 1933 begann. Zur Unterbringung dienten der Zellentrakt, Teile des ehemaligen Bewahrungshauses und für weibliche Gefangene das Frauenhaus. Neben dem Anstaltspersonal wurden SA-Leute und ab Juli 33 SS-Leute zur Bewachung eingesetzt. Die Auflösung des Konzentrationslagers erfolgte durch eine Verfügung des preußischen Ministerpräsidenten Göring am 12. März 1934.[4]

Die Zahl der Gefangenen stieg rasch stark an, waren es Anfang April 33 noch 193, so betrug die Zahl Ende Mai bereits 360.[5] Im Oktober erreichte die Zahl der sog. Schutzhäftlinge mit 895 ihren höchsten Stand in Brauweiler. Da nur ca. 200 Einzelzellen zur Verfügung standen, mußten die Zellen mit drei bis fünf Personen belegt werden.[6]

Anfangs waren es fast ausschließlich Kommunisten, die inhaftiert worden waren, aber noch vor dem Verbot der SPD am 22. Juni 1933 wurden auch

---

2 Josef Wißkirchen: Konzentrationslager Brauweiler, S.159. Der Aufsatz informiert detailliert über die Funktion von Teilen der Arbeitsanstalt als Konzentrationslager 1933/34, über dessen Belegungsstärke sowie über die Zusammensetzung der Inhaftierten.
3 Josef Wißkirchen: Konzentrationslager Brauweiler, S. 156f.
4 ALVR 8148, Bl. 87f.
5 ALVR 8383, Bl. 78.
6 Josef Wißkirchen: Konzentrationslager Brauweiler, S.163 und S. 165.

Sozialdemokraten verhaftet und nach Brauweiler gebracht. Zu den prominenten sozialdemokratischen Häftlingen in Brauweiler zählten Karl Zörgiebel, ehemaliger Polizeipräsident von Köln, Berlin und Dortmund und Otto Bauknecht, Nachfolger Zörgiebels als Polizeipräsident in Köln.[7]

Nach Berichten der kommissarischen Anstaltsleitung nach dem Krieg kamen die politischen Häftlinge der Jahre 1933/34 aus den Polizeipräsidiumsbezirken Köln, Aachen, Düsseldorf und Münster. Die SA-Wachen kamen aus Brühl, auf Veranlassung der Kriminalpolizei wurden im Sommer 1933 Männer des SS-Sturms Bonn als Hilfspolizisten zur Bewachung herangezogen. Diese hatten angeblich keine selbständige Stellung oder Verfügungsgewalt[8]. Der kommissarische Anstaltsleiter Thewissen schreibt diesbezüglich: „Ich wüsste nicht, dass bisher auch nur einer der Schutzhäftlinge aus den Jahren begründete Klage erhoben hätte über die Behandlung, die er hier erfahren. Ich möchte es dem glücklichen Umstande zuschreiben, dass der ganze Ordnungsdienst in Händen alter, bewährter Anstaltsbeamter lag. Alle Versuche, den Ordnungsdienst durch SS oder SA durchführen zu lassen, konnten glücklicherweise abgewiesen werden."[9]

Anstaltspfarrer Thewissen wollte mit diesen Aussagen sicherlich die Brauweiler Beamten schützen, denn die Behandlung der Gefangenen war alles andere als ordnungsgemäß. Schon die Deutschlandberichte der Exil-SPD gaben eindeutige Hinweise, daß die Häftlinge in Brauweiler bewußt geschlagen wurden.[10]

Die Anstaltsleitung war sich der Tatsache bewußt, daß diese Häftlinge nicht zum normalen Bild der Insassen paßten. So wollte der stellvertretende Anstaltsleiter Kirschieben die Häftlinge durch „vermehrte religiöse Betreuung bekehren" lassen.[11] Mit solchen Bemühungen hatten die beiden Anstaltsgeistlichen aber wenig Erfolg. Der katholische Pfarrer Thewissen führte für sie zwar eine allgemeine religiöse Unterrichtsstunde ein, mußte aber den Versuch bald beenden, „weil es einzelnen nur darauf ankam, Einwendungen zu machen". Die politischen Häftlinge nutzten natürlich solche Gelegenheiten zur kritischen Betrachtung der allgemeinpolitischen und ihrer Situation. Der dem neuen Regime gegenüber aufgeschlossene evangelische Anstaltsgeistliche kennzeichnet die politischen Häftlinge als Menschen mit „hartem Herz" und als „in Irrgängen gefangene Seelen".[12]

Nach Prüfung ihrer Entlassungswürdigkeit konnten die „Schutzhäftlinge" nach durchschnittlich viermonatiger Inhaftierung das Konzentrationsla-

---

7 Josef Wißkirchen: Konzentrationslager Brauweiler, S. 165f.
8 ALVR 15113: Bericht vom 12. April 1948.
9 ALVR 13076: Bericht vom 16. Dezember 1945.
10 Josef Wißkirchen: Konzentrationslager Brauweiler, S. 173.
11 Josef Wißkirchen: Konzentrationslager Brauweiler, S. 173.
12 ALVR 8148: Berichte der Anstaltsgeistlichen 1933/34.

Politische Anstalt: Konzentrationslager, Gestapogefängnis

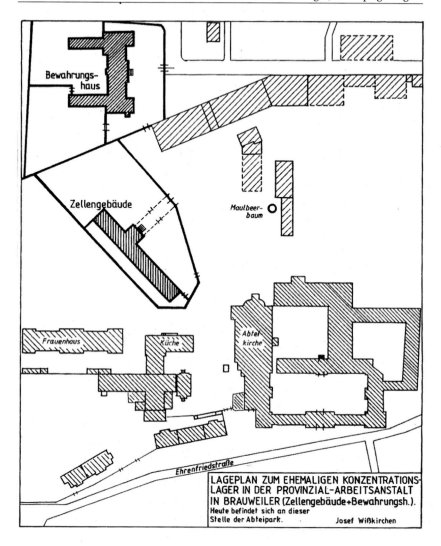

Politische Anstalt: Konzentrationslager, Gestapogefängnis

ger Brauweiler verlassen. Bei der Entlassung mußten sie einen „Verpflichtungsschein" unterschreiben, in dem sie sich zur politischen Enthaltsamkeit verpflichteten und auf Ansprüche gegen den Staat wegen der Inhaftierung verzichteten.[13]

Die weibliche Abteilung des Konzentrationslagers befand sich im Frauenhaus. Hier waren in der Zeit 1933-34 insgesamt 81 Frauen inhaftiert, unter ihnen die Mutter des späteren nordrhein-westfälischen Ministerpräsidenten Kühn.[14] Von diesen weiblichen Häftlingen existiert eine Namenliste mit Angaben über Einweisungs- und Entlassungsdatum. Die Liste beginnt am 3. Mai 1933 mit der Inhaftierung von zehn Frauen. Die letzten Einlieferungen finden Ende Oktober 1933 statt.[15]

Insgesamt waren zwischen März 1933 und März 1934 über 2000 „Schutzhaftgefangene" in Brauweiler inhaftiert, die vom Anstaltspersonal und ca. 30 SA- und SS-Leuten bewacht wurden.[16]

Am 21. August 1933 erschien in der Essener National-Zeitung, einem Organ der Nationalsozialisten, ein ganzseitiger Bericht über das Konzentrationslager Brauweiler, der von dem Journalisten Herbert Koch nach einem Besuch in Brauweiler geschrieben worden war:

So sieht ein Konzentrationslager aus
... Brauweiler. Kleines Dorf im Landkreis Köln, Deutschlands bekannteste Rasenbleiche, Sommerfrische für Tippelkunden, erstes Hotel am Platze für allzu leichtsinnige Heckenbrüder, - Brauweiler hat eine neue Bestimmung. Hinter schwedischen Gardinen sitzen wohlverwahrt 800 freundliche Mitmenschen, die dem Nationalsozialismus und denen der Nationalsozialismus nicht ganz grün war, die im Heil-Moskau-Schreien und Pistolenschießen um Meisterehren stritten und die nun durch Arbeit und Strammstehen langsam anderen Begriffen von Volkstum entgegenträumen.
Also Brauweiler ist zum Teil Konzentrationslager geworden.
Und da ich - ehrlich gesagt - ganz unverhohlenes Interesse für gut entsprechend und zweckmäßig untergebrachte Zeitgenossen habe, so nahm mich eines Tages der Kriminalrat Maslak von der Abt.I in Essen mit, den Herren Gegnern von vorgestern meine Aufwartung zu machen.
Zur Information: In Brauweiler sind heute etwa 800 politische Gefangene untergebracht. Das bedeutet eine sehr starke, aber immer noch erträgliche Besetzung das Gefängnisses. Es mangelt allerdings an Arbeitsmöglichkeiten,

---
13 Josef Wißkirchen: Konzentrationslager Brauweiler, S. 177f.
14 Bernd Rusinek, S. 206.
15 ALVR 15080.
16 Bericht der Rheinischen Provinzialverwaltung über ihre Tätigkeit in den Jahren 1933-1936. Düsseldorf o.J., S. 64.

so daß immer rund 300 Mann arbeiten können, die sich gegenseitig ablösen. Dann haben die Herren Kommunisten wieder etwa drei Wochen Ruhe. Da aber bald eine ziemliche Umorganisation stattfinden wird, steht zu hoffen, daß den politischen Gefangenen das beste Erziehungsmittel, die Arbeit, in durchaus ausreichendem Maße zuteil wird.

Was zuerst in Brauweiler auffällt, ist die peinliche Sauberkeit...

Wir kommen in das Hauptgebäude, das früher als Arbeitshaus gedacht war. Innen - Licht, Luft und Sonne. Man kann von einer Stelle aus sämtliche Korridore und Etagen übersehen. Es ist Besuchstag, in Trupps zu zwanzig werden die Gäste in die Sprechzimmer geführt. Freundliche SA-Männer mit der Binde Hilfspolizei geleiten die Besucher, kontrollieren aber mit scharfen Augen den Austausch der vorher und nachher geprüften mitgebrachten Pakete. Merkwürdige Typen sind diese Besucher - fast noch merkwürdiger als das Ständegemisch der Insassen. Von der in Trainingshosen und per Motorrad ankommenden Gattin des Salonbolschewisten bis zur Pappschachtel tragenden Bubikopf-Braut des Rotfrontmarodeurs.

Der Aufseher erzählt zunächst. Aus dem ganzen Westen sind hier die Herren Marxisten eingeliefert worden, aus dem Rheinland und Westfalen. Den besten Eindruck machten die Häftlinge aus Unna, denn hier hatte die Unnaer SS in väterlicher Strenge für den entsprechenden Komment gesorgt, so daß die Eingebuchteten im Paradmarsch und mit nationalsozialistischen Liedern in das Gefängnis eingezogen kamen....

Rebellisch ist noch keiner geworden, auch Fluchtversuche sind unterblieben, geschweige denn eine Entweichung. Die Gefangenen bekommen eine glänzende Verpflegung, dürfen rauchen, keiner sitzt in Einzelhaft, und eine reichhaltige Bibliothek steht ihnen zur Verfügung.

Aber dennoch - die Zucht ist eisern.

Wir betreten eine Zelle. Der Älteste, ehemals Rektor einer freien Schule, noch verhältnismäßig jung an Jahren, mit Koteletten und den charakteristischen Zügen des Salonbolschewisten, springt auf, schreit: ‚Achtung!' Die übrigen Gefangenen stehen stramm, Hand zum Hitlergruß, der Älteste meldet: ‚Stube 49, belegt mit 5 Mann, angetreten!' - ‚Rühren.'

Diese Stube 49 war übrigens interessant. Da saß besagter Rektor, ein Student, einige Feld-, Wald- und Wiesenkommunisten und ein siebzehnjähriges Bürschchen. Auf die Frage, warum er denn hierhin gekommen ist, gibt er zur Antwort, daß ihm das auch schleierhaft sei. Hinterher erfahren wir, daß er Hauptmotz im Kölner kommunistischen Jugendbund gewesen ist, ein trotz seines Aussehens wie Milch und Blut gefährlicher Knabe. An ihn war eines Tages ein Brief adressiert, der den schönen Satz enthielt: ‚Hoffentlich läßt man Dich bald frei. Der Blümchenpflückerverein lebt wieder auf.'

...

Wir gehen durch das geräumige, lichterfüllte Haus. Wenn die starken Zel-

lentüren nicht wären - man hätte nicht den Eindruck eines Gefängnisses. Alles ist Licht, Luft und Sonne. In schnurgeraden Linien laufen die Etagen dahin. Die Zellen sind geräumig und hell, vor jedem Fenster blüht der wilde Wein.

Wie mancher Zeitgenosse wohnt in Räumen, die dunkle Höhlen gegen diese Zellen sind. Wie manche Volksgenossen wären froh, wenn sie so reichlich zu essen hätten wie die Konzentrationsgefangenen der nationalen Revolution.

Man hat so seine Gedanken, wenn man durch Brauweiler geht. Gewöhnung an Arbeit, an Zucht und Pflichterfüllung - damit ‚bestraft' der Nationalsozialismus seine Gegner. Und uns hat man vorgeworfen, wir wären unchristlich, wir wären eine Räuberbande, die nur zufrieden wäre, wenn sie sich auf der Straße herumschlagen könnte.

Allerdings, das soll sich jeder gesagt sein lassen, die Humanitätsduselei des Liberalismus hat aufgehört in den Gefängnissen. Disziplin herrscht, und wie!

...

Das ist das Problem Brauweiler: Dort, wo Deutschland verkörpert wird durch Tradition, durch Gottglauben, durch blühende Gärten und grünes Feld, durch Zeugen deutscher Geschichte und deutschen Ruhms, dort schützt sich Deutschland vor den Menschen, die alles dies zerstören wollten.

Gibt es ein besseres Erziehungsmittel?[17]

Bis zum Jahr 1934 hatten die Nationalsozialisten die ersten Fäden des späteren Netzes von Konzentrationslagern über Deutschland gesponnen: z.B. Dachau, Papenburg, Oranienburg. Gleichzeitig war Kritik - insbesondere aus Reihen der Industrie - an den „wilden KZs" der SA laut geworden. Deshalb wurden Anfang März 1934 die Schutzhaftabteilungen in den Gefängnissen, so auch in Brauweiler, auf Anweisung Görings aufgelöst.

In Brauweiler gab es zu diesem Zeitpunkt noch 285 politische Häftlinge, diese galten den Nationalsozialisten als besonders gefährlich. Die männlichen „Schutzhäftlinge" wurden mit der Auflösung des Konzentrationslagers Brauweiler in das KZ Papenburg/Ems verlegt, die weiblichen in das Landeswerkhaus Moringen bei Göttingen.[18]

---

17 Josef Wißkirchen: Konzentrationslager Brauweiler, S. 166ff.
18 ALVR 8148, Bl. 88.

**DER LEITER
DES KONZENTRATIONSLAGERS BRAUWEILER**

Fernsprecher: Köln Amt West 59650151, Amt Frechen Nr. 2
Geschäftsstunden: 8 bis 12 Uhr und von 14 bis 18½ Uhr
Eisenbahnstation für Personen Lövenich, für Güter Gross-Königsdorf, für Waggonladungen Pulheim, Anschlussgleis R.W.E.

Ihr Zeichen — Ihr Schreiben vom [Landrat Unna i. W. Eing.: 15. MRZ. 1934 L Nr.] — Bei Antwort anzugeben Tagebuch Nr. — Brauweiler bei Köln 13. März 34

    Auf Anordnung des Herrn Preuß. Ministerpräsidenten ist das hiesige Konzentrationslager aufgelöst; die hier untergebracht gewesenen Schutzhaftgefangenen sind nach Papenburg verlegt worden.

    Aus dem dortigen Bezirk wurden in das Konzentrationslager Papenburg/Ems verlegt
am <u>8.3.34</u>:

                                          aus Altenbögge,
                                          " Rünthe,
                                          " Heeren,
                                          " Fröndenberg,
                                          "   ",
                                          " Hövel,
                                          " Hamm,
                                          " Hamm,
                                          " Hamm;

am <u>12.3.34</u>:

                                          " Bergkamen,
                                          " Altenbögge,
                                          " Bönen,
                                          " Altenbögge,
                                          " Rünthe,
                                          " Bergkamen,
                                          " Herringen und
                                          " Bönen.

I.A.

An
den Herrn Landrat
   in <u>Unna</u>.

Verlegungsanordnung für die Insassen des Konzentrationslagers Brauweiler in das KZ Papenburg/Ems vom 13. März 1934. Die aufgeführten Namen sind abgedeckt. (StA M)

Gestapohilfsgefängnis Brauweiler

Inhaftierungswellen zwischen 1938 und 1942

In dem schon erwähnten Thewissen-Bericht aus dem Jahr 1945 heißt es über die Nutzung von Teilen der Arbeitsanstalt als Gestapoabteilung: „Im Grunde genommen war die Gestapo schon seit der Machtübernahme hier... Bei jeder besonderen Aktion, die das Hitler-Regiment durchführte, wurde der Zellenbau hier entweder vom Generalstaatsanwalt Köln oder vom Polizeipräsidium Köln beschlagnahmt; so 1933 für die Kommunisten, später für die Juden, nachher für die Spanienkämpfer, Polen, Holländer und Belgier, die alle nur vorübergehend hier in Gewahrsam waren und entweder nach kurzer Zeit entlassen oder sonstwie abtransportiert wurden... Anders wurde die Situation, als die Gestapo selbst im April 1944 den Zellenbau bezog."[19]

Eine „besondere Aktion" im beschriebenen Sinne war die Verhaftungswelle nach der Reichspogromnacht im November 1938. Mehrere hundert Juden aus den Kreisen Köln und Bergheim sowie aus dem Siegkreis wurden hier für einige Tage inhaftiert, bevor sie in mehreren Transporten vom Bahnhof Großkönigsdorf ins KZ Dachau gebracht wurden.[20] Aber auch die Juden aus der Stadt Köln wurden nach Brauweiler gebracht. Der belgische Botschafter war zufälligerweise Augenzeuge der Pogrome in Köln. An seinen Außenminister schrieb er: „Die Juden, die im gleichen Gebäude wohnten, wo sich auch ihre Geschäfte befanden, wurden mißhandelt und in speziellen Lastwagen zur GESTAPO-Zentrale gefahren. Von dort wurden sie weiter ins Gefängnis von Braunweiler[sic!] transportiert..."[21]

Anstaltsleiter Bosse berichtet in einem Brief vom 15. November 1938 an den Oberpräsidenten der Rheinprovinz, daß am gleichen Tag „die restlichen 307 Juden... durch Polizeibeamte aus der Arbeitsanstalt nach Station Großkönigsdorf zum Transport nach Dachau abgeführt" worden seien.[22]

Für den Fall der Mobilmachung sollte die Arbeitsanstalt Brauweiler die in einer 1937 von den Polizeistellen angefertigten Kartei verzeichneten „Staatsfeinde" des Kölner Raumes nach deren Verhaftung bis zum Weitertransport ins KZ Sachsenhausen aufnehmen.[23]

Das Ausmaß der Umsetzung dieses Erlasses läßt sich für die Arbeitsanstalt quantitativ nicht klären. Die Anstalt war im Jahr 1939 mit 1066 Personen und 25 Patientinnen der erst 1938 gegründeten Station für „geschlechtskranke Frauen" noch sehr stark belegt.[24] Daß aber die Arbeitsanstalt Brau-

---

19 ALVR 13076.
20 Josef Wißkirchen: Stadt Pulheim, S. 135.
21 K. Repgen, S. 114.
22 ALVR 17351.
23 Widerstand und Verfolgung in Köln 1933-1945, S. 360ff.
24 ALVR 13078, Bl. 96, 98.

1) An ab 10/11 38
   die Provinzial Arbeitsanstalt

   in Brauweiler bei Köln

   ——— xxx xxx   10.11.   II a)   10.11.1938.
                 1938   3105

Funkspruch vom 10.11.1938 der Geheimen Staatspolizeistelle Köln,
Festnahme von allen männlichen Juden im Alter von 18 bis 50 Jahren.
-.-.-.-.-

            Auf Grund der oben bezeichneten Verfügung wurden heute
hier folgende männliche Juden festgenommen, die hiermit der
Geheimen Staatspolizeistelle in Köln zugeführt werden:

Name: **Geburtstag:**   **Wohnort:**
1) Dornbusch Wilhelm 9.10.1899   Hennef-Sieg, Bergstrasse 24
2) Isaak Albert   30.12.1894   "   "   Hanftalstr.8,
3) Isaak Max   10.10.1901   "   "   Bonnerstrasse 71
4) Kaufmann Ernst   20.1.1900   Rott No.6 bei Hennef
5) Kaufmann Julius   7.9.1895   Rott No. 6   "   "
6) Kaufmann Eduard   13.7.1897   Rott No.36   "   "
7) Knobel Aron Baruch 1.10.1892   Hennef, Bonnerstr.78,
8) Schönenberg Moritz 23.11.1893   Hennef, Bonnerstr.97,
9) Schönenberg Armand 3.12.1892   Hennef, Söwenerstr.114,
10) Wolff Hermann   15.8.1900   Hennef, Bergstrasse 72
11) Hasseling Theodor 15.8.1915   Hennef, Stossdorferstr.6.

   Ein besonderer Bericht unter Beifügung von Personalbogen
wird unmittelbar an die Staatspolizei in Köln ergehen.
   Die Einlieferung der vorbezeichneten Gefangenen erfolgt auf
Grund der telefonischen Weisung der Staatspolizeistelle Köln
(Bezirkssekretär Essing) vom heutigen Tage.

                                             Jm Auftrage:
2) Zu den Akten.

Einlieferung von verhafteten Juden aus Hennef/Sieg nach Brauweiler. Schreiben des Amtsbürgermeisters von Hennef an die Provinzial-Arbeitsanstalt Brauweiler vom 10.11.1938 (OFD Köln)

Politische Anstalt: Konzentrationslager, Gestapogefängnis

weiler mit Kriegsbeginn im September 1939 trotz der hohen Belegungszahlen „Staatsfeinde" aufnehmen mußte - und nicht nur aus der Stadt und dem Landkreis Köln - belegt ein Schreiben des Polizeipräsidenten in Mönchengladbach-Rheydt vom 1. Februar 1940, in dem von der Überstellung eines politischen Gefangenen nach Brauweiler die Rede ist.[25] Aber auch aus den nach dem Krieg bei der Anstalt eingegangenen schriftlichen Anfragen nach Bescheinigungen über Inhaftierungszeiten - die von der Anstalt allerdings in der Regel mit dem Hinweis auf kriegsbedingte Unterlagenverluste negativ beschieden wurden - wird deutlich, daß es Anfang 1940 in Brauweiler politische Gefangene gab.[26]

Über die Nutzung von Teilen der Anstalt Brauweiler als politische Haftanstalt äußerte sich nach dem Kriege der kommissarische Leiter Pfarrer Thewissen am 12. November 1947 auch auf eine Anfrage der „Vereinigung der Verfolgten des Naziregimes"(VVN): „Seit der Machtübernahme wurde die Anstalt Brauweiler zeitweise auch von der Gestapo in Anspruch genommen. Wenn bei der Durchführung grösserer Aktionen die Gefängnisse des Rheinlandes, besonders der Bezirke Düsseldorf, Köln und Aachen überfüllt waren, wurden Räume der Anstalt beschlagnahmt und mit Gestapogefangenen in wechselnder Anzahl belegt. Die Verfügung über die Inhaftierten behielt die Gestapo; die Anstalt übernahm lediglich die Verpflegung und zeitweise auch die Bewachung... Mit grossen Unterbrechungen wurden in den folgenden Jahren grössere und kleinere Gruppen Juden, Belgier, Holländer (Studenten), Spanienkämpfer untergebracht."[27]

Bei den genannten Gruppen lassen sich nach den jüdischen Inhaftierten in Folge der Reichspogromnacht zeitlich gesehen als nächste inhaftierte Großgruppe holländische Staatsbürger im Frühjahr 1940 nachweisen. Nach einem Bericht der Anstalt an den Oberpräsidenten der Rheinprovinz von Mai 1940 wurden zwischen dem 13. und 17. Mai 1940 35 Holländer und zwei Belgier von der Ausländerabteilung des Kölner Polizeipräsidiums im Brauweiler Zellentrakt inhaftiert, die am 17. Mai ins KZ Dachau transportiert wurden. Als Inhaftierungsgrund nennt der Bericht „Repressalie gegen die Behandlung Deutscher im feindlichen Ausland".[28]

Sogenannte Spanienkämpfer - also zumeist Deutsche, die im spanischen Bürgerkrieg gegen die Faschisten gekämpft hatten und von diesen nach ihrer Gefangennahme an Deutschland ausgeliefert worden waren - wurden seit

---

25 ALVR 17351.
26 ALVR 15114: Die Inhaftierung als politische Schutzhaftgefangene für Anfang 1940 attestiert am 17. Mai 1949 der Anstaltsbeamte Radermacher der ehemaligen Gefangenen Ilse Leven.
27 ALVR 15113.
28 ALVR 13121, Bl. 93.

Politische Anstalt: Konzentrationslager, Gestapogefängnis

Herbst 1941 in Brauweiler untergebracht.[29] Der Verwaltungsbericht der Anstalt vom 25. November 1941 spricht von 80 im Auftrag der Gestapo eingelieferten „Kommunisten", die von Spanien kommend hier vorübergehend untergebracht waren. Auch das weitere Vorgehen wird dargestellt: Unter diesen 80 Personen waren 46 „Reichsdeutsche", die den Heimatpolizeibehörden überstellt werden sollten, „wenn polizeilicherseits von früher her nichts gegen die Leute vorliegt". Diejenigen, die polizeilich dem Richter vorgeführt wurden, kamen in das Untersuchungsgefängnis Klingelpütz in Köln. Personen mit ausländischer Staatsangehörigkeit sollten nach Aussage der Gestapo in die Ostgebiete transportiert werden.[30]

Das ganze Jahr 1942 über waren mit zeitlichen Unterbrechungen Spanienkämpfer in Brauweiler inhaftiert. Dies belegt ein Gestaposchreiben von Dezember 1942, in dem es um den staatenlosen Gefangenen Viktor Goloubeff geht, der mit einem Sammeltransport aus Spanien kommend im Herbst 1942 „in der Haftanstalt Brauweiler/Köln untergebracht" wurde.[31]

Besagter Viktor Goloubeff wandte sich nach dem Krieg an die Anstalt Brauweiler und bat um eine Haftbescheinigung, denn er sei aus Spanien kommend in Brauweiler vom 18. Oktober 1942 bis zum 18. April 1943 in Einzelhaft eingesessen.

Der Spanienkämpfer Friedrich Nolte berichtet in seiner Anfrage von einem Sammeltransport, der von Miranda de Ebro (Spanien) Ende Oktober 1942 nach Köln gegangen sei. Er sei anschließend in einem „Gefangenen-Transportauto" nach Brauweiler in den Gestapotrakt gebracht worden, den er am 14. November verlassen habe, weil er in die Kölner Haftanstalt Klingelpütz verlegt worden sei.[32]

Bereits vor dem 18. Oktober 1942 gab es weitere politische Gefangene ausländischer Nationalität in Brauweiler. Dies belegt ein Bericht, der wegen des Bombenangriffs auf die Anstalt vom 15. Oktober 1942 angefertigt wurde und folgende Information enthält: „Ab 22.00 fielen Bomben... Nun überstürzten sich in der Zentrale beim Luftschutzwart die Meldungen... im Zellenbau sei unter den politischen ausländischen Gefangenen, die aus Sicherheitsgründen in ihren Zellen verbleiben müssen, eine Meuterei ausgebrochen... Die Meuterei erwies sich als Hilferuf eines politisch Gefangenen, in dessen Zelle eine Brandbombe gefallen war. Der Hilferuf wurde von den

---

29 ALVR 15113: Heinrich Halverkamp schreibt in seiner Anforderung einer Haftbescheinigung am 7.2.49, daß er im Oktober 1941 mit einem Transport der Gestapo von Spanien aus in Brauweiler eingeliefert worden sei. Siehe auch Josef Wißkirchen: Stadt Pulheim, S. 138f.
30 ALVR 13121, Bl. 227.
31 HStAD RW 34/15 (137).
32 ALVR 15114.

Politische Anstalt: Konzentrationslager, Gestapogefängnis

Insassen der Nachbarzellen unterstützt, die Nachtbeamten deuteten es zuerst als Revolte."[33]

Das Jahr 1942 bedeutete für die Anstalt bzw. für das Gestapohilfsgefängnis eine gewisse Zäsur. Griff man bei größeren Gestapoaktionen oder bei Mangel an Gefängnisraum immer wieder auf Teile der Arbeitsanstalt zurück, was mit zunehmender Dauer der Naziherrschaft und Kriegsdauer immer häufiger geschah, und was die nur rudimentär erhaltenen Kölner Gestapo-Akten ganz nüchtern festhalten: „Der völlige Mangel an Haftraum in Köln hat eine Dezentralisierung erforderlich gemacht, die besonders störend wirkt... In der Provinzialarbeitsanstalt Brauweiler ist der Zellenbau bereits seit längerer Zeit belegt..."[34], so ist die Nutzung von Teilen der Anstalt durch die Gestapo vor Januar 1942 immer eine zeitlich begrenzte gewesen. Ab Januar 1942 werden Gebäude der Anstalt von der Gestapo durchgängig genutzt, und es sind auch ständig Gestapobeamte in Brauweiler anwesend.

Die permanente Nutzung durch die Gestapo begann mit der Inspektion der Anstalt durch Gestapo-Kriminalrat Albrecht aus Köln im Januar 1942. Der Anstaltslehrer und Leiter der im Zellentrakt untergebrachten Abteilung für Fürsorgezöglinge, Schnitzler, schrieb am 14. Februar 1946 in einem Bericht für die britische Militärbehörde u.a.: „Im Laufe des Monats Januar 1942 besuchte der Kriminalrat Albrecht aus Köln die Anstalt in Brauweiler, um zu prüfen, ob geeignete Räume zur Unterbringung von Personen vorhanden wären. Nach Besichtigung des sog. Zellenbaues wurden die Zellen des oberen Flures, die auch bei früheren Gelegenheiten von der Geheimen Staatspolizei bereits beansprucht worden waren, für geeignet erklärt und zur Verfügung gestellt."[35]

Die Verwaltungsberichte der Anstalt an den Oberpräsidenten der Rheinprovinz, in denen es primär um die Entschädigung für die Nutzung von Anstaltseinrichtungen durch das Militär geht, weisen seit Anfang 1942 bis Herbst 1943 (weitere Berichte solcher Art sind nicht vorhanden) bei der Auflistung der Insassen immer gesondert die Rubrik „Schutzhaftgefangene" aus. Die Zahlen schwanken beträchtlich, einerseits 85 Personen nach Verhaftungswellen und andererseits acht „Polizeischutzhäftlinge" im September 1943.[36]

Für die ständige „Inbesitznahme" der beiden oberen Stockwerke des dreigeschossigen Zellentraktes im Januar 1942 war eine Aktion gegen belgische Staatsangehörige ausschlaggebend, die ab dem 28. Januar 1942 aus dem Militärgefängnis St. Gilles/Brüssel mit Militärtransporten in Brauweiler ein-

---

33 ALVR 10537.
34 HStAD RW 34/8 (4-5): Bericht der Staatspolizeistelle Köln vom 9. November 1944.
35 ALVR 15113.
36 ALVR 13121, Bl. 247, 254, 259, 284, 307, 337.

Politische Anstalt: Konzentrationslager, Gestapogefängnis

Blick auf Zellentrakt (rechts) und ehemalige Abteikirche, Foto von 1924

trafen und eine neue kriegsbedingte Inhaftierungswelle in Brauweiler einleiteten. Diese Aktion wurde der Anstalt bereits am 21. Januar durch den Abteilungsdirigenten der Rheinprovinz, Landesrat Dr. Szajkowski, avisiert und die Teilnehmer dabei als höhere belgische Offiziere bezeichnet. Nach dem Bericht wurden die Belgier des Widerstandes und der Organisation von Aufständen beschuldigt. Sie sollten nach den Vernehmungen durch die Gestapo durch „noch zu bildende Sondergerichte in Köln" abgeurteilt werden.[37]

Nach Aussagen des Anstaltslehrers Schnitzler kamen die belgischen Gefangenen in mehreren Transporten - der erste umfaßte ca. 50-60 Personen -, die sich über einige Tage hinzogen, in Brauweiler an. Die Zellen mußten zumeist mit zwei Personen belegt werden, und weil die obere Etage nicht ausreichte, wurde von der Gestapo auch der 1. Stock in Anspruch genommen. Unter den Gefangenen waren Offiziere, Rechtsanwälte, Pfarrer, Ärzte, Ingenieure und Studenten. Die Gefangenen blieben mehrere Monate in Brauweiler. In dieser Zeit verstarb der belgische Leutnant Albert Graff in der Anstalt an Tuberkulose, weil die Gestapo eine Überführung in ein Krankenhaus abgelehnt hatte. Anstaltspfarrer Thewissen nahm die Beisetzung des belgischen Soldaten auf dem Brauweiler Friedhof vor.[38]

Bei diesen Gefangenen handelte es sich um sog. „Nacht- und Nebel-Gefangene" (frz. „nuit et bruillard prisoniers"), Widerstandskämpfer aus besetzten Westgebieten (Frankreich, Luxemburg, Belgien), die in verschiedenen Lagern auf deutschem Territorium „geparkt" wurden, um immer näher an Köln herangebracht zu werden, weil in Köln die zuständigen Sondergerichte eingerichtet werden sollten. Nach heutigen Schätzungen - die Thematik der „Nacht- und Nebel-Gefangenen" wird erst seit ein paar Jahren wissenschaftlich genauer untersucht - waren es insgesamt ca. 1700 Personen, von denen bis jetzt ca. 800 namentlich bekannt sind.[39]

Edelweißpiraten in Brauweiler

In den schon mehrmals erwähnten Nachkriegsberichten des kommissarischen Anstaltsleiters Thewissen finden sich allerdings keine Hinweise darauf, daß die Anstalt Brauweiler neben dem Jugenddienstlager Burg Stahleck ein zentraler Inhaftierungsort für Edelweißpiraten war. Das mag daran liegen, daß für Thewissen die Edelweißpiraten keine politischen Gefangenen waren. Bis heute ist umstritten, ob die Edelweißpiraten dem Widerstand im Dritten Reich zuzurechnen sind.

---

37 ALVR 13121, Bl. 236 und 240.
38 ALVR 13076, Bl. 7a-7c: Bericht des Anstaltslehrers Schnitzler vom 14.2.1946.
39 Auskünfte hierzu erhielt ich von Herrn Schneider aus 54422 Neuhütten.

Politische Anstalt: Konzentrationslager, Gestapogefängnis

Als totalitäre Partei versuchte die NSDAP nach der Machtübernahme, auch die Erziehung der Jugend im nationalsozialistischen Sinne zu beeinflussen. Die Hitlerjugend als Jugendorganisation der Partei trat dabei in Konkurrenz zu Jugendorganisationen der anderen Parteien, der Kirchen und zu Jugendgruppen der bündischen Jugend, die in der Tradition der Wandervogelbewegung standen.

Einerseits durch Verbote, andererseits durch attraktive Freizeitangebote und der Übernahme von Formen bündischen Lebens konnte die HJ viele Jugendliche anlocken.

Mit dem Gesetz über die Hitlerjugend aus dem Jahre 1936 wurde die HJ Staatsjugend und trat als solche gleichberechtigt neben Elternhaus und Schule als Erziehungsinstitution.

Nachdem mit dem Gesetz vom 25. März 1939 für alle Jugendlichen zwischen 10 und 18 Jahren die Jugenddienstpflicht eingeführt worden war, stand diese Altersgruppe fast vollständig unter den Fittichen der HJ, in deren Verbänden paramilitärische Formen und Funktionen das Bild bestimmten.[40] Die damit verbundene schwindende Attraktivität der HJ und die mit zunehmender Kriegsdauer stärker werdende Verdrossenheit führten außerhalb der HJ zur Bildung von „Cliquen", die bündische Formen übernehmen: Wanderungen, Fahrten, Liedgut, Freizeitverhalten. Somit wurde der Begriff „bündische Jugend" zur Sammelbezeichnung für solche Jugendliche, die allerdings nicht mehr aus dem bürgerlichen bzw. Gymnasialmilieu stammten, sondern aus der Arbeiterschaft.[41]

Diese Jugendlichen wählten das in Zusammenhang mit dem Alpentourismus der 20er Jahre allgemein bekanntgewordene Edelweißemblem als gemeinsames Identifikationsmerkmal. Die Bezeichnung „Edelweißpiraten" wurde zur Sammelbezeichnung dieser vor allem im Rheinland stark verbreiteten, subkulturell geprägten Jugendgruppen.[42]

Edelweißpiraten tauchten seit 1938 auf, seit 1942 stieg ihr Zulauf gewaltig an. Die Kölner Gestapo registrierte 1942 3.000 Edelweißpiraten.[43]

Die Zurechnung der Edelweißpiraten zum Widerstand hängt sicherlich von der Definition des Begriffs Widerstand ab, unangepaßtes Verhalten von Jugendlichen in einer Diktatur kann sicherlich nicht gleichgesetzt werden mit bewußt ausgerichtetem politischen Widerstand. Deshalb werden die Edelweißpiraten auch gerne dem in der Widerstandsdiskussion aufgetauchten Begriff der „Resistenz" zugeordnet. „Resistenz" oder „alltäglicher

---

40 Guido Grünewald, S. 198f.
41 Alfons Kenkmann, S. 175f.
42 Bernd Rusinek, S. 80. Bei Rusinek findet sich eine umfangreiche Darstellung zum Thema Edelweißpiraten.
43 Alfons Kenkmann, S. 176.

Widerstand" bezeichnen eine „wirksame Abwehr, Begrenzung, Eindämmung der NS-Herrschaft oder ihres Anspruchs, gleichgültig von welchen Motiven, Gründen und Kräften her".[44] Das nonkonformistische Verhalten der Edelweißpiraten zählt mit Sicherheit zu diesem Widerstandstyp.[45]

Vielleicht hilft auch in der Diskussion um die Frage, ob die Edelweißpiraten Widerstandsgruppen waren, eine außenstehende Einschätzung weiter. Das britische Außenministerium charakterisierte diese Jugendgruppen 1944/45 folgendermaßen: „Während das Primäre für die Bildung solcher Gruppen wahrscheinlich ein einfacher Groll gegen übertriebene Reglementierung ist, kann sich dies leicht zu einer politischen Opposition entwickeln oder mit ihr in Verbindung geraten, und es mag sein, daß es bei zumindest einigen der Gruppen bereits geschehen ist".[46]

Unabhängig davon, ob die Edelweißpiraten politische Ziele verfolgten oder nicht, konnte die NSDAP eine Einschränkung ihres totalitären Anspruchs nicht hinnehmen. Somit wurden die Edelweißpiraten zum Observierungs- und Verfolgungsobjekt. Zuständig war die Gestapo, die sich dabei auch auf die HJ stützte, was nicht selten zu Prügeleien zwischen beiden Jugendgruppen führte. Die Bestrafung reichte in der Regel von der Verwarnung, Melde- und Arbeitsauflagen bis zur „Schutzhaft" und bis zur Einweisung in ein sog. Jugendschutzlager.

Im Herbst 1944 glaubte die Kölner Gestapo zeitweilig, das „Problem" Edelweißpiraten zu beherrschen, denn nach Ansicht der Gestapo befand sich der größte Teil dieser Jugendlichen bei Schanzarbeiten am Westwall.[47]

Dies war allerdings ein Trugschluß, was auch die Tatsache belegt, daß im Oktober 1944 das Thema „jugendliche Cliquen" sozusagen zur Chefsache gemacht wurde. In einem streng vertraulichen Schreiben wandte sich am 25. Oktober 1944 der Leiter des Reichssicherheitshauptamtes, Kaltenbrunner, an alle in dieser Angelegenheit involvierten Reichsämter. In diesem Schreiben wird auf die zunehmende „Cliquenbildung" von Jugendlichen hingewiesen, was „vor allem im Hinblick auf die kriegsbedingte Abwesenheit vieler Väter, Hitler-Jugend-Führer und Erzieher" zu einer stärkeren Überwachung führen müsse. Kaltenbrunner unterscheidet dabei drei verschiedene „Cliquen": „Cliquen mit kriminell-asozialer Einstellung", „Cliquen mit politisch-oppositioneller Einstellung" und „Cliquen mit liberalistisch-individualistischer Einstellung". Interessant sind die Charakterisierungen der einzelnen Gruppen, insbesondere der beiden letztgenannten. Danach zeigen

---

44 Martin Broszat: Resistenz, S. 257.
45 Michael Zimmermann, S. 17f.
46 Bernd Rusinek, S. 91.
47 HStAD RW 34/8(11): Wochenbericht des Referats IV 1a/b für die Zeit vom 24.9. bis 30.9.1944.

die „politisch-oppositionellen" Gruppen in der Regel kein „fest umrissenes gegnerisches Programm", sondern nur eine „allgemein staatsfeindliche Haltung", was sich an der Ablehnung der HJ und sonstiger Gemeinschaftspflichten, in Gleichgültigkeit gegenüber dem Kriegsgeschehen, im Abhören ausländischer Sender und in der Pflege bündischer Jugendtraditionen festmachen lasse. Zur Tarnung würden sich diese Jugendlichen den Parteiorganisationen anschließen.

Die Anhänger der „liberalistisch-individualistischen" Gruppen zeigen nach Kaltenbrunner eine ausgeprägte Vorliebe für die anglo-amerikanische Kultur, insbesondere für „Jazz- und Hottmusik" und für den „Swingtanz". Die soziale Herkunft dieser Jugendlichen wird mit „gehobenem Mittelstand" angegeben.

Der beigefügte Maßnahmenkatalog verweist auf die bereits erwähnte Vorgehensweise; gegen Anführer und „aktive Teilnehmer" müsse allerdings mit aller Schärfe vorgegangen werden, insbesondere gegen Erwachsene und Ausländer. Diese müßten unverzüglich aus der Öffentlichkeit entfernt werden, die bestehenden Strafgesetze böten hierbei ausreichende Möglichkeiten. In Fällen schwerster Gefährdung oder Verwahrlosung könne die Einweisung in ein Jugendschutzlager gemäß Runderlaß des RFSS und ChdDTPol. vom 25.4.1944 erwirkt werden.[48]

Die bedeutende Rolle Brauweilers als Inhaftierungsort für Edelweißpiraten zeigt sich bereits im März 1940, als eine größere Anzahl von Jugendlichen hier in „Schutzhaft" genommen wurde. Nach einem Bericht der Arbeitsanstalt an den Oberpräsidenten der Rheinprovinz vom 23. April 1940 fand am Ostermontag (25. März) in Köln eine Razzia durch die Gestapo statt, in deren Folge 116 Jungen und 11 Mädchen in das „Jugendhaus Freimersdorf", das im Brauweiler Zellentrakt untergebracht war, als „Schutzhäftlinge" eingeliefert wurden. Der Bericht schließt mit dem Hinweis, daß die Jugendlichen nach Verhören an den darauffolgenden Tagen entlassen wurden, nur acht Jungen seien in Brauweiler verblieben.[49]

Die Fürsorgezöglingsabteilung „Jugendhaus Freimersdorf" und die Gestapo scheinen bei dem Versuch, die Edelweißpiraten in Köln unter Kontrolle zu bekommen, eng zusammengearbeitet zu haben. Denn auch 1941 wurden oppositionelle Jugendliche der Leitung des Jugendhauses zum Zwecke der Inhaftierung übergeben. Im Rahmen eines Spruchkammerverfahrens nach dem Krieg gegen den Gestapo-Kriminalsekretär Hugo Manthey, der im Kölner Gestapo-Referat II C u.a. auch für die Aktivitäten der „Bündischen Jugend" zuständig war, berichtet ein „Entlastungszeuge",

---

48 ALVR 17356: RFSS u. CHdDTPol - SVA3 Nr. 2530/44 vom 25. Oktober 1944.
49 ALVR 13121, Bl. 80.

daß sein 15jähriger Sohn „wegen einer Demonstration gegen Hitler" im April 1941 von Hugo Manthey abgeholt worden sei. Er verdanke es aber auch Manthey, daß er seinen Sohn nach acht Wochen „im Lager Friemersdorf [sic!]-Köln" wieder hätte abholen dürfen.[50]

Im Verwaltungsbericht der Brauweiler Anstalt vom Dezember 1942 heißt es dann: „In der Nacht vom 4./5.12.42 wurden nach einer Razzia in Köln 28 männliche und 12 weibliche Jugendliche der Bündischen Jugendbewegung durch die Polizei eingeliefert. Sie wurden nach ihrer Vernehmung, die sich einige Tage hinzog, teils entlassen, teils in Schutzlager abtransportiert. Die Mädchen wurden bis auf eine am 9. bezw. 23.12. wieder auf freien Fuss gesetzt, die letzten 15 Jungen am 9.2.43 abgeholt."[51]

Am 7. November 1943 schreibt der Amtsgerichtsrat P. vom Kölner Jugendgericht, in dessen richterlichem Aufgabenfeld die Verfolgung oppositioneller Jugendgruppen lag, an den Kölner Amtsgerichtspräsidenten, daß zu Pfingsten 1943 eine größere Aktion der Gestapo gegen Kölner Edelweißpiraten durchgeführt worden sei und Brauweiler dabei eine zentrale Rolle zugekommen sei: „Die geheime Staatspolizei pflegte, die Edelweißpiraten einer Unterbringung in Brauweiler zuzuführen und je nach Beteiligung, Charakter und Führung eine kürzere oder längere Zeit einsitzen zu lassen, um sie alsdann nach staatspolizeilicher Vernehmung zu entlassen."[52]

Dies wird durch eine Nachkriegsanfrage an die Anstalt Brauweiler bestätigt, in der zum Ausdruck kommt, daß Pfingsten 1943 vor allem Edelweißpiraten aus Köln-Bickendorf in Brauweiler untergebracht waren.[53]

Nach den Luftangriffen des Jahres 1943 vermehrte sich nach Aussagen offizieller Stellen die Zahl der Edelweißpiraten. Der Kölner Oberstaatsanwalt bezeichnet sie in einem Schreiben vom 16. Januar 1944 als „herumlungernde Jugend", ohne feste Organisation, die am HJ-Dienst kein Gefallen mehr finde. Die Kölner Gestapo habe seit Beginn der Bildung dieser Jugendgruppen 1000 bis 1200 Fälle bearbeitet, „von den in letzter Zeit festgenommenen Jugendlichen" seien 61 dem Jugendrichter vorgeführt worden. „Zwei dieser Verfahren sind von mir dem Oberreichsanwalt beim Volksgerichtshof in Berlin wegen Verdachts eines hochverräterischen Unternehmens vorgelegt worden. Im ersten Fall handelt es sich um Rädelsführer der Gruppe Köln-Bickendorf..."[54] Bei diesen „in letzter Zeit festgenommenen Jugendlichen" handelte es sich um eine größere Aktion gegen Edelweißpiraten, die dazu führte, daß in der Zeit zwischen August 1943 und Februar 1944 in Brauweiler insgesamt 216 Jugendliche inhaftiert und verhört wurden.

---
50 BA Koblenz Z 42 VI/83, Bl. 12.
51 ALVR 13121, Bl. 307.
52 Zitiert nach Fritz Theilen, S. 58.
53 ALVR 15114.
54 Widerstand und Verfolgung in Köln 1933-1945, S. 405f.

Von dieser Verhaftungswelle existiert eine Namenliste mit Geburtsangaben, Verhaftungsort (in der Regel Wohnort) und Zeitraum der Inhaftierung in Brauweiler.[55]

Nach den Geburtsangaben handelt es sich um Personen, die zwischen 1921 und 1929 geboren sind.

Geburtsjahr	Anzahl
1921	1
1922	3
1924	5
1925	9
1926	58
1927	65
1928	62
1929	11
ohne Geburtsdatum	2
Summe	216

Die meisten Jugendlichen waren also zwischen 15 und 17 Jahren. Während für August und September 1943 nur wenige Inhaftierte aufgeführt werden, gibt es bei den anderen Monaten zeitliche Schwerpunkte, die auf Razzien schließen lassen:

11. - 13. Oktober 1943:
56 Inhaftierungen; zumeist Jugendliche aus Köln-Bickendorf und Köln-Mülheim.

23. - 29. Oktober 1943:
44 Inhaftierungen; zumeist Jugendliche aus Köln-Mülheim und Köln-Lindenthal.

9. - 13. Dezember 1943:
43 Inhaftierungen; zumeist Jugendliche aus Frechen und Köln-Mülheim.

Andere Kölner Stadtteile, die häufiger als Verhaftungsort genannt werden, sind Köln-Nippes (9), Köln-Sülz (13) und Köln-Ehrenfeld (5). Die Bezeichnung „Köln" - wahrscheinlich ist damit der Innenstadtbezirk gemeint - taucht 45 mal als Verhaftungs- bzw. Wohnort auf.

Die Inhaftierungsdauer in Brauweiler war recht unterschiedlich, sie lag zwischen einigen Tagen und sechs Wochen; in der Regel waren es ein bis drei Wochen.[56] Bei einigen Jugendlichen stand am Ende der Inhaftierung in Brau-

---

55 ALVR 15080. Die Liste wurde mir freundlicherweise von Herrn Mirosław Zawodny aus Posen, ehemaliger Gestapo-Häftling in Brauweiler, der auch im Besitz dieser Liste ist, zur Auswertung überlassen.
56 Siehe zu den Inhaftierungsbedingungen in Brauweiler in dieser Phase: Fritz Theilen.

weiler die Einweisung in ein Lager oder, wie schon beschrieben, die Anklage vor dem Volksgerichtshof.[57]

Insbesondere war Kriminalsekretär Hugo Manthey von der Kölner Gestapo bei der Aktion um die Jahreswende 43/44 mit den Vernehmungen in Brauweiler betraut.[58] Allerdings spielt diese Tätigkeit im 1947 stattfindenden Spruchkammerverfahren gegen ihn keine Rolle. In seinem für das Gericht verfaßten Lebenslauf stellt er seine Tätigkeit gegen jugendliche Oppositionelle als eine Tätigkeit dar, die er erst sehr spät übernehmen mußte: „Seit etwa Frühjahr 1944 war ich mit der Bearbeitung von Anzeigen wegen oppositioneller Tätigkeit innerhalb der Jugend betraut worden, eine leitende Tätigkeit habe ich niemals innegehabt und auch eine solche nicht ausgeübt".[59]

Ob die sechs Jugendlichen, die zur Steinbrück-Gruppe zählten, und am 10. November 1944 nach mehrwöchiger Gestapohaft in Brauweiler in der Hüttenstraße in Köln-Ehrenfeld öffentlich erhängt wurden, zu den Edelweißpiraten zu rechnen sind und eine Widerstandsgruppe darstellten, ist jahrelang umstritten gewesen und als Kölner-Kontroverse in die Literatur eingegangen.[60]

Nach umfangreichen Quellenstudien als Forschungsauftrag des nordrhein-westfälischen Innenministeriums kam 1989 der Historiker Rusinek allerdings zu der Ansicht, daß die Mitglieder der Ehrenfelder Gruppe zwar in unterschiedlich engem Kontakt zu den Edelweißpiraten gestanden haben, aber nicht erhängt wurden, weil sie Edelweißpiraten waren. Viele Taten dieser Gruppe müßten nach Ansicht Rusineks auch in normalen gesellschaftlichen Verhältnissen als kriminell bezeichnet werden.[61]

Gestapo-Sonderkommando Bethke

Mitglieder der polnischen Heimatarmee in Gestapohaft in Brauweiler

Im April 1944 veränderte sich im Brauweiler Gestapohilfsgefängnis die Situation entscheidend. In den erhaltenen Gestapoakten spiegelt sich das

---

57 ALVR 15113: Der Jugendliche Josef B., geb. 24.9.1929, behauptete nach dem Krieg, er sei in Dormagen wegen „jugendbündischer Betätigung" verhaftet und im September 1943 nach Brauweiler gebracht worden. Von dort sei er für sieben Monate in ein Arbeitslager nach Frankreich geschickt worden. In der Gestapoliste steht bei Josef B. in der Rubrik Entlassungsdatum allerdings nur der Vermerk „Krankenhaus".
58 Fritz Theilen, S. 68ff. BA Koblenz Z 42 VI/83, Bl. 31.
59 BA Koblenz Z 42 VI/83, Bl. 9.
60 Für die Anerkennung als Widerstandsgruppe steht: Matthias von Hellfeld: Edelweißpiraten in Köln. Jugendrebellion gegen das 3. Reich. Das Beispiel Köln-Ehrenfeld. Köln 1983.
61 Bernd Rusinek, S. 7ff. Alfons Kenkmann, S. 183.

allerdings nicht wider. Hier werden nur lapidar die einzelnen Inhaftierungsgruppen aufgeführt. Im Protokoll der am 6. November 1944 stattgefundenen Arbeitsbesprechung von Stapodienststellen heißt es rückblickend: „Die bei der Staatspolizeistelle Köln gelaufenen und z. Zt. laufenden Abwehrfälle und für die Abwehrarbeit wesentlichen innenpolitischen Fälle wurden kurz erörtert:
1. polnische Widerstandsgruppen,
2. sowjet. Widerstandsgruppen,
3. franz. Widerstandsgruppen,
4. die Terrorgroßbande in Köln..."[62]

Im Bericht des Kölner Gestapo-Chefs, SS-Sturmbannführer Dr. Max Hoffmann, vom 9. November 1944, den er u.a. für das Reichssicherheitshauptamt (RSHA) in Berlin verfaßt hatte, heißt es rückblickend: „In den Monaten September und Oktober wurde die Bearbeitung der polnischen, sowjetischen und Westarbeiter-Widerstandsgruppen abgeschlossen. Sie hatte zu insgesamt 550 Festnahmen geführt."[63]

Der seit dem 7. März 1945 von den Amerikanern als kommissarischer Leiter der Anstalt Brauweiler eingesetzte Pfarrer Thewissen kommentierte diese Zeit dagegen ganz anders: „Ueber 800 Menschen haben in den wenigen Monaten (April 44 - Februar 45) diese Abteilung passieren müssen. Für viele dieser unglücklichen Menschen wird diese Zeit die schrecklichste ihres Lebens bleiben, alles andere, was sich seit 1933 in dieser Abteilung abgespielt hat, dürfte nicht die geringste Bedeutung haben gegenüber dem, was hier in der eigentlichen Gestapozeit vorgekommen ist... Anstaltsbeamte besorgten zuerst den Ordnungsdienst in der Gestapoabteilung, d.h. sie sorgten für den Aufschluss und Einschluss der Häftlinge, holten und verteilten Essen an die Einzelnen und führten die Erholungszeiten durch. Nach kurzer Zeit wurden sie von Zollbeamten abgelöst..."[64]

Mit den letzten Bemerkungen versuchte der kommissarische Leiter, „seine" Beamten zu schützen, denn Anstaltsbeamte waren - zwar mit eingeschränktem Aufgabenbereich - bis zum Ende der Gestapoabteilung dort tätig, die Kalfaktoren rekrutierten sich aus den Insassen der Arbeitsanstalt bzw. aus anderen Abteilungen, und der Anstaltsarzt war auch für die Gestapoabteilung zuständig.[65]

---

62 HStAD RW 34/31(35).
63 HStAD RW 34/8(6).
64 ALVR 13076 Bl.7: Bericht vom 16.12.1945.
65 HStAD Gerichte Rep. 231, Nr. 286: Aussage des Hilfsaufsehers Heister vom 27.11.1945. Ebenda Bl. 19: Aussage des Hauptwachtmeisters Jakob Dahmen, daß er in der Zeit des Gestapo-Kommandos Kütter in der Gestapoabteilung mit seinen unterstellten Wachtmeistern und Hilfswachtmeistern Schließdienste verrichtet habe. Ebenda Nr. 294: Aussage des Anstaltsarztes Dr. Termehr vom 29. Juli 1948.

Zudem stellt der Hinweis auf die Tätigkeit der Zollbeamten in Brauweiler eine Übertreibung und Falschaussage dar. Die Grenzpolizei war eine Zweigdienststelle der Gestapo. Beim Einmarsch der Amerikaner in den Aachener Raum wurden die Grenzpolizei und der Zollgrenzschutz der Kölner Stapostelle unterstellt.[66] Nach einer Aussage des Zollbeamten Josef Stengele kamen die Zollbeamten am 11. November 1944 von Aachen nach Brauweiler. Es waren nur einige wenige. Sie hatten die Aufgabe, die Gestapohäftlinge von abends 6 Uhr bis morgens 8 Uhr mit zwei Beamten zu bewachen. Dafür mußten sie den Zellenbau außen und innen abgehen und kontrollieren und sollten vor allem Gespräche über die Zellenfenster hinweg unterbinden.[67]

In der Zeit zwischen dem 20. April 1944 und dem 14. September 1944 waren in Brauweiler 277 polnische Staatsbürger inhaftiert, weil sie beschuldigt wurden, Mitglieder einer polnischen Widerstandsbewegung zu sein. Fünf Frauen, gegen die die gleichen Beschuldigungen erhoben wurden, blieben in den Zellen der Stapostelle in der Elisenstraße (EL-DE-Haus). Ihre Verhöre fanden aber teilweise in Brauweiler statt. Die größte Gruppe der polnischen Inhaftierten bildeten 111 Fähnriche, zudem gab es 10 Offiziere, 31 Unteroffiziere, 3 Pfarrer, 76 Zwangsarbeiter und 24 andere polnische Kriegsgefangene, deren Dienstrang nicht bekannt ist sowie noch weitere 22 Verhaftete, bei denen es offen ist, ob sie Kriegsgefangene oder Zwangsarbeiter waren. Allerdings gehörten die wenigsten der Inhaftierten wirklich konspirativen Zellen an.[68]

Die Aktion gegen die polnische Widerstandsbewegung blieb in der Literatur bis Ende der 80er Jahre ohne Beachtung. Das lag zum einen an den Abschottungen zwischen Ost und West nach dem Zweiten Weltkrieg zum anderen an den innerpolnischen Verhältnissen. Denn bei den in Brauweiler Inhaftierten handelte es sich um Mitglieder der polnischen Heimatarmee (Armia Krajowa), die im kommunistischen Polen als revanchistisch und reaktionär eingestuft wurde. Die Heimatarmee war aber wohl die stärkste und effektivste Untergrundbewegung während des Zweiten Weltkrieges.

Der rasche Kriegserfolg der deutschen Wehrmacht gegen Polen im September 1939 mag den Eindruck von mangelndem und unzureichendem Widerstand erwecken, aber die technisch unterlegene polnische Armee leistete im sog. Blitzkrieg, der ab dem 17. September mit dem Einfall der Roten Armee in Ostpolen zu einem Zweifrontenkrieg wurde, unglaublichen

---

66 HStAD RW 34 d.16: Aussage des Zollbeamten Klaus Schmillen vom 13.5.1949, der ab November 1944 im Zellentrakt tätig war.
67 HStAD Rep. 231-287, Bl. 116: Aussage des Zollbeamten Josef Stengele vom 26. November 1948.
68 Mirosław Zawodny: Gestapo, S. 89.

Widerstand. Nach der Kapitulation Polens erwuchs daraus - auch wegen der rassenideologischen Zielsetzungen der Deutschen - eine massenhafte und gut organisierte Widerstandsbewegung, die Armia Krajowa. Die Mitglieder der Heimatarmee unterstanden letztlich dem Chef der polnischen Exilregierung in London, General Sikorski. Dieser hatte mit der britischen Regierung den Aufbau einer polnischen Streitkraft aus geflohenen polnischen Soldaten unter britischem Oberbefehl beschlossen. Viele dieser polnischen Soldaten wurden in England geschult und als Instrukteure nach Polen zur Verstärkung und Unterstützung der Heimatarmee eingeschleust.[69]

Die Heimatarmee zeigte ihre ganze Schlagkraft beim Warschauer Aufstand vom August 1944. Einzelne Abteilungen der Heimatarmee hatten aber auch den Auftrag, außerhalb Polens als Spionage- und Sabotagetrupps tätig zu sein. Als geeignete Ansprechpartner boten sich da natürlich die mehr als zwei Millionen polnischen Zwangsarbeiter innerhalb des Deutschen Reiches und die ca. 700.000 polnischen Soldaten an, die in deutscher Kriegsgefangenschaft waren.[70]

Die Bedeutung der polnischen Nachrichtentätigkeiten zeigen Bewertungen durch deutsche Stellen: „OKW teilt mit: Bei Aufdeckung einer polnischen Nachrichtenorganisation wurden zahlreiche Erkundungsaufträge und Erkundungsergebnisse sichergestellt", der polnische Nachrichtendienst habe u.a. Informationen über die Union-Kraftstoff AG in Wesseling und über die Knapsack AG.[71] Auch das Reichssicherheitshauptamt schätzte die Nachrichtentätigkeit als sehr bedeutsam ein: Der polnische Nachrichtendienst hat sich „immer mehr als eine äußerst gefährliche Organisation herausgestellt", er „ist immer wieder von den alliierten Oberkommandos für besonders wichtige Aufträge angesetzt worden".[72]

Durch die Anwerbungen polnischer Kriegsgefangener und Zwangsarbeiter entstanden so ab 1942, insbesondere unter der Gruppe der Fähnriche und Zwangsarbeiter, konspirative Zellen der Heimatarmee in Deutschland.[73]

Am 20. April 1944 wurde in Köln ein Kurier der Heimatarmee aus Warschau von der Kölner Gestapo verhaftet,[74] was zu einer riesigen Verhaftungs-

---

69 Janusz Piekalkiewicz: Spione, S. 316ff.
70 Janusz Piekalkiewicz: Weltkrieg, S. 113.
71 HStAD RW 34/15(115), (120): Schreiben der Abwehrstelle im Wehrkreis VI an Stapostellen vom 11. September 1943 und vom 23. September 1943.
72 HStAD RW 34/13(22): Schreiben des RSHA an die Gestapo Köln vom 28. August 1944.
73 Siehe zum Aufbau der Heimatarmee in Deutschland: Hermann Daners: Das Gestapohilfsgefängnis Brauweiler, S. 244f.
74 Mirosław Wierzbicki, Mirosław Zawodny, S. 19f. Mirosław Zawodny wurde am 7. Juni 1944 aus Trier kommend in Brauweiler eingeliefert. In der Namenliste taucht er als „Jadwotny, Mewisław, geb. 5.5.1916" auf. Mirosław Zawodny hat sich nach dem Krieg bemüht, das Schicksal der polnischen Inhaftierten aufzuhellen und in der historischen Fachliteratur Polens darzustellen.

welle führte und im Brauweiler Zellentrakt zur Bildung des sog. Sonderkommandos Bethke.

Die Enttarnung des Kuriers wurde dadurch möglich, daß bei der Auswertung der Post polnischer Gefangener der Kölner Gestapo ein Brief in die Hände fiel, in dem die Ankunft eines polnischen Agenten angekündigt wurde. Im Brief standen sowohl der Name als auch der Hinweis, daß der Agent mit deutschem Paß einreisen werde.[75] Der Kurier, der am 20. April verhaftet wurde, war Edmund Ulinski, sein Deckname war Konrad Baumgart. Edmund Ulinski hat Gestapohaft und Konzentrationslager überlebt und wanderte nach dem Krieg nach Kanada aus. Bei Kriegsbeginn besuchte er ein Priesterseminar. Als 21jähriger Freiwilliger geriet er in deutsche Kriegsgefangenschaft, in der er sich der polnischen Heimatarmee anschloß. Durch die Vortäuschung einer schweren Krankheit kehrte er im November 1943 nach Polen zurück.[76] In Warschau bildete man ihn im Untergrund als Kurier aus. Am 11. April 1944 verließ er Warschau, seine Reiseroute führte ihn über Bromberg, Hannover, Hemer bei Iserlohn, Dortmund nach Köln. In Hemer nahm er Kontakt mit Mitgliedern der Heimatarmee des Lagers VI A-Hemer auf. Am 17. August besuchte er eine konspirative Zelle der Heimatarmee in Dortmund und fuhr anschließend nach Köln weiter. Seine Ausweispapiere auf den Namen Konrad Baumgart wiesen ihn als Deutschen auf Heimaturlaub von Warschau nach Deutschland aus. In Köln nahm er u.a. Kontakt mit ca. 70 Fähnrichen im Lager Komarhof in Klettenberg auf.[77]

Die Ankunft des Kuriers war den einzelnen Zellen vorher chiffriert angekündigt worden, mitgeteilt wurden der Name „Andrzej" sowie das Kennwort und die Antwort. Am Donnerstag, dem 20. April 1944, verhafteten ihn in den frühen Morgenstunden Gestapobeamte der Stapostelle Köln auf dem Hauptbahnhof mit folgenden Worten: „Wohin wollen Sie denn noch weiterfahren, Herr Ulinski?"

---

75 HStAD Gerichte Rep. 248, Nr. 54, Bl. 239: Aussage der ehemaligen Dolmetscherin Hedwig Hahne bei der Stapo-Leitstelle Köln im Februar 1967. In diesem Protokoll wird „Konrad Baumgart" fälschlicherweise als „Baumann" bezeichnet. HStAD Bl. 269ff: Ihre Schwester Maria Dünnwald, ebenfalls dienstverpflichtete Dolmetscherin, sagt am 26. Januar 1953 vor dem Oberstaatsanwalt Klein in Köln aus: „Ich bin ferner beschäftigt gewesen in dem Referat des Kommissars Bethke, dessen Kommando in Brauweiler untergebracht war. Ihm oblag die Aufklärung einer umfassenden polnischen Widerstandsbewegung...Ich habe bei den Vernehmungen der beschuldigten Polen gedolmetscht. Bethke war ausserordentlich polenfeindlich eingestellt. Soviel ich weiss, hat er diejenigen Polen, die der deutschen Sprache mächtig waren, selbst vernommen...In dem Referat Bethke sind ebenfalls zahlreiche Misshandlungen vorgenommen worden..."
76 Mirosław Zawodny: Do dyspozycji Sonderkommando Bethke w Brauweiler.
77 Mirosław Wierzbicki, Mirosław Zawodny, S. 19.

Noch auf dem Bahnhof wurden ihm Ausweise, die Fahrkarte sowie Kleinigkeiten abgenommen. Dazu gehörte insbesondere eine Aktentasche. Im Gestapogebäude am Appellhofplatz erfolgte dann eine eingehende Untersuchung. Noch vor dem eigentlichen Verhör fand man beim Auftrennen und Zerschneiden der Aktentasche zwischen den Taschenwänden eine unchiffrierte Liste mit Namen und Adressen polnischer Staatsbürger. Damit war die Gestapo über die Leiter und einige Mitglieder der konspirativen Zellen informiert. Die Gestapo handelte sofort, noch am gleichen Tag begann die Verhaftungswelle, die in mehreren Schüben zu den erwähnten 277 Verhaftungen führte.

Die Verhaftungen fanden in 57 Orten, und wenn man einzelne Stadtteile von Köln und Bonn gesondert aufführt, an 67 Verhaftungspunkten (Stalags, Oflags, Arbeitskommandos der Kriegsgefangenen, Zentren polnischer Zwangsarbeiter) statt.

Der vermutete Umfang des konspirativen Netzes veranlaßte wohl das Reichssicherheitshauptamt (Amt IV), alle Verhafteten an einem Ort, im Zellentrakt in Brauweiler, zusammenzufassen. An die Spitze des mit der Untersuchung beauftragten Sonderkommandos beorderte man Kriminalkommissar Bethke.[78]

Der Gestapo waren neben der unchiffrierten Namenliste auch chiffriertes Material in die Hände gefallen. In den Verhören wurde Edmund Ulinski von der Gestapo, insbesondere vom Gestapobeamten Hoegen, spätere rechte Hand des Kölner Gestapokommissars Kütter, so zugesetzt, daß er weitere Namen preisgab und alle Schriftstücke entschlüsselte.[79]

Noch am 20. April wurden sieben Personen in den Gestapotrakt von Brauweiler eingeliefert, sie waren zumeist in Köln festgenommen worden. Edmund Ulinski wurde erst am 2. Mai 1944 vom Gestapogefängnis im Kölner EL-DE-Haus nach Brauweiler gebracht. Diese Aussagen basieren auf einer Namenliste mit dem Titel „Gestapo Köln, Abt. IV D2, Sonderkommando Bethke". Sie enthält 383 Personen, die zwischen dem 20. April und 14. September 1944 unterschiedlich lange in Brauweiler inhaftiert waren.[80]

Sog. Sonderkommandos der Gestapo wurden für Personengruppen eingerichtet, die in den Augen des RSHA als besonders gefährlich galten. Die Untersuchungen dieser Kommandos sollten Hintergründe erhellen und vor allem durch die Anwendung gestapotypischer Verhörmethoden weitere Personen, die zum beschuldigten Personenkreis gehörten, der Gestapo bekannt

---

78 Mirosław Zawodny: Do dyspozycji Sonderkommando Bethke w Brauweiler.
79 HStAD Gerichte Rep. 248, Nr. 54, Bl. 239: „Als er nicht bereit war, die übrigen Angehörigen des konspirativen Kreises zu nennen, wurde er durch Hoegen fürchterlich mißhandelt".
80 ALVR 15080.

Politische Anstalt: Konzentrationslager, Gestapogefängnis

machen. Am Ende der Untersuchungen stand in der Regel der Weitertransport in ein Konzentrationslager.

Hinter der Bezeichnung „Abt. IV D 2" verbarg sich im Falle des Kommandos Bethke die Gestapoabteilung „Fremdländische Widerstandsbewegungen".[81] Die Bezeichnung Sonderkommando wurde im Oktober 1944 aufgegeben, und es wurde nur noch die Bezeichnung „Kommando" benutzt.[82]

Über Kurt Bethke und seine Mitarbeiter liegen nur wenige Informationen vor. Die von der Vernichtung verschont gebliebenen Teile der Kölner Gestapoakten weisen seinen Namen nur an zwei Stellen auf und zwar als Unterschriften bei Schriftstücken zu innerdienstlichen Umorganisationen.[83] Im Berliner Document Center befinden sich einige wenige Aktenstücke aus den Jahren 1938 bis 1940 über Kurt Bethke. In dieser Zeit bemühte er sich um eine Aufnahme in die SS, was aber mit dem Hinweis auf angeborene Epilepsie seines Bruders abgelehnt wurde.

Nach den Unterlagen im Document Center wurde Kurt Bethke am 7. Oktober 1903 in Benz, Kreis Cammin, geboren. Nach Besuch der Mittelschule trat er eine Lehre bei der Stadtverwaltung Greifswald an. Nach verschiedenen Aufgabenfeldern in der Stadtverwaltung wurde er am 31. März 1924 „wegen Arbeitsmangels abgebaut". Deshalb wechselte er am 15. Oktober 1924 zur Schutzpolizei und war seit dem 1. April 1936 Mitglied der Gestapo. In die NSDAP trat er erst am 1. Juni 1940 (Mitglieds Nr. 7659648) ein.[84] Für die Gestapo war er u.a. in Linz (Einrichtung der Abteilung „Judenreferat"), beim RSHA, im Generalgouvernement (Leitung des Referats „Abwehr" in Bromberg) und schließlich vom 1. August 1943 bis zum 6. März 1945 bei der Stapo Köln tätig. Seine Beförderung zum Kommissar hatte er im November 1941 erhalten.[85] Die wichtigsten Erkenntnisse über Bethkes Tätigkeit in Köln bzw. Brauweiler liefert die Prozeßakte des Spruchgerichts Hamburg-Bergedorf aus dem Jahr 1948.[86]

In der britischen Zone wurden 1947 besondere Gerichte (Spruchkammern) zur Aburteilung aller Mitglieder der vom Internationalen Militärgerichtshof in Nürnberg als verbrecherisch gekennzeichneten nationalsozialistischen Organisationen eingerichtet. Für die errichteten sechs britischen Internierungslager war jeweils ein Spruchgericht zuständig. Die mit Deutschen besetzten Gerichte durften aber nur Vergehen gegen deutsche Staatsbürger verurteilen.

---

81 HStAD RW 34/9.
82 HStAD RW 34/31 (52).
83 HStAD RW 34/18 (13).
84 BDC Akte Bethke: Die Angaben entstammen zumeist einem handgeschriebenen Lebenslauf Bethkes und dem Parteiausweis.
85 BA Koblenz Z 42 III/156, Bl. 19f.
86 BA Koblenz Z 42 III/156.

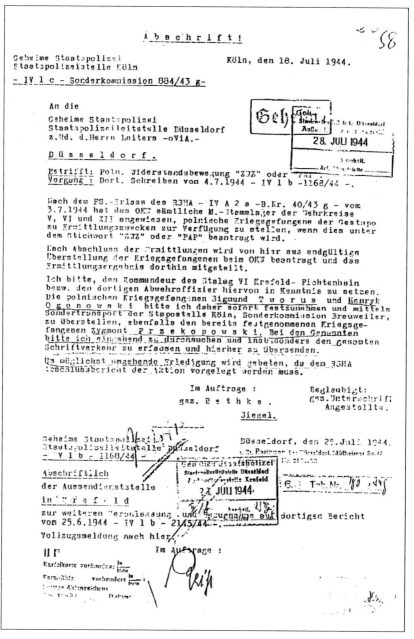

Anordnung der Gestapo Köln zur Überstellung polnischer Kriegsgefangener aus dem Lager Krefeld-Fichtenhain an die «Sonderkommission Brauweiler», gezeichnet von Gestapokommissar Bethke (Privatarchiv Zygmunt Tworus)

Kurt Bethke wurde am 6. März 1945 von den Amerikanern in Köln verhaftet. Von den Briten wurde er ins Internierungslager Neuengamme bei Hamburg eingeliefert. Für dieses Lager war das Spruchgericht Bergedorf zuständig.

Nach den Ermittlungsakten, Gerichtsprotokollen und der Urteilsbegründung ergibt sich folgendes Bild:

Kurt Bethke war in Köln insbesondere mit Aktionen gegen die Edelweißpiraten und die polnische Widerstandsgruppe betraut. Zudem war er zuständig für Personen, die in Folge des Attentats vom 20. Juli 1944 in Köln verhaftet worden waren und für „Verfehlungen von Angehörigen der NSDAP". Für das letztgenannte Aufgabenfeld spricht die Tatsache, daß unter seiner Leitung die Ehefrau des im Sommer 1944 verstorbenen NSDAP-Oberbürgermeisters von Köln, Dr. Peter Winkelnkemper, im Herbst 1944 in Brauweiler inhaftiert war und von Bethke vernommen wurde.[87]

Die Aktionen gegen die polnische Widerstandsbewegung erscheinen in den Akten nur als Randbemerkung. Die Kriminalpolizei Köln antwortete dem Ankläger in Bergedorf auf dessen Anfrage am 29. Dezember 1947: „...Es ist hier nur bekannt, daß Bethke einige Zeit ein Sonderkommando der Abteilung IV D2 geführt hat. Die Häftlinge dieses Kommandos waren in der Arbeitsanstalt Brauweiler bei Köln untergebracht. In derselben Anstalt befanden sich auch die politischen Häftlinge, die nach dem Attentat am 20.7.44 in 'Schutzhaft' genommen worden waren, darunter der jetzige Vorsitzende der CDU Dr. Adenauer. Unter diesen sogenannten Schutzhäftlingen befanden sich eine Menge prominenter politischer Persönlichkeiten. Diese Häftlinge waren Bethke ebenfalls unterstellt, wodurch er bei der Stapo den Spitznamen 'der Prominentenkommissar' erhielt. In derselben Anstalt war ein anderes Kommando der Stapo Köln tätig, das unter der Leitung des Kom. Kütter stand. Dieses Kommando hat seine Häftlinge in unmenschlicher Weise mißhandelt und teilweise zu Tode gequält. Dass Bethke von diesen Vorgängen Kenntnis hatte, lässt sich nicht beweisen, jedoch wäre es verwunderlich, wenn er es nicht gewusst hätte, weil die Vorgänge jedem Insassen der Anstalt bekannt waren."[88]

Diese im Vergleich zu Kütter recht harmlose Einschätzung Bethkes war zum einen auch durch fehlende Unterlagen und andererseits durch die Außerachtlassung der Tätigkeit Bethkes gegen die polnische Widerstandsbe-

---

87 BA Koblenz Z 42 III/156, Bl. 19f. Die Vernehmung der Ehefrau Winkelnkempers durch Bethke in Brauweiler wird durch die Aussage des Mithäftlings Dr. Kurt Korsing vom 27. Juli 1948 bestätigt. Siehe auch ALVR 15080 - die Hintergründe ihrer Verhaftung sind bis heute unklar.
88 BA Koblenz Z 42 III/156, Bl. 20.

wegung bedingt. Im Verfahren gegen Bethke traten allerdings auch einige Zeugen auf, die Bethke schwer beschuldigten, unter anderem der Zeuge Heinrich Höveler, der wegen einer Kriegsverletzung als Wehrmachtsangehöriger im Juli 1944 durch Vermittlung der Kriegsfürsorge bei der Stapostelle Köln als Pförtner eingestellt wurde. Nach seiner Aussage fanden in der Stapostelle Elisenstraße ab September 1944 in der Regel einmal pro Woche Hinrichtungen statt. Die beteiligten Beamten meldeten sich nach Aussage Hövelers freiwillig für diese Hinrichtungen: „Soviel ich gesehen habe, haben folgende Beamte an den Hinrichtungen teilgenommen:
Der Leiter Dr. Kulzer
Assessor Foltis
Kommissar Bethke...
... Bei einer größeren Exekution haben sämtliche Beamte durch Herbeischaffen der Opfer Hilfe leisten müssen... Die Kommissare Bethke und Kütter haben beide ein Sonderkommando unter sich gehabt... Kütter und Bethke hatten ähnliche Aufträge. Bei ihm waren die Beamten Stender und Waitz tätig."[89] Das abschließende Ermittlungsverfahren sah dann auch die Teilnahme Bethkes an Erhängungen von Polen und Ostarbeitern als erwiesen an.[90]

Auf die Tätigkeit Bethkes als sog. Prominentenkommissar und damit auf die Inhaftierungen von Gussie und Konrad Adenauer gilt es an anderer Stelle einzugehen. Aber zwischen Konrad Adenauer und den polnischen Fähnrichen bestanden zufällige Verbindungslinien. Während sich Adenauer im Messelager Köln-Deutz befand, wurde eine Gruppe der polnischen Inhaftierten aus Brauweiler am 26. August 1944 ins Messelager gebracht, um von dort ins KZ Buchenwald transportiert zu werden. Im Messelager begegneten sie sich. Anläßlich seines 85. Geburtstages besprach Adenauer eine Schallplatte mit dem Titel „Aus meinem Leben", auf der es u.a. heißt: „Die inhaftierten polnischen Offiziere benahmen sich mir gegenüber außerordentlich zuvorkommend".[91] Nach Aussagen der polnischen Fähnriche wünschte ihnen Adenauer eine baldige Heimkehr in ein freies Polen.[92]

Der spätere Bundeskanzler konnte im August 1944 noch nicht ahnen, daß nach der totalen Räumung des Brauweiler Gestapotraktes am 14. September 1944, d.h. auch von den letzten 79 polnischen Inhaftierten, u.a. Platz für seine Inhaftierung in Brauweiler geschaffen wurde, die am 25. September 1944 erfolgte, einen Tag später als die Einlieferung seiner Frau Auguste (Gussie) in das Brauweiler Frauenhaus. Der 25. September war der Hochzeitstag des Ehepaares Adenauer.

---

89 BA Koblenz Z 42 III/156, Bl. 28f.
90 BA Koblenz Z 42 III/156, Bl. 32.
91 „Aus meinem Leben" - EMI Electrola GmbH Köln.
92 Mirosław Wierzbicki, Mirosław Zawodny, S. 22.

Welche Gestapobeamte zum Sonderkommando Bethke gehörten, läßt sich nur ansatzweise ermitteln. Der bereits erwähnte Zeuge Höveler nannte die Beamten Stender und Waitz. Sicher ist auch die Mitgliedschaft des Gestapobeamten Johannes Robert Schäfer. Nach dem Kriegsende kam es nämlich zu einer Gegenüberstellung mit einem seiner Opfer, dem polnischen Fähnrich Witold Karcz, nach seiner Befreiung aus dem KZ Buchenwald zum stellvertretenden Leiter des polnischen Roten Kreuzes in der britischen Besatzungszone ernannt, und Johannes Robert Schäfer im Gefängnis von Braunschweig, in das die Briten den ehemaligen Brauweiler Beamten eingeliefert hatten.[93] Zudem gehörte nach eigenen Aussagen auch Kriminalassistent Josef Schiffer dem Kommando Bethke an. Seit Juli 1944 kümmerte sich Schiffer aber vor allem um die in Brauweiler inhaftierten Mitglieder der französischen Action Catholique.[94]

Die Behandlung der polnischen Gefangenen durch das Sonderkommando Bethke entsprach den unmenschlichen Methoden anderer Gestapoeinheiten. Im Spruchkammerverfahren behauptete Bethke allerdings, daß ihm die unmenschlichen Gestapo-Erlasse nur teilweise bekannt gewesen sein: „Die Bestimmungen über 'Verschärfte Vernehmungen' kannte ich, dagegen waren mir keine Erlasse bekannt, in denen etwas über 'Liquidation' gesagt war. Ein Erlaß, in dem etwas über 'Sonderbehandlung' gesagt war, war mir bekannt. Jedoch konnte ich mir unter dem Begriff 'Sonderbehandlung' nichts vorstellen." Zur Anklageschrift äußerte er sich wie folgt: „Alle Häftlinge, die ich persoenlich bearbeitet habe, sind von mir in hoeflicher Weise behandelt worden...Ich habe diese 'Verschärften Vernehmungen' nicht durchgeführt...Ich habe meinen Beamten die Anwendung der 'Verschärften Vernehmung' verboten."[95]

Hinter dem Schlagwort „Verschärfte Vernehmungen" verbirgt sich der sog. Prügelerlaß, ein Geheimerlaß des RSHA vom 12. Juni 1942: Verschärfte Vernehmungen durften angewandt werden, wenn aufgrund des Voruntersuchungsverfahrens feststand, daß die Häftlinge wichtige Sachverhalte wußten, zudem waren verschärfte Vernehmungen gegen bestimmte Personengruppen

---

93 Aussage von Mirosław Zawodny in einem Brief vom 31. August 1992.
94 Bernd Rusinek, S. 207. A. Rüter-Ehlermann, C. F. Rüter(Bearb.), Bd. V, S. 720. HStAD Rep. 112/12478, Bl. 4f: Hauptwachtmeister Jakob Dahmen spricht im September 1944 in einem Disziplinarverfahren gegen ihn wegen unerlaubter Hilfeleistung gegenüber dem in Brauweiler inhaftierten deutschen Geistlichen Friedrichs zwar vom „Sonderkommando Schiffer", das für die inhaftierten Mitglieder der Action Catholique und die deutschen Geistlichen (Alberts, Aretz und Friedrichs) zuständig gewesen sei, aber Kriminalassistent Schiffer wird die diesbezüglichen Untersuchungen weitgehend eigenständig innerhalb des Sonderkommandos Bethke durchgeführt haben.
95 BA Koblenz Z 42 III/156, Bl. 10, 49, 112.

grundsätzlich erlaubt, u.a. gegen Angehörige von Widerstandsgruppen, Kommunisten, polnische und sowjetische Zwangsarbeiter. Als Mittel galten Verschärfungen in der Unterbringung und Verpflegung sowie Stockhiebe auf das Gesäß.[96]

Unter dem Begriff „Sonderbehandlung" versteckte sich ein geheimer Runderlaß des Reichsführers SS und Chef der deutschen Polizei vom 20. Februar 1942, in dem bestimmt wurde, daß bestimmte Personengruppen den ordentlichen Gerichten entzogen wurden und ausschließlich der Exekutive unterstanden. Ergänzt wurde dies durch einen Schnellbrief des RSHA vom 5. November 1942, wonach Polen und Angehörige der „Ostvölker" in Zukunft allein der Polizei ausgeliefert sein sollten. Durchführungsbestimmungen nach einem weiteren Geheimerlaß vom 6. Januar 1943 führten u.a. aus, daß Exekutionen durch die Gestapo beim Chef des Amtes IV des RSHA zu beantragen waren. Die dann per Fernschreiben genehmigten Exekutionen sollten in der Regel in einem dem Haftort nahegelegenen KZ oder in einem von außen nicht einsehbaren Ort ausgeführt werden.[97]

Bethke war natürlich über diese Erlasse vollständig im Bilde, das zeigen schon die Behandlung der Mitglieder der Heimatarmee in Brauweiler und sein durch Zeugen belegtes Verhalten am Ende des Krieges in der Stapostelle Elisenstraße. Über die Verhörmethoden in Brauweiler heißt es von polnischer Seite: Sie traten, schlugen, gossen eiskaltes Wasser auf die verschwitzten Körper, hängten sie mit auf dem Rücken gefesselten Händen auf, so daß die Zehen gerade den Boden berührten und schlugen sie, bis sie bewußtlos waren. Um Informationen herauszupressen, steckten sie den Inhaftierten Zahnstocher in die Nasenlöcher, feilten die Fingernägel mit einer besonderen Feile ab, reduzierten die Lebensmittelrationen, die ohnehin schon minimal waren. Zu den besonders hart Gefolterten gehörten der Artillerieoffizier Ernest Ronin und der Fähnrich Jerzy Dittmar. Ronin war jüdischer Abstammung, und ein Gestapobeamter erklärte ihm, daß es für ihn nur einen Weg gäbe, Brauweiler zu verlassen, nämlich der durch den Schornstein.[98]

Auch von deutscher Seite sind wir über die Behandlung Ronins unterrichtet. Der Hilfsaufseher Josef Heister berichtete am 27. November 1945 der French War Crimes Mission von den Vorgängen in Brauweiler: „Im Januar 1944 wurde ich in der Anstalt Brauweiler als Hilfsaufseher angestellt und habe als solcher bis Oktober 1944 Dienst gemacht. Meinen Dienst musste ich im Stapoflügel (Zellenbau) versehen. Ich habe dadurch mehrmals gesehen, dass die Gefangenen schrecklich misshandelt und geschlagen wurden. Meist habe ich die Misshandlungen nur gehört, weil sie in der Zelle oder im ver-

---

96 A. Rüter-Ehlermann, C. F. Rüter (Bearb.), Bd. X, S. 505.
97 A. Rüter-Ehlermann, C. F. Rüter (Bearb.), Bd. X, S. 505f.
98 Mirosław Wierzbicki, Mirosław Zawodny, S. 20f.

schlossenen Zimmer stattfanden...In einer Zelle sass der jüdische polnische Hauptmann Ernst Robert Ronin. Er war zusammen mit dem polnischen Major und Arzt Juliano dort eingeliefert [korrekt wäre Julian Reklinski, Tierarzt - eingeliefert am 9.5.44 und Ronin eingeliefert am 17.6.44] worden,... Ich habe aber einmal gesehen, dass er [Ronin] die Nacht über ganz nackend in seiner Zelle bleiben musste, wobei man sein Bett und seine Kleider mit Wasser ganz durchnässt hatte. Er musste dauernd in der Zelle unter Aufsicht Freiübungen machen. Ein anderes Mal hatte man ihm die Hände auf den Rücken zusammengebunden und ihn an den Händen an dem Fensterkreuz aufgehängt, sodass er mit den Füssen nicht auf die Erde kommen konnte...Von den Stapobeamten waren Hoegen und Jegusch die schlimmsten [Hoegen und Gegusch gehörten ab September 1944 zum Kommando Kütter, ob beide vorher Bethke unterstellt waren oder Heister nun über Ereignisse ab September 1944 beim Sonderkommando Kütter berichtet, bleibt unklar]. Der Zellenbau der Anstalt Brauweiler ist rundgebaut, wodurch ein Flur über 200m lang ist. Jegusch hat sich ein Vergnügen daraus gemacht, die Häftlinge auf dem Flur rundzujagen. Sie wurden misshandelt, dann wieder gejagt und anschliessend wieder misshandelt, bis sie vor Erschöpfung zusammenbrachen. Wenn sie nicht mehr aufstehen konnten, hat Jegusch sie mit einer Nadel gestochen, und bei dem Versuch, aufzustehen, sie wieder ins Kreuz getreten, wodurch die Menschen wieder hinfielen."[99]

Der Druck auf die Gefangenen wurde durch die Bedingungen in den Zellen noch verstärkt. Fünf oder sechs Menschen waren in einer Zelle, die maximal für zwei Personen ausgelegt war. In der Zelle gab es einen Eimer als Toilette. Die Insassen mußten in Schichten schlafen, wenn sie eine Pritsche benutzen wollten.[100]

In Folge dieser Verhörmethoden kam es zu verschiedenen Verhaftungsschüben, da von den Insassen immer neue Namen herausgepreßt wurden, denn die Liste des Kuriers Ulinski hatte nur wenige Namen enthalten. Am 11. Mai 1944 verzeichnet die Namenliste insbesondere Einlieferungen aus Hemer.[101] Diese Personen waren bereits am 29. April verhaftet worden, aber zunächst zur berüchtigten Gestapo-Stelle Steinwache in Dortmund gebracht worden. Am 29. Juni 1944 wird eine größere Gruppe aus Köln-Klettenberg nach Brauweiler gebracht, insgesamt waren es 72 polnische Kriegsgefangene aus Klettenberg, 67 Fähnriche und fünf Unteroffiziere, die in Brauweiler einsaßen.[102]

---

99 HStAD Gerichte Rep. 231, Nr. 286, Bl. 22f. HStAD Gerichte Rep. 231, Nr. 287, Bl. 21: In seiner Aussage vom 27. Juli 1948 zieht Heister die Behauptung zurück, daß diese Person „Jegusch" gewesen sei.
100 Mirosław Wierzbicki, Mirosław Zawodny, S. 20f.
101 Hans-Hermann Stopsack, Eberhard Thomas (Hrsg.), S. 50.
102 Mirosław Zawodny: Gestapo, S. 80f.

Politische Anstalt: Konzentrationslager, Gestapogefängnis

Kurt Bethke, 1940

Der polnische Hauptmann Ernst Robert Ronin (2. v. l. mit polnischem Adler auf der Mütze) - zwischen dem 17.6.1944 und dem 26.8.1944 in Brauweiler Gestapohaft - nach seiner Befreiung aus dem KZ Buchenwald als Dolmetscher des Generals Eisenhower bei der Besichtigung eines befreiten Konzentrationslagers nach Kriegsende

Bei den unmenschlichen Verhören nahm der Pole Ignaz Organitzka eine besondere Rolle ein. Er diente der Gestapo in Brauweiler als Dolmetscher und machte sich durch seine Foltermethoden zum unterwürfigen Handlanger der Gestapo. Er war 1913 in Wanne-Eickel geboren worden, im September 1939 befand er sich in Polen als Unteroffizier der polnischen Armee. Nach seiner Gefangennahme kam er schließlich ins Stalag Bonn-Hardthöhe. Hier gab er seinen Kriegsgefangenenstatus auf und arbeitete als Zivilarbeiter in Köln. Aus irgendwelchen Gründen war er bereits im April 1944 in Brauweiler Gestapohaft. Seinen ehemaligen polnischen Kameraden aus dem Stalag VI G Bonn-Hardthöhe begegnete er dort als Dolmetscher und Handlanger der Gestapo.

Nach der Räumung des Zellentraktes am 14. September 1944 war Ignaz Organitzka nicht mehr interessant für die Gestapo, man brachte ihn ins Kölner Gefängnis Klingelpütz und am 5. November 1944 in das Zuchthaus Rheinbach. Am 27. Januar 1945 wurde er ins KZ Buchenwald eingeliefert, in dem sich auch inzwischen die Brauweiler Mitglieder der Heimatarmee befanden. Die Mithäftlinge informierten einen sog. Schutztrupp, eine kommunistisch orientierte Organisation des Internationalen Häftlingskomitees zur Eliminierung von Spionen und Denunzianten in KZs, und Ignaz Organitzka starb wenige Tage nach seiner Identifizierung am 10. Februar 1945. Als Todesursache gibt die Statistik des KZ Buchenwald „Bauchtyphus" an.[103]

Wie bereits erwähnt, wurden die polnischen Inhaftierten aus Brauweiler über das Messelager Köln-Deutz nach Buchenwald gebracht. Insgesamt gab es drei große Transporte von Brauweiler ins Messelager: 10. und 26. August 1944 und 14. September 1944. Angehörige des Transports vom 26. August trafen hier, wie bereits erwähnt, Konrad Adenauer. Zum Transport vom 10. August gehörten fast alle Fähnriche aus dem Kgf. Arb. Kdo. Nr. 27 Köln-Klettenberg. Der letzte Transport mit polnischen Inhaftierten aus Brauweiler traf am 17. September 1944 im KZ Buchenwald ein.[104]

Viele der polnischen Inhaftierten aus Brauweiler wurden hier in den berüchtigten unterirdischen Produktionsstätten „Mittelwerke" bei Nordhausen/Harz, Deckname Dora, eingesetzt. Hierhin hatte man die Erprobungsstätte der V2 verlegt. Trotz strenger SS-Bewachung gelangen hier immer wieder Sabotageakte, die die SS durch Erhängungen auf dem Appellplatz zu verhindern suchte.[105]

---

103 Mirosław Zawodny: Gestapo, S. 86f. Bernd Rusinek, S. 445.
104 Mirosław Wierzbicki, Miroslaw Zawodny, S. 22. ALVR 15080.
105 Janucz Piekalkiewicz: Spione, S. 432.

Von den insgesamt 111 Fähnrichen aus Brauweiler waren sieben aus Gestapohaft entlassen worden und 104 ins KZ Buchenwald gekommen.[106] Von den insgesamt 277 polnischen Bürgern in Brauweiler sind 150 in Buchenwald oder in Nebenlagern oder auf sog. Todesmärschen bei der Räumung der KZs vor dem Anrücken der Roten Armee ums Leben gekommen. Das Schicksal von 50 Personen ist noch ungeklärt, ca. 80 Personen haben den Terror überlebt.[107]

Französische Katholiken in Brauweiler Gestapohaft

In der Zeit zwischen Juli und September 1944 waren in Brauweiler auch Mitglieder der französischen Action Catholique inhaftiert. Ursprünglich war die Action Catholique eine Bewegung katholischer Laien und Priester, die sich in Frankreich in den 20er Jahren gebildet hatte, um insbesondere die in Großstädten lebenden Arbeiter wieder enger an die Kirche zu binden. Nachdem im September 1942 die Deutschen den Zwangsarbeitsdienst für alle Franzosen zwischen 18 und 50 Jahren und für Französinnen zwischen 21 und 35 Jahren eingeführt hatten, sahen es die Mitglieder der Action Catholique als ihre Aufgabe an, die französischen Zwangsarbeiter in Deutschland zu betreuen. So kamen seit dem Frühjahr 1943 als Zwangsarbeiter getarnte französische Priester und katholische Laien nach Deutschland. Es gelang der Action Catholique insbesondere im Rheinland, eine „Seelsorge im Verborgenen" aufzubauen, die sich auch um die persönlichen Belange der Zwangsarbeiter am Arbeitsplatz kümmerte. Die Gestapo verdächtigte die Action Catholique von Anfang an der konspirativen Tätigkeit gegen die Naziherrschaft. Deshalb wurden im Juli 1944 die im Rheinland aktiven Mitglieder der Action Catholique verhaftet.[108]

Für viele war dabei der Gestapotrakt in Brauweiler nur Zwischenstation auf dem Weg ins KZ Buchenwald. Über seine Erlebnisse in Brauweiler berichtet der französische Priester Lucien Gaben:

„Empfangen werden wir von Fritz [Sammelbezeichnung für Deutsche], dem Gefängnisdirektor. In einem großen Raum müssen wir unser Gepäck ablegen, danach werden wir penibel durchsucht von Ignaz, einer traurigen Figur. Er ist Pole und spricht recht gut Französisch. Nachdem er Schwierigkeiten mit der Polizei hatte, arbeitet er nun für sie und erledigt auch die schmutzigen Geschäfte... Geweckt wird um sechs Uhr... Der morgendliche Rundgang wird gegen sieben Uhr beendet mit dem Austeilen von Kaffee und Brot, drei Scheiben von ungefähr 100 Gramm pro Tag. Danach wird die Tür verriegelt bis Mittag... Mittags unterbricht die Verteilung der Suppe die

---

106 Brief von Mirosław Zawodny vom 8. April 1992.
107 Mirosław Zawodny: Do dyspozycji Sonderkommando Bethke w Brauweiler.
108 Brigitte Daners: Französische Katholiken, S. 225ff.

Reflexionen und geistigen Übungen... sich wachhalten zu müssen, wenn man nichts zu tun hat, zieht die Dauer eines Tages noch mehr in die Länge. Und dann die schreckliche Einsamkeit in Einzelhaft... Es ist gegen 18.30 Uhr... Wir halten unseren Napf bereit, um unsere Ration in Empfang zu nehmen... Inzwischen überstürzen sich im Gefängnis die Ereignisse... Man will um jeden Preis unser Geständnis. Im Laufe der Verhöre, die in immer kürzeren Abständen aufeinander folgen, versuchen die Nazis uns zu verwirren, indem sie die Action Catholique und politische Aktionen miteinander vermischen... Ihre beherrschende Vorstellung war, daß wir Teile einer riesigen, vom Vatikan geleiteten Organisation seien...

Die Verhöre mit Mißhandlungen beginnen Anfang August... Auf der Stelle lassen sie mich niederknien, mit gekreuzten Armen auf einen Stuhl gestützt. Sie ziehen mir mein Jackett über die Schultern, sie schlagen mir mit dem Gummiknüppel wie mit einem Ochsenziemer auf die Nieren...

Am Nachmittag des 14. September 1944... höre ich plötzlich wie die Zellen rechts geöffnet werden. Die Gestapoleute bleiben drei bis vier Minuten bei jedem Häftling... Sie kommen zu Zelle 14. Schon wieder Ignaz. Er knöpft mein Jackett auf, befiehlt mir, es auszuziehen, entreißt mir den blauen Pullover, den ich trage, 'den brauchst Du nicht mehr!'...

Ein, zwei Stunden später werden die Riegel zurückgeschoben: Schreie, Schläge. Die einen meinen, das Gefängnis solle geräumt werden, andere sind weniger optimistisch und sprechen von Hinrichtungen, was uns auch nicht gerade beruhigt. In einigen Minuten sind wir auf dem Gang angetreten. Mit ausgemergelten Körpern, bleichen Gesichtern und verstörten Blicks stehen wir da. Wo geht es hin? Trotzdem sind wir glücklich, uns wiedergefunden zu haben, als man uns in Richtung des Portals treibt, das wir vor zwei Monaten durchschritten hatten.

Draußen auf der Straße steht ein Mannschaftswagen der Polizei, umstellt von bewaffneten Wachen, und nimmt uns auf. Wir fahren ab. Die Menschen unterwegs sehen besorgt und ängstlich aus, Gruppen von Soldaten bewegen sich in voller Marschausrüstung. Man sagt, es seien Soldaten auf dem Rückzug. Was ist wahr daran? Unterdessen überqueren wir den Rhein und halten auf der rechten Seite, in Deutz, einem Vorort von Köln, in der Nähe des Messelagers...".[109]

Die ca. 60 Mitglieder der Action Catholique kamen in zwei Verhaftungsschüben zwischen dem 12. und 14. Juli sowie zwischen dem 21. und 27. Juli 1944 nach Brauweiler.[110]

---

109 Lucien Gaben, S. 55-77. Brigitte Daners: Französische Katholiken, S. 230ff.
110 ALVR 15080.

Politische Anstalt: Konzentrationslager, Gestapogefängnis

Blick in den Zellentrakt, Foto von 1964

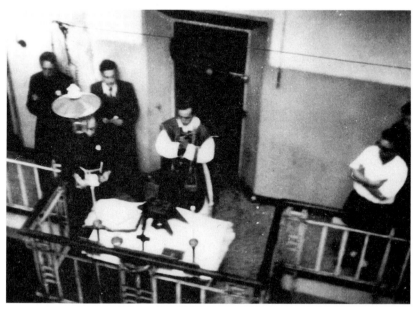

Messe im Zellentrakt während des Besuchs von Mitgliedern der Action Catholique im September 1949

Politische Anstalt: Konzentrationslager, Gestapogefängnis

Empfang von Mitgliedern der Action Catholique durch Erzbischof Kardinal Frings während ihres Besuches in Köln im September 1949

Mitglieder der Action Catholique vor dem Eingang des Zellentraktes im DP-Lager Brauweiler 1949

Am 3. August 1944 wurden sieben Personen in Brauweiler eingeliefert und dem Sonderkommando Bethke unterstellt, die aus Brüssel kommend in den Zellentrakt gebracht worden waren. Es ist interessant, daß der bereits an anderer Stelle erwähnte Bericht des Anstaltslehrers und Leiters der Abteilung für Fürsorgezöglinge, Schnitzler, in seinem Bericht vom 14. Februar 1946 deren Namen, Vornamen und Geburtsdaten (Personen im Alter von 41 bis 75 Jahren) genau angibt. Von den polnischen Insassen und anderen aber nichts berichtet. Schnitzler schreibt: „Ich durfte ihnen [den sieben Belgiern] zwar Lesestoff bringen, wurde aber beim Besuch der Zellen von Gestapobeamten begleitet oder wenigstens vom Flure aus beobachtet. Irgendeine Hilfeleistung war dadurch unmöglich gemacht worden. Ich hörte nur, daß diese Herren als Geiseln in Haft wären."[111] Die sieben Belgier wurden zusammen mit den letzten 79 Mitgliedern der polnischen Gruppe am 14. September 1944 aus Brauweiler abtransportiert. Der Zielort ist bis heute unbekannt.[112]

Es bleibt noch zu erwähnen, daß die Liste „Sonderkommando Bethke" mit dem Einlieferungsdatum 13.9.44 und dem Entlassungsdatum 14.9.44 33 osteuropäische Namen ausweist, die aus Krefeld kommend nur eine Nacht in Brauweiler verbracht haben. Es handelte sich dabei um 29 Russen und vier Polen, letztere Unteroffiziere aus dem Stalag VII Krefeld-Fichtenhain.[113]

Räumung des Gestapogefängnisses und Teilräumung der Anstalt Brauweiler

Von den insgesamt 383 Namen, die die „Bethke-Liste" zwischen dem 20. April und 14. September 1944 aufweist, waren ca. 280 polnische Staatsbürger, die von der Gestapo beschuldigt wurden, Mitglieder einer konspirativen Vereinigung zu sein. Aber nicht alle gehörten der Heimatarmee an. Insbesondere bei der Verhaftung größerer Gruppen gab es darunter viele polnische Bürger, die in keinem direkten Kontakt zum polnischen Widerstand standen.[114]

Zu den ca. 280 polnischen Namen kommen noch ca. 60 Mitglieder der Action Catholique und sieben belgische Staatsbürger. Die restlichen Namen sind russische, die wohl in Verbindung zu einer im Mai 1944 von der Kölner Gestapo aufgedeckten aus sowjetischen Ostarbeitern bestehenden Widerstandsorganisation „Komitee Kampf gegen Faschismus" standen.[115] Auf der vierten Seite der Liste taucht als 52. Name „Pfarrer Dr. phil. Paul Alberts,

---

111 ALVR 13076.
112 Brief von Mirosław Zawodny vom 9. März 1992.
113 Brief von Mirosław Zawodny vom 9. März 1992.
114 Brief von Mirosław Zawodny vom 9. März 1992.
115 Guido Grünewald, S. 202. Bernd Rusinek, S. 207.

geb. 7. Juli 1889", aus Hanserath auf, der vom 2. September bis zum 14. September in Brauweiler inhaftiert war.[116]

Das letzte Brauweiler „Entlassungsdatum" der „Bethke-Liste" ist - wie schon mehrfach erwähnt - der 14. September 1944. An diesem Tag wurde der Gestapotrakt völlig geräumt, aber auch Korrigenden der Arbeitsanstalt wurden von Brauweiler abtransportiert. Anstaltsleiter Bosse berichtet in seinem Halbjahresbericht an den Oberpräsidenten der Rheinprovinz vom 26. September 1944: *„...Der augenblickliche Rückgang erklärt sich lediglich durch die in Anbetracht der militärischen Lage vorsorgliche teilweise Räumung der Anstalt von unsicheren asozialen Elementen. Es wurden ins Innere des Reiches abtransportiert:*
am 14.9.
176 politische Häftlinge
am 15.9.
111 Korrigenden i.d.K.l. Oranienburg/Sachsenhausen
am 18.9.
115 Korrigenden i.d.K.l. Flossenburg b. Weiden/Oberpfalz
am 21.9.
40 geisteskranke Verbrecher aus d. Heil- und Pflegeanstalt Düren in das K.l. Mauthausen b. Linz/Donau
am 22.9.
34 Dirnen in das K.l. Ravensbrück/Mecklenburg
am 23.9.
21 Jugendliche in das Jugendschutzlager Moringen
zusammen: 497 Insassen"[117]

Die Untersuchungen von Miroslaw Zawodny können von den 176 politischen Häftlingen 162 konkret identifizieren:
79 polnische Häftlinge, und zwar diejenigen, die als Mitglieder der Heimatarmee am schwersten belastet waren,
47 Franzosen der Action Catholique,
29 Russen,
7 Belgier.[118]

Aus dem bereits erwähnten Disziplinarverfahren gegen Hauptwachtmeister Jakob Dahmen, das in Zusammenhang mit der Räumung des Gestapotraktes stand, lassen sich aber noch weitere Informationen zum 14. September 1944 gewinnen. Der ebenfalls im Gestapotrakt tätige Hauptwachtmeister Gerhard Robens erklärte in dem Verfahren, daß die Inhaftierten während seiner Dienstzeit im Laufe des Spätnachmittags und Abends am 14.9.44 mit

---

116 ALVR 15080.
117 ALVR 8148a.
118 Brief von Mirosław Zawodny vom 9. März 1992.

mehreren Autobussen von Brauweiler abtransportiert wurden, unter ihnen auch die deutschen Geistlichen Friedrichs und Aretz.[119] Hauptwachtmeister Dahmen gab in diesem Zusammenhang an, daß die beiden Geistlichen zu den bevorzugten politischen Häftlingen zählten, denn ihnen waren Spaziergänge im Hof des Zellentrakts erlaubt. Bei seinem Dienstantritt am 15.9.44 um 5.30 Uhr stellte er fest, daß „bis auf eine Ausnahme alle Häftlinge der Gestapo fortgeschafft waren".[120]

Die Räumung erfolgte u.a. auch wegen des Vorrückens der alliierten Front in den Aachener Raum vor Einsetzen der zeitweilig Entlastung schaffenden Rundstedt-Offensive. Man befürchtete wohl Unruhen unter den Insassen der Arbeitsanstalt und vor allem innerhalb des Gestapotraktes. Die Liste des Anstaltsleiters zeigt aber auch die herrschende und praktizierte nationalsozialistische Auffassung vom Unwert menschlichen Lebens: Geisteskranke, oppositionelle Jugendliche, Korrigenden werden als „asozial" eingestuft und KZs übergeben.

„Renitente" Korrigenden hatte man - wie an anderer Stelle erwähnt - während des Dritten Reiches nach der „Entlassung" aus der Arbeitsanstalt immer schon in ein Konzentrationslager eingewiesen. Dies praktizierte man verstärkt während des Krieges. So heißt es in der bereits erwähnten Nachkriegsaussage des Aufsehers Heister: „Von den Insassen aus Brauweiler, die nicht von der Stapo eingeliefert waren, wurden verschiedene Leute zum Stapoflügel als Kalfakter abkommandiert. Sie konnten deshalb auch die Misshandlungen der Menschen wahrnehmen. Zwei dieser Kalfakter, Imhoff und Lipp, haben sich darüber beim Direktor der Anstalt beschwert, weil sie diesen Dienst nicht mehr machen wollten. Sie wurden dafür vom Direktor der Anstalt 4 Wochen eingesperrt und kamen nachher mit dem ersten Transport der Stapo weg. Wo sie geblieben sind, kann ich nicht sagen."[121]

Diese Aussage zeigt neben der erwähnten Praxis der Anstaltsleitung, „unliebsame" Korrigenden in KZs abzuschieben, vor allem auch wieder die Verbindungen, die zwischen Anstalt, Anstaltsleitung und Gestapoabteilung bestanden haben.

Kurt Bethke als „Prominentenkommissar"

Mit dem 14. September 1944 ist aber die Geschichte des Sonderkommandos Bethke in Brauweiler noch nicht zu Ende gewesen. Seit dem 24. September 1944 füllten sich die Zellen des Gestapotraktes wieder. Für Kurt Bethke änderte sich allerdings das Aufgabengebiet, denn er wurde Leiter des Sonderkommandos „zur Aufklärung der Verschwörung des 20.7.1944".[122]

---

119 HStAD Rep. 112/12478, Bl. 6.
120 HStAD Rep. 112/12478, Bl. 4.
121 HStAD Gerichte Rep. 231 Nr. 286.
122 Bernd Rusinek, S. 207 Anmerkung 35.

Diese politischen Häftlinge standen aber in keinem direkten Zusammenhang mit dem Attentat auf Hitler. Allerdings hatte die Nazileitung in Zusammenhang mit dem Attentat im August 1944 eine reichsweite Aktion unter dem Decknamen „Gewitter" gestartet, bei der die Gestapo insgesamt ca. 5000 ehemalige Funktionäre der alten Parteien verhaftete. Viele Verhaftete aus Köln kamen zunächst ins Messelager nach Deutz, dazu zählte auch Konrad Adenauer.[123] Aber auch der Brauweiler Zellentrakt wurde im späteren Verlauf dieser Aktion wieder für Inhaftierungen der Gestapo genutzt.

Da sich unter den damaligen Brauweiler Häftlingen viele Akademiker und Prominente befanden, erhielt Bethke den Spitznamen „Prominentenkommissar".

Zum Fall Adenauer erklärte er am 5. März 1948 dem Spruchgericht Bergedorf gegenüber schriftlich, daß bei einer Hausdurchsuchung im Hause Adenauer in Rhöndorf ein Schreiben eines ehemaligen Zentrumsmitglieds mit Angriffen gegen die Regierung gefunden worden sei. Während der diesbezüglichen Untersuchungen sei aus Berlin ein Fernschreiben eingetroffen, wonach Gördeler behauptet habe, Adenauer sei an den Vorbereitungen des 20. Juli 1944 beteiligt gewesen. Daraufhin sei er, Bethke, mit den Ermittlungen gegen Adenauer beauftragt worden. Seine Untersuchungen hätten die Angaben Gördelers aber nicht bestätigen können.[124]

Bethkes Schreibkraft, Hanni Schäfer, erklärte dem Spruchgericht sogar, daß Bethkes „angestrengte Ermittlungsarbeit und entsprechende Berichterstattung beim Reichssicherheitshauptamt die endgültige Haftentlassung und vollständige Rehabilitierung des Herrn Dr. Adenauer" herbeigeführt hätten.[125] Hanni Schäfer gab zudem noch zu Protokoll, daß die Kreisleitung der NSDAP Köln ab September 1944 laufend Listen mit Personen vorlegte, für die die Kreisleitung die sofortige Inhaftierung gefordert hätte. Bethke habe die Festnahmen aber abgelehnt, „wenn nicht genuegend Beweismaterial gleich mit vorgelegt worden war".[126]

Konrad Adenauer erklärte daraufhin am 18. April 1948 gegenüber der Kriminalpolizei Köln: „...Von dem in dem Brief Bethkes erwähnten Schreiben eines früheren Zentrumsmitglieds...ist mir nichts bekannt...Ich bin dann am 20. August 1944 verhaftet und in das Konzentrationslager Köln-Messe gebracht worden. Aus diesem bin ich nach 14 Tagen, weil ich wegen Erkrankung haftunfähig war, in das Elisabeth-Krankenhaus, in Köln-Hohenlind, entlassen worden. Es wurde mir gleichzeitig zur Pflicht gemacht, einen Aufenthaltswechsel sofort dem SD in Bonn mitzuteilen. Bethke ist weder bei der

---

123 Widerstand und Verfolgung in Köln 1933-1945, S. 388f. BA Koblenz Z 42 III/156 Bl. 80.
124 BA Koblenz Z 42 III/156, Bl. 41.
125 BA Koblenz Z 42 III/156, Bl. 42.
126 BA Koblenz Z 42 III/156, Bl. 42.

Haussuchung noch im Konzentrationslager in Erscheinung getreten. Von auf dem Büro des Lagers Köln-Messe beschäftigten Häftlingen hatte ich gehört, dass beabsichtigt sei, mich verschwinden zu lassen. Infolgedessen habe ich mich nach wenigen Tagen aus dem Elisabeth-Krankenhaus heimlich fortbegeben und unter einem angenommenen Namen in Nistermühle bei Hachenburg im Westerwald Aufenthalt genommen. Aus einem mir nicht bekannten Grunde bemühte die Gestapo sich wiederum um mich, und zwar diesmal unter Bethke. Zwei beauftragte Gestapo-Beamte - Stender und Weitz - verlangten von meiner in Rhöndorf sich aufhaltenden Frau die Angabe, wo ich sei. Da meine Frau diese Angabe verweigerte, wurde sie verhaftet und nach Köln in das Gestapohaus am Appellhofplatz gebracht. Sie wurde in einer Sammelzelle, in dem allerlei Gelichter der Grossstadt war, eingesperrt und von Bethke mehrmals in der Nacht vernommen. Dabei drohte ihr Bethke, wenn sie nicht meinen Aufenthalt mitteile, würden unsere Töchter, die damals 16 und 19 Jahre alt waren, verhaftet und ebenfalls ins Gefängnis gebracht werden. Wenn sie meinen Aufenthalt mitteile, werde sie sofort freigelassen. Mehrfach gab Bethke in Anwesenheit meiner Frau den Befehl, meine Töchter aus Rhöndorf zu holen und erzwang dadurch schliesslich von meiner Frau die Angabe meines Aufenthaltes. Ich wurde daraufhin morgens um 5 Uhr verhaftet und nach Brauweiler in das Gestapo-Gefängnis gebracht. Dass meine Frau verhaftet war, hörte ich erst später von Bethke. Ich habe ihn dringend gebeten, da er ja nun mich habe, meine Frau doch gehen zu lassen. Meine Frau wurde aber über eine Woche festgehalten... Ich bin von Bethke...oft und lange vernommen worden. Ich sollte ungefähr über alles Auskunft geben, was ich seit 1933 getan hätte, wer bei mir verkehrt hätte usw. Weder von dem erwähnten Briefe ist mir etwas gesagt worden, noch ist mir mitgeteilt worden, dass Gördeler erklärt hätte, ich sei an den bekannten Vorgängen beteiligt, mir ist nur gesagt worden, dass in meinen Akten der Name Gördeler genannt sei, dass ein ausdrücklicher Befehl bestehe, wonach in allen Fällen, in denen auch nur der Name Gördeler genannt werde, das Hauptsicherungsamt in Berlin allein endgültig entscheiden dürfe. Bethke hielt in kleinlicher Weise auf Befolgung aller Bestimmungen für die Behandlung von Gefangenen, Erleichterungen gewährte er nicht...".[127]

Es war der 25. September 1944 - einen Tag später als seine Frau - ‚an dem Konrad Adenauer in Brauweiler eingeliefert wurde. Er blieb bis zum 26. November 1944 in Brauweiler. Im Prozeß sagte Bethke dazu aus, daß der Kölner Gestapochef die Verhaftung der gesamten Familie Adenauer angeordnet hätte. Aus dem Krankenhaus sei Adenauer durch Vorspiegelung falscher Tatsachen entflohen, es sei ein Major der Wehrmacht gekommen, der erklärt habe, Adenauer festzunehmen und zu einem Wehrbezirkskommando

---

127 BA Koblenz Z 42 III/156, Bl. 50.

Politische Anstalt: Konzentrationslager, Gestapogefängnis

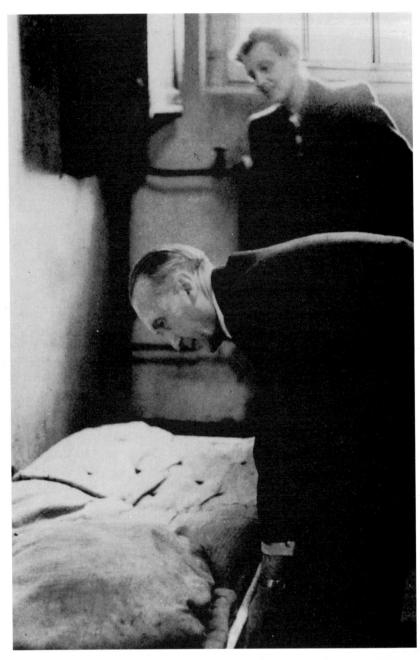

Dr. Konrad Adenauer besucht in Begleitung seiner Frau Gussie seine frühere Zelle im ehemaligen Gestapogefängnis Brauweiler am Christ-Himmelfahrts-Tag 1945.

Zur Sache:

Meine Ehefrau wurde durch Bethke verhaftet. Es sollte von ihr eine Aussage erpresst werden über meinen damaligen Aufenthalt. Ich hielt mich zu dieser Zeit im Westerwald verborgen. Meine Frau wurde von Rhöndorf zunächst in das Gestapo - Gebäude in Köln gebracht und dort in eine Sammelzelle mit vielen anderen Häftlingen eingesperrt. Wie sie mir erzählte, wurde sie in der ersten Nacht mehrmals durch Bethke zur Vernehmung geholt. Es wurde ihr angedroht, dass auch unsere Töchter ins Gefängnis kämen, wenn sie nicht meinen Aufenthalt angebe. Aufgrund dieses seelischen Druckes hat sie dann meinen Aufenthalt genannt, worauf ich noch in der gleichen Nacht gegen 0500 Uhr früh bei Hachenburg verhaftet wurde. Trotz inständigen Bittens meinerseits und obwohl er meiner Frau gesagt hatte, sie würde gleich nach Bekanntgabe meines Aufenthaltortes freigelassen, hat Bethke meine Frau dann noch eine volle Woche in Haft gehalten, was als reiner Willkürakt betrachtet werden muss. Meine Frau hat hierdurch einen schweren seelischen Zusammenbruch erlitten und einen Selbstmordversuch unternommen. Im übrigen hat sich Bethke mir gegenüber in dienstlicher Hinsicht scharf, aber korrekt verhalten.

Ich erwähne noch, dass meine Frau sich bereits in Brauweiler befand, als ich dort eingeliefert wurde. Während der Zeit unserer dortigen Haft war Bethke für uns verantwortlich.

v.g.u.

Der Zeuge wurde vorschriftsmässig beeidet.

Eidesstattliche Erklärung Konrad Adenauers vom 11.8.1948 in der Strafsache gegen Bethke (BA Koblenz)

Politische Anstalt: Konzentrationslager, Gestapogefängnis

nach Berlin zu bringen. Nach längerer Zeit habe Frau Adenauer im Verhör den Namen des Majors und den Aufenthaltsort ihres Mannes genannt. Adenauers Frau sei in Brauweiler „keine Minute im Gestapogefängnis gewesen, ich habe sie ins Frauenarbeitslager gebracht...Dr. A. hat eine offene Zelle gehabt, konnte frei umhergehen,...er unterstand der Aufsicht der Landesarbeitsanstalt".[128]

Bei dem erwähnten Major handelte es sich um einen Freund der Familie Adenauer, Major Schliebusch. Bethke ließ Schliebusch und dessen Sohn wegen der Aktion im Elisabeth-Krankenhaus verhaften und nach Brauweiler bringen. Nach Aussage des in Brauweiler gleichzeitig inhaftierten Dr. Kurt Korsing wurden beide Schliebuschs von Bethke „äußerst arrogant und zynisch behandelt", beide seien auf Veranlassung Bethkes in das Gefängnis Klingelpütz verlegt worden (hier stand der Gestapo seit Anfang November 1944 ein Gebäudeflügel zur Verfügung), „wo sie sich an Fleckfieber infizierten und kurz nach der Befreiung starben".[129]

Das Gericht beschloß nach der oben angeführten Aussage Bethkes, Adenauer in Köln vom Amtsgericht unter Eid zu vernehmen, um die Umstände der Haft seiner Frau genau zu klären. Am 11. August 1948 sagte Adenauer dem Amtsgericht u.a., daß seine Frau durch die Willkürakte Bethkes depressiv geworden sei und einen Selbstmordversuch [in Brauweiler] unternommen habe.[130]

Dr. Kurt Korsing, der mit „mehreren Akademikern und sonstigen Persönlichkeiten in Einzelzellen" in Brauweiler untergebracht war und Bethke im Spruchkammerverfahren belastete, attestierte ihm im Vergleich zu Kommissar Kütter allerdings „eine gewisse Humanität...: hervorzuheben ist noch, daß im Gegensatz zu der Behandlung der Häftlinge durch Hauskommissar Kütter der Angeklagte immerhin gestattete, dass seine Häftlinge auf dem Hofe spazieren gehen konnten und dass ihnen nicht die Haare geschnitten wurden...Die Vernehmungen wurden, entgegen der Gepflogenheit der übrigen Kommissare, ohne dass ich geschlagen wurde, durchgeführt."[131]

Die Außerachtlassung bzw. die Unkenntnis des Gerichts über die Vorgänge in Zusammenhang mit der polnischen Widerstandsbewegung führten dann zu einem überaus milden Urteil gegen Kurt Bethke. Am 12. Oktober 1948 verurteilte ihn die 11. Spruchkammer des Spruchgerichts Bergedorf zu zwei Jahren Gefängnis und zur Übernahme der Verfahrenskosten. Die Strafe galt durch die dreijährige Internierungszeit als verbüßt.[132]

---

128 Hans Peter Schwarz, S. 417. BA Koblenz Z 42 III/156, Bl. 68f.
129 BA Koblenz Z 42 III/156, Bl. 93.
130 BA Koblenz Z 42 III/156, Bl. 97.
131 BA Koblenz Z 42 III/156, Bl. 51 und Bl. 93.
132 BA Koblenz Z 42 III/156, Bl. 116.

In der schriftlichen Urteilsbegründung wurde der Urteilsspruch damit begründet, daß Bethke einer durch die Nürnberger Prozesse als verbrecherisch eingestuften Organisation angehört habe und Kenntnis über verbrecherische Betätigungen dieser Organisation gehabt habe. Zudem habe er in den Fällen Adenauer und Korsing typische Gestapomethoden angewandt.[133]

Kommando Kütter in Brauweiler

Im bereits mehrfach erwähnten Bericht des katholischen Anstaltspfarrers Thewissen über die Gestapoabteilung vom 16.12.1945 heißt es für die Zeit von April 1944 bis Januar 1945: „Alles andere, was sich seit 1933 in dieser Abteilung abgespielt hat, dürfte nicht die geringste Bedeutung haben gegenüber dem, was hier in der eigentlichen Gestapozeit vorgekommen ist"[134].

Diese düstere Wertung muß insbesondere für die Menschen im Zellentrakt gelten, die unter dem Kommando des Kriminalkommissars Ferdinand Kütter zu leiden hatten.

Im Vergleich zum Sonderkommando Bethke hat das Kommando Kütter in der Forschung eine intensive Beachtung gefunden. Deshalb werden sich die folgenden Ausführungen auf Zusammenfassungen beschränken, bzw. nur die Quellen detailliert behandeln, die bis jetzt in der Forschung keine oder nur geringe Berücksichtigung gefunden haben. Dies gilt vor allem für die Vernehmungen von Mitgliedern des Kommandos Kütter durch die britische Field Investigation Section aus dem Jahre 1947 sowie Prozeßunterlagen des Kriegsgerichts der 5. Britischen Infanterie Division in Braunschweig von September 1947, die im Public Record Office in Kew (London), Richmond, Großbritannien archiviert sind.

Als Auswirkung der zunehmenden Bombenangriffe wurde das Leben in der Stadt Köln ab 1942 zunehmend chaotischer. Die meisten Bewohner suchten außerhalb der Stadt Schutz vor den Bomben. Die öffentliche Ordnung konnte insbesondere in den beiden letzten Kriegsjahren nicht mehr aufrechterhalten werden. Soziale Normen und alte Wertvorstellungen wurden zunehmend von vielen Bewohnern aus Gründen der Selbsterhaltung aufgegeben. In der zerbombten Stadt verbargen sich zunehmend Deserteure und entflohene Zwangsarbeiter, die oft nur durch Eigentumsdelikte ihr Überleben sichern konnten. Als die Alliierten im September 1944 vor Aachen standen, glaubten viele in Köln, daß das Kriegsende unmittelbar bevorstände, dieses wollten die Untergetauchten dann auch mit allen Mitteln erleben.

---

133 BA Koblenz Z 42 III/156, Bl. 117ff.
134 ALVR 13076.

Als der alliierte Vormarsch aber wegen der Gegenoffensive zunächst ins Stocken geriet, holte die Gestapo zum „Gegenschlag" aus, um die als „Terrorbanden" bezeichneten untergetauchten Gruppen zu liquidieren.

So konnte jede Gestapostelle seit dem 1. November 1944 nach eigenem Gutdünken bei Zwangsarbeitern Hinrichtungen ohne Gerichtsverfahren durchführen. In Köln bildete die Gestapo zwei Kommandos. Das Kommando Mohr, stationiert im Gerichtsgebäude am Appellhofplatz, sollte im Kölner Stadtgebiet „Banden" unschädlich machen. Das Kommando Kütter, in Brauweiler stationiert, sollte „politisch" ausgerichtete Täter bekämpfen.

Die Deserteure, die untergetauchten Zwangsarbeiter, denen sich manchmal auch Kriminelle zugesellt hatten, aber auch Widerstandsorganisationen wehrten sich mit allen Mitteln gegen den Vernichtungsfeldzug der Gestapo. Es kam zu Feuergefechten und Tötungsdelikten. Auf „staatlicher" Seite kamen dabei fünf politische Leiter, ein SA Mann, ein HJ-Angehöriger, fünf Wehrmachtsangehörige und fünf Polizeibeamte, unter ihnen der Leiter der Kölner Gestapo, SS-Sturmbannführer Dr. Hoffmann, ums Leben.[135]

Zu dem im September 1944 gegründeten Kommando Kütter gehörten neben Kommissar Kütter u.a. Kriminalsekretär Hoegen, Oberassistent Hirschfeld, Oberassistent Gegusch, Assistent Schiffer und die SS-Angehörigen Gansäuer und Haag. Hinzu kam als weiterer Beamter ab Ende November 1944 der ehemalige Grenzpolizist Schmillen.[136] Ein Großteil dieser Personen war aber schon vor Bildung des Kommandos in Brauweiler tätig.

Das Kommando Kütter war bereits im Sommer 1944 gebildet worden, war aber zunächst für einige Wochen in Bonn stationiert, um Untersuchungen gegen Ostarbeiter - insbesondere aus dem Raum Düren - durchzuführen.[137] Josef Schiffer, Mitglied des Kommandos, sagte nach dem Krieg, daß das Kommando ca. 14 Tage vor den ersten Verhaftungen „in der Sache Steinbrück" (d.h. Mitte September 1944) nach Brauweiler gekommen sei.[138]

Brutalität und Mißhandlungen von Gefangenen ziehen sich wie ein roter Faden bei einer Reihe von Mitgliedern dieses Kommandos durch deren polizeiliche Tätigkeit seit den 30er Jahren, als z. B. Kütter und sein Stellvertreter Hoegen gegen Angehörige von Linksparteien ermittelten.[139]

Wie sahen die Biographien dieser Menschen aus, die nach dem Krieg wegen „Verbrechen gegen die Menschlichkeit in Tateinheit mit Aussageer-

---

135 Guido Grünewald, S. 202.
136 HStAD Gerichte Rep. 248, Nr. 54, Bl. 238: Aussage von Hedwig Hahne, Dolmetscherin der Gestapo, im Januar 1967. HStAD RW 34 d. 16, Bl. 39: Aussage von Klaus Schmillen am 13.5.1949.
137 HStAD Rep. 231, Nr. 287, Bl. 33R.
138 HStAD Rep. 231, Nr. 287, Bl. 32.
139 Bernd Rusinek, S. 207ff: Hier finden sich ausführliche biographische Angaben zu den Kommando-Mitgliedern und Ausführungen zu ihren Verhörmethoden.

pressung und Körperverletzung mit Todeserfolg und fahrlässiger Tötung" und wegen Mordes angeklagt wurden. Im Schwurgerichtsverfahren des Jahres 1949 hielt das Kölner Gericht z.B. zur Person des Angeklagten Hirschfeld folgendes fest: „Der Angeklagte Hirschfeld wurde am 31.1.1910 in Düsseldorf geboren. Sein Vater, ein Bürovorsteher, verzog späterhin nach Köln, wo der Angeklagte dann bis zum 10. Lebensjahr die Volks- und bis zum 14. Lebensjahr die Mittelschule besuchte, ohne sitzen zu bleiben. Darauf kam Hirschfeld zur Musikalienhandlung Tonger in Köln in die kaufmännische Lehre. Nach deren Abschluss blieb er noch ein Jahr lang als Verkäufer bei dieser Firma. In gleicher Stellung war er kürzere Zeit in Neuss, dann in Berlin tätig. Im Sommer 1932 wurde er erwerbslos. Er wandte sich dann nach Köln und bewarb sich hier nach vergeblichen Versuchen, bei Versicherungsgesellschaften unterzukommen, um Anstellung bei der Kriminalpolizei. Als die Anstellung sich verzögerte, fand er Anfang 1933 eine Stelle als Verkäufer in der Bücher- und Musikalienabteilung bei der Leonhard Tietz AG in Köln. Im Frühjahr 1933 trat er dem Jungstahlhelm bei. Mit diesem wurde er Ende 1933 in die SA überführt. Im Oktober 1934 wurde er bei der Kriminalpolizei in Köln eingestellt. Als er nach zweijähriger Probezeit die Fachprüfung ablegte, wurde er als Kriminalassistenten-Anwärter nach Aachen versetzt, wohin sein Vater schon umgezogen war. Er wurde dann im Januar 1937 zur Gestapodienststelle in Aachen kommandiert und im Juni 1937 dorthin versetzt. Seine Bemühungen, zur Kriminalpolizei zurückversetzt zu werden, blieben erfolglos. Im Jahre 1937 trat Hirschfeld der NSDAP bei, deren Mitglied er bis Kriegsende blieb, während er Anfang 1935 aus der SA ausgeschlossen wurde, weil er nicht, wie verlangt, an deren Dienst teilnehmen konnte. Ein Amt hat Hirschfeld bei der NSDAP nicht bekleidet. Im Jahre 1938 verheiratete sich der Angeklagte. Er liess sich auch kirchlich trauen und bekam deshalb Schwierigkeiten mit seinen Vorgesetzten. Sein Gesuch um Entlassung wurde aber abgelehnt. Aus der Ehe gingen zwei Kinder hervor, die jetzt 9 und 5 Jahre alt sind. Im Juli 1939 meldete sich Hirschfeld zu einer Wehrmachtsübung. Er wurde dann als Kraftfahrer im Polenfeldzug eingesetzt und kam nach dessen Beendigung zum Westwall. Auf Anforderung der Gestapo wurde er im Januar 1940 aus der Wehrmacht entlassen und wieder bei der Gestapo in Aachen verwendet. Dort war er in der Abteilung 'Rechtsopposition' tätig. Als im Jahre 1942 die Gestapodienststelle in Aachen aufgelöst wurde, kam der Angeklagte nach Köln zur Gestapo und wurde dort bis Mai 1944 in der Abteilung 'Auslandsarbeiter' eingesetzt. Dann wurde er dem neuaufgestellten Kommando des Gestapokommissars Kütter zugeteilt und bei diesem späterhin auch in Brauweiler eingesetzt. Am 30.1.1945 wurde er zum Kriminalsekretär befördert. Er blieb in dieser Stellung bis zum Einrücken alliierter Truppen. Dann hielt er sich bei einem Bauern auf. Am 21.6.1945 stellte er sich bei einer britischen Dienststelle in Köln-

Politische Anstalt: Konzentrationslager, Gestapogefängnis

Deutz, wurde von dort ins Gefängnis in Köln überstellt und kam dann ins Internierungslager in Recklinghausen, wo er bis zum 21.8.1947 als Internierter verblieb. Dann wurde er bis zum 5.9.1947 auf Grund militärgerichtlicher Anordnung in Untersuchungshaft genommen. Am 6.9.1947 wurde er wegen Tötung zweier Russinnen - etwa am 15.2.1945 - in Brauweiler - vom Kriegsgericht der 5. Brit. Inf. Division in Braunschweig zum Tode durch den Strang verurteilt. Diese Strafe wurde am 30.10.1947 gnadenweise in eine Gefängnisstrafe von 6 Jahren umgewandelt, wobei die Untersuchungshaft nicht angerechnet wurde. Diese Gefängnisstrafe verbüsst der Angeklagte seit dem 6.9.1947. Die Strafverbüssung erfolgte zunächst in der Strafanstalt in Hameln. Am 10.7.1948 wurde der Angeklagte auf Grund Haftbefehls des Amtsgerichts in Köln vom 26.2.1948 - 26 Gs 258/48 - in das Gefängnis in Köln überstellt, am 16.2.1948 aber wieder in das britische Militärgefängnis überführt. Am 26.2.1949 wurde der Haftbefehl des Amtsgerichts in Köln durch den Untersuchungsrichter beim Landgericht in Köln aufgehoben. Seit dem 10.3.1949 sitzt der Angeklagte wieder in Strafhaft im Gefängnis in Köln ein."[140]

Das Kommando Kütter kam in Brauweiler zum ersten Mal im sog. Fall „Ehrenfeld" zum Einsatz. Die Gestapo ermittelte gegen Personen, u.a. auch Ostarbeiter, denen Mord, Raub und Plünderung vorgeworfen wurde. Eine zentrale Rolle spielte dabei die sog. Steinbrückgruppe, in deren Mittelpunkt Hans Steinbrück und Bartholomäus Schink standen, die Ende September/Anfang Oktober 1944 vom Kommando Kütter festgenommen wurden.[141]

Der Brauweiler Anstaltsleiter Bosse berichtet über die Anfänge dieser Aktion, daß die Gestapo „z. Zt. [22. Oktober 1944] 77 männliche und 33 weibliche Häftlinge hier untergebracht" habe, „die sich hochverräterischer und terroristischer Umtriebe schuldig gemacht haben. Herr Landeshauptmann und Herr Landesrat Hilger haben sich vor einigen Tagen einige der Täter vorführen lassen, als die Anzahl der Inhaftierten noch wesentlich geringer war".[142]

Über die Behandlung der Steinbrück-Gruppe durch das Kommando Kütter berichtet nach dem Krieg Konrad Adenauer, der sich ja in etwa zur gleichen Zeit in Brauweiler befand: „Etwa eine Woche nach meiner Einlieferung in Brauweiler wurde ich in eine Zelle verlegt, die über dem im Erdgeschoss gelegenen Vernehmungszimmer des Kommissariats Kütter lag. Dieses Ver-

---

140 A. Rüter-Ehlermann, C. F. Rüter(Bearb.), Bd. X, Lfd. Nr. 189.
141 Bernd Rusinek, S. 454. Bei Rusinek findet sich eine detaillierte Darstellung des Falles „Ehrenfeld", insbesondere geht Rusinek der Frage nach, ob die hingerichteten Jugendlichen den Edelweißpiraten zuzurechnen waren.
142 ALVR 17356: Brief des Anstaltsleiters an den Oberpräsidenten der Rheinprovinz vom 22.10.1944.

```
Geheime Staatspolizei
Staatspolizeistelle Köln                                    703
Sonderkommando Brauweiler
- IV 2 a - Nr. 3085/44. -          Brauweiler, den 10. November 1944

1.) An den
        Herrn Direktor der Provinzialarbeitsanstalt Brauweiler
        in  B r a u w e i l e r .

   Betrifft: Entlassungsersuchen.
   Vorgang:  Ohne.

        Die nachstehend aufgeführten Personen

  1.) Seemann Hans  S t e i n b r ü c k ,    geb. am 12.4.1921 zu
                                             Boslar, ohne feste Wohnung,

  2.) Former Peter  H ü p p e l e r ,        geb. am 9.1.1913 in Köln,
                                             Bickendorf, wohnhaft in
                                             Köln-Ehrenfeld, Schönstein-
                                             str. 15,

  3.) Maschinenschlosser                     geb. am 12.3.1920 zu Köln-
      Roland Cornelius  L o r e n t ,        Lindenthal, wohnhaft in
                                             Ehrenfeld, Keplerstr.21,

  4.) Kraftfahrer Josef  M o l l ,           geb. am 17.7.1903 zu Köln,
                                             Ehrenfeld, wohnhaft dort-
                                             selbst, Christianstr.12,

  5.) Installateurlehrling                   geb. am 29.1.1928 zu Köln,
      Johann  M ü l l e r ,                  wohnhaft in Köln-Ehrenfeld,
                                             Leyendeckerstr. 113,

  6.) Dachdeckerlehrling                      eb. am 25.11.1927 zu Köln,
      Bartolomäus  S c h i n k ,             wohnhaft in Köln-Ehrenfeld,
                                             Keplerstr. 33,

  7.) Arbeiter Franz Rheinberger,            geb. am 22.2.1927 zu Köln-
                                             Ehrenfeld, wohnhaft in
                                             Köln-Ehrenfeld, Lichstr.59,

  8.) Kraftfahrer Wilhelm  K r a t z ,       geb. am 6.1.1902 zu Köln,
                                             wohnhaft in Köln-Bickendorf,
                                             Vogelsängerstr. 344,

  9.) Kaufm.Lehrling Gustav  B e r m e l ,   geb. am 11.8.1927 zu Köln,
                                             wohnhaft in Köln-Ehrenfeld,
                                             Melatenerstr. 86,

 10.) Spediteur Johann  K r a u s e n ,      geb. am 10.8.1887 zu Köln,
                                             wohnhaft in Köln, Lothrin-
                                             gerstr.14,

 11.) Arbeitsjunge Adolf  S c h ü t z ,      geb. am 3.1.1926 zu Köln-
                                             Nippes, wohnhaft in Köln-
                                             Ehrenfeld, Fröbelplatz 15,

 12.) Schneider Heinrich  K r a t i n a ,    geb. am 15.1.1906 zu Essen,
                                             wohnhaft in Köln-Ehrenfeld,
                                             Fröbelplatz 15,

 13.) Dreherlehrling Günther  S c h w a r z ,geb. am 26.8.1928 zu
                                             Köln-Lindenthal, wohn-
                                             haft in Köln-Ehrenfeld,
                                             Platenstr. 28,

        sind aus dem Zellengefängnis der Provinzialarbeitsanstalt
```

Entlassungsersuchen der Gestapo Köln (Kommando Kütter, Brauweiler) an die Provinzial-Arbeitsanstalt Brauweiler vom 10.11.1944 (HStAD). Die Entlassenen wurden am 10.11.1944 in Köln-Ehrenfeld öffentlich erhängt.

nehmungszimmer bestand aus 2 Räumen...Der Bau war ein Betonbau, der Geräusche gut leitete. Ich musste daher in meiner Zelle Ohrenzeuge grauenvoller Misshandlungen werden, die in dem genannten Vernehmungszimmer an den Häftlingen vorgenommen wurden...Von den Häftlingen, deren Gespräche ich im Bau gelegentlich abhören konnte, erfuhr ich, dass der grausamste Kütter war. Gelegentlich meines täglichen Ausgangs machte ich die Beobachtung, dass vor dem Vernehmungszimmer im Erdgeschoss eine Bettstelle mit einer alten Matratze aufgeschlagen war. Die Matratze war blutgetränkt. Ich habe mich bei Aufsehern der Anstalt nach der Bedeutung des Bettes erkundigt und wurde dahin unterrichtet, die Stapo werfe ihre während der Vernehmung ohnmächtig geschlagenen Opfer auf das Bett, bis sie wieder zu sich kämen, um sich der Mühe des Transports zu den Zellen zu entziehen".[143] Hilfswachtmeister Heinrich Schmitz sagte vor dem Kölner Untersuchungsrichter 1948 zu den Verhörmethoden Kütters aus: „Anfangs hatten sich die Stapobeamten unsere Gummiknüppel ausgeliehen. Da sie uns die Knüppel zerschlugen, haben wir sie ihnen nicht mehr gegeben. Sie haben dann Schemelbeine zum Schlagen benutzt".[144]

Am 10. November 1944 wurden Hans Steinbrück und zwölf weitere Mitglieder der „Ehrenfeld-Gruppe", darunter der noch 16jährige Bartholomäus Schink, in Köln-Ehrenfeld öffentlich erhängt.[145]

Durch einen Hinweis aus der Bevölkerung wurde die Kriminalpolizei im September 1944 auf ein Haus in der Immermannstraße in Köln-Lindenthal aufmerksam, in dem sich Ostarbeiter versteckt haben sollten. Im Zuge der Ermittlungen kam es zur Festnahme von 27 Ostarbeitern und 6 Ostarbeiterinnen sowie einer Polin und einem Kroaten. Alle 35 Zwangsarbeiter wurden nach Brauweiler gebracht und sind im Zuge der „Ermittlungen" ums Leben gekommen.[146]

Da man ihnen politische Motive unterstellte, wurden sie dem Kommando Kütter unterstellt und „nach der Brauweiler-Methode vernommen".[147] Für die dabei angewandten grausamen Mißhandlungen kannte das Kommando keine Skrupel, denn Ostarbeiter, d.h. Arbeitskräfte aus den altsowjetischen Gebieten, nahmen nach der nationalsozialistischen Rassenlehre die unterste Stufe der Fremdarbeiterhierarchie ein. Die Sekretärin Kütters sagte dazu aus: „Es waren damals fast alle Beamten anwesend...Die Russen wurden über ihren Misshandlungen bewusstlos".[148] Fielen die Ostarbeiter am Ende des

---

143 HStAD Gerichte Rep. 231, Nr. 287: Aussage Konrad Adenauers vom 11.8.1948.
144 HStAD Gerichte Rep. 231, Nr. 287, Bl. 12.
145 Bernd Rusinek, S. 454.
146 Bernd Rusinek, S. 350.
147 Bernd Rusinek, S. 354.
148 HStAD Gerichte Rep. 231, Nr. 287, Bl. 91.

Politische Anstalt: Konzentrationslager, Gestapogefängnis

```
Geheime Staatspolizei                    Brauweiler, den 24.Oktober 1944    112
Staatspolizeistelle Köln
IV 2 a - 3085/44
Sonderkommando Brauweiler.

        22 Uhr.
                An
                    die Provinzial-Arbeits-Anstalt Brauweiler
                                                 in Brauweiler.

Betrifft: Entlassungsersuchen.
Vorgang:  Ohne.

                      Die nachstehenden Ostarbeiter
    1.) Wasili Romanow, geboren am 8.10.1922 zu Benkowatz,
    2.) Iwan     Orichowski, geboren am 9.8.1923 zu Stalino,
    3.) Iwan  Komaschko, geboren am 19.1.1924 zu Kiew,
    4.) Bromslaw Dobanowski, geboren am 18.10.1924 zu Krasow,
    5.) Wolodomar Kazemba, geboren am 29.10.1925 zu Worone,
    6.) IwanWolowski, geboren am 11.1.1923 zu Taganrow,
    sind aus dem Zellengefängnis der Provinzial-Arbeitsanstalt
    Brauweiler zu entlassen.

                      Im Auftrage:
```

Entlassungsersuchen der Gestapo Köln (unterschrieben von Kütter) an die Provinzial-Arbeitsanstalt Brauweiler vom 24.10.1944 (HStAD). Die 6 entlassenen Ostarbeiter wurden noch am gleichen Abend gegen 22.00 Uhr mit einem Mannschaftswagen der Polizei nach Köln überstellt und am nächsten Tag zwischen 15.00 und 15.30 Uhr in Köln Ehrenfeld öffentlich erhängt.

Politische Anstalt: Konzentrationslager, Gestapogefängnis

Eingangstor zur Arbeitsanstalt neben der ehemaligen Abteikirche. Im Tor erkennt man einen Mannschaftswagen der Polizei. Die Aufnahme wurde während des Dritten Reiches verdeckt aus einem Haus von der gegenüberliegenden Straßenseite gemacht.

Erhängung von 11 Personen, darunter die 6 am Vortag aus Brauweiler entlassenen Ostarbeiter, am 25.10.1944 in Köln-Ehrenfeld.

Krieges der Gestapo aus irgendwelchen Gründen in die Hände, wurden sie grundsätzlich „sonderbehandelt", d.h. getötet.[149]

Obwohl Kütter nach eigenen Worten den Nachweis der Anschuldigungen - „Bandenmitgliedschaft und Attentate auf SS-Männer" - nicht erbringen konnte, wurden am 25. Oktober 1944 in Köln-Ehrenfeld sechs Osteuropäer und fünf unbekannte französischsprachige Ausländer unter Teilnahme der Mitglieder des Kommandos Kütter öffentlich erhängt. Am 28. November 1944 und am 19. Dezember 1944 wurden acht weitere Ostarbeiter, die ebenfalls vorher in Brauweiler eingesessen hatten, im Bereich des EL-DE-Hauses in Köln ermordet.[151] Am 16. Januar 1945 folgte eine weitere „Exekution" von 13 Ostarbeitern im Hof des EL-DE-Hauses, die am gleichen Morgen des Tages unter der Aufsicht von Brauweiler Anstaltspersonal nach Köln gebracht worden waren.[150]

Unter diesen Ermordeten befand sich auch Dr. Michail Popow, der sich in der Kriegsgefangenschaft zum freiwilligen Arbeitseinsatz als Arzt im Reich bereit erklärt hatte und seit August 1944 am Krankenhaus in Köln-Sülz arbeitete. Er stand in keinerlei Verbindung zur Steinbrück-Gruppe und zu den anderen verhafteten Ostarbeitern und Ostarbeiterinnen bis auf die Tatsache, daß die beschuldigte Maria Kristowa - sie beging am 12. Oktober 1944 in Brauweiler Selbstmord - ihm als Hilfskrankenschwester in Köln-Sülz unterstand. Hoegen gab im Prozeß gegen Hirschfeld und Schiffer vor dem britischen Militärgericht 1947 an, Dr. Popow sei auf die Todesliste gesetzt worden, weil er zu viel wußte („knowing too much").[152]

Die in der Immermannstraße verhafteten Ostarbeiter standen in Verbindung mit Mitgliedern der Steinbrück-Gruppe, deren Verhaftung am 4. Oktober 1944 mit der Festnahme von Franz Rheinberger, Bartholomäus Schink und anderen Jugendlichen begann. Am 11. Oktober verhaftete die Gestapo dann den Kopf der Gruppe, Hans Steinbrück.[153]

Das Sonderkommando Kütter zerschlug auch zwei kommunistische Widerstandsgruppen, zum einen den Kreis um Lambert Jansen, zum anderen das „Nationalkomitee Freies Deutschland" aus Köln-Klettenberg, das sich seit März 1944 „Volksfront-Komitee Freies Deutschland" nannte und die „bestorganisierteste und breiteste Widerstandsorganisation [in Köln] während des Krieges war".[154]

Diese Widerstandsorganisation zählte im Herbst 1944 ca. 200 Personen. Ihre Breitenwirkung hatte die Organisation u.a. dadurch erreicht, daß sie

---

149 Bernd Rusinek, S. 342ff.
150 Bernd Rusinek, S. 356 und 454f.
151 Bernd Rusinek, S. 418.
152 Bernd Rusinek, S. 416ff. PRO - WO 235/362, Bl. 77.
153 Bernd Rusinek, S. 336ff.
154 Guido Grünewald, S. 202f.

Politische Anstalt: Konzentrationslager, Gestapogefängnis

Maria Kristowa, geb. am 21.4.1921 in Lublin/ Polen, erhängte sich am 12.10.1944 in ihrer Brauweiler Zelle

Engelbert Brinker, geb 11.11.1889, starb am 13.12.1944 an den Mißhandlungen der Gestapo, beerdigt in Brauweiler

Otto Richter, Mitbegründer der Widerstandsorganisation «Nationalkomitee Freies Deutschland», starb Ende 1944 in Gestapohaft in Brauweiler

Willy Tollmann, geb. am 19.10.1907, starb am 3.12.1944 in Gestapohaft in Brauweiler infolge von Verletzungen, die er bei seiner Verhaftung erlitt, und die nicht behandelt wurden; beerdigt in Brauweiler

sich zunächst nur dem Sturz des NS-Regimes und der Herbeiführung des Kriegsendes verschrieben hatte, ohne irgendwelche ideologische Vorbedingungen und Zielsetzungen zu haben. So bestand das Volkskomitee aus Kommunisten und Nichtkommunisten, wie z.B. den Ärzten Dr. Jakob Ahles und Dr. Mertens, dem Bibelforscher Kurt Stahl, den Sozialdemokraten Franz Bott und Max Neugebauer, dem Regierungsinspektor Bosbach und dem Direktor des Braunkohlesyndikats Dr. Becker. Die führenden Kommunisten in diesem Komitee waren Engelbert Brinker, Johannes Kerp, Otto Richter, Wilhelm Tollmann und Jakob Zorn.

Auf Flugblättern forderte man die Bevölkerung zur Sabotage der Kriegswirtschaft auf. Der Gestapo gelang im November 1944 die Verhaftung der gesamten Führungsspitze in ihrer Zentrale am Sülzgürtel. Insgesamt wurden 59 Personen verhaftet und nach Brauweiler gebracht.[155]

Engelbert Brinker, Otto Richter und Wilhelm Tollmann wurden von der Gestapo in Brauweiler ermordet. Von den Festgenommenen wurden zehn der Staatsanwaltschaft überstellt, acht von diesen standen am 16. Januar 1945 vor dem Kölner Senat des Volksgerichtshofs. Dieser verurteilte drei Angeklagte zum Tode, drei weitere erhielten Zuchthausstrafen, eine Angeklagte erhielt eine Gefängnisstrafe, und ein Angeklagter wurde freigesprochen. Die Todesurteile wurden am 18. Januar 1945 in Siegburg vollstreckt.[156]

Als Todesursache Engelbert Brinkers wurde offiziell „Blutvergiftung" angegeben. Die genaue Todesursache ergibt sich aus der Aussage eines Jugendlichen der Fürsorgeabteilung der Anstalt Brauweiler, der im Gestapotrakt als Kalfaktor tätig war, und sich nach dem Tod Brinkers darüber beschwert hatte, „daß er die Fesseln aus dem Fleisch habe reißen müssen".[157]

Die bestialische Behandlung der Gefangenen durch das Kommando Kütter belegt auch Konrad Adenauer in seiner bereits angeführten Aussage von 1948: „Ich habe über Häftlinge in der Arbeitsanstalt, die Hilfsdienst im Zellenbau versahen, erfahren, dass mehrere Gestapohäftlinge längere Zeit Tag und Nacht gefesselt waren. Die Fesselung soll schwer gewesen sein. Die Häftlinge sollen den Gefesselten bei der Verrichtung der Notdurft und beim Essen geholfen haben, weil auch da den Gefesselten die Fesseln nicht abgenommen wurden. Ich habe selbst einmal vor dem Vernehmungszimmer einen Gestapohäftling schwer gefesselt gesehen. Meiner Erinnerung nach waren die Hände auf dem Rücken gefesselt. Die Fussgelenke waren gefesselt. Die beiden Gliederfesseln waren durch eine Eisenstange verbunden. Ich meine dieser Gefesselte wäre der Bildhauer Zorn gewesen."[158] Aus einer

---

155 Guido Grünewald, S. 203.
156 Bernd Rusinek, S. 402.
157 Bernd Rusinek, S. 403.
158 HStAD Gerichte Rep. 231, Nr. 287, Bl. 29.

Politische Anstalt: Konzentrationslager, Gestapogefängnis

Aussage des Kalfaktors August Odenthal ergibt sich auch die Ursache für die Folgen der Fesselung, denn die verwendeten Handschellen zogen sich bei der geringsten Bewegung selbständig zusammen.[159]

Der Assistentenanwärter Schmillen sagte 1949 aus, daß unter dem Kommando Kütter in Brauweiler „über 10 Personen" zu Tode gekommen seien, „davon wurden 4 von Beamten erschossen, etwa 3 Personen sind gestorben, und der Rest hat Selbstmord verübt".[160] Von den Personen, die Selbstmord begangen haben sind namentlich bekannt: Matthias Kland in der Nacht zum 1. Oktober 1944, die Polin Maria Kristowa in der Nacht zum 12. Oktober 1944 und Elisabeth Jansen in der Nacht zum 6. November 1944.[161] Der Historiker Rusinek betrachtet den Tod des Kommunisten Lambert Jansen am 6./7. Oktober 1944 nicht als Selbstmord, sondern als Mord, entweder durch das Schleidener Gestapokommando Schneider, das Jansen am 6. Oktober verhaftete, oder durch das Kommando Kütter direkt nach dem Eintreffen Jansens in Brauweiler.[162] Allerdings bestehen an dieser Auffassung Zweifel, denn der Anstaltsbeamte Engelbert Krawinkel sagte vor dem Kölner Untersuchungsrichter aus, daß er dabei gewesen sei, als Kütter die Ehefrau Jansens an die Zellentür herangeführt habe, um ihr ihren erhängten Mann zu zeigen.[163] Die Brauweiler Gestapoliste stützt diese Version, denn sie gibt für Jansens Aufenthalt in Brauweiler die Eckdaten „8.10.44 - 11.10.44" an.[164] Sein Grabstein auf dem Brauweiler Friedhof nennt allerdings als Todestag den „6.11.1944".

Die Umstände der Todesursachen Tollmanns und Brinkers werden durch Aussagen des Anstaltsarztes Dr. Termehr etwas erhellt. Über Termehr berichtet Konrad Adenauer: „Von Dr. Termehr habe ich den Eindruck gewonnen, dass er von dem Treiben der Gestapo unterrichtet gewesen sein muss, es aber nicht gebilligt hat. Er ist m.E. aber seiner Persönlichkeit nach zu schwach gewesen, gegen die Gestapo Stellung zu nehmen. Dr. Termehr kann das Treiben der Gestapo nicht entgangen sein."[165]

Termehr sagte dazu selbst 1948 aus: „Nachdem ich einmal im Stapoflügel gewesen war, baten mich die Wachtmeister der Anstalt, die dort eingesetzt waren, auch andere erkrankte Stapohäftlinge zu betreuen...Ferner habe ich einen Toten in Erinnerung, den ich in schwerverletztem Zustand einige Tage vor seinem Tode von den Stapoleuten vorgeführt bekommen habe. Es muß sich um Dezember gehandelt haben, als ich diesen Mann in der Zelle auf-

---

159 HStAD Gerichte Rep. 231, Nr. 287, Bl. 20R.
160 HStAD NW 34 d.16, Bl. 40.
161 Bernd Rusinek, S. 452.
162 Bernd Rusinek, S. 382.
163 HStAD Gerichte Rep 231, Nr. 287, Bl. 31.
164 ALVR 15080.
165 HStAD Gerichte Rep. 231, Nr. 287, Bl. 29.

suchte. Er hatte schwere Sturtzverletzungen [sic!] auf dem Rücken, die sich über die Hüften bis zu den Waden hinunterzogen. An der linken Hüfte fehlte ein ganzer Hautfetzen. Die Wunden waren bereits längere Zeit infiziert. Ich habe mit Rücksicht auf den Zustand des Mannes die Überführung in ein Krankenhaus vorgeschlagen, die Stapo hat das aber nicht ausgeführt. Ich habe den Mann verbinden lassen durch meinen Sanitäts-Wachtm. Janke, er hat auch Medikamente bekommen. 2 oder 3 Tage später war er tot…Ich habe in Erinnerung, dass mir Schiffer gesagt hat, der Verwundete sei auf der Flucht aus dem Fenster gesprungen."[166]

Auch an Engelbert Brinker erinnerte sich Termehr: „Ich wurde von der Stapo zu einem Häftling gebeten, der eine schwere Blutvergiftung am rechten Arm hatte. Die Blutvergiftung war schon sehr weit vorgeschritten. Ich habe der Stapo die Überweisung ins Krankenhaus nahegelegt. Von Kütter hing dann die Überweisung ab. Der Mann ist kurz darauf gestorben…Es ist möglich, dass die Ursache in einer übermässigen Fesselung zu suchen ist".[167]

Brinkers Standfestigkeit gegenüber der Gestapo in Brauweiler beweist eine Aussage der Sekretärin Kütters: „An einen Häftling erinnere ich mich, der eine Molotow-Medaille getragen hatte, von der er zugeben sollte, dass das Bild im Medaillon Molotow darstellen sollte. Er behauptete stur, das sei sein verstorbener Onkel. Er blieb auch standhaft, nachdem er schwere Prügel erhalten hatte…ich meine es wäre Brinker gewesen."[168]

In der weiteren Zeugenvernehmung berichtete Termehr, daß er in den Stapotrakt zur Ausstellung von Totenscheinen gerufen wurde, die dann an das Amt in Weiden gingen. Bei Todesfällen von Fremd- und Ostarbeitern wurde ein solcher Totenschein allerdings nicht ausgestellt. Deshalb ist Termehrs Angabe, daß es im Stapotrakt sieben Todesfälle gegeben habe, nur auf Deutsche zu beziehen, wovon vier Personen sich erhängt hätten. „Ich habe in keinem Fall Zweifel, dass die Erhängten durch Selbstmord ums Leben gekommen sind. Diese Leichen sind mir auch zur Totenschau im entkleideten Zustande vorgelegt worden. Soweit ich mich entsinne, waren die Leichen auf den Rücken gelegt. Ich habe sie mir dann, so wie sie lagen, angesehen und hierbei Spuren von Misshandlungen auf der Vorderseite der Leichen nicht wahrgenommen. Den Rücken der Leichen werde ich mir aber nicht angesehen haben, weil ich das nicht für erforderlich hielt,…"[169]

---

166 HStAD Gerichte Rep. 231, Nr. 299, Bl. 29. Willi Tollmann hatte versucht, sich der Festnahme durch die Gestapo am 24.11.44 durch einen Sprung aus dem Fenster zu entziehen. Schwer verletzt wurde er nach Brauweiler gebracht, wo er eine Woche später starb.
167 HStAD Gerichte Rep. 231, Nr. 231, Bl. 29f.
168 HStAD Gerichte Rep. 231, Nr. 287, Bl. 92.
169 HStAD Gerichte Rep. 231, Nr. 294, Bl. 29.

Politische Anstalt: Konzentrationslager, Gestapogefängnis

Eindeutig belegt ist die Erschießung von Fritz Krämer am 22. November 1944 in Brauweiler durch Oberassistent Hirschfeld. Krämer war in völliger Verzweiflung auf den Gestapobeamten losgegangen, und dieser hatte dann auf Krämer geschossen, „wobei er die Kontrolle über die Anzahl der Schüsse verlor, so dass er alle im Magazin befindlichen 4 Patronen abfeuerte".[170]

Nach dem Kriege bat ein Anwalt im Namen der Familie Krämer die Anstalt um die Überführung der Gebeine. Der Anwalt verwies in seinem Schreiben darauf, daß die Ehefrau, Friedel Krämer, „Volljüdin" sei und zusammen mit ihrer Tochter Ruth von Oktober 1944 bis Februar 1945 ebenfalls unter Kütter in Brauweiler verbracht habe. Für die Anstalt antwortete der ehemalige Anstaltslehrer Schnitzler und berichtet, daß die Gestapoabteilung von der übrigen Anstalt „total abgeschirmt" gewesen sei, deshalb könne er nur sagen, daß „Herr Krämer am 23.11.44 aus der Gemeinschaftsverpflegung ausgeschieden ist" und er sich an den Brauweiler Friedhofswärter Busch wenden müsse.[171]

Durch diesen Briefwechsel wird allerdings eine Aussage des Kommandomitglieds Schmillen verständlich, der behauptete, daß Kütter nach dem „Umzug" des Kommandos wegen der vorrückenden amerikanischen Front mit den noch inhaftierten Gefangenen von Brauweiler nach Siegburg sich bei SS- und Polizeiführer Westpfal darum bemüht habe, für die verbliebenen Gefangenen Todesurteile zu erwirken: „Unter den Schuldlosen waren Juden und einige Personen, die vor 1933 einer gegnerischen Partei angehört haben", wozu auch der zum Nationalkomitee gehörende Rosenberg, ein „Halbjude", zählte.[172]

Kurz vor seinem Tod, am 27. November 1944, hatten der Leiter der Kölner Gestapo, Hoffmann, und Kütter beschlossen, alle in Brauweiler einsitzenden Gestapohäftlinge wegen des raschen Vordringens der Alliierten zu erschießen. Der Plan wurde allerdings wegen der am 6. Dezember 1944 beginnenden Rundstedt-Offensive nicht ausgeführt, somit gingen die Greueltaten der Gestapo in Brauweiler zunächst weiter.[173]

Als die Front dann Anfang des Jahres 1945 im Aachener Raum rasch nach Osten voranschritt, verließ das Kommando Kütter mit allen Gefangenen Brauweiler und brachte diese ins Gefängnis Siegburg.[174]

---

170 A. Rüter-Ehlermann, C. F. Rüter(Bearb.), Bd. X, S. 749.
171 ALVR 15113.
172 HStAD NW 34 d. 16, Bl. 39f. HStAD Gerichte Rep. 231, Nr. 287, Bl. 84: Aussage der Sekretärin Kütters, Irmgard Wefer, vom 9.11.1948.
173 HStAD NW 34 d. 16, Bl. 39f: Aussage von Klaus Schmillen.
174 ALVR 15113: Aussage des kommissarischen Anstaltsleiters Thewissen vom 12.11.1947.

Die Namenliste der von Kütter in Brauweiler Inhaftierten weist für diese Personen zwei „Entlassungsdaten" für Brauweiler aus, der „10.2.45" und der „15.2.45". Beim letzten Termin sind 17 Namen aufgeführt, davon vier osteuropäische Namen: Nina Sawina, Wera Suchorwerkowa, Schura Orechowa und Tosja Lebedinskaja. Nina Sawina und Wera Suchowerkowa wurden nachweislich Mitte Februar 1945 in einer Kies- und Sandgrube in der Nähe der Anstalt von Mitgliedern des Kommandos Kütter erschossen.[175] Das Schicksal der beiden anderen Russinnen ist ungeklärt. Hirschfeld machte am 9. Februar 1945 den Vermerk, daß gegen beide „staatspolizeiliche Maßnahmen zur Anwendung gebracht" wurden.[176]

Für eine Tötung der beiden Frauen durch die Gestapo in Brauweiler sprechen eine Reihe von Hinweisen. Das Kommandomitglied Schmillen berichtet - wie schon erwähnt - von vier Erschießungen in Brauweiler. Bei dieser Angabe hat er die Erschießung von Fritz Krämer am 22. November 1944 wahrscheinlich nicht mit eingerechnet, denn Schmillen kam erst „um den 20. November 1944" vom Zolldienst nach Brauweiler.[177]

Der kommissarische Anstaltsleiter Thewissen sprach 1947 davon, daß die Gestapo „mehrere Häftlinge" in der Sand- und Kiesgrube in der Nähe der Anstalt erschossen habe.[178] Das Gräberverzeichnis der Stadt Pulheim für das Reihengräberfeld CC des Brauweiler Friedhofes, in dem Tote aus dem Gestapotrakt beerdigt wurden, weist neben den Grabstellen für Willy Tollmann, Engelbert Brinker, Fritz Krämer, Lambert Jansen und Elisabeth Jansen, die auch Grabplatten auf dem Friedhof besitzen, neun Grabstellen aus, die nur die Bezeichnung „Russen" tragen, davon besitzen fünf Gräber Tafeln mit kyrillischer Inschrift. Darunter werden sich wahrscheinlich auch die Gräber von Schura Orechowa und Tosja Lebedinskaja befinden.

Zu diesen von Mitgliedern des Sonderkommandos Kütter in Brauweiler umgebrachten Personen zählt auch der Russe Iwan Trofinow. Er war insbesondere durch Stockhiebe auf das Gesäß gefoltert worden. Da die Wunden nicht behandelt wurden, starb Trofinow nach Aussage Rusineks am 30. November 1944 in seiner Brauweiler Zelle.[179]

Das Ende Trofinows scheint aber anders verlaufen zu sein. Nach Aussagen mehrerer Anstaltsbeamter und der Kommandoangehörigen Schmillen und Hoegen nach Kriegsende wurde er ebenfalls in der der Anstalt nahegelegenen Kiesgrube erschossen. Schmillen sagte dazu vor dem Vernehmungs-

---

175 ALVR 15080. Bernd Rusinek, S. 454.
176 Bernd Rusinek, S. 456.
177 HStAD NW 34 d. 16, Bl. 40. A. Rüter-Ehlermann, C. F. Rüter (Bearb.), Bd. X, S. 746f.
178 ALVR 15113: Bericht vom 12.11.1947.
179 Bernd Rusinek, S. 381.

richter am 5. August 1948: „Ich weiss, dass Gegusch und Haag einen Russen, der durch seinen widerlichen Gestank, den er ausströmte, gekennzeichnet ist, erschossen hat. Gegusch hat zur Erschießung eine Meldung gemacht..."[180] Hoegen führte zum gleichen Thema aus: „Einen der Russen, der mit dem Ehepaar Jansen in Verbindung gestanden hatte, ist eines Tages von Gegusch in der Kiesgrube erschossen worden."[181] Der Anstaltsbeamte Engelbert Krawinkel äußerte gegenüber dem Untersuchungsrichter, daß er Hirschfeld auf den „unerträglichen Leichengeruch" eines Häftlings aufmerksam gemacht habe, Hirschfeld habe darauf geantwortet: „hier nimm meinen Browning und schiess ihn kaputt", einige Tage später sei der Häftling nicht mehr da gewesen. Der Friedhofswärter Busch habe ihm gesagt, der Russe sei in der Kiesgrube erschossen worden.[182]

Der Abzug des Sonderkommandos aus Brauweiler geschah trotz des raschen alliierten Vorrückens nicht überhastet. Bereits längere Zeit vor dem Abzug im Februar wurden zwischen dem Oberpräsidenten der Rheinprovinz als zuständiger Verwaltungsinstanz und der Gestapo Verhandlungen über ein Verlassen Brauweilers geführt.[183]

Für Kütter stand fest, daß keine Ost- und Fremdarbeiter auf die rechte Rheinseite mitgenommen werden sollten. Unmittelbar vor dem Abmarsch aus Brauweiler lebten noch vier Ostarbeiterinnen (Sawina, Suchowerkowa, Orechowa, Lebedinskaja) von den insgesamt 35 Personen (6 Ostarbeiterinnen, 27 Ostarbeiter, 1 Pole und 1 Kroate), die am 25. Oktober 1944 im Zuge der Ermittlungen „Immermannstraße" verhaftet und nach Brauweiler gebracht worden waren.[184]

Wegen der Erschießungen der beiden Russinnen Sawina und Suchowerkowa kam es im September 1947 vor dem Gericht der 5. Britischen Infanterie-Division in Braunschweig zu einem Kriegsverbrecherprozeß, in dem Walter Hirschfeld und Josef Schiffer wegen der Erschießung der beiden Russinnen angeklagt waren. Die Voruntersuchungen hatten Senior Sergeant Tarjan und Sergeant Ramsey, Mitglieder der britischen Field Investigation Section, im Mai 1947 durchgeführt.

Zum Verständnis des Prozeßverlaufs erscheint es wichtig, zunächst die im Frühjahr 1947 von Tarjan und Ramsey gemachten Personenbeschreibungen vorzustellen:

---

180 HStAD Gerichte Rep. 231-287, Bl. 17R.
181 HStAD Gerichte Rep. 231-287, Bl. 24R.
182 HStAD Gerichte Rep. 231-287, Bl. 31.
183 ALVR 13076: Bericht des kommissarischen Anstaltsleiters Thewissen vom 16.12.1945.
184 Bernd Rusinek, S. 350ff.

Hirschfeld ist danach ein „intelligentes, aber ausgesprochen nervöses Individuum", seinen Aussagen ist weitgehend Glauben zu schenken, da er eine aktive Beteiligung an den Erschießungen zugegeben hat.

Schiffer ist ein brutaler Typ, der jegliche Schuld von sich weist und sich damit verteidigt, daß alle Opfer Kriminelle gewesen seien.

Auch die Zeugenaussagen von Klaus Adams, seit Ende November 1944 Fahrer der Gestapo in Brauweiler, werden als verläßlich eingestuft. Anders sieht es beim Zeugen Busch, Brauweiler Friedhofswärter, aus, dessen Aussagen problematisch seien, da seine geistige Aufnahmefähigkeit begrenzt sei, und er aus Angst vor ehemaligen Nazis aus Dansweiler und Brauweiler Informationen zurückhalte.[185]

Da allerdings mit Hilfe der Aussage des Totengräbers Gottfried Busch eine Skizze über den Erschießungsvorgang angefertigt wurde, soll anhand seiner Aussage der Tatvorgang hier in den wesentlichen Zügen wiedergegeben werden (übertragen aus dem Englischen): *„Im Februar 1945...wurde mir gesagt, daß ich gegen 19.00 Uhr bei der Kiesgrube, die in der Nähe der Anstalt [Donatusstraße/Ecke Bonnstraße] ist, sein sollte. Ich nahm mein Fahrrad und meinen Fahrradanhänger mit. Der Plan stellt eine konkrete Wiedergabe des Ortes dar. Ich sah einen Wagen an der Stelle, wo im Plan ein Wagen eingezeichnet ist...Dann ging ich zu einem Steinhaufen und der große Gestapomann kam zu mir und fragte mich, was ich hier mache. Ich sagte, daß ich von der Gestapo den Auftrag bekommen hätte, hier zu sein. Ich stand auf einem Hügel von Ziegelsteinen (siehe Plan) als er mit mir sprach. Nachdem er mit mir gesprochen hatte, kehrte er zum Wagen zurück...Dann sah ich wie eine Gruppe aus der Richtung des Autos kam, sie ging an mir vorbei und dann die Straße entlang. Ich sah zwei Männer und ein Mädchen [Nina Sawina]. Es waren ca. 6 bis 7 Meter Entfernung zu mir. Es war ein großer Mann und ein Mann in grüner Uniform in der Gruppe... Ca. 15 Yards von mir hörte ich die Pistolenschüsse, ich sah auch die Mündungsfeuer. Ich hörte, daß sechs Schüsse abgegeben wurden, einer nach dem anderen. Dann kamen die beiden Männer zu mir zurück und sagten mir 'beginn mit dem Aufladen', da hörte ich das Mädchen stöhnen...dann kehrten sie zu der Stelle zurück, wo das Mädchen war und feuerten zwei weitere Schüsse ab...Nachdem ich die Leiche auf den Fahrradanhänger geladen hatte, sagte einer der Männer zu mir 'Warte hier, wir werden in 5 Minuten zurück sein'. Ich kehrte darauf an meinen ursprünglichen Platz am Steinhaufen zurück, und die beiden Männer gingen zurück in Richtung Auto...Ca. 5 Minuten nachdem ich zum Steinhaufen zurückgekehrt war, sah ich 4 Männer um ein Mädchen [Vera Suchowerkowa] herum, zwei waren vor ihr und zwei hinter ihr. Ich war 6 oder 7 Meter von ihnen entfernt. Ich bin mir sicher, daß zuletzt 4 Männer da waren. Ich*

---

185 PRO - WO 235/362 - XC 23028.

Politische Anstalt: Konzentrationslager, Gestapogefängnis

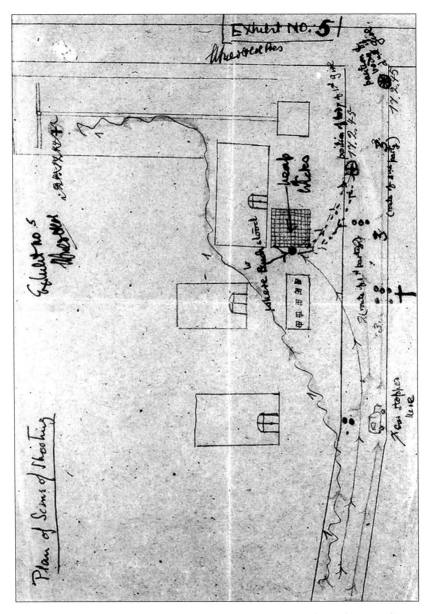

Planskizze von der Erschießung der beiden Russinnen Vera Suchowerkowa und Nina Sawina. Angefertigt durch die britische Field Investigation Section auf der Basis der Zeugenaussage des Brauweiler Friedhofswärters Busch (PRO London)

Politische Anstalt: Konzentrationslager, Gestapogefängnis

konnte diese Männer nicht identifizieren, ich habe auf das Mädchen geachtet. Die Gruppe ging an mir vorbei, und nachdem sie 30 Meter von mir weg war, hörte ich Schüsse. Sie fielen - sechs insgesamt - ca. 1 bis 1 1/2 Minuten nachdem sie an mir vorbeigegangen waren. Nach den Schüssen rief mich jemand von der Stelle aus, wo die Schüsse abgefeuert worden waren 'komm her und lade die Frau auf!' Ich führte mein Fahrrad und meinen Anhänger zu der Stelle und sah das Mädchen am Boden liegen. Ich fühlte ihren Puls, sie schien tot zu sein...Ich hob das Mädchen auf und legte es auf den Anhänger. Ihm war ins Genick geschossen worden. Nachdem ich die Leiche auf meinen Anhänger gelegt hatte, sagte einer der Männer zu mir 'Sag nichts oder sonst'. Ich sagte 'Es ist ein Jammer, das Mädchen mit einem so guten Mantel zu begraben'. Einer der Männer sagte 'Du kannst damit machen, was du willst'. Die Männer gingen dann...Ich fuhr dann mit den Leichen auf dem Anhänger zum Friedhof...Die Linie mit der Ziffer 3 auf dem Plan ist der Weg, den die Gruppe nahm als das zweite Mädchen dabei war. Der Punkt, der mit X gekennzeichnet ist, ist die Stelle, wo ich die Leiche des zweiten Mädchens auflud."[186]

Im Gerichtsverfahren sagte Busch aus, daß er den Auftrag für sein Handeln nicht von der Gestapo, sondern von einem Polizeibeamten der örtlichen Polizeiwache erhalten habe.[187]

Über die Zusammensetzung des Erschießungskommandos gab es widersprüchliche Aussagen. Schiffer behauptete, daß bei den Exekutionen Kütter, Hirschfeld und Gegusch anwesend gewesen seien, und er derjenige war, der während der Erschießung von Nina Sawina die zweite Russin aus der Anstalt geholt habe und während ihrer Exekution in der Nähe des Wagens geblieben sei.[188]

Demgegenüber erklärte Klaus Adams, daß Kütter bei der ersten Fahrt nicht beteiligt gewesen sei, sondern nur Hirschfeld, Gegusch und das russische Mädchen. Schiffer sei mit ihm zurück zur Anstalt gefahren, dabei habe er ihm erzählt, daß das Mädchen um einen „coup de grace" gebeten habe. Kütter und Schiffer hätten dann in der Anstalt das zweite Mädchen aus der Zelle geholt, und Kütter und Schiffer seien dann mit ihr und ihm als Fahrer wieder zur Kiesgrube gefahren und seien dort in die gleiche Richtung gegangen wie bei der ersten Erschießung. Zudem sagte Klaus Adams aus, daß Kütter am gleichen Tag in der Gestapo-Zentrale in Köln gewesen sei, und er ihm auf der Rückfahrt von Köln erklärt habe, daß er an diesem Abend gebraucht werde und Kütters Vorgesetzte ihm aufgetragen hätten, die beiden Frauen fortzuschaffen.[189]

---

186 PRO - WO 235/362 - XC 23028: Testimony of Gottfried Busch.
187 PRO - WO 235/362 - XC 23028.
188 PRO - WO 235/362 - 177627: Disposition of Josef Schiffer.
189 PRO - WO 235/362 - XC 23028: Testimony of Klaus Adams.

Politische Anstalt: Konzentrationslager, Gestapogefängnis

Walter Hirschfeld hatte bereits im Mai 1947 gegenüber S/Sgt. Tarjan folgende Aussage gemacht: *„Der Leiter des Kommandos [in Brauweiler] war Kommissar Kütter. In Abwesenheit des Kütter war Hoegen Vertreter [Hoegen befand sich zur Zeit der Erschießungen in Siegburg], dann kam Gegusch, dann ich und dann Schiffer, dann kam noch ein Assistentenanwärter mit Namen Schmillen und der Dolmetscher Haag. Als Sekretärin war eine Frl. Holzapfel. Mitte Februar 1945 kam Kütter zu uns und sagte mir, daß die zwei Russinnen - auf ihre Namen kann ich mich nicht entsinnen - zu exekutieren seien. Einen schriftlichen Befehl dazu habe ich nicht gesehen noch davon gehört, dass so einer bestände. Er sagte nur, es käme von der Dienststelle Köln Assessor Foltis. Ich sollte das erste Mädchen erschiessen und Gegusch das zweite. Wir fuhren am abend dieses Tages zur Ziegelei Brauweiler. Mit mir fuhr Kütter und Gegusch. Der Kraftfahrer und es kann sein, dass Kütter mit zurückfuhr, holten das erste Mädchen. Nach ungefähr 10 Minuten kamen sie mit der Russin zurück. Ausserdem kam Schiffer auch mit. Wir gingen mit dem Mädchen ungefähr 100 Meter vom Wagen weg, da zog ich meine Pistole, zielte auf das Herz des Mädchens von rückwärts und feuerte zwei Schüsse ab. Das Mädchen fiel sofort hin. Sie war aber noch nicht ganz tot und sagte einige unverständliche Worte. Darauf gab ihr Gegusch einen Gnadenschuß. Während dieses Mädchen vom Totengräber in einem Karren aufgeladen wurde, fuhr der Wagen mit Schiffer zurück, um das zweite Mädchen zu holen. Dieselbe wurde wieder von mir und Gegusch begleitet bis ungefähr zur selben Stelle, wo die erste umgebracht wurde. Gegusch feuerte dann in meinem Beisein ungefähr zwei oder drei Schüsse ab, worauf das Mädchen tot zu Boden fiel. Das Mädchen wurde ebenfalls vom Totengräber aufgeladen und beide Leichen wurden weggefahren. Während meiner Zeit in Brauweiler habe ich keinen Häftling misshandelt. Ich habe nur einmal in Notwehr einen Häftling vor seiner Zelle erschossen, nachdem er mich angefallen hatte und versuchte mich über das Geländer zu werfen. Der Name dieses Häftlings war Krämer. Sonst habe ich zu dieser Sache nichts mehr auszuführen."*[190]

Im Prozeß vor dem britischen Militärgericht sagte die Stenotypistin Kütters, Frau Wefer, aus, daß die Erschossenen unter dem Vorwand, in ein Krankenhaus gebracht zu werden, zur Kiesgrube gebracht worden seien.[191]

Hoegen zeigt sich in diesem Prozeß völlig unwissend und unschuldig. Da er vor der Erschießung Brauweiler verlassen habe, wisse er nicht, wie viele russische Frauen zu dieser Zeit in Brauweiler gewesen seien und könne auch nicht erklären, warum der 15. Februar 1945 als Erschießungsdatum ausgewählt worden sei. Eine Verbindung zwischen Erschießungsdatum und Räu-

---

190 PRO - WO 235/362 - 176727: Disposition of Walter Hirschfeld.
191 PRO - WO 235/362 - 176727, Bl. 71.

Politische Anstalt: Konzentrationslager, Gestapogefängnis

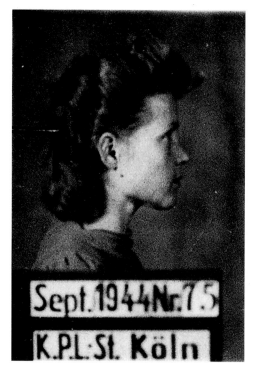

◀ *Links: Nina Sawina, erkennungsdienstliche Aufnahme der Kölner Kriminalpolizei nach ihrer Verhaftung am 25.9.1944*

▼ *Unten: Nina Sawinas Personenkarte der Kriminalpolizei Köln (PRO London)*

16. Sprache: russisch deutsch.	Name: Sawina
17. Mundart:	Vornamen: Nina
18. Auffällige Merkmale:	Stand: Ostarbeiterin
linke Hand:	Spitzname:
	Verbr.-Gruppe: Hehlerin
	anscheinendes: angegeb. Alter: Jahre
rechte Hand:	geb.: 21. 9. 1923
	Geburtsort: Stalino
	Kreis und Staat: Stalino/Rußland
Gesicht:	Staatsangehörigkeit: Rußin
	Glaubensbekenntnis: kath (auch früheres)
	Rasse:
	Ehemann:
Hals:	Zuhälter:
	Aufgenommen in Köln am 25.9.1944
Sonstige Eigenheiten:	Pers.-Akten: Nr.:
19. „Eigenhändige Namensunterschrift": Nina Sawina	Bei Entnahme dieser Karte aus dem Kasten ist ein mit Aktenzeichen, Datum und Unterschrift versehener Zettel einzulegen.
	DIN A 5 (148×210 mm) Vordruck RKP. 18a.

mung der Anstalt durch das Gestapokommando verneinte er. Lapidar erklärte er: „Die Frauen wurden nicht mehr für weitere Nachforschungen benötigt". Hoegen erklärte dem Gericht, daß Nina Sawina wegen Einbruchs, Besitz von Waffen, Hehlerei und der Unterschlupfgewährung gegenüber Russen von der Polizei verhaftet worden und der Gestapo in Brauweiler überstellt worden sei.[192]

Am 6. September verurteilte das britische Gericht Walter Hirschfeld zum Tode durch den Strang und Josef Schiffer wegen Teilnahme an der Tötung zu sechs Jahren Gefängnis.

Nach der Verurteilung wurde das Gericht mit Gnadengesuchen der Beteiligten und deren Familien konfrontiert. Insbesondere die Familie Hirschfeld setzte alle Hebel in Bewegung, um das Todesurteil zu verhindern. Hirschfelds Bruder verfaßte eine Petition an König George IV. Auch den Bischof von Aachen und Erzbischof Frings von Köln konnten die Familie bewegen, ihre Gnadengesuche zu unterstützen. Erzbischof Frings drückte sich in seinem Schreiben allerdings sehr zurückhaltend aus.

Die Familie Hirschfeld betonte in ihren Schreiben immer wieder, daß Walter Hirschfeld gegen seinen Willen in der Gestapo habe bleiben müssen und daß er nur auf Befehl gehandelt hätte. Zudem seien die beiden Ostarbeiterinnen wirkliche Kriminelle gewesen.[193]

Am 30. Oktober 1947 wurde das Todesurteil gegen Hirschfeld in eine sechsjährige Gefängnisstrafe umgewandelt und Schiffers Strafmaß gemindert.[194]

Im Dezember 1949 standen Hirschfeld und Schiffer - zusammen mit Hoegen, Gansäuer und Roggendorf - erneut vor Gericht. In diesem Schwurgerichtsverfahren in Köln wurde über die Taten der Angeklagten in Brauweiler verhandelt. Allerdings durfte das deutsche Gericht wegen einer Verordnung der britischen Militärregierung vom 30. August 1946 nur Verbrechen gegen die Menschlichkeit verhandeln, die von Deutschen an Deutschen oder Staatenlosen begangen worden waren.

Am 19. Dezember 1949 verurteilte das Gericht Hoegen zu neun Jahren Zuchthaus, auch Hirschfeld und Schiffer erhielten Zuchthausstrafen. Gansäuer und Roggendorf wurden zu Gefängnisstrafen verurteilt. Auf die Strafen wurden Untersuchungs- und Internierungszeiten angerechnet, so daß sich das Strafmaß bei Hoegen um drei Jahre, bei Hirschfeld und Schiffer um ein Jahr reduzierte. Gansäuer und Roggendorf konnten dadurch den Gerichtssaal als freie Menschen verlassen.[195]

---

192 PRO - WO 235/362, Bl. 74ff.
193 PRO - WO 235/363 - 176727.
194 A. Rüter-Ehlermann, C. F. Rüter(Bearb.), Bd. X, S. 726f.
195 A. Rüter-Ehlermann, C. F. Rüter(Bearb.), Bd. X, Lfd. Nr. 189.

Die Familienangehörigen des am 6. September 1947 in Braunschweig zum Tode verurteilten Walter H i r s c h f e l d, die meiner Erzdiözese angehören, bitten mich, ihr Gnadengesuch zu unterstützen. Aus eigener Kenntnis der Vorgänge kann ich mich zu dem Urteil nicht äussern. Wenn jedoch die Darstellung des Tatbestandes, die von dem Bruder des Verurteilten in seinem Gnadengesuch vom 7. September gegeben wird, im wesentlichen richtig ist, scheint auch mir das Urteil sehr hart, und ich fühle mich gedrungen, das Gnadengesuch wärmstens zu empfehlen.

+ /Jos. Card. Frings

Erzbischof von Köln.

Schreiben des Kölner Erzbischofs Kardinal Frings vom 15.9.1947. Der Kardinal unterstützt das Gnadengesuch für Walter Hirschfeld. (PRO London)

Der Gestapobeamte Horst Gegusch stand erst 1970 vor Gericht. Nach dem Kriege war er untergetaucht und hatte unter falschem Namen in Norddeutschland gelebt. Ende der 60er Jahre stellte er einen Rentenantrag; dieser Vorgang brachte seine wahre Identität ans Tageslicht. Vor dem Kölner Schwurgericht wurde er des Mordes an Vera Suchowerkowa angeklagt. Gegusch gab vor dem Gericht die Erschießung zu, er berief sich darauf, daß er den Befehl Kütters für rechtmäßig gehalten habe.

Das Kölner Schwurgericht folgte in seinem Urteil vom 2. April 1970 nicht der Anklageschrift und sprach Gegusch nur des Totschlags schuldig. Dieses Delikt war aber am Tag der Urteilsverkündung verjährt.[196]

«Dem Gedenken der Opfer von Unrecht und Gewalt». Gedenkstein, aufgestellt im Mai 1992, zur Erinnerung an die Opfer des Nationalsozialismus in der Arbeitsanstalt. Rechts des Genksteines die ehemals in Brauweiler inhaftierten polnischen Soldaten Miroslaw Zawodny und Stanislaus Ochalski anläßlich eines Besuches auf Einladung des Maximilian-Kolbe-Werkes am 30.8.1995

---

196 Kölnische Rundschau vom 27.2.1970. Weitere Informationen zu diesem Vorgang verdanke ich dem damals zuständigen Staatsanwalt Herrn Hofmann

Die Arbeitsanstalt nach dem Zweiten Weltkrieg

Auflösung der Anstalt

Am 3. März 1945 floh Anstaltsleiter Bosse in den Harz. Dort, in Wernigerode, beging er im Mai 1945 Selbstmord.

Am 4. März marschierten die Amerikaner in Brauweiler ein. Die männlichen und weiblichen Jugendlichen der Abteilungen Freimersdorf und Dansweilerhof waren in der Nacht vom 2. auf den 3. März nach Solingen und Düsseldorf gebracht worden. Die anderen weiblichen Insassen hatte man schon etwas eher nach Hause entlassen, sofern sie eine Aufnahmemöglichkeit bei Angehörigen nachweisen konnten. Es verblieben 135 männliche und 10 weibliche Insassen in Brauweiler.

Am Tag der offiziellen Auflösung der Anstalt, dem 6. Juni 1945, waren noch insgesamt 118 ehemalige Insassen in Brauweiler, die an diesem Tag in die Provinzial-Heil- und Pflegeanstalt Galkhausen gebracht wurden, nur 15 ältere Männer blieben in Brauweiler und wurden provisorisch im Bauhof am Feldtor untergebracht. Diese waren weiterhin im Gutshof, in der Gärtnerei und in der Küche tätig. Von der Beschlagnahmung durch die Militärbehörden waren nämlich Gutshof, Gärtnerei, Ziegelei, Bäckerei und Wäscherei ausgespart worden.[1]

Unmittelbar nach dem Einmarsch der Alliierten wurde der Stellvertreter Bosses, Kirschieben, von den Amerikanern von seiner Aufgabe entbunden, und der katholische Anstaltspfarrer Thewissen am 7. März 1945 mit der kommissarischen Leitung betraut. Dieser organisierte unter Führung von Pater Pauls u.a. mit Anstaltsinsassen einen Arbeitsdienst, um einen geordneten Fortgang der Gemeindearbeit zu erreichen.[2]

---

1 ALVR 13076 Bl. 7b, Bl. 126. ALVR 15113 (Bericht des kommissarischen Leiters Thewissen an die Polizeistation Weiden vom 11. November 1947). PAB 1941-1977, Nr. 253(Eintragung ins Totenbuch der Arbeitsanstalt vom 1. Oktober 1947 durch Anstaltspfarrer Thewissen).
2 ALVR 13076 Bl. 7b. StAP - I/B - 154, Az. 12.12.10: Lagebericht der Gemeinde Brauweiler am 15.2.1946 gegeben von dem Verwaltungsleiter Knülle.

Seit dem 22. Juni 1945 unterstand die Anstalt der britischen Militärbehörde, die ihren Sitz in Frechen hatte. Von dieser wurden wegen ihrer „starken politischen Belastung" acht Beamte und Angestellte der ehemaligen Anstalt entlassen. Neben dem Anstaltsarzt und dem Wirtschaftsdirektor zählten zu diesem Personenkreis sowohl Werkmeister als auch Verwaltungsgehilfen.[3]

Für die anderen Beamten blieb das alte Beschäftigungsverhältnis bestehen. Mit der Gründung des Landes Nordrhein-Westfalen am 23. August 1946 wurde das Düsseldorfer Sozialministerium für diese Personen zuständig. In der Hoffnung auf eine baldige Wiederinbetriebnahme der Anstalt wurden 82 Beamte und Angestellte weiterbeschäftigt.[4]

Nach dem Einrücken der Amerikaner wurden noch am Abend des 4. März eine Anzahl von Brauweiler Wohnungen beschlagnahmt, um sich von hier aus auf den weiteren Vormarsch auf Köln vorzubereiten. Die Bewohner wurden in der Arbeitsanstalt untergebracht. Am 6. März wurden wegen Waffenfunden bei ehemaligen Nazi-Aktivisten etwa 85 Häuser geräumt und die Bewohner im Frauenhaus der Anstalt für 19 Tage einquartiert. Mitte April 1945 wurden erneut 15 Häuser beschlagnahmt, und die Bewohner mußten für ca. drei Wochen die Arbeitsanstalt als Notquartier aufsuchen.[5]

Nutzung als DP-Lager

Am Ende des Krieges befanden sich Millionen Zwangsarbeiter und Kriegsgefangene innerhalb Deutschlands. Die Alliierten mußten sich schon während ihres Vormarsches mit dem Problem der Repatriierung dieser sog. Displaced Persons (DPs) befassen. Dies war bei den verheerenden Verkehrs- und Versorgungsproblemen am Kriegsende und in der unmittelbaren Nachkriegszeit kein leichtes Unterfangen. Zum anderen vergrößerte sich das Problem dadurch, daß viele DPs aus unterschiedlichen Gründen, u.a. wegen veränderter politischer Verhältnisse in ihren Heimatländern, nicht mehr in ihr Herkunftsland zurück wollten. Diese Probleme zeigten sich insbesondere bei DPs aus osteuropäischen Ländern.

Schon während des Krieges war beim Oberkommando der alliierten Streitkräfte (SHAEF) und bei der für die Repatriierung zuständigen UN-Organisation, der UNRRA (United Nations Relief and Rehabilitation Administration), der Plan erstellt worden, zunächst alle in Frage kommenden DPs in Camps, die aus bestimmten Nationalitätengruppen bestehen sollten, zu sammeln.[6]

---

3 ALVR 13076, Bl. 154, Bl. 157.
4 ALVR 13076, Bl. 156.
5 Berta Lohscheider, S. 180. StAP - I/B-154, Az. 121210: Lagebericht der Gemeinde Brauweiler am 15.2.1946 gegeben von dem Verwaltungsleiter Knülle.
6 Wolfgang Jacobmeyer, S. 24.

Katholische kirchengemeinde Brauweiler

Fernsprecher: Amt Frechen 188
Postscheck-Konto: Köln Nr. 98360

Brauweiler, den
bei Köln

Inter *Ponzoni Silvio*
filium *di Alfredo e di Biraghi Maria*
natum die *8-4-924* in *Sesto S. Giovanni (Milano)*
baptizatum die *20-4-924*
conditionis *Celibe*
habitantem in *V.T. Baracca 1 - Sesto S. Giovanni (Milano)*
et *Bernicken Rosa*
filiam *di Bertrando e di Henseler Maria*
natam die *1-8-920* in *Spich (Colonia) Germ.*
baptizatam die *7-8-920*
conditionis *Nubile*
habitantem in *Wald-Strasse-35-Spich*

praevia dispensatione ab impedimento mixtae religionis coram Paolo Tücking, parocho
et .... et .... testibus
in ecclesia parochiali ad St. Nicolaum in Brauweiler prope Coloniam
die *14 mai* 1945 matrimonium rite contractum est.

Brauweiler prope Coloniam, die *14. mai* 19*45*

P. Tücking, pa.
Paulus Tücking
Parochus

Heiratsurkunde vom 14.5.1945 des DP-Lagerinsassen Silvio Ponzoni aus Italien und der Deutschen Rosa Bernicken, geb. in Spich, ausgestellt durch den Brauweiler Pfarrer Paul Tücking (PAB)

Nach dem Zweiten Weltkrieg

Zu diesem Zweck wurde für die DPs des Kölner Raumes u.a. die Arbeitsanstalt Brauweiler ausgewählt. Unmittelbar nach der amerikanischen Besetzung wurden in den leeren Anstaltsgebäuden DPs vorwiegend aus westeuropäischen Ländern untergebracht,[7] aber auch zahlreiche Polen, die im Zellentrakt ihre Unterkünfte fanden.[8]

Ende Mai 1945 befanden sich vorwiegend Italiener im DP-Camp. Mehrere Tausend italienische Kriegsgefangene waren von Trier nach Brauweiler gebracht worden. Es waren zumeist Angehörige der Marine, die zu den Truppen Badoglios gehört hatten und vor Marseille kurz vor Kriegsende noch in deutsche Kriegsgefangenschaft geraten waren.[9]

Der kommissarische Anstaltsleiter Thewissen berichtet im Jahr 1947 von insgesamt 8000 Italienern, die in der Anstalt untergebracht waren, der Verwaltungsbericht des Bürgermeisters Knülle spricht von 6000 Italienern.[10]

Zwischen der katholischen Pfarrgemeinde Brauweiler und der italienischen Lagerleitung entwickelte sich ein enger Kontakt, denn es ging um den Wunsch zahlreicher Italiener aus dem Lager, in der Pfarrkirche zu heiraten. Die in Frage kommenden Ehefrauen lebten in der Regel auch im Lager Brauweiler. Allerdings waren es nicht nur Italienerinnen, sondern auch Deutsche, Jugoslawinnen und Ukrainerinnen.

Zunächst hatte sich der damalige Brauweiler Pfarrer Tücking bei der amerikanischen Militärverwaltung nach den rechtlichen Voraussetzungen der Eheschließungen erkundigt. Man teilte ihm mit, daß die kirchliche Trauung in Brauweiler rechtskräftig sei, da in Italien keine Zivilehe existiere. Allerdings erwies sich die Beschaffung der für die kirchliche Trauung erforderlichen Unterlagen häufig als schwierig. Das führte dann auch dazu, daß Eheschließungen bald nach der Trauung als ungültig erklärt werden mußten, weil ein Ehepartner schon verheiratet war.

Die seelsorgerische Betreuung der Italiener übernahm dann aber der italienische Militärpfarrer Don Turinetti, dem Brauweiler Pfarrer blieben nur noch die Beerdigungen der in der Anstalt Verstorbenen.[11]

In der Zeit der amerikanischen Militärverwaltung konnten die Brauweiler Bürger das Frauenhaus wieder verlassen und in ihre Häuser zurückkehren, die letzten 118 Anstaltsinsassen wurden nach Galkhausen verlegt, und die polnischen DPs wurden zunächst in ein DP-Lager in Ossendorf gebracht.

---

7 Josef Wißkirchen: Stadt Pulheim, S. 256.
8 Berta Lohscheider, S. 181.
9 Berta Lohscheider, S. 181. ALVR 13076.
10 PAB Nr. 253 (Totenbuch der Arbeitsanstalt Brauweiler 1941-1977). StAP-I/B-154, Az. 121210.
11 PAB Nr. 47.

Nach dem Zweiten Weltkrieg

Mit der Übernahme der Anstaltsgebäude durch die britische Militärbehörde im Juni 1945 befanden sich eine englische Militärbehörde unter Capt. Eden, die Direktion der UNRRA und ein Ausländerkrankenhaus in den Gebäuden der Anstalt. Die Anstalt nahm nun wieder polnische DPs auf; und während die italienischen DPs im September 1945 in ihre Heimat zurückkehren konnten, erwies sich die Repatriierung der polnischen DPs, bzw. die Suche nach einem anderen Aufnahmeland, als schwieriges und langwieriges Unterfangen. So wurde die ehemalige Arbeitsanstalt bis zum Herbst 1949 zu einem der großen polnischen DP-Camps (Nr. 26 DP ACCS) im Kölner Raum. Zeitweise befanden sich über 2400 Personen in den Gebäuden. Das Camp wurde von einem britischen und einem polnischen Kommandanten geleitet.[12]

Ende Februar 1948 lebten noch 37558 DPs in Nordrhein-Westfalen: 6501 Balten, 22910 Polen, 4258 polnische Ukrainer, 8 Russen, 3483 Jugoslawen und 398 Staatenlose. Zur gleichen Zeit ergab die Zusammensetzung der DPs in Brauweiler ein ähnliches Bild: 1850 Polen, 40 polnische Ukrainer, 107 Letten, 64 Litauer, 106 Esten, 251 Jugoslawen und 10 Personen anderer Nationalität oder staatenlos, insgesamt also 2428 DPs.[13]

Das Leben in den Camps war in der Regel katastrophal. Die tägliche Essensration wurde von der britischen Militärbehörde mit 1306 kcal (September 1945) angegeben und bestand aus 50g Butter, 20g Käse, 50g Marmelade, 20g Margarine und 60g Wurst. Vom benachbarten DP-Camp in der Etzel-Kaserne in Köln Junkersdorf liegt eine Beschreibung der Lage der dort untergebrachten DPs vor, der sich sicherlich auch auf die Brauweiler Verhältnisse übertragen läßt. Beklagt werden die totale Überbelegung der Zimmer, das Fehlen jeglicher Privat- und Intimsphäre, letztlich ein fast animalisches Leben.[14]

In den Anstaltsgebäuden errichtete man u.a. ein Hospital unter Leitung des Oberarztes Dr. Rabl sowie eine Geburtshilfestation, beide Einrichtungen waren auch für andere polnische Camps zuständig. Auf der Geburtenstation verzeichnete man 1946 600 Geburten. Zu den praktizierenden Ärzten gehörten viele im Kölner Raum bekannte Fachkräfte, u.a. Prof. Dienst, Dr. Geiger, Dr. Richter, Dr. Tusch. Sie hatten sich bemüht, in einem DP-Camp eine Anstellung zu finden, weil mit der Tätigkeit die in den Nachkriegsjahren problematische Lebensmittelversorgung gesichert war.[15]

---

12 ALVR 13076. SAP - I/B - 154, Az. 121210.
13 PRO-FO 1052/157.
14 PRO-FO 1052/336: britischer Inspektionsbericht: „Here the overcrowding is dreadful. In small rooms are to be found two and three families each with one or two children and sometimes with not more than three single beds to be seen. There is no privacy whatever and the inmates live an animal like existence."
15 Berta Lohscheider, S. 183.

Nach dem Zweiten Weltkrieg

Eine Gruppe von polnischen Insassen des DP-Lagers Brauweiler vor dem Eingang zum Zellenbau, Aufnahme 1945/46

Passierschein für die Insassen des Brauweiler DP-Lagers, der zum Betreten und Verlassen des Lagers durch das Tor neben der Kirche berechtigte (StAP)

Das Verhältnis zwischen der deutschen Bevölkerung des Ortes und der Umgebung und den polnischen DPs war während der gesamten Zeit der Existenz des Lagers sehr gespannt. Es kam zu zahlreichen Übergriffen und Überfällen von polnischen Lagerinsassen. Zum einen wirkten die überaus beengten Raumverhältnisse in der Anstalt und das lange Ausharren auf eine Auswanderung in eines der Wunschländer wie USA, Kanada oder Australien konfliktfördernd, andererseits glaubten viele Polen nach Kriegsende, den Deutschen die Zeit ihres Zwangsarbeiterstatus' und ihrer Kriegsgefangenschaft heimzahlen zu müssen.

Am 21. Juni 1947 kam es sogar innerhalb der Anstalt zu einem gewalttätigen Zusammenstoß zwischen polnischen DPs und deutscher Polizei. Dabei wurden zwei deutsche Polizeibeamte lebensgefährlich verletzt. Die deutsche Polizei mußte von der Schußwaffe Gebrauch machen und verletzte dabei fünf Polen.[16]

Die „Rheinische Zeitung" berichtet im Jahr 1947, daß die kriminellen Elemente unter den Polen eindeutig in der Minderzahl seien, daß aber Schießereien in der Brauweiler Gegend an der Tagesordnung seien.[17] Die linksgerichtete „Volksstimme" teilt am 24. November 1947 mit, daß die KPD im Düsseldorfer Landtag den Schutz der Brauweiler Bevölkerung vor „Personen aus dem Verschlepptenlager" gefordert habe.[18] Der Hauptausschuß des Kreistages Köln-Land sah sich wegen der Vorfälle genötigt, Ende November 1947 folgende Erklärung herauszugeben: „Die Überfälle, die Diebstähle, die Bedrohung mit Schuss- und Mordwaffen, die Ausplünderungen von Gehöften, Häusern und Feldern, systematischen Störungen von Veranstaltungen durch die Insassen des Polenlagers haben das Maß des Erträglichen bei weitem überschritten... Es ist besonders hervorzuheben, daß die Gemeinde Brauweiler und der ganze Amtsbezirk Weiden rein ländliche Gegenden mit einer arbeitsamen und friedliebenden Bevölkerung sind, die sich auch in der vergangenen Zeit ihren eigenen Charakter bewahrt haben,... und Fremdarbeitern und Kriegsgefangenen während des Krieges, das Los nach Möglichkeit erleichtern halfen. Beweis dafür ist, daß nicht wenige Polen den Wunsch geäußert haben, im hiesigen Bezirk bleiben zu dürfen. Um so verwerflicher sind die Taten ihrer Landsleute...[diese] nutzen die rücksichtsvolle Behandlung durch die Besatzungsmacht in provozierender Weise aus."[19]

Eine Verlegung der Polizeistation von Weiden nach Brauweiler lehnte der Hauptausschuß des Landtages aber ausdrücklich mit der Begründung ab, daß unter den gegebenen Umständen neben Weiden eine zusätzliche eigene

---

16 ALVR 13076, Bl. 103.
17 Rheinische Zeitung Nr. 94 vom 22. November 1947.
18 Volksstimme Nr. 91 vom 24. November 1947.
19 Kölnische Rundschau Nr. 92 vom 25. November 1947.

Polizeistation mit 30 Polizisten in Brauweiler erforderlich sei. Eine geforderte Verlegung deutscher Polizei in die Anstalt lehnte die englische Militärbehörde ab und verwies darauf, daß die DPs der deutschen Gesetzgebung unterständen.[20]

So setzte man alle Hoffnung auf eine baldige Räumung des Lagers. Aber die britische Militärbehörde sah zunächst keine andere Möglichkeit für die Unterbringung der DPs. Vielmehr wurden 1947 noch weitere DPs aus dem Ruhrgebiet nach Brauweiler gebracht, da man die dort dadurch freiwerdenden Häuser für die Unterbringung von Bergleuten benötigte.[21]

Erst im Laufe des Jahres 1949 besserte sich die Situation entscheidend. Zum einen sank die Zahl der untergebrachten Personen auf ca. 1300 (vorwiegend aus Polen und Jugoslawien) und 600 von ihnen erhielten eine Vormerkung für eine Ausreise nach Australien. Andererseits entspannte sich auch das Verhältnis zwischen deutscher Bevölkerung und den Lagerinsassen.[22]

Am 21. Oktober 1949 verließen die britischen Soldaten das DP-Camp Brauweiler zusammen mit den verbliebenen DPs in Richtung Essen-Kray.[23] Am 17. November 1949 wurden die Gebäude der ehemaligen Arbeitsanstalt mit Ausnahme des Wohnhauses des Direktors dem Land Nordrhein-Westfalen übergeben. Der endgültige Freigabebeschluß erfolgte dann am 31. Januar 1950.[24]

Pläne zur Neunutzung der ehemaligen Arbeitsanstalt

Wenige Monate nach Kriegsende waren bereits sehr unterschiedliche Pläne für eine Nutzung der ehemaligen Arbeitsanstalt im Gespräch. Dabei lief die überaus kontrovers geführte Debatte auf zwei Ebenen ab. Zum einen im Ort Brauweiler selbst, zum anderen im Düsseldorfer Sozialministerium, das letztlich die Entscheidung hatte. Dabei versuchten die Brauweiler Interessengruppen mit verschiedenen Mitteln, die Entscheidungen in Düsseldorf zu beeinflussen.

Im August 1945 brachte Abteilungsdirigent Dr. Szajkowski von der ehemaligen Provinzialregierung in Düsseldorf die Notwendigkeit einer Wiedereröffnung der Arbeitsanstalt mit folgenden Worten zum Ausdruck :"...denn es liegt auf der Hand, daß keine Volksgemeinschaft auf die Dauer eine derartige Einrichtung entbehren kann. Die Begleiterscheinungen des Krieges mit

---

20 ALVR 13076, Bl. 103, Bl.146.
21 ALVR 13076, Bl.111.
22 ALVR 13077: Bericht der Westdeutschen Zeitung vom 15. Juni 1949.
23 PRO - FO 1052/509: „This is to notify you that 26 DPAC STAFF of DP-Division has moved from Brauweiler, and occupied Kray Barracks, Essen, with effect from 21st October 1949."
24 Josef Wißkirchen: Stadt Pulheim, S. 263.

Nach dem Zweiten Weltkrieg

der entsetzlichen Wohnungsnot und der Demoralisierung breiter Volksschichten macht aber gerade jetzt eine solche Anstalt für Asoziale unentbehrlich."25

Demgegenüber hatte sich der kommissarische Anstaltsleiter Thewissen im Dezember 1945 gegenüber Bürgermeister und Landrat Knülle so geäußert: „Längst ist der Name Brauweiler zu einem festen Begriff geworden und der einfache Mann macht keinen Unterschied mehr zwischen Arbeitsanstalt und dem Ort als solchen. Beide sind für ihn gleich, denn auf beiden lastet das ganze Odium aus früherer Zeit, in der schon der Name allein zum Schreckgespenst für Kinder werden konnte."26

In der Folgezeit wurde aber gerade Thewissen zum vehementen Vertreter der Wiederaufnahme der Arbeitsanstalt und damit zum Interessenvertreter der Beamten und Angestellten der Anstalt, die auf eine Fortführung ihrer Beschäftigungsverhältnisse hofften. Thewissen kam dabei entgegen, daß sich ab 1946 die Anfragen von staatlichen Stellen nach Unterbringungsmöglichkeiten von „asozialen Personen in einem Arbeitshaus" häuften.27

Weil sich im Juli 1946 der Kreistag im Frechener Schützenhaus unter Leitung des Landrates Knülle mit der Frage der Nutzungsmöglichkeiten der Anstaltsgebäude beschäftigen wollte, berief Thewissen für den 23. Juli 1946 eine Betriebsversammlung aller Beamten und Angestellten - einschließlich der entlassenen und suspendierten Personen - ein. Tagungsraum war der Aufenthaltsraum der Anstaltsgärtnerei.28 Hier versuchten nun Thewissen und der Obmann der Beamten, Hauptwachtmeister Reif, die Pläne des Brauweiler Gewerbeoberlehrers Klein als obskur darzustellen.

Wilhelm Klein hatte dem Kreistag vorgeschlagen, in den ehemaligen Klostergebäuden eine Schule mit Internat einzurichten und die anderen Gebäude als Handwerker-Ausbildungsstätte zu nutzen. Klein betrachtete die Werkstätten der Anstalt als ideale Voraussetzung für die handwerkliche Ausbildung junger Menschen. Im ehemaligen Prälaturgebäude wollte er eine Mittelschule oder ein Gymnasium unterbringen. Der damit verbundene Internatsbetrieb sollte vor allem Kriegswaisen und Witwenkindern zugute kommen. Auch die Lehrlinge sollten in der Anstalt wohnen und in kleinen, familienähnlichen Gruppen zusammengefaßt werden.29

Bei den Kreistagsfraktionen hatte sich die CDU für eine Nutzung als Flüchtlingsunterkunft ausgesprochen. Die KPD forderte die Umwandlung

---

25 ALVR 13076, Bl. 5.
26 ALVR 13076: Brief Thewissens an den Bürgermeister und Landrat Knülle vom 16. Dezember 1945.
27 ALVR 13076, Bl. 12.
28 ALVR 17355.
29 ALVR 13076, Bl. 14-17.

in eine Kulturstätte, und auch die anderen Parteien lehnten Kleins Pläne mit unterschiedlichen Sachargumenten ab. Dagegen versuchten die Brauweiler Beamten und Thewissen, die Pläne Kleins durch persönliche Angriffe auf den Initiator zunichte zu machen. Man warf ihm „Großmannssucht" und „Geltungsbedürfnis" vor. Thewissen nannte ihn „Siegelbewahrer des letzten Ortsgruppenleiters".[30]

Die ehemaligen Beamten warfen Klein vor, daß er Mitglied der NSDAP gewesen sei, beim Einrücken der Amerikaner aber sofort die Seite gewechselt habe und zudem nur an der Leitung der propagierten Schulungsstätte interessiert sei.[31]

Thewissen versuchte dann mit Briefen an den Oberpräsidenten und das Sozialministerium in Düsseldorf, in seinem Sinne Einfluß zu nehmen, denn Klein hatte mit den Gewerkschaften der Nordrheinprovinz, die seine Pläne für ein Berufsschulungszentrum unterstützen, einen mächtigen Bundesgenossen gewonnen.[32] Thewissen scheute dabei auch vor der Kolportierung von Gerüchten nicht zurück. Am 2. Dezember 1946 schrieb er in einem Brief, daß im Ort die Meinung verbreitet sei, daß die nicht repatriierungsfähigen oder -willigen Polen in Häuser des Dorfes verlegt werden sollten, daß dem belgischen Militär die Anstaltsgebäude als Kaserne übergeben werden sollten und die anderen Häuser des Ortes für die Unterbringung aus dem Osten zurückkehrender Juden zur Verfügung gestellt werden sollten. Für die Brauweiler Bevölkerung wären dann die Anstaltsgebäude eine Art Zwischennotquartier bis zum Einrücken der Belgier. In Wirklichkeit handelte es sich um den Plan der Briten, 250 polnische Familien in Brauweiler außerhalb der Anstalt auch in Privathäusern unterzubringen. Dafür sollten die Häuser der Ehrenfriedstraße bis hinaus zur Bernhardstraße bis zum Bauernhof Franken restlos geräumt werden. In langwierigen Verhandlungen gelang es jedoch Bürgermeister Knülle, daß die Briten von dem Plan der Belegung der Gesamtgemeinde Brauweiler Abstand nahmen.[33]

Ganz andere Pläne verfolgte Ortspfarrer Tücking. Er wünschte sich eine erneute monastische Nutzung der ehemaligen Abteigebäude und plante zudem die Einrichtung eines Museums des Benediktinerordens. Für solche Pläne fand er ein offenes Ohr beim damaligen Abt von Maria Laach und bei Konrad Adenauer, der mit diesem befreundet war.[34] Aber Adenauer unterstützte auch die Forderung der Stadt Köln nach Überlassung des DP-Hospitals, um die Krankenbettennot der Stadt zu mildern.[35]

---

30 ALVR 13076, Bl. 24.
31 ALVR 13076, Bl. 29.
32 ALVR 13076, Bl. 92.
33 ALVR 13076, Bl. 53. StAP - I/B - 154, Az. 121210.
34 ALVR 13076, Bl. 61.
35 ALVR 13076, Bl. 86.

Tücking konnte für seine Pläne noch weitere Prominente gewinnen. Er nutzte dazu die 900-Jahrfeier der Grundsteinlegung der Kirche im Jahr 1948. Anläßlich der Feiern weilten der nordrhein-westfälische Ministerpräsident Arnold und der Kölner Erzbischof Frings in Brauweiler. Beide lauschten zustimmend Tückings Vortrag, in dem er davon sprach, daß die Benediktiner zu Brauweiler gehörten und erst die Franzosen sie von hier vertrieben hätten, „und die Preussen brachten Dirnen und Säufer in die Kulturstätte".[36]

Ende 1946 war die Entscheidung für eine Wiedereinrichtung der Arbeitsanstalt eigentlich schon gefallen. In einem vertraulichen Schreiben des Düsseldorfer Sozialministeriums, verfaßt von Dr. Szajkowski, der schon im Dritten Reich für Brauweiler zuständig war, an das britische Hauptquartier wird in einer noch aus der Zeit des Dritten Reiches resultierenden Menschenauffassung folgendes festgehalten: „...Brauweiler ist ein Sammelpunkt für Asoziale der verschiedensten Art, die nur durch straffe Zucht und Ordnung resozialisiert werden können... Wenn schon in normalen Zeiten auf eine derartige Einrichtung nicht verzichtet werden kann, so viel weniger heute, wo die grenzenlose Wohnungsnot, die schlechte Ernährungslage, die Lockerung der Familienbande, die wachsende Kriminalität, die Überalterung der Bevölkerung usw. immer mehr Menschen in den Kreis der Asozialen herabgleiten läßt".[37]

Letztlich obsiegte in Brauweiler der Wunsch Thewissens und der Beamten und Angestellten der ehemaligen Arbeitsanstalt nach Wiedereinrichtung eines Arbeitshauses. Dies lag u.a. auch daran, daß Thewissen nach seinem Tod am 31. Januar 1948 im kommissarischen Anstaltsleiter Amtmann Radermacher, der bis zur Übernahme der Leitung durch Oberregierungsrat Corsten am 2. Dezember 1949 die Dienstgeschäfte führte, einen ebenso eifrigen Verfechter der Idee der Arbeitsanstalt gefunden hatte.

Radermacher begründete dieses Anliegen aus Brauweiler Sicht sehr detailliert Anfang 1949: „Der Ort Brauweiler verdankt seine Entwicklung einzig und allein der Anstalt. Handel und Gewerbe konnten nur durch die Anstalt gedeihen. Die Bauern der näheren u. weiteren Umgebung erhielten von der Anstalt gute und billige Arbeitskräfte. Die Gemeinde ist ebenfalls nicht schlecht dabei gefahren. Die Bevölkerung Brauweilers war stets eng mit der Anstalt verbunden. Stammten doch die Beamten und Angestellten zum größten Teil von hier oder aus den Nachbarorten... Die Gebäulichkeiten der Abtei sind im Laufe der Jahre so umgestaltet worden, wie sie für Anstaltszwecke am geeignetsten waren... Viel wichtiger aber als die Frage der Unterbringung ist die nach der Beschäftigungsmöglichkeit der Häuslinge. Hierfür ist in Brauweiler alles vorhanden!

---

36 ALVR 13076: Bericht des Amtmannes Radermacher vom 21. Januar 1949.
37 Der Brief wurde mir von Herrn Hans-J. Klein zur Verfügung gestellt.

Nehmen wir zunächst einmal die grossen maschinell betriebenen Werkstätten. Da ist die Druckerei mit 5 Schnellpressen und 2 Tiegelpressen. In ihr wurden fast sämtliche Drucksachen für die Provinzialanstalten, die Landwirtschaftliche Berufsgenossenschaft, den Gemeindeunfallversicherungsverband, die Viehseuchenversicherung, die Prov.-Strassenbauverwaltung usw. usw. hergestellt. Das Auslieferungslager umfasste rd. 1000 verschiedene Formulare. Dann die Weberei mit 42 Webstühlen. Gefertigt wurden Leinen- und Baumwollstoffe, für Bett- und Leibwäsche sowie Krankenkleidung in den grossen Prov.-Heil- und Pflegeanstalten und Fürsorgeerziehungsheimen usw. Alle Stoffe waren dem Bedarf der Anstalten besonders angepasst. Auch grosse private Heil- und Pflegeanstalten zählten zu unseren Kunden. Weiter nenne ich die Schreinerei. Hierzu brauche ich nur auf die grossen Einnahmen zu verweisen, die im Jahre 1943 130.000M erreichten. Alle Erzeugnisse der Werkstätten verkauften wir rd. 30% billiger als die Privatwirtschaft. Den Vorteil hatten die Verwaltungen! 1927 kam zu den Betrieben noch die Ziegelei mit einer Produktionsmöglichkeit von 5 Millionen Steinen. Diese Zahl wurde auch wiederholt erreicht.

Für weibliche Insassen hatten wir u.a. die Näherei und die Wäscherei, wovon letztere noch vollständig intakt ist. In der Näherei arbeiteten wir ebenfalls für Prov.-Anstalten und auch für Geschäfte in Köln. Die Wäscherei hatte durchschnittlich 700 Privatkunden in Köln.

Als gut eingerichteter maschineller Betrieb ist endlich die Schlosserei aufzuführen.

Die übrigen kleineren Arbeitsbetriebe, wie die Buchbinderei, Tütenkleberei, Korbmacherei, Schneiderei und Schusterei lassen sich im Gegensatz zu den früher genannten leicht an einem anderen Ort einrichten. Alle Betriebe waren auf die Arbeit mit Anstaltskräften besonders eingerichtet.

Zu den Werkstätten kommen noch unsere landwirtschaftlichen Betriebe, die wir z.Zt. mit eigenem Personal und mit Fürsorgezöglingen aufrecht erhalten. Wir bewirtschaften (ohne anstaltseigenen Beamtengärtner) rd. 175 Morgen Acker- und Gartenland (Gutshof und Gärtnerei) und deckten auch früher unseren Bedarf zum grossen Teil selbst.

Nicht vergessen seien die Aussenkommandos bei den Bauern. Alle, die diese Kolonnen gehabt haben, sehnen die Zeit herbei, zu der wir sie ihnen wieder zur Verfügung stellen können. Bei dem in hiesiger Gegend herrschenden Landarbeitermangel waren die Kolonnen für die Landwirtschaft von grösster Bedeutung, und sind es auch heute noch.

Hierzu noch eins: Wenn man an die Trümmerbeseitigung in der Stadt Köln und an die Aufräumungs- und Aufforstungs-Arbeiten im Königsdorfer Wald denkt, für die wir mehrere hundert Mann stellen könnten, so kann man sich wohl kaum einen Ort vorstellen, der für eine Arbeitsanstalt so günstig gelegen ist, wie Brauweiler."[38]

---

[38] ALVR 13076, Bl. 345f.

Der Gemeinderat Brauweiler faßte am 9. August 1949 den einstimmigen Beschluß, das Düsseldorfer Sozialministerium um die Wiedereinrichtung der alten Arbeitsanstalt zu bitten.[39]

Polnische Kindergräber auf dem Brauweiler Friedhof. Die Kinder wurden im Brauweiler DP-Lager geboren.

---

39 StAP - I/B - 12, Az. 102400.

Arbeitsanstalt Brauweiler. Luftaufnahme um 1950. Südlich des ehemaligen Abteikomplexes mit den Höfen erkennt man den viergeschossigen Lazarettbau, der 1966 niederbrannte.

Rheinische Landes-Arbeitsanstalt Brauweiler. Luftaufnahme Anfang der 60er Jahre. Östlich der ehemaligen Abteikirche erkennt man den Anfang der 60er Jahre erbauten neuen Zellenbau («Haus D»)

Die Arbeitsanstalt Brauweiler zwischen Wiedereinrichtung und Auflösung

Im Mai 1950 nahm die Arbeitsanstalt Brauweiler wieder ihre Tätigkeit auf. Sie unterstand jetzt dem Sozialministerium des Landes Nordrhein-Westfalen. Im Jahre 1953 wurde sie vom Landschaftsverband Rheinland übernommen und auf Beschluß des zuständigen Landschaftsausschusses vom 21. Juli 1954 erhielt sie die Bezeichnung „Rheinische Landes-Arbeitsanstalt Brauweiler".

Allerdings hatte die alte Funktion bereits in der Zeit der Nutzung der Gebäude als DP-Camp begonnen; seit Mai 1947 arbeiteten 25 Fürsorgezöglinge des Erziehungsheims Fichtenhain bei Krefeld in der Gärtnerei und im Gutshof der Anstalt.

Bei der Freigabe der Gebäude durch die britische Besatzungsmacht zeigten sich allerdings gewaltige Probleme für die Nutzung als Arbeitsanstalt, denn Gebäude und Arbeitsbetriebe befanden sich in einem katastrophalen Zustand, „die Anstalt wurde völlig ausgeplündert und weitgehend zerstört wieder in Betrieb genommen".[1]

Der Sozialausschuß des Landtages hatte bereits im August 1949 beschlossen, daß bis auf die Gruppe der „säumigen Unterhaltspflichtigen" die gleichen Personengruppen wie früher nach Brauweiler überstellt werden sollten. Man plante die Unterbringung von 500 Insassen, die sich wie folgt zusammensetzen sollten: 150 männliche und 150 weibliche Korrigenden, 50 männliche Landes- und Bezirkshilfsbedürftige, 50 entmündigte Trinker und Trinkerinnen, 25 entmündigte Trinker und Trinkerinnen aus anderen Bundesländern sowie 25 männliche Fürsorgezöglinge. Zu dieser Zahl von insgesamt 400 Personen sollten 100 weibliche Geschlechtskranke kommen, die von den Gesundheitsämtern zu einer sechswöchigen Zwangskur eingewiesen werden konnten. Diesen Personenkreis hatte es vor 1950 in der Brauweiler Anstalt noch nicht gegeben.

Nach dem Strafgesetzbuch der Bundesrepublik Deutschland war eine Arbeitshauseinweisung erst ab dem 18. Lebensjahr möglich. Der damalige

---

[1] ALVR 13081, Bl. 170.

Anstaltsleiter Corsten wollte in den Anstaltsgebäuden allerdings auch wieder jüngere Personen unterbringen, und er kalkulierte mit einer Belegungsstärke von 750 Personen. Er argumentierte dabei mit dem Hinweis auf die Vielzahl der vagabundierenden Jugendlichen nach dem Kriegsende. So sollte die Anstalt - wie vor 1933 - jugendliche Korrigenden zwischen 18 und 21 Jahren aufnehmen, deren Aufenthalt in Brauweiler nicht ins Strafregister aufgenommen werden sollte und die auf Vorschlag des Vormundschaftsrichters in ein gesondert ausgewiesenes Jugendheim (Dansweilerhof) in der Anstalt untergebracht werden sollten. Corsten plante die Aufnahme von 100 männlichen und 50 weiblichen Jugendlichen dieser Kategorie sowie 175 schwererziehbaren Fürsorgezöglingen zwischen 16 und 19 Jahren.[2]

Am Ende des Rechnungsjahres 1950 befanden sich 338 Insassen in der Brauweiler Anstalt: 115 Korrigenden, 6 Trinker, 87 Land- und Bezirksbedürftige sowie 130 schwererziehbare, schulentlassene Fürsorgezöglinge.[3] Unter diesen befand sich auch Rosemarie Nitribitt, die später als Prostituierte des Nobelmilieus in die Anfangsgeschichte der Bundesrepublik einging. Vor ihrem gewaltsamen Tod im Jahre 1957 hat sie Brauweiler noch mehrmals - unfreiwillig und freiwillig - einen Besuch abgestattet.[4]

Anfang der 50er Jahre existierten in der Brauweiler Anstalt wieder folgende Abteilungen bzw. Heime:

1. Arbeitshaus für Männer

2. Arbeitshaus für Frauen

In diese beiden Häuser konnten die Gerichte Personen bis zu zwei Jahre lang auf der Basis von § 361 StGB einweisen, die wiederholt wegen Bettelei und Landstreicherei straffällig geworden waren. Nach § 361 konnten auch Frauen in ein Arbeitshaus eingewiesen werden, die in Sperrbezirken von Großstädten, in Orten unter 20.000 Einwohnern oder in der Nähe von Schulen und Kirchen öffentlich der gewerbsmäßigen Unzucht nachgegangen waren.

Da es den Richtern im Gegensatz zu früheren Zeiten aber freistand, bei Landstreicherei einen Arbeitshausaufenthalt anzuordnen, wurde diese Strafe in den 50er und 60er Jahren nur in hartnäckigen Fällen ausgesprochen.

3. Trinkerheilstätte Freimersdorf

Hier wurden Heilverfahren für Trinker durchgeführt, die durch Vormundschaftsurteil oder Gerichtsbeschluß auf der Basis von § 42c StGB eingewiesen wurden.

---

2 ALVR 17364.
3 ALVR 13081, Bl. 170.
4 ALVR 15110: Bericht der NRZ vom 26.11.1958. ALVR 15111: Bericht der Kölnischen Rundschau vom 1.7.1960.

Zwischen Wiedereinrichtung und Auflösung

Rosemarie Nitribitt

Tür des Privatfaches im Spind der Rosemarie Nitribitt (Schreibweise des Namens «Nittribitt» auf dem Türschild ist falsch.)

4. Frauenhaus Freimersdorf
In diesem Heim befanden sich Land- und Bezirkshilfsbedürftige. Es waren zumeist verwahrloste Frauen, bei denen Gerichtsverfahren wegen Bettelei und Landstreicherei ausgesetzt worden waren, bzw. das Urteil nicht vollstreckt wurde, sofern sie ein Jahr freiwillig in eine solche Anstalt gingen.
5. Altersheim Freimersdorf
Dies war das einzige offene Heim der Anstalt, das alten bedürftigen Männern einen geruhsamen Lebensabend bieten wollte und die sich nicht in die Ordnung eines normalen Altersheims eingliedern ließen.
6. Provinzial-Erziehungsheim Dansweilerhof
Hier waren zumeist schwererziehbare männliche Fürsorgezöglinge zwischen 18 und 21 Jahren untergebracht, allerdings zeitweise auch jüngere Jugendliche und auch einige weibliche Fürsorgezöglinge.
7. Kinderstation
Diese erst 1951 eingerichtete Abteilung beherbergte Kleinstkinder zwischen drei Wochen und zwei Jahren, deren Mütter während ihrer Anstaltsunterbringung Kinder zur Welt gebracht hatten.[5]

Man hatte 1950 den Anstaltsbetrieb unter der Devise aufgenommen, daß man sich bewußt von der früher üblichen Erziehungsmethode, die sich praktisch nicht vom Strafvollzug unterschied, abkehren wollte. Deshalb wollte man auch die früher dominierende Rolle des beamteten „Erziehers", des Hauptwachtmeisters, abschaffen und ersetzen durch den pädagogisch geschulten „Erzieher". Dieser Wunsch läßt sich durchaus am Verwaltungsapparat ablesen, während es 1938 98 Beamte, 46 Angestellte und 27 Lohnempfänger gab, waren es 1954 bei 723 Insassen 59 Beamte, 124 Angestellte (zumeist Erzieher) und 31 Lohnempfänger. Allein der Dansweiler Hof besaß 33 Bedienstete, und man sah sich nicht mehr als „Arbeitsanstalt", sondern als „Arbeits-Erziehungsanstalt".[6] Dazu gehörte auch, daß man sich bemühte, die Insassen kulturell weiterzubilden. An jedem Sonntag gab es eine Kinovorführung, es existierte eine Hauskapelle, die an Sonn- und Feiertagen aufspielte. In der Weihnachtszeit wurden ein Krippenspiel und eine Weihnachtsfeier organisiert und zur Karnevalszeit wurde den Insassen eine Sitzung mit Akteuren aus dem Kölner Karneval geboten. Brauweiler Vereine - Männergesangsverein und Mandolinenorchester - veranstalteten während des Jahres Abende in der Anstalt. Den meisten Zuspruch bei den Insassen hatte aber sicherlich das Fußballspiel auf dem hauseigenen Sportplatz gefunden, denn die Anstaltsmannschaft, eine Zusammensetzung aus Insassen und Aufsichtspersonal, war in den 50er und 60er Jahren in den Fußballigen der

---

5 ALVR 21078: Vortrag des Direktors Corsten vor dem Landesfürsorgeverband Rheinland am 28.4.1954. ALVR 15110: Kölnische Rundschau vom 3.2.1958.
6 ALVR 13081.

Zwischen Wiedereinrichtung und Auflösung

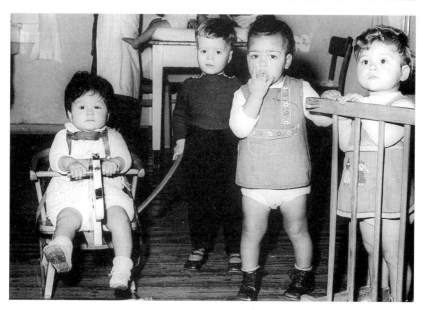

1951 eingerichtete Kinderstation für Kinder, die von ihren Müttern während der Anstaltsunterbringung geboren wurden, Foto von 1957

Fußballmannschaft der Anstalt zusammen mit dem gegnerischen Verein, Foto von 1925

Region sehr erfolgreich. Als Vereinsfarben wählte man grün und weiß, die Traditionsfarben des Rheinischen Landschaftsverbandes.[7]

All diese Bemühungen um neue Erziehungsmethoden trugen doch eher paternalistische Züge und werden die Insassen kaum in ihrer Persönlichkeitsstruktur verändert haben. Die alten Methoden schimmern zudem in der Hausordnung der 50er Jahre durch, die zwar wesentlich humaner war als frühere, aber der Individualität der Insassen kaum entgegenkam. So wurde der gesamte Briefverkehr durch die Anstaltsleitung kontrolliert, beanstandete Briefe wurden in die Personalakte aufgenommen. Briefe durften nur an Sonn- und Feiertagen geschrieben werden, und das nur einmal pro Monat. Pakete konnten nicht entgegengenommen werden und nur einmal im Monat durfte Besuch nach vorheriger Genehmigung durch den Anstaltsleiter empfangen werden.

Die Strafen für Vergehen reichten vom Verweis über den Vergünstigungsentzug (z.B. Rauchen) und den Verlust der Arbeitsentlohnung bis zu Arreststrafen von acht Tagen Dauer. Diese Arreststrafen konnten noch durch den Entzug des Bettlagers und durch Essensverringerung verschärft werden.[8]

Die wirkliche Einstellung der Anstaltsleitung gegenüber den Insassen zeigt u.a. die Meinung des evangelischen Anstaltspfarrers, dem die Trennung der Geschlechter innerhalb der Anstalt nicht rigoros genug war, und er begründete seine Kritik damit, daß dadurch unerlaubte Verbindungen geknüpft werden könnten, „die in Zukunft den Steuerzahler noch mehr belasten".[9]

Während im Frauenhaus und im Zellentrakt, in dem zwischen 1950 und 1963 Frauen in Einzelzellen einsaßen, in den 60er Jahren zahlreiche ausgebildete Sozialarbeiter ihren Dienst versahen, waren die Männerabteilungen fast ausschließlich unter der Regie der sog. Hauptwachtmeister.[10] Entsprechend gefängnisartig war die Behandlung der Insassen. So erklärten Jugendliche, die im Dezember 1959 aus dem Dansweilerhof ausgebrochen waren, ihrem Richter: „Lieber zwei Jahre Siegburg [Vollzugsanstalt] als ein Jahr Brauweiler".[11]

Im Laufe der 50er Jahre stieg die Zahl der Korrigenden stark an, zwischen 1956 und 1957 allein um 22%. Bei den männlichen Korrigenden war die Altersgruppe zwischen 41 und 60Jahren(37%) am stärksten vertreten, es folgte die Gruppe der bis zu 30jährigen, die 33% ausmachte.

---

7 ALVR 13078:Bericht über die Arbeitsanstalt Brauweiler für die Zeit vom 1.4.56 - 31.3.57.
8 ALVR 21078.
9 ALVR 13078, Bl. 156.
10 ALVR 13078, Bl. 170ff.
11 Kölnische Rundschau vom 9.12.1959.

Ganz anders sah die Altersstruktur bei den weiblichen Korrigenden aus, allein 72% waren im Alter bis zu 30 Jahren. Bei der Gruppe der Trinker zählten 59% aller Männer und Frauen zur Altersgruppe über 40 Jahre.[12]

Die Anstaltsleitung hielt am alten Ziel fest, „Arbeitsscheue und Trinksüchtige durch Gewöhnung an regelmäßige Arbeit einem geordneten und gesetzmäßigen Leben wieder zuzuführen".[13]

Wichtigste Erziehungsmittel waren also weiterhin „Arbeit" und „Ordnung". So betrug Ende der 50er Jahre die Arbeitszeit 46 Wochenstunden bei einer täglichen Arbeitsprämie von DM 0,45. Von diesem Betrag wurde die Hälfte einbehalten und erst bei der Entlassung ausgezahlt.[14]

Die wichtigsten der insgesamt 22 Werkstätten der Anstalt in den 50er und 60er Jahren waren Druckerei, Schuhmacherei, Weberei, Schreinerei, Näherei und Wäscherei. Der Anstaltsgutshof mit angeschlossenem Gartenbau war in der Lage, die Anstalt fast hundertprozentig zu versorgen, so daß die Großküche pro Woche als Mittagessen zweimal Eintopf und an den anderen Tagen Mahlzeiten aus Suppe, Fleisch, Kartoffeln, Gemüse oder Salat erstellte.[15]

Da seit den 60er Jahren Brauweiler das einzige eigenständige Arbeitshaus der Bundesrepublik besaß, wurden neben Personen aus Nordrhein-Westfalen auf der Basis vertraglicher Abmachungen mit anderen Bundesländern auch Korrigenden aus Hessen, Baden-Württemberg und dem Saarland aufgenommen, so daß 1963 35% der Insassen aus aus anderen Bundesländern stammten.[16]

Die Aufnahme in die Brauweiler Anstalt erfolgte durch den berüchtigten Rapport in der Direktion. An unterschiedlichen Tagen der Woche fanden der „Trinker-" bzw. „Korrigenden-Rapport" statt. Hierbei wurde den Eingewiesenen eröffnet, wie lange sie in Brauweiler zu verbleiben hätten. Anschließend wurden sie für die Insassenkartei fotografiert und ihre Arbeitsfähigkeit ärztlich untersucht.[17]

Die Kritik, die sich Mitte der 60er Jahre an den Verhältnissen in der Brauweiler Arbeitsanstalt entzündete und ihren Widerhall in der Presse fand, sowie die Strafrechtsreform der Großen Koalition, führten schließlich dazu, daß die letzte Abteilung der Arbeitsanstalt Brauweiler 1969 ihren Betrieb

---

12 ALVR 13078: Bericht über die Arbeitsanstalt Brauweiler für die Zeit vom 1.4.56 - 31.3.57.
13 ALVR 13078: Niederschrift über die Sitzung des Fachausschusses für Sozialhilfe und Kriegsfürsorge vom 12. Juli 1963.
14 ALVR 15110: Kölner Stadtanzeiger (KL) Nr. 276 vom 28. November 1957.
15 ALVR 15110: Kölner Stadtanzeiger (KL) Nr. 278 vom 30. November 1957.
16 ALVR 13078: Niederschrift über die Sitzung des Fachausschusses für Sozialhilfe und Kriegsfürsorge vom 12. Juli 1963.
17 ALVR 15112: Kölner Express vom 5. Januar 1967.

Zwischen Wiedereinrichtung und Auflösung

Näherei in der Rheinischen Landes-Arbeitsanstalt Brauweiler, Foto 1957

Wäscherei in der Rheinischen Landes-Arbeitsanstalt Brauweiler, Foto 1957

Zwischen Wiedereinrichtung und Auflösung

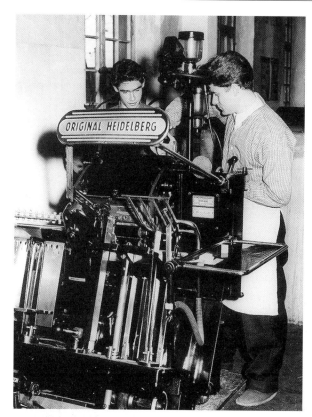

Druckerei (links) und Bügelabteilung (unten) in der Rheinischen Landes-Arbeitsanstalt Brauweiler, Foto von 1957

Zwischen Wiedereinrichtung und Auflösung

einstellte. Kurz vor der Schließung zeigte sich die Brauweiler Anstalt als die größte unter den insgesamt 13 Arbeitshäusern in der Bundesrepublik, hier lebte ca. die Hälfte aller Arbeitshäusler. Die anderen Arbeitshäuser waren nur Abteilungen von Strafanstalten, z.B. das bayerische Arbeitshaus war mit 95 Arbeitshäuslern in der Strafanstalt Nürnberg untergebracht. Das Land Baden-Württemberg war dann in den 60er Jahren noch zu einem eigenständigen Arbeitshaus gekommen. Weil ihm die Gebühren in Brauweiler zu hoch waren, gründete es in dem ehemaligen fürstbischöflichen Schloß Kislau bei Mingolsheim ein eigenes Arbeitshaus.

Die Bevölkerung des Arbeitshauses hatte sich vor seiner Auflösung im Vergleich zur unmittelbaren Nachkriegszeit stark verändert. Die Gerichte betrachteten das Arbeitshaus zunehmend als letzte Station für nicht mehr Resozialisierbare, so daß immer mehr „senile Altkriminelle, verlotterte Bettelgreise" sowie alte und schwachsinnige Landstreicher eingewiesen wurden. Beispielhaft für das Gesagte sollen zwei Fälle aus Brauweiler vorgestellt werden:

1. Fritz L., 60, seit dem 21. Lebensjahr 118 mal wegen Diebstahls, Betrugs, Unterschlagung sowie Bettelei und Landstreicherei (98 mal) bestraft; insgesamt 20 Jahre Freiheitsentzug.

2. Wilma B., 30, wegen Geistesschwäche entmündigte Prostituierte, die häufig geschlechtskrank war.

Der damalige Anstaltsleiter Müller klassifizierte die meisten Korrigenden wie folgt: „Die vorzeitig gealterten Gelegenheitsdirnen, die Flittchen von den Autobahnauffahrten Westdeutschlands, die Viertelstundenlöhnerinnen aus den Amerikanerkneipen um Kaiserslautern und die Straßenbordfahrerinnen aus den Zentren der Großstädte stellen den größten Teil der Korrigendinnen in Brauweiler".[18]

---

[18] Der Spiegel, 21.Jg., Nr. 9 vom 20.2.1967, S. 49f.

Die Gebäude der Arbeitsanstalt

Bis in die zweite Hälfte des 19. Jahrhunderts hinein konzentrierte sich die Unterbringung der Korrigenden weitgehend auf die Gebäude der ehemaligen Klosteranlage, also die Gebäudekomplexe, die sich um die drei rechteckigen Höfe gruppieren. Die Gebäude waren fast alle unterkellert, besaßen zwei Geschosse und jeweils große Dachböden.

Das Frauen-Revier war in dieser Zeit um den ehemaligen Kreuzgang untergebracht, und in den 1811 zu Wohnkomplexen umgebauten Häusern des ehemaligen Ökonomie-Bereichs des Klosters befanden sich Unterbringungsmöglichkeiten für männliche Jugendliche.[1]

In der ersten Hälfte des 19. Jahrhunderts beschränkten sich die baulichen Maßnahmen zumeist auf Umbautätigkeiten und kleinere Neubauten: 1821 die Errichtung von Ställen und Schuppen, 1823 für die Ausführung von Strafen der Bau von 15 Arrestbehältern mit einer Größe von jeweils 8 Fuß Länge, 4 Fuß Breite und 8 Fuß Höhe.[2]

Kleinere Anbauten an die Außenflügel der Gebäude des sog. Knaben- und Männerhofes, wie sie auf Karten aus der ersten Hälfte des 19. Jahrhunderts zu erkennen sind, stammen schon aus der Zeit des Bettlerdepots. Es handelte sich um Latrinen, die von den Schlafsälen der Obergeschosse zu erreichen waren.[3]

Im Jahre 1833 wurde allerdings eine größere Baumaßnahme durchgeführt, nämlich die Errichtung eines Gefangenenhauses und eines Männer-Lazaretts. Über das Aussehen des Neubaus sind wir gut unterrichtet, denn am 25. August 1833 wurde der Bau von dem deutschen Baumeister des Klassizismus, Karl Friedrich Schinkel, auf einer Dienstreise durch das Rheinland besichtigt. Die im Zentralarchiv Potsdam liegenden Dienstberichte der Jahre 1832/33 vermerken zum Besuch in Brauweiler: „Dieser Bau, aus Mitteln der Kreis-Commune bestritten, wird unter Aufsicht des Bauinspectors Biercher,

---

1 ALVR 1190. Verwaltungsresultate für die Jahre 1851, 1852 und 1853.
2 Ristelhueber, S. 48ff.
3 Claudia Euskirchen, S. 105.

und eines Conducteurs, gut ausgeführt; die Einrichtung ist zweckmäßig und einem wesentlichen Bedürfnis der Anstalt wird dadurch abgeholfen.

Die mannigfache Art wie in dieser Anstalt die Gefangenen durch Chausseebau, Garten- und Feldarbeit, Weberei, Schlosserei, Tischlerei, die jüngeren durch militairische Übung aller Art bis zur guten Militair-Musik pp beschäftigt werden und dadurch einen großen Theil der Kosten für die Anstalt selbst einbringen, ist erfreulich."[4]

Innere Umbauten in dieser Zeit dienten vornehmlich dem Ziel, bestimmte Personengruppen voneinander zu trennen oder bei Überbelegung Notunterkünfte zu schaffen. Da die Zahl der Korrigenden 1840 auf ca. 900 gestiegen war, mußte z.B. der Speisesaal in den Kreuzgang verlegt werden, der dann durch Bretter vor der winterlichen Kälte geschützt wurde.

Invalide Korrigenden brachte man bevorzugt in Sälen im Dachbodenbereich unter, wo allerdings die sommerliche Hitze und die winterliche Kälte teilweise unerträglich waren.[5]

Da die Anstalt seit den 40er Jahren des 19. Jahrhunderts Landarme aus den vier Regierungsbezirken aufnehmen mußte, entstand ein erheblicher Raumbedarf. Für einige wenige Landarme schuf man zunächst dadurch Platz, daß man die Dienstwohnungen von fünf Aufsehern und Werkmeistern umbaute und daraus kleine Zimmer für Landarme schuf. Da aber 1850 bereits 57 Landarme in Brauweiler lebten, waren diese Räume völlig überbelegt.[6] Deshalb erwarb man 1852 den innerhalb der Ringmauern gelegenen Klosterhof, um dort ein Landarmenhaus zu errichten. Die Wirtschaftsgebäude des Hofes wurden abgetragen und die Wohngebäude instandgesetzt. Allerdings nahm man von dem Plan, hier ein Landarmenhaus zu errichten, Abstand, da beide Wohnhäuser des Klosterhofes zur Dorfstraße hin lagen und man nun glaubte, daß der nicht erwünschte Kontakt zwischen Landarmen und Dorfbewohnern sich so nicht verhindern ließe, „da die Landarmen meistens in Beziehung auf sittliche Bildung den Detinirten wenig vorausstehen".[7]

In die umgebauten Räume zogen deshalb Mitglieder des Anstaltspersonals, der Sekretär, der Verwalter, ein Lehrer sowie vier Aufseher, ein. Im Jahre 1856 wurde dann aber mit dem Bau eines eigenen Landarmenhauses begonnen, das allerdings nach seiner Fertigstellung 1864 als Frauenhaus genutzt wurde. Die Landarmen bezogen das ehemalige Frauen-Revier um den Kreuzgang.[8]

---

4 Den Texthinweis zu Schinkels Besuch in Brauweiler verdanke ich Herrn Dr. Walter aus Brauweiler.
5 ALVR 1189. Verwaltungsresultate für die Jahre 1837 bis 1840.
6 ALVR 1189. Verwaltungsresultate für die Jahre 1845 bis 1850.
7 ALVR 1190. Verwaltungsresultate für die Jahre 1858 und 1859.
8 ALVR 1190. Verwaltungsresultate für die Jahre 1858 und 1859.

Gebäude der Arbeitsanstalt

Der in einen Speisesaal umgewandelte Kreuzgang, um 1905

Das 1864 erbaute sog. Frauenhaus, heute Bürohaus

Gebäude der Arbeitsanstalt

Wegen der steigenden Insassenzahlen der Anstalt mußte die Abteilung für Landarme allerdings in den 70er Jahren geschlossen werden und konnte erst 1883, nach der Fertigstellung einiger Neubauten, wieder eröffnet werden.[9]

Anfang der 60er Jahre (1862/63) wurde auch die evangelische Kapelle im ehemaligen Kapitelsaal durch die Einbeziehung der benachbarten Benediktuskapelle erweitert.

Nachdem man sich Ende der 70er Jahre erfolglos um Unterbringungsmöglichkeiten von Korrigenden in einer Zweiganstalt im Eifel-Ardennen-Bereich bemüht hatte, setzte dann in den 80er Jahren eine gewaltige Bautätigkeit in Brauweiler ein:

Shedgebäude	1881/82
Gasfabrik	1884/85
Isolierflügel	1884/85
Bäckerei	1884/85
Maschinenhaus	1884/85
Arresthaus	1897/98
Zellentrakt	1911/13

Alle Gebäude wurden durch Korrigenden der Anstalt errichtet.[10]

Um den Bau der Gasfabrik gab es eine größere Auseinandersetzung zwischen der Leitung der Arbeitsanstalt und der Kirchengemeinde. Der damalige Direktor Schellmann unterbreitete 1884 dem Kirchenvorstand den Vorschlag, die Kirche mit Gas anstelle des benutzten Petroleums zu beleuchten. Der Kirchenvorstand lehnte dieses Angebot allerdings ab. Er verwies dabei auf dringendere Bauvorhaben und auf die durch die Kirchenrestaurierung entstandene angespannte Finanzsituation der Kirchengemeinde. Im Sommer 1884 protestierte er sogar gegen den Bau der Gasfabrik, da man Lärmbelästigungen während des Gottesdienstes und eine Erhöhung der Feuerversicherungsprämie befürchtete. Erst die Einschaltung des Königlichen Landrates in Köln führte zu einem Kompromiß: die Kirchengemeinde duldete den Bau der Gasanstalt, wenn die Provinzialanstalt die höhere Versicherungsprämie übernähme und mögliche Schäden erstattete.[11] Die Gasfabrik arbeitete bis 1924; im folgenden Jahr wurde sie abgerissen und ihre Aufgabe übernahm ein Elektrizitätswerk, das zusammen mit einer Zentralheizungsanlage errichtet worden war.

Der 1913 fertiggestellte Zellentrakt war nach dem panoptischen System errichtet worden, d.h., daß jede Zelle von einem zentralen Punkt aus vom Wachpersonal zu beobachten war. Der Bau umfaßte 149 Einzelzellen, fünf

---

9 Johannes Horion, S. 318.
10 H. von Jarotzky, S. 51.
11 PAB, Pfarrchronik der Pfarre Brauweiler, S. 132f.

Gebäude der Arbeitsanstalt

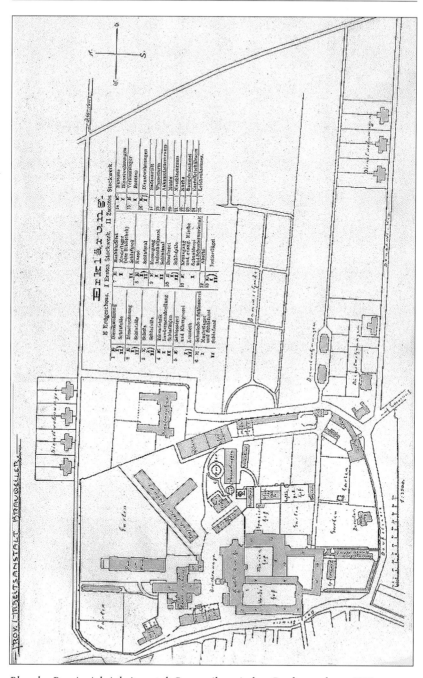

Plan der Provinzial-Arbeitsanstalt Brauweiler mit dem Baubestand von 1908

Gebäude der Arbeitsanstalt

Das Männerbad der Anstalt nördlich der Kirche, um 1905

Arresthaus (links) und Wagenschuppen (rechts), um 1905

Gebäude der Arbeitsanstalt

Treibhaus der Anstaltsgärtnerei (links), das 1881/82 erbaute Shedgebäude, um 1905. (Die Bezeichnung «Shed» steht für ein sägeförmiges Dach, vorwiegend bei Industriebauten, wobei die steilen Seiten wegen des Lichteinfalls verglast sind.)

Isolierflügel mit vorgelagerten Spazierhöfen, um 1905

Gebäude der Arbeitsanstalt

Wasserturm der Arbeitsanstalt, abgebrochen 1956, davor (v. l. n. r.) Männerbad, Küche und Leichenhaus, um 1905

Hölzernes Tympanon über dem Eingangsportal des Prälaturgebäudes mit dem Wappen der Rheinischen Provinzial-Verwaltung, angefertigt 1935

Gebäude der Arbeitsanstalt

Beamtenhäuser, erbaut in den 80er Jahren des 19. Jahrhunderts, heute Ehrenfriedstraße, Foto von 1924

Provinzial-Arbeitsanstalt, Straßenansicht des ehemaligen Prälaturgebäudes im Jahre 1924. Im Vordergrund der Bus der Gemeinde Brauweiler

Arbeitssäle, ein Schulzimmer, eine Badeanstalt sowie ärztliche Untersuchungs-, Besucher- und Verhörzimmer. Der Hofraum war von einer Mauer umgeben. Der Zellenbau besaß somit eine gewisse Eigenständigkeit gegenüber den anderen Anstaltsgebäuden.[12] Im Jahre 1972 wurde er abgerissen, nachdem er unterschiedlichsten Nutzungen gedient hatte: Ursprünglich als Unterbringungsmöglichkeit für Zuhälter geplant, wurde er dann als Strafgefängnis, Frauenrevier, als Unterbringungsort für Fürsorgezöglinge, Gestapo-Gefängnis, DP-Lager und ab 1963 für die Unterbringung von Trinkern genutzt.

Die rege Bautätigkeit der Anstalt in den 80er Jahren des 19. Jahrhunderts umfaßte aber auch den Bau von Beamtenwohnhäusern. Im ersten Jahrzehnt dieses Jahrhunderts entstanden die Direktorenvilla (1906) und das Bewahrhaus(1908). Die 30jährige Bautätigkeit wurde im Jahre 1913 abgeschlossen. Größere Bauvorhaben wurden dann erst wieder in den 20er Jahren durchgeführt. So wurde 1924 der im südöstlichen Teil des Anstaltsareals liegende Gutshof stark umgestaltet, um eine größere Anzahl von Tieren halten zu können.[13]

Während der 30er Jahre wurde die gesamte Kanalisation der Anstalt erneuert und alle Stationen mit fließendem Wasser versorgt. Zudem erhielt die Anstalt zwei neue, schwere Eichentore, von denen das Haupttor noch heute erhalten ist. Die Gestaltung der Tore versuchte, sich sowohl dem Gesamtkomplex als auch dem Zeitgeist anzupassen. Vor allem aber wurde in dieser Zeit der schon lange geplante Neubau des Maschinenhauses in Angriff genommen.[14]

Im Zweiten Weltkrieg wurde die Anstalt mehrmals von Bombenangriffen getroffen. Den größten Schaden richtete ein Bombenangriff an, der das Männerlazarett völlig und den Gutshof teilweise zerstörte. Erst 1956/57 wurde der Komplex des Männerlazaretts wiedererrichtet. Dieser viergeschossige Bau wurde allerdings im Februar 1966 erneut ein Opfer der Flammen. In Zusammenhang mit der Wiedererrichtung des Lazarettbaus hatte man 1956 den seit Jahren schon nicht mehr benutzten Wasserturm abgerissen.[15] Der beschriebene Gebäudekomplex blieb so bis zum Ende der Arbeitsanstalt erhalten. Anfang der 60er Jahre war allerdings noch ein neuer Zellentrakt errichtet worden. Dieses Gebäude, „Haus D", beherbergte während der Nutzungszeit der Gebäude als Landeskrankenhaus vor allem alkoholabhän-

---

12 ALVR 8214, Bl. 7.
13 Johannes Horion, S. 307.
14 Bericht der Rheinischen Provinzialverwaltung über ihre Tätigkeit in den Jahren 1933-1936. Düsseldorf o.J.
15 ALVR 15110: Kölnische Rundschau vom 3.2.1958. ALVR 15111: Kölner Stadtanzeiger vom 5./6.2.1966.

Gebäude der Arbeitsanstalt

Luftbildaufnahme, Anfang der 30er Jahre, zeigt eine fast komplette Ansicht der Arbeitsanstalt Brauweiler. Im Vordergrund das Bewahrungshaus, dahinter das Shedgebäude, rechts davon der Zellenbau (diagonal zur Kirche stehend), dahinter das Frauenhaus; links neben der Kirche die ehemalige Klosteranlage, links davon am Bildrand das Lazarettgebäude

Der Gutshof der Arbeitsanstalt, Foto 1957

gige Suchtkranke. Die Nordseite dieses über zehn Meter hohen Gebäudes erhielt im Volksmund den Namen „Eigernordwand", weil sich hier zahlreiche Alkoholkranke an Bettlaken und Bettüchern abseilten, um im Ort Alkoholika zu beschaffen.

Nachdem die ehemaligen Anstaltsgebäude ab 1969 als Landeskrankenhaus genutzt wurden, trat der Leiter, Chefarzt Dr. Fritz Stockhausen, 1975 mit dem Wunsch an die Öffentlichkeit, im Bereich des Abteiparkes ein Bettenhaus für 220 Patienten zu errichten, um das baulich heruntergekommene ehemalige Prälaturgebäude anders nutzen zu können.[16] Dieser Plan, später auf ein 160-Bettenhaus reduziert, stand bis zum Jahr 1977 zur Diskussion. Gleichzeitig tauchten aber bereits Überlegungen über eine gänzliche Schließung des Landeskrankenhauses auf.[17]

Auf einer Sitzung des Landschaftsausschusses brachte der CDU-Fraktionsvorsitzende Gierden am 8. Dezember 1977 den Antrag ein, die Abteigebäude zu sanieren und anschließend als Einrichtungen der Kulturpflege zu nutzen. Das Landeskrankenhaus sollte deshalb aus den alten Gebäuden ausgelagert werden, und Gierden stellte in diesem Zusammenhang die Frage, ob überhaupt ein Landeskrankenhaus in Brauweiler erhalten bleiben müsse, da die Patientenzahlen stark rückläufig seien und bei den Kulturdienststellen des Landschaftsverbandes Rheinland in Bonn großer Raummangel herrsche.[18]

Im Februar 1978 überschlugen sich dann die Ereignisse. Nach mehreren Todesfällen von Patienten regte sich massiver Protest gegen die Zustände im Landeskrankenhaus Brauweiler. Besonders engagiert zeigte sich dabei die Sozialistische Selbsthilfe Köln (SSK), eine Laienhilfsgruppe für psychisch Kranke, die die Todesfälle auf Überdosen verabreichter Medikamente und auf mangelnde Kontrolle der Patienten und schlechte Führung des Hauses zurückführte. Dies führte schließlich dazu, daß vier Ärzte des Landeskrankenhauses, darunter der Chefarzt, Ende Februar 1978 versetzt wurden. Der Auflösungsbeschluß des Landeskrankenhauses Brauweiler vom 9. März 1978 durch den Landschaftsausschuß war somit fast zwangsläufig.[19]

Zunächst blieben aber der Zeitpunkt der endgültigen Auflösung des Landeskrankenhauses und die spätere Nutzung der Gebäude offen. Es gab zahlreiche Überlegungen, die Gebäude einer neuen Nutzung zuzuführen, u.a. auch die Idee, in den ehemaligen Klostergebäuden ein großes Hotel einzurichten.[20]

---

16 ALVR 15109: Kölnische Rundschau vom 18.4.1975.
17 ALVR 15109: Kölner Stadtanzeiger vom 27.4.1977.
18 ALVR 15109: Kölner Stadtanzeiger vom 9.12.1977.
19 ALVR 15109: Kölnische Rundschau vom 23.2.1978. Kölner Stadtanzeiger vom 10.3.1978.
20 ALVR 15109: Kölner Stadtanzeiger vom 20.3.1978.

Gebäude der Arbeitsanstalt

Sprengmeisterin Elisabeth Mahr vor dem gesprengten Zellenbau, Foto vom 22. Februar 1972

Restaurierung der ehemaligen Abteigebäude. Wegnahme eines in preußischer Zeit zusätzlich auf den Mittelbau (zwischen Prälaturhof und Marienhof) aufgesetzten Geschosses, das sowohl die Proportionen der Gesamtanlage störte als auch die Statik gefährdete, Foto vom 27.4.1982

Gebäude der Arbeitsanstalt

Blick vom Turm der ehemaligen Abteikirche auf den südlichen und westlichen Teil des Abteikomplexes mit Wirtschaftshof (links) und Prälaturhof (rechts) während der Restaurierungsarbeiten, Foto vom 27.6.1984

Restaurierung der ehemaligen Abteigebäude. Blick vom Gerüst der Abteikirche auf das ehemalige Prälaturgebäude mit der Wetterschutzhalle während der Restaurierungsarbeiten am Dach, Foto vom 12.8.1985

Gebäude der Arbeitsanstalt

Im Mai 1978 wurde dann der Beschluß gefaßt, die Abtei für einen geplanten Kostenaufwand von 40 Millionen Mark zu restaurieren und in den baulichen Zustand der Zeit der Säkularisation zurückzuführen. Das hatte zur Folge, daß die nach 1811 errichteten und noch erhaltenen Gebäudekomplexe, die inzwischen ja auch Denkmalwert erlangt hatten, innerhalb des ehemaligen Immunitätsbereichs des Klosters weitestgehend abgerissen wurden.[21]

Die Planungen für die Restaurierungsarbeiten begannen bereits 1979, und der erste Bauabschnitt wurde am 15. September 1981 begonnen.

Nachdem insgesamt 76.700cbm umbauten Raumes für ca. 80 Millionen Mark restauriert worden waren, konnte man am 16. September 1988 der Öffentlichkeit in einem Festakt den Abschluß der Baumaßnahmen vorstellen. An diesem Tag erstrahlte die ehemalige Benediktinerabtei wieder in vollem Glanz, nun allerdings als Stätte kultureller Einrichtungen des Landschaftsverbandes Rheinland: Rheinisches Amt für Denkmalpflege, Rheinisches Museumsamt, Restaurierungswerkstätten des Rheinischen Amtes für Denkmalpflege.[22]

Luftaufnahme der ehemaligen Benediktinerabtei nach Beendigung der Restaurierungsarbeiten, Foto von 1988

---

21 ALVR 15109: Kölnische Rundschau vom 19.5.1978.
22 Günter Hagen, S. 224.

Anhang

Die Anstaltsleiter von Brauweiler

Taillard	1811 - 1814
Steuerrath Haw [kommissarisch]	1814 - 1815
Hofrath Ristelhueber	1815 - 1843
Götzen [kommissarisch]	1843 - 1844
Brandt	1844 - 1855
Falkenberg	1855 - 1866
Müller	1866 - 1882
Schellmann	1882 - 1905
von Jarotzky	1905 - 1924
Dr. Dick	1924 - 1926
Klein [kommissarisch]	1926 - 1927
Scheidges	1927 - 1933
Pingen [kommissarisch]	1933 - 1934
Bosse	1934 - 1945
Thewissen [kommissarisch]	1945 - 1948
Radermacher [kommissarisch]	1948 - 1949
Corsten [kommissarisch]	1949 - 1951
Corsten	1951 - 1956
Müller	1956 - 1968
Dr. Mangliers	1968 - 1971
Dr. Stockhausen	1971 - 1978

Anhang

Abbildungsnachweis
(Abkürzungen: [R] Repro; o. oben; u. unten; l. links; r. rechts)

Fotos und Reproduktionen
Archiv des Landschaftsverbandes Rheinland, Brauweiler (aus einem Fotoalbum, um 1905; alle Repros: Lieven): 52 beide; 56 beide; 58 beide; 60 beide; 61 beide; 73 beide; 82 u.; 98 o.; 109 o.; 137 o.; 139; 140 o.; 279 o.; 282 beide; 283 beide; 284 o.; Titel o., Bibliothèque Nationale Paris, Cabinet des Etampes: 29, Berlin Document Center: 215 o., Brosch: 219 o., Historisches Archiv der Stadt Köln: 226, 236 u.; 238 o.r.; 238 u. beide, Nordrhein-Westfälisches Hauptstaatsarchiv Düsseldorf: 238 o.l. [R], NS-Dokumentationszentrum Köln (Jullien): 219 u.; 220 beide, Maus: 291, Multhaupt: 252, Privatarchiv Miroslaw Zawodny, Posen: 215 u.; 258 o., Public Record Office London: 249 o., Radtke: 289 u., Rheinisches Amt für Denkmalpflege Brauweiler: Thuns: 266 beide [R]; 269 o. [R]; 269 u., Rheinisches Bildarchiv: 14 o., Schreiner: 40 o.; 86; 169 u.; 265; 279 u.; 284 u.; 290 (beide); Titel u., Stadtarchiv Pulheim: 63 o., Verein für Geschichte und Heimatkunde e.V., Bildarchiv: 40 u. [R]; 63 u. [R]; 78 [R]; 82 o. [R]; 86 u. [R]; 88 beide [R]; 98 u. [R]; 102 [R]; 104 beide [R]; 105 beide [R]; 179 beide [R]; 180 beide [R]; 195; 219 o.; 236 o.; 271 u.; 285 beide; 287 o., Weingarten: 166; 167; 271 o.; 274 beide; 275 beide; 287 u.; 289 o., Wißkirchen: 80 o. [R]; 137 u. [R] aus: H. v. Jarotzky, Die Rheinischen Provinzialanstalten in Brauweiler.- Brauweiler 1908: 80 u.; 109 u.; 110 (beide); 111 (beide); 140 u.

Dokumente
Archiv des Landschaftsverbandes Rheinland, Brauweiler: 70; 122; 129; 130; 152; 163 o.; 169 o.; 177, Bundesarchiv Koblenz: 227, Bundesarchiv Außenstelle Weimar: 176, Nordrhein-Westfälisches Hauptstaatsarchiv Düsseldorf: 233, 235, Nordrhein-Westfälisches Staatsarchiv Münster: 189, Oberfinanzdirektion Köln: 191, Pfarrarchiv Brauweiler: 255, Privatarchiv Zygmunt Tworus, Warschau: 209, Privatarchiv Miroslaw Zawodny, Posen: 176, Public Record Office London: 246; 249 u.; 251, Stadtarchiv Pulheim: 258 u., Universitätsbibliothek Köln, Zeitungsarchiv: 163 u., Verein für Geschichte und Heimatkunde e.V., Zeitungsarchiv: 167

Pläne und Karten
Landesvermessungsamt Nordrhein-Westfalen: 91, Stiftung Preußischer Kulturbesitz Berlin: 14 u. aus: H. v. Jarotzky, Die Rheinischen Provinzialanstalten in Brauweiler.- Brauweiler 1908: 80; 109 u.; 110 (beide); 111 (beide); 140 u.; 281, aus: Hofrath Ristelhueber, Historisch-Statistische Beschreibung des Land-Arbeitshauses zu Brauweiler.- Köln 1828: 66, aus: Josef Wißkirchen, Das Konzentrationslager Brauweiler 1933/34.- In: Pulheimer Beiträge zur Geschichte und Heimatkunde, Band 13 (1989): 185, aus: Dieter Kastner u. Vera Torunsky, Kleine rheinische Geschichte 1815-1986.- Köln 1987: 38

Originalfotos und Dokumente stellten zur Verfügung
Hilde Brandes: 104 (beide); 105 (beide), 271 u., A. Brosch: 219 o., Klaus Klein: 78, Karin Lammert: 63 u., Käthe Nörrenberg: 179 u., Kurt Pelzing: 102, Peter Schumacher (+): 82 o., Peter Schwieren:(+): 179 o.; 180 u.; 236 o.; 287 o., Hubert Stauß: 98 u., Zygmunt Tworus: 209, Miroslaw Zawodny: 176; 215 u.; 258 o., Elisabeth Zunk: 180 o.

Abkürzungsverzeichnis
ALVR – Archiv des Landschaftsverbandes Rheinland; BA Koblenz – Bundesarchiv Koblenz; BA Weimar – Bundesarchiv Außenstelle Weimar; BDC – Berlin Document Center; Bl. – Blatt; DERS. – Derselbe; HStAD – Nordrhein-Westfälisches Hauptstaatsarchiv Düsseldorf; Hs. – Handschrift; KL – Köln Land; LVA NW – Landesvermessungsamt Nordrhein-Westfalen; NRZ – Neue Rhein Zeitung; OFD Köln – Oberfinanzdirektion Köln; o. J. – ohne Jahr; o. O. – ohne Ortsangabe; Oflag – Offizierslager; OKW – Oberkommando Wehrmacht; PAB – Pfarrarchiv Brauweiler; PBGH – Pulheimer Beiträge zur Geschichte und Heimatkunde; PRO – Public Record Office London; Stalag – Stammlager; StAM – Nordrhein-Westfälisches Staatsarchiv Münster; StAP - Stadtarchiv Pulheim

Literaturverzeichnis

ABTEI MARIA WALD(Hrsg.): 500 Jahre Maria Wald. Heimbach 1986.
BEBEL, August: Aus meinem Leben. Berlin 1958.
BERICHT der Rheinischen Provinzialverwaltung über ihre Tätigkeit in den Jahren 1933 - 1936. Düsseldorf o. J.
BOSSE, Albert: Das Jugendhaus Freimersdorf. In: Die Rheinprovinz, 12. Jg., Nr. 1, 1936, S. 190 - 194.
DERS.: Die Rheinische Provinzialarbeitsanstalt Brauweiler, ihre Aufgabe und Bedeutung. In: Ärzteblatt für das Rheinland 1936, S. 327 - 329.
DERS.: Die Verwertung der Arbeitskraft im Arbeitshaus unter besonderer Berücksichtigung der Arbeitsanstalt Brauweiler. In: Die Rheinprovinz, 16. Jg., Nr. 8, 1940, S. 202 - 206.
BROSZAT, Martin: Der Staat Hitlers. München 1978.
DERS.: Resistenz und Widerstand. In B. Hey(Hrsg.): Weimarer Republik und Nationalsozialismus. Stuttgart 1992.
BULLETIN des Lois de L'Empire Français - Gesetzregister des Fränkischen Reichs, 4. Serie, 9. Teil. Paris 1808.
CARDAUNS, Hermann, MÜLLER, Reiner(Hrsg.): Die Rheinische Dorfchronik des Joan Peter Delhoven aus Dormagen(1783 - 1823). Dormagen 1966.
CLASSEN, Reiner Joseph: Statistique du dépôt de mendicité de Brauweiler. In: Mercure du Département de la Roër, Köln 1813.
CLEMENS, Hans, OBERMANNS, Jakob: Die Gemeinde Lövenich im Spiegel der Geschichte. Köln 1955.
CROON, Gustav: Der Rheinische Provinziallandtag bis zum Jahre 1874. Düsseldorf 1918. Nachdruck Bonn 1974.
DANERS, Brigitte: „Die Ehre, Zeuge zu sein" - Französische Katholiken und Priester in Gestapo - Haft in Brauweiler. In: PBGH 15(1991), S. 225 - 241.
DERS.: „Ich wage zu sagen, daß ich hier die Lösung des Problems gesehen habe" - Präfekt Ladoucette und das Bettlerdepot Brauweiler. In: PBGH 17(1993), S. 183 - 196.
DANERS, Hermann: Die Filiale der Arbeitsanstalt Brauweiler auf den Butzweiler Höfen und die rheinische Zuckerrübenindustrie. In: PBGH 16(1992), S. 218 - 225.
DERS.: Das Gestapohilfsgefängnis Brauweiler und das Sonderkommando Bethke. In: PBGH 16(1992), S. 237 - 267.
DER LANDSCHAFTSVERBAND RHEINLAND - Ein Handbuch mit dem Bericht der Verwaltung über den Zeitraum der Gründung bis zum 31. März 1958. o. O., o. J.
DIE FRANZÖSISCHEN JAHRE: Ausstellung aus Anlaß des Einmarsches der Revolutionstruppen in Köln am 6. Oktober 1794. Ausstellungskatalog - Historisches Archiv der Stadt Köln. Köln 1994.
DROEGE, Georg, PETRI, Franz(Hrsg.): Rheinische Geschichte, Bd. 2., Düsseldorf 1976.
ERBEL, Arno: Von der französischen Munizipalverfassung zur Rheinischen Gemeindeordnung von 1845. In: 150 Jahre Regierungsbezirk Köln. Berlin 1966, S. 250 - 258.
EUSKIRCHEN, Claudia: Die barocken Klostergebäude der ehemaligen Benediktinerabtei Brauweiler. Köln 1993.
EYLL, VAN, Klara: Rheinisch - Westfälische Wirtschaftsbiographien, Bd. 12: Kölner Unternehmer im 18., 19. und 20. Jahrhundert. Münster 1986.

FINZSCH, Norbert: Das „Zuchthaus" in Brauweiler und die französische Verwaltung des Rheinlandes von 1794 bis 1814. In: PBGH 10(1986), S. 108 - 122.

DERS.: Obrigkeit und Unterschichten. Stuttgart 1990.

DERS.: Räuber und Gendarm: Das Bandenwesen in den vier rheinischen Departements vor und während der Zeit der französischen Verwaltung (1794 - 1814). In: Francia - Forschungen zur westeuropäischen Geschichte, Bd. 15 (1987), S. 435 - 471.

DERS.: Zur „Ökonomie des Strafens": Gefängniswesen und Gefängnisreform im Roerdepartement nach 1794. In: Rheinische Vierteljahresblätter Jg. 54, 1990, S. 188 - 210.

FRIEDLÄNDER, Hugo: Die Vorgänge im Provinzial - Arbeitshaus zu Brauweiler vor Gericht. - Verhandlungen vor der zweiten Strafkammer des Landgerichts zu Köln vom 13. bis 21. Dezember 1895. Köln o.J.

GABEN, Lucien: L'honneur d'être témoin. - De l'action catholique aux camps de concentration. Albi 1990.

GIERSBERG, Heinrich Hubert: Geschichte der Abtei Brauweiler. Handschrift - Erzdiözesan-Bibliothek Köln, Hs. 133.

GRAUMANN, Sabine: Die Französische Verwaltung am Niederrhein. Das Roerdepartement 1798 - 1814. Essen 1990.

GRÜNEWALD, Guido: Opposition und Widerstand gegen das NS-Regime: Das Beispiel Köln. In: Gegen den braunen Strom - Ausstellung von NS-Dokumentationszentrum und Arbeiterfotografie Köln. Köln 1991.

HAGEN, Günter: Restaurierung und Instandsetzung der ehemaligen Benediktiner-Abtei Brauweiler unter Einbeziehung einer neuen Nutzung. In: PBGH 10(1986), S. 223 - 227.

HANSEN, Joseph: Quellen zur Geschichte des Rheinlandes im Zeitalter der Französischen Revolution, Bd. 3. Bonn 1938.

HELLFELD, Matthias: Edelweißpiraten in Köln. - Jugendrebellion gegen das 3. Reich. Das Beispiel Köln-Ehrenfeld. Köln 1983.

HORION, Johannes(Hrsg.): Die rheinische Provinzialverwaltung. Brauweiler 1925.

JACOBMEYER, Wolfgang: Vom Zwangsarbeiter zum heimatlosen Ausländer. Göttingen 1985.

JAROTZKY, VON, H: Die Rheinischen Provinzialanstalten in Brauweiler. Brauweiler 1908.

DERS.: Die Rheinischen Provinzialanstalten in Brauweiler. Brauweiler 1911.

KASTNER, Dieter, TORUNSKY, Vera: Kleine rheinische Geschichte, 1815 - 1986. Köln 1987.

KELLENBENZ, Hermann: Die Zuckerwirtschaft im Kölner Raum von der napoleonischen Zeit bis zur Reichsgründung. Köln 1966.

KENKMANN, Alfons: Im Visier von HJ, Partei und Gestapo - die „bündische" Jugend, S. 175 - 185. In: Anselm Faust(Hrsg.): Verfolgung und Widerstand im Rheinland und Westfalen 1933 - 1945. Köln 1992.

KRAUSE - VILMAR: Schulgeschichte als Sozialgeschichte. Zur schulpolitischen Entwicklung in der Zeit der Weimarer Republik (1918 - 1933). Hagen o. J.

LADOUCETTE, BARON DE, Jean Charles François: Voyage fait en 1813 et 1814 dans le pays entre Meuse et Rhin. Paris, Aix la Chapelle 1818.

LOHSCHEIDER, Berta: Drei Skizzen aus dem 2. Weltkrieg. In: PBGH 9 (1985), S. 175 - 183.

MERGLER, O.: Bundessozialhilfegesetz. Köln 1963.

MICHALKA, Wolfgang: Das Dritte Reich, Dokumente. München 1985.

MÖRSDORF, Helena: Die Volksschule Widdersdorf 1815 - 1945. In: PBGH 16 (1992), S. 171 - 201.
MOUCHARD, Karl - Bernd: Brauweiler im Zeitalter der Säkularisation. In: PBGH 9 (1985), S. 45 - 53.
NATHAN, Helene: Preussens Verfassung und Verwaltung im Urteile rheinischer Achtundvierziger. In: Studien zur Rheinischen Geschichte, Heft 3. Bonn 1912.
OPPENHOFF, Theodor: Das Strafgesetzbuch für das Deutsche Reich nebst dem Einführungs-Gesetz vom 31. Mai 1870 und dem Einführungs-Gesetz für Elsaß-Lothringen vom 30. August 1871. Berlin 1888.
ORTH, S.: Erziehungsarbeit an den weiblichen Insassen des Arbeitshauses Brauweiler. In: Die Wohlfahrtspflege in der Rheinprovinz, Düsseldorf 1927, S. 207 - 209.
PFEIFFER, Kurt: Geschichte der rheinischen Rübenzuckerindustrie und ihrer Rohstoffversorgung. Bonner Agrarpolitische Untersuchungen, Heft 3. Bonn, Leipzig 1922.
PIEKALKIEWICZ, Janusz: Der Zweite Weltkrieg. Düsseldorf 1985.
DERS.: Spione, Agenten, Soldaten. München 1969.
RECUEIL des Actes de la Préfecture du Département de la Roër, An 1810 - Sammlung der Präfektur-Akten des Roer-Departements, Jahr 1810.
RECUEIL des Réglements et Arrêtés, emanés du Commissaire Général du Gouvernement dans les quatre nouveaux départements de la rive gauche du Rhin - Sammlung der Verordnungen von dem Generalkommissär in den vier neuen Departements des linken Rheinufers, Bd. 7. Mainz 1803.
REICHSGESETZBLATT Nr. 133. Berlin 27. 11. 1933.
REPGEN, K.: Ein belgischer Augenzeuge der Judenpogrome in Köln. In: Michael Wolffsohn: Geschichte der Juden in Deutschland, München 1992, S. 113 - 116.
RISTELHUEBER, HOFRATH: Beschreibung des Land - Arbeitshauses zu Brauweiler. Köln 1828.
RUSINEK, Bernd: Gesellschaft in der Katastrophe. - Terror, Illegalität, Widerstand - Köln 1944/45. Essen 1989.
DERS.: „Wat denkste, wat mir opjerümt han." Massenmord und Spurenbeseitigung am Beispiel der Staatspolizeistelle Köln 1944/45. In: G. Paul, K.-M. Mallmann (Hrsg.): Die Gestapo – Mythos und Realität. Damstadt 1995, S. 402–416.
RÜTER - EHLERMANN, A., RÜTER, C. F.: Justiz und NS-Verbrechen. - Sammlung deutscher Strafurteile wegen nationalsozialistischer Tötungsverbrechen 1945 - 1966, Bd. V und Bd. X. Amsterdam 1969.
SCHIEDER, Wolfgang: Säkularisation und Mediatisierung in den vier rheinischen Departements 1803 - 1813. Teil V,1 - Roer-Departement. Boppard 1993.
SCHLEGEL, Klaus: Köln und seine preußischen Soldaten. - Die Geschichte der Garnison und Festung Köln von 1814 bis 1914. Köln 1979.
SCHMITZ, Kurt: Der Rheinische Provinziallandtag (1875 - 1933). Bergische Forschungen Bd. VI 1967.
SCHÖNKE, Adolf: Kommentar zum Strafgesetzbuch. München, Berlin 1952.
SCHREINER, Peter: Widdersdorf - Stationen seiner Geschichte. In: Thomas Deutsch u.a.(Hrsg.): Pfarrei und Pfarrkirche St. Jakobus in Widdersdorf. PBHG 13. Sonderveröffentlichung (1995), S. 23 - 125.
SCHWARZ, Hans - Peter: Adenauer - Der Aufstieg: 1876 - 1952. Stuttgart 1986.
SOBOUL, Albert: Die Große Französische Revolution. Darmstadt 1983.
STOPSACK, Hans-Hermann, THOMAS, Eberhard (Hrsg.): Stalag VI A Hemer. Kriegsgefangenenlager 1939 - 1945. Hemer 1995.
THEILEN, Fritz: Edelweißpiraten. Franfurt a. Main 1984.

TILLISS: Ueber entmündigte Trinker im geschlossenen Trinkerheim des Arbeitshauses der Rheinprovinz. In: Die Alkoholfrage, Heft 3, 1930.

WEINGARTEN, Helmut: Als die Lokomotiven laufen lernten... Aus der Gründungsgeschichte der Eisenbahnlinie Köln - Aachen unter besonderer Berücksichtigung der Teilstrecke Köln - Horrem. In: PBGH 7(1983), S. 42- 50.

WEINHOLD, Kurt: Die Geschichte eines Zeitungshauses 1620 - 1945 - Verlag M. Du Mont Schauberg Köln. Köln 1969.

WIDERSTAND UND VERFOLGUNG IN KÖLN 1933 - 1945: Ausstellung des Historischen Archivs der Stadt Köln. Köln 1981.

WIERZBICKI, Mirosław, ZAWODNY, Mirosław: Conspiratorical activity of Polish POW's during WW II in the rhine area of Germany. In: The Polish American, Vol. 6, Nr. 6, 1987, S. 18ff.

WISPLINGHOFF, Erich: Das Erzbistum Köln - Die Benediktinerabtei Brauweiler. Germania Sacra, NF 29. Berlin, New York 1992.

WISSKIRCHEN, Josef: Brauweiler Korruptionsprozeß - Die Absetzung des Direktors der Provinzial-Arbeitsanstalt Ernst Scheidges durch die Nationalsozialisten. In: PBGH 14 (1990), S. 190 - 209.

DERS.: Das Konzentrationslager Brauweiler 1933/34. In: PBGH 13(1989), S. 153 - 196.

DERS.: Stadt Pulheim - Geschichte ihrer Orte von 1914 bis zur Gegenwart. Köln 1992.

ZAWODNY, Mirosław: Do dyspozycji Sonderkommando Bethke w Brauweiler. In: Za Wolnosc i Lud, Nr. 51 und 52. Dezember 1984.

DERS.: Gestapo nie pominęło Oflagu VI B Dösel. In: Jeńcy Wojenni w Niewoli Wehrmachtu, Łambinowicki Rocznik Muzealny 14, Opole 1991, S. 14ff.

ZIMMERMANN, Michael: Verfolgung und Widerstand im Nationalsozialismus. Ergebnisse und Aufgaben der Geschichtsschreibung, S. 11 - 29. In: Anselm Faust (Hrsg.): Verfolgung und Widerstand im Rheinland und Westfalen 1933 - 1945. Köln 1992.

VERÖFFENTLICHUNGEN DES VEREINS FÜR GESCHICHTE UND HEIMATKUNDE e.V.

Publikationsreihe: PULHEIMER BEITRÄGE ZUR GESCHICHTE UND HEIMATKUNDE

Jahrbücher:
Bände 1 (1977) – 10 (1986) und 14 (1990) – 16 (1992) sind nur noch im Buchhandel begrenzt erhältlich. Die folgenden Bände können auch über die Geschäftsstelle Adamistr. 9, D-50259 Pulheim-Brauweiler bezogen werden:

Band 11 (1987)	240 Seiten mit 15 Beiträgen von 10 Autoren, 191 Abb., davon 1 in Farbe, 3 Karten ISSN 0171-3426	DM 23,00
Band 12 (1988)	160 Seiten mit 17 Beiträgen von 15 Autoren, 112 Abb., davon 10 in Farbe, 2 Karten ISSN 0171-3426	DM 24,80
Band 13 (1989)	256 Seiten mit 18 Beiträgen von 19 Autoren, 128 Abb., davon 20 in Farbe, ISBN 3-927765-04-X	DM 28,00
Band 17 (1993)	288 Seiten mit 20 Beiträgen von 14 Autoren, 153 Abb., davon 37 in Farbe, 6 Karten, 21 Zeichnungen ISBN 3-927765-11-2	DM 29,80
Band 18 (1994)	304 Seiten mit 17 Beiträgen von 14 Autoren, 117 Abb., davon 32 in Farbe, 13 Karten, 6 Zeichnungen ISBN 3-927765-14-7	DM 36,00
Band 19 (1995)	280 Seiten mit 14 Beiträgen von 15 Autoren, 174 Abb., davon 42 in Farbe, 7 Karten, 4 Tabellen ISBN 3-927765-17-1	DM 36,00

Sonderveröffentlichungen

Band 1 (1979)	Gemeinde Pulheim - Die Orte und ihre Denkmäler 104 Seiten, 71 Abb., 3 Karten, 1 Zeichnung	vergriffen
Band 2 (1983)	Juden in Stommeln, Teil 1 263 Seiten, 132 Abb.	vergriffen
Band 4 (1988)	Peter Schreiner, Benediktiner in Brauweiler. Geschichte der Benediktinerabtei St. Nikolaus 1024-1802 192 Seiten, 149 Abb., davon 26 in Farbe	vergriffen

Lieferbar sind nur noch die folgenden Sonderveröffentlichungen:

Band 3 (1987)
344 Seiten, 224 Abbildungen
ISBN 3-927765-03-1   DM 25,80

In 8 Beiträgen untersucht das Buch das Verhältnis zwischen christlicher und jüdischer Dorfbevölkerung in den ersten drei Jahrzehnten unseres Jahrhunderts sowie die Schicksale der aus Stommeln stammenden jüdischen Familien und Einzelpersonen in den Jahren der nationalsozialistischen Verfolgung.

Rudy Herz aus Stommeln, ein Überlebender des Holocaust, berichtet über seine Inhaftierung in Theresienstadt, Auschwitz, Sachsenhausen, Mauthausen. Seine Erinnerungen sind ein erschütterndes zeitgeschichtliches Dokument.

Viele Stommelner Juden sind in den 20er und 30er Jahren nach Köln verzogen. Das Buch berührt deshalb auch in größerem Umfang die Geschichte der Kölner Juden.

Band 5 (1988)
Josef Wißkirchen,
Reichspogromnacht an Rhein und Erft 9./10. November 1938.
Eine Dokumentation
192 Seiten, 214 Abbildungen
ISBN 3-927765-01-5   24,80 DM

Die Dokumentation, die zum 50. Jahrestag der Reichspogromnacht (sog. „Reichskristallnacht") herausgegeben wurde, enthält zahlreiche bisher unveröffentlichte Dokumente aus dem Erftkreis sowie dem angrenzenden Kreis Neuss und den Städten Köln und Düsseldorf. Erstmals wird das Schicksal der 13 Synagogen im Gebiet des heutigen Erftkreises genau dokumentiert, Auslösung, Verlauf und Auswirkung des Pogroms vom 9. und 10. November 1938 werden an Hand regionaler Dokumente ebenso untersucht wie die Rolle der Presse in dem bearbeiteten Raum.

Band 6 (1991)
Konrad von Brauweiler,
Vita Wolfhelmi – Leben des Abtes Wolfhelm von Brauweiler
ca. 170 Seiten, 47 Abbildungen, davon 16 in Farbe
ISBN 3-927765-06-6   DM 28,00

Zu Beginn des 12. Jahrhunderts verfaßte der Mönch Konrad eine Lebensbeschreibung des dritten Brauweiler Abts Wolfhelm (1065 – 1091). In diesem auch als Geschichtsquelle wichtigen Werk tritt uns ein bedeutender Klosterleiter aus vornehmer Familie entgegen, der beispielhaft für seine Abtei gewirkt und in Sorge um ihr Wohlergehen auch die Auseinandersetzung mit den Kölner Erzbischöfen nicht gescheut hat. Überdies sollen zahlreiche Wunder Wolfhelms Heiligkeit eindrucksvoll bezeugen.

Band 7 (1992)
Josef Wißkirchen,
Stadt Pulheim – Geschichte ihrer Orte von 1914 bis zur Gegenwart
395 Seiten, zahlreiche Abbildungen
ISBN 3-7927-1251-2   DM 48,00
Das Buch erscheint im Rheinland-Verlag, Abtei Brauweiler,
50259 Pulheim-Brauweiler

Durch intensive archivalische Forschungsarbeit hat der Verfasser zahlreiche bisher unbekannte Fakten zutage gefördert und zum ersten Mal analysiert und dargestellt. Entstanden ist nicht nur ein heimatverbundenes, sondern zugleich ein eminent poltisches Buch, das die lokalen Ereignisse in den Zusammenhang der gesamtgeschichtlichen Entwicklung stellt. Von überregionalem Interesse sind die Untersuchungen zur Rolle der Rheinischen Provinzial-Arbeitanstalt in Brauweiler während des Dritten Reiches.

**Band 8 (1992)
Pfarrkirche St. Martinus
in Stommeln. Festschrift.**
112 Seiten, 85 Abbildungen,
davon 29 in Farbe
ISBN 3-927765-08-2   DM 20,00

Das Buch erscheint anläßlich der Wiedereröffnung der neugotischen Stommelner Pfarrkirche nach vierjährigen Restaurierungsarbeiten. Es informiert umfassend über Baugeschichte und -planung, Restaurierungsmaßnahmen, Gewölbetechnik und Ausstattung der Kirche und erfüllt damit zugleich den Zweck eines Kunstführers mit detaillierten Einzelerläuterungen.
Besondere Beachtung verdienen die künstlerisch wertvollen Kirchenfenster; sie sind lückenlos in Farbe abgebildet.

**Band 9 (1993)
Pfarrkirche St. Cornelius in Geyen.
Festschrift**
96 Seiten, 48 Abbildungen,
davon 26 in Farbe
ISBN 3-927765-10-4   20,00 DM

Die Festschrift erscheint zum hundertjährigen Kirchweihjubiläum der Geyener Corneliuskirche, einem frühen Werk des Kölner Neogotikers Theodor Roß.
Die Baugeschichte vermittelt interessante ortsgeschichtliche Einblicke, z.B. in die Auswirkungen des „Kulturkampfes" vor Ort oder in die im dörflichen Sozialgefüge angelegten Spannungen. Zugleich gelingen einige kunstgeschichtliche Entdeckungen. Die lückenlose Beschreibung des Kircheninventars, begleitet von zahlreichen farbigen Abbildungen, kommt den Interessen des Kunstfreundes entgegen. Auch die 1892 abgerissene alte Dorfkirche wird detailliert vorgestellt.

Band 10 (1994)
Peter Schreiner/Monika Tontsch,
Die Abteikirche St. Nikolaus und
St. Medardus in Brauweiler.
Baugeschichte und Ausstattung
90 Seiten, 143 Abbildungen,
davon 76 in Farbe, 3 farbige Pläne
ISBN 3-927765-12-0   DM 8,00

Das Buch stellt Baugeschichte und Ausstattung dieser bedeutenden romanischen Mönchskirche im Rheinland vor. Alle Fachbegriffe werden in einem Glossar erläutert. Jedes einzelne Ausstattungsstück ist abgebildet. In Grundrißzeichnungen von Kirche, Krypta und Vorhalle sind alle Kunstwerke entsprechend ihrer Entstehungszeit farbig eingetragen und mit Nummern versehen. Beigefügt ist eine Liste, in der die Kunstwerke mit ihren Nummern und unter Angabe der Seite, wo sie besprochen werden, eingetragen sind. Mit ihrer Hilfe kann der Benutzer sich selbst durch die Abteikirche „führen" und einzelne Ausstattungsstücke gezielt aufsuchen.

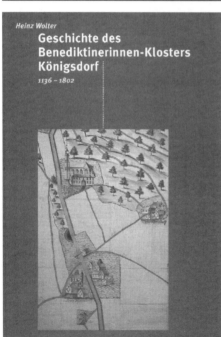

Band 11 (1995)
Heinz Wolter, Geschichte des
Benediktinerinnenklosters
Königsdorf 1136-1802
204 Seiten, 25 ganzseitige Abb.,
davon 10 in Farbe, 2 Karten
ISBN 3-927765-13-9   29,80 DM

Bei der vorliegenden Veröffentlichung handelt es sich um die erste, auf dem gesamten Archivmaterial beruhende Darstellung der Geschichte dieser einzigen Benediktinerinnenniederlassung im westlichen Vorland der Stadt Köln. Das Kloster unterhielt Beziehungen zu bedeutenden Klöstern in Köln, Brauweiler und in Mönchengladbach. Für zahlreiche Orte, in denen das Kloster begütert war, bietet die Königsdorfer Überlieferung die frühesten Belege überhaupt. Die nach streng wissenschaftlichen Methoden erarbeitete Darstellung ist auch für den historisch interessierten Laien gut lesbar. Alle Orts- und Personennamen werden in einem Register erschlossen.

Band 12 (1995)
Heinz Braschoss u. a.,
Pfarrei und Pfarrkirche
St. Laurentius in Bergheim-Büsdorf
116 Seiten, 61 Abb.,
davon 6 in Farbe, 2 Karten
ISBN 3-927765-15-5   DM 20,00

Die Sonderveröffentlichung erscheint anläßlich des hundertjährigen Kirchweihjubiläums der Büsdorfer Pfarrkirche, einem Werk des Kölner Neugotikers Theodor Roß. Ausführlich dargestellt sind Baugeschichte und Ausstattung der Kirche, in der sich der berühmte romanische Kruzifixus von Büsdorf, ein Werk des 11. Jahrhunderts aus der Nachfolge des Kölner Gerokreuzes, befindet. Breiten Raum nimmt die Darstellung der Geschichte der Landpfarrei Büsdorf ein, deren Tradition bis in die erste Hälfte des 10. Jahrhunderts zurückreicht. Das Buch erweitert die Reihe der schon vorliegenden Publikationen über die Kirchen von Brauweiler, Stommeln und Geyen.

Band 13 (1995)
Thomas Deutsch u. a. (Hrsg.):
Pfarrei und Pfarrkirche
St. Jakobus in Köln-Widdersdorf
232 Seiten, 118 Abb.,
davon 20 in Farbe, 9 Karten
ISBN 3-927765-16-3   DM 24,00,

Der Bau der Widdersdorfer Pfarrkirche vor 250 Jahren durch den Brauweiler Abt Matthias II. Grein ist Anlaß zur Herausgabe dieser Sonderveröffentlichung. Der schlichte Barockbau ist eine der wenigen Dorfkirchen im Kölner Umland, die nicht im 19. Jahrhundert durch einen Neubau ersetzt wurde. Das Buch befaßt sich nicht nur mit der Kirche und ihrer Ausstattung, sondern bringt erstmals eine ausführliche Darstellung der Ortsgeschichte des Kölner Stadtteils. Die alte Verbindung zur Abtei Brauweiler wird durch entsprechende Textauszüge mit deutscher Übersetzung aus den lateinischen Quellen der Abtei verdeutlicht.

Band 14 (1996)
Peter Schreiner,
Königin Richeza, Polen und das Rheinland. Historische Beziehungen zwischen Deutschen und Polen im 11. Jahrhundert
156 Seiten, 71 Abb.,
davon 71 in Farbe, 1 Karte
ISBN 3-927765-18-x   DM 16,00

Die Veröffentlichung, in deutscher u. polnischer Sprache verfaßt, stellt einen bedeutenden Zeitabschnitt der gemeinsamen Geschichte von Deutschen und Polen, eine Epoche der gegenseitigen Annäherung, vor. An Hand zeitgenössischer Quellen und unter kritischer Einbeziehung deutscher u. polnischer Literatur wird das Leben und Wirken Richezas, der ersten polnischen Königin, einer Rheinländerin, untersucht. Heute noch sichtbare Spuren ihres politischen Wirkens in beiden Ländern werden aufgezeigt und erweisen sich als lebendige Zeugnisse einer fast 1000jährigen intensiven geistig-kulturellen Verbindung zwischen den Menschen beider Länder. Das Buch entstand in Zusammenarbeit mit dem Museum der Frühen Piasten auf Lednica bei Posen.